荊楚文庫

范氏父子集

范軾 范熙壬 著

范延中 编纂 周國林 點校

荊楚文庫編纂出版委員會
華中師範大學出版社

范氏父子集

FANSHI FUZI JI

圖書在版編目 (CIP) 數據
秀蕻園集 / （清）范軾著；范延中編纂；周國林點校
敬勝閣集 / 范熙壬 著；范延中編纂；周國林點校
—武漢 : 華中師範大學出版社 , 2016.12
(荆楚文庫 · 范氏父子集)
ISBN 978-7-5622-7620-3
Ⅰ. ①秀… ②敬…
Ⅱ. ①范… ②范… ③范… ④周…
Ⅲ. ①社會科學—文集
Ⅳ. ① C53
中國版本圖書館 CIP 數據核字（2016）第 294399 號

責任編輯：熊　然　馮會平
整體設計：范漢成　曾顯惠　思　蒙
責任校對：魏耀武
責任印製：王興平
出版發行：華中師範大學出版社
地址：湖北省武漢市洪山區珞喻路 152 號
電話：027-67863426（發行部）　郵政編碼：430079
録排：桂子工藝
印刷：湖北新華印務有限公司
開本：720mm × 1000mm　1/16
印張：33.5　插頁：8
字數：425 千字
版次：2016 年 12 月第 1 版　2016 年 12 月第 1 次印刷
定價：100.00 元

ISBN 978-7-5622-7620-3

出版説明

湖北乃九省通衢，北學南學交會融通之地，文明昌盛，歷代文獻豐厚。守望傳統，編纂荆楚文獻，湖北淵源有自。清同治年間設立官書局，以整理鄉邦文獻爲旨趣。光緒年間張之洞督鄂後，以崇文書局推進典籍集成，湖北鄉賢身體力行之，編纂《湖北文徵》，集元明清三代湖北先哲遺作，收兩千七百餘作者文八千餘篇，洋洋六百萬言。盧氏兄弟輯録湖北先賢之作而成《湖北先正遺書》。至當代，武漢多所大學、圖書館在鄉邦典籍整理方面亦多所用力。爲傳承和弘揚優秀傳統文化，湖北省委、省政府决定編纂大型歷史文獻叢書《荆楚文庫》。

《荆楚文庫》以“搶救、保護、整理、出版”湖北文獻爲宗旨，分三編集藏。

甲、文獻編。收録歷代鄂籍人士著述，長期寓居湖北人士著述，省外人士探究湖北著述。包括傳世文獻、出土文獻和民間文獻。

乙、方志編。收録歷代省志、府縣志等。

丙、研究編。收録今人研究評述荆楚人物、史地、風物的學術著作和工具書及圖册。

文獻編、方志編録籍以 1949 年爲下限。

研究編簡體横排，文獻編繁體横排，方志編影印或點校出版。

《荆楚文庫》編纂出版委員會

2015 年 11 月

范軾畫像

天人同一滙日月跳雙卯宇宙形〻勞〻達觀性坦〻我生受塵僕坐席馬揮煖佳節不歸山頻年滯旅館今來潭水頭兀對一蓬鐘西
風動黃沙烽聲戟奉桿伏龍蛰起睡炎官仍張傘三尺搖甘霖尘愁此方旱涛漕轉滕艇浮寸真可算篙師勇振臂追呼
封中脘竟錯亭帽豪翻學題飫嫩黃花簪已蓋白衣信亦到餉目似旅憂同濟喜吟伴兩君出對韻索我埋信管芷角空崢嶸枯腸書七
梳和船弄明月綺詩接款〻楚山澹相照精保清可盟明當貴汝陰卧看風帆滿（去年卯中重九同歡心棲林我卯賦）西風吹雨布蓬重野渚菜鶏啼曉夢千
捲萬兀引顧陰一角銅鈕燗晴棟鳴環錯〻出來央西湊峨峨南閣津聯翩使節生輝光朝廷日待調羹湯霜林老畫珊瑚海濱眼底光
安可買莫辭佳節看黃花且試剝厨烹紫蟹（次均呑菜山少司空封翁見贈一首）
伯晉仁棣出紙屬書近作無以應也張系晚進寸同人時呑簸篤 方家詩勿笑我黃城眉生如小兀范軾侍琴湯塗

范軾手書條幅

閑愁翠袖疊嫩柳鶯寒遲展葉滄海煙霏霧
結念燕市笙歌帝京花月泥鴻亦雪認舊時眉
嫵盈篋依細久夜闌暗約影重重個儂説　憶切
雁行斂咽伴旅館巾香未滅多多誰遣悄剩淚染
紅綃髻鬢冷金玦彩輪明作缺宣腸斷陽關一闋
天涯感燕飛何在有夢趁儷蜨　盈篋當是留篋
霓裳中序第一次草窗懷舊及閨思韻
光緒甲辰春分後二日
時筦江西撫州榷務肩實筆

光緒三十年范軾手書詞稿

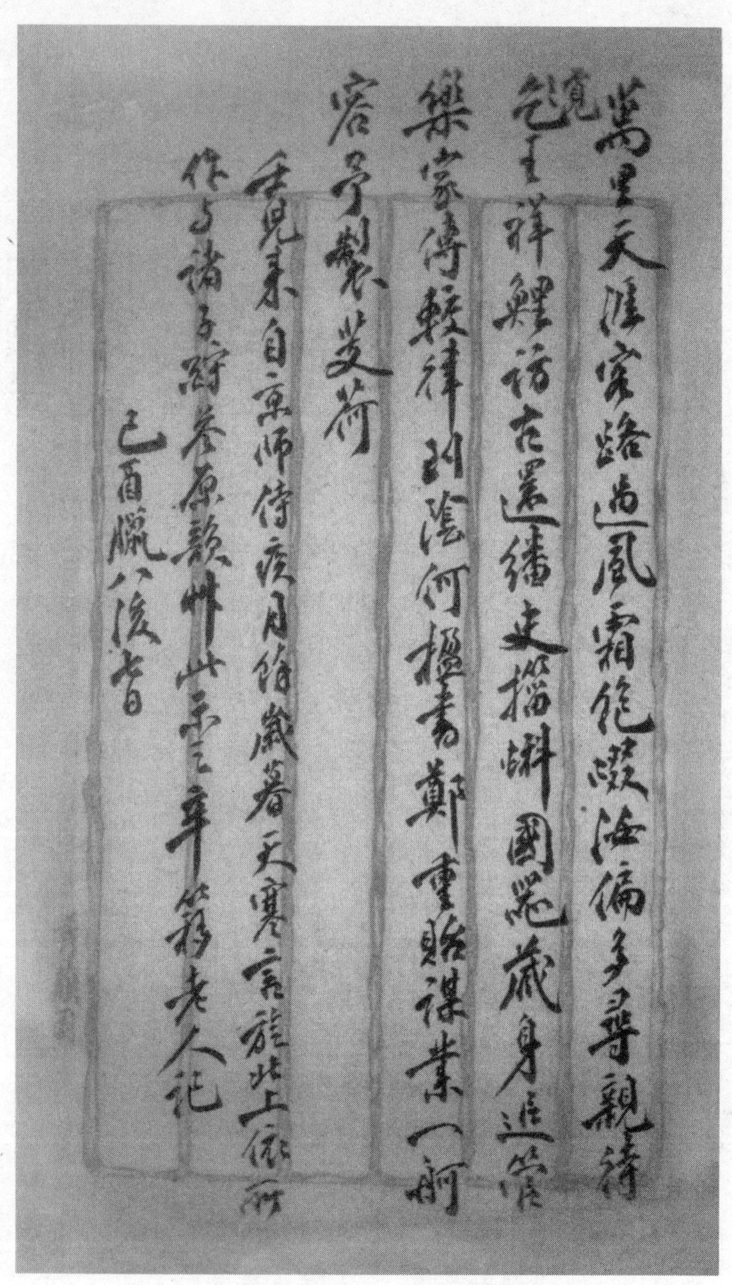

宣統元年范軾手書詩稿

清光緒二十九年范熙壬攝於北京

范熙壬清末留學日本期間攝於東京

1885 年范熙壬(左一)與友人攝於日本東京

1924年12月，范熙壬與社會各界人士歡迎孫中山先生北上共商國是

（攝於天津張園行館）

前　言

一、范軾、范熙壬父子的生平事迹

范軾（1851—1913），湖北黄陂縣人，字亦坡，號眉生。1867 年，考中秀才，進入縣庠。1869 年，在歲考中列一等，補廩膳生，被選拔入武昌的經心書院。1873 年，考選爲拔貢，但在廷試中因試卷挖補一字，僅列三等，候補直隸州州判，後考取正白旗官學漢教習。范軾常年在書院教師和幕僚之間頻繁轉换，曾主講枝江丹陽書院、東湖六一書院、長陽九峰書院，給安徽學政孫毓汶、長江水師提督李成謀、山東巡撫張曜等大員當過幕僚。直到 1897 年，46 歲的范軾與兒子范熙壬在湖北鄉試中同榜中舉。1898 年春，范軾聯捷考取進士，任兵部主事。當時正值戊戌變法，范軾呈上《敬承管見以備採擇懇兵部堂官代奏稿》，提出了十條變法建議。戊戌政變後，范軾携范熙壬避險返回湖北。1900 年庚子事變，慈禧帶着光緒帝倉皇西逃，躲到西安，發佈變法詔書，要求各省督撫及政府大員議奏改革，范軾從湖北奔赴西安行在。

清末新政開始後，范軾先任職兵部武選司，後改官江西撫州知府。1906 年，任江西政法學堂提調。1907 年，調充課吏館提調，參與創辦江西法政學堂。清末預備立憲，中央設資政院，各省設諮議局，命令各省調查選舉人和被選舉人資格，爲地方選舉做準備。范軾任江西復選監督，其間遇到宜黄縣民衆因選舉而起的抗税事件，范軾妥慎處置，平息了事態。辛亥革命的消息傳到江西，范軾辭官歸鄉，自此閉門謝客。1913 年病逝。范軾有詩名，他和同鄉好友左紹佐、周錫恩等人是張之洞的門生，和沈曾植、朱祖謀、樊增祥等當時的文壇名流有交往。他的部分詩作民國時編入《湖北文徵》。《晚晴簃詩匯》録范軾詩八首，並對其生平有簡要介紹。龍顧山人所編的《十朝詩乘》録有范軾的《大冶鐵山歌》。

范熙壬（1878—1938），字任卿，號蕓青，别號劍佛。1893年，考入湖廣總督張之洞創辦的兩湖書院，書院教師有楊鋭、梁鼎芬、屠寄、沈曾植、汪康年等名流。1897年，父子同科中舉，士林中傳爲美談，當時《申報》稱“科名佳話，遠近争傳，聞者咸欣羡不置焉”。1898年，隨父親進京趕考，結果自己落第。他在北京參與學生士子的政治活動，和林旭聯合閩鄂兩省人士，發動六百多士子上書都察院，反對德國强佔膠州灣開闢軍港，是戊戌變法期間的一次重大事件。

1902年春，任内閣中書。同年京師大學堂復校，范熙壬以初試、復試均第一名的成績考入仕學館。1903年秋，考取清朝新設立的商部章京。同年12月，管學大臣張百熙奏派范熙壬、張耀曾、余棨昌等31名學生留學日本，成爲京師大學堂首批派出的留學生。1904年，入東京第一高等學校學習。1906年秋與張耀曾、湯化龍、谷鍾秀等人在東京創辦《新譯界》雜志，旨在“研究實學，推廣公益”，並擔任總理和編輯。1907年夏，隨張之洞北上進京，參與清廷的憲政改革。1909年秋，畢業於京都帝國大學法科，回國後在資政院、法律館等處任職。

辛亥革命後，政黨政治興起，范熙壬先後加入民社、共和黨。1913年初，當選國會衆議院議員。是年5月，共和黨、統一黨、民主黨合併組成進步黨，與在議會占多數席位的國民黨相抗衡。6月底，參衆兩院各選出委員30人，候補委員15人，組成“憲法起草委員會”，范熙壬當選候補委員，籍屬進步黨。袁世凱不甘受制於議會，藉口内亂下令解散國民黨，停止國會議員職務，致使國會無法運作。1914年，范熙壬任平政院評事。1916年，袁世凱暴斃，黎元洪就任大總統，重開國會，范熙壬辭平政院評事，復任衆議院議員。不久，府院之争導致黎元洪下野，國會再次解散。是年，范熙壬回任平政院評事。受俄國十月革命和“五四運動”影響，范熙壬加入由李大釗所主持的馬克思主義研究會，後經李大釗介紹加入中國共産黨。1922年，黎元洪復任大總統，第一届國會再次召開，范熙壬辭評事，復任衆議院議員，並遞補憲法起草委員。

1923年，反對曹錕賄選，在天津負責組織議員南下，號召國會南遷上海。馮玉祥政變，直系失敗，段祺瑞出山組織北洋政府，范熙壬、沈鈞儒等拒絶賄選的兩院議員組織“國會非常會議”。

20世紀20年代，中國民族主義情緒高漲，政治上的民主憲政逐漸被反帝、掃除軍閥的革命運動所取代。1924年底，孫中山自海路北上，發表聲明，對内主張召開國民會議，對外主張廢除不平等條約。同年12月4日，范熙壬、張繼、王用賓、彭養光等非常國會議員和各界代表在天津歡迎孫中山。孫中山逝世後，范熙壬代表國會作《祭前大總統孫中山先生文》。國民革命的興起，各地反帝活動風起雲涌，群衆示威運動紛起。“五卅慘案”發生不久，1925年6月，英軍在漢口製造了“六一一”慘案。范熙壬、李書城、范鴻佛等七人代表旅京同鄉會緊急返漢，敦促鄂督蕭耀南向英方交涉，參加武漢各團體的反帝鬥争活動，形成了《湖北省人權保障請願》和《對英要求條件》代表各方意見的兩個文件，由范熙壬代表面呈省政府。

1927年李大釗被捕後，范熙壬設法營救。張作霖的軍警在俄駐華使館搜走大量重要檔案，後來整理公開的檔案中有“介紹范熙壬入CP（即共産黨）函一件”，“另一封有叙范熙壬加入共産黨事”等秘密文件。好友汪榮寶告知訊息，范熙壬緊急避走，輾轉石家莊、太原等地。1928年，北伐完成統一之後，范熙壬基本退出政治舞臺。晚年在北京高校任教，後南遷漢口。1938年，接重慶大學聘書，欲赴渝任教，不料臨行前病亡，享年六十。

據范熙壬次女范亞維女士統計，范熙壬的譯著、高校講義和輯録之作有《各國行政法》、《公權法》、《總理遺教三民主義》、《文心雕龍釋義》、《西藏語法》、《英國文學史》、《山海經博物表》、《漢鹽鐵均輸官考》、《弘道録》等手稿，1938年將大部分著作和書物存放在漢口的洋行中，後因日軍轟炸而盪然無存①。范亞維所言非虚。據查閲，范熙壬主

---

① 范亞維：《范熙壬傳略》，見黄陂政協文史資料委員會編：《黄陂文史》第4輯，1992年，第45—46頁。

辦的《新譯界》上有其譯述的《公權論》和翻譯完成的《德國行政法》之廣告，1929年北平的《雪彩》雜志連續三期載有范熙壬的《三民主義綱要》。

二、范氏父子文集的内容及特點

范氏父子文集之一《秀蕻園集》，是范軾的詩文集；之二《敬勝閣集》，主要是范熙壬的詩文集。現在所見集子是范延中（范熙壬之四子）根據父祖留下來的遺集原稿整理、補充、加注，在其女范鮫的操持下，於2008年8月在臺灣印製成書，各一册，精裝。兩册文集均無書號和出版社署名，應該算作家刻本。

1949年，范延中將范氏父子遺稿帶到臺灣。這些遺稿原爲散頁，范延中將寫在箋紙上的詩稿、信稿等裱成3本錦緞册頁，而將謄抄在稿紙上的詩文稿按金鑲玉形制裝訂成兩函十三册。3本册頁中，有2本是范軾遺存的信稿。范軾别號蕻園居士，故2本册頁題爲《蕻園老人書札》。另一本大部分爲范熙壬寫在彩箋上的詩作，題爲《敬勝閣主人遺墨》。金鑲玉裝幀的遺稿，兩套書分别題爲《蕻園稿存》和《敬勝閣稿存》。受到精心保護的這3本册頁和兩函詩文稿，於2005年前後由范延中寄回大陸，2016年春捐贈給湖北省博物館。是年5月18日，即國際博物館日，該館舉行了隆重的捐贈儀式。

可見，從文獻來源上看，《秀蕻園集》、《敬勝閣集》是十分可靠的，我們可以遺稿進一步校對這兩部遺集。

《秀蕻園集》包括詩鈔五卷，詞稿一卷，文存三卷，及家信輯存一卷，共十卷。文集的序爲范軾生前同窗好友左紹佐所作。文集中還有兩篇介紹范軾生平的文章，分别是傅岳棻作的《范眉生先生傳》、范熙壬寫的《蕻園府君行述》。文集共收詩208首，詞25首，文35篇，家信14封。集中所收詩詞基本是按寫作時間先後順序排的，前四卷詩分别題名“江淮同聲集”、“燕魯漫游集”、“江漢課子集”和“釋褐隨扈集”，展現了 1878 年至 1903 年范軾活動的主要軌迹。例如《江淮同聲集》收録的詩作寫作年代從 1878 年至 1885 年，其間范軾主要給江淮地方大員當幕僚，詩作也多是和這些官員的應和之作，往往表達賓主之間志趣相投之意，其中和孫毓汶的應和詩最多。詩歌的第五卷題名《集後集》，收入的詩最早是 1876 年的，大部分是 1902 年之後的作品。

文存分上中下三卷，上卷收録的主要是 1898 年之前的文章，中下兩卷收録 1898 年中進士之後的文章。從内容看，有史學考證或評論的文章，如《唐平高麗百濟水陸用兵考》、《明代屯衛論》。有祝喜賀壽的文章，如《擬賀皇上大婚禮成表》、《鄧母李太夫人福壽頌》。有時事政論文章，如《德國兵制中國能否仿行説》、《科場變法論》。有公務文書，如《敬陳管見以備採擇懇兵部堂官代奏稿》、《江西諮議局議員選舉撫州復選告示》。還有表達個人旨趣的文章，如《硯滴銘》、《蘇文忠公畫像讚》。多數文章和現實聯繫密切，能反應出清末時局的變化，有些本身就屬於重要歷史變革的一部分，如《江西諮議局議員選舉撫州復選告示》是范軾晚年在江西參與清末地方憲政改革的公文。14 封家信有 12 封是寫給大哥范澤溥的，時間跨度近 30 年（1876 年至 1905 年），内容包括平日生活、學習修養、仕途進取、見聞感想等方面，這些家信直抒己見，無所隱諱，表達了作者真實的想法，能比較客觀地反應當時歷史的情景。

關於范軾詩文的特點，左紹佐的評價是："其詩根據《騷》、《選》，胎息深厚，臚材富、結響堅，出入於放翁遺山間，以硬語强韻步武昌黎，古近體皆有獨到之處。其文善談名理，辯才無疑，沈博絶麗，抉經精而瀝史液。偶爲駢儷之體，乃兼有胡稚威、劉圃三之長，其中如《皇太后六十萬壽頌》、《擬賀皇上大婚禮成表》、《鄧母李太夫人福壽頌》、《龍文百斛鼎》，筆力可獨扛，氣骨高奇，無愧作手。要之，眉生才足以副其所學，學足以昌其詩與文，大抵得於坡集者爲多，其足以有傳於後無疑。"《晚晴簃詩匯》基本上沿用了上述的評語。

《敬勝閣集》，收録詩鈔兩卷，詞稿一卷，挽聯録存一卷，文鈔六卷，附録一卷，其中詩 185 首，詞 6 首，文章、書信等資料 67 篇（份）。從篇幅比重上看，詩詞約占整個文集的四分之一，文章占四分之三。收録最早的詩作是 1901 年的《辛丑初渡黄河》，收録的詩作多寫現實，與人交往的詩作占很大篇幅。文鈔按照時間順序存録各個時期的文獻資料。有早年練習應試科舉的作文，如在兩湖書院時獲獎的作文《東晋之兵何以能强説》、《屈子生年與遷謫時地考》。有 1902 年考入京師大學堂時的復試作文《張居正畢士馬克優劣論》。有留學日本時期的文章，如《黄陂留東學生同鄉會敘言》、《新譯界發刊詞》、《政治學社發起辭》等。有辛亥革命後在武昌辦報時所作的《春秋報序》，有民國初年任國會衆議院議員時的文書，如《審計處採用事前監督理由書》、《衆議院質問善後大借款合同事宜書》、《大總統選舉法修正案》，有民國時期寫給政要的書信，如《致譚組庵督軍學長書》、《上徐菊人總統夫子書》、《致吴蓮伯議長書》等，還有 1924 年成立非常國會時期的宣言、函電。文鈔中有多篇祭文，其中三篇引人注目，分别是《祭大行皇帝文》（祭光緒）、《祭黎前大總統宋卿先生文》（祭黎元洪）、《祭前大總統孫中山先生文》。有關范氏家族的文獻也很多，如《伯父佩葱府君行述》、《亡妹熙芝行述》、《先母劉太夫人行述》、《范氏族譜序》、《清康熙江西通志選舉志范氏題名録》等。

《敬勝閣集》還收録了范氏裔孫范正澤考證黄陂范氏家族史的幾篇文章，集子後面附“敬勝閣集後附録”，收范熙壬後人的回憶録以及相關信函等資料，其中有臺灣張玉法教授所作的《編印〈清末民初期刊匯編〉序》，簡述了清末民初與法政知識和改革運動密切相關的七種期刊，把《新譯界》列在首位。通過這個序我們得知，張玉法教授編印上述七種期刊與其受范延中委託搜集《新譯界》不無關係。

兩部文集還影印保存了范氏父子的一些文物，包括私人印章、藏書封面、條幅、親筆詩作和家信手稿、相片等。有些影印文物頗有價值，如 1897 年父子同科中舉時帖詩的試卷（部分），范熙壬在兩湖書院獲獎的課卷（部分），留學日本前後的幾張攝影相片，1924年12月24日在天津張園行館同北方各界一起和孫中山的合影，該照爲孫中山生前最好一幅集體合照。兩部遺集不僅收録了豐富的文獻資料，而且還影印了一些重要的文物資料，具有多方面的價值。

范氏父子文集是范氏父子一生事業、思想的載體，反映了豐富多樣的歷史信息。他們人生道路的每一重大時刻都與國家的歷史變遷緊緊相連。范軾16歲作生員時，張之洞任湖北學政，太平天國運動失敗剛3年，湖北的教育還在恢復和重建。范氏父子分别就讀的經心書院、兩湖書院是近代中國著名的書院。經心書院不僅科名很盛，産生了范軾、左紹佐、柯逢時、王丕厘、張仲炘、周錫恩、余聯沅等大批進士和在清末有一定影響的官員，而且孕育了李步青、胡石庵、張繼煦等革命志士；兩湖書院培養的湖北、湖南學子中既有一批革命者，也有在清末民國的教育、文化轉型中發揮重要影響的人物，除爲人們熟知的唐才常、黄興外，還有劉成禺、曹亞伯、夏壽康、張知本、但燾、時功玖、甘鵬雲、傅慈祥、胡鈞等人。

文集中的大部分文獻爲首次公佈，有些文獻十分珍貴。比如范軾、范熙壬在經心書院、兩湖書院時期的多篇作文，對研究這兩個書院當時的教育具有很大的參考價值。再如范熙壬1902年考取京師大學堂的復試作文《張居正畢士馬克優劣論》收録在《敬勝閣集》中，“畢士馬克”即俾斯麥，京師大學堂1902年的入學考試復試竟然出這樣的試題，實在讓人玩味，我們今天通過范熙壬這篇名列第一名的作文，可一窺當時學子和官方的文化心態。有些重要文獻早被收入各種重要史料匯編，如范軾在戊戌變法時上書言事的奏摺收録在楊家駱主編的《戊戌變法文獻匯編》第五册（臺灣文海出版社，1973年）和沈雲龍主編的《近代中國史料叢刊》之《戊戌變法檔案史料》（臺灣文海出版社，1976年）；范熙壬擔任議員時質問袁世凱政府大借款的《衆議院質問善後大借款合同事宜書》收録在孫曜編纂的《中華民國史料》中，這些文獻已爲學界的相關研究所關注和利用。①

此外，范熙壬留日歸國前寫給張之洞的《上南皮張相國書》，1912年作的《春秋報序例》，1919年寫給徐世昌的《上徐菊人總統夫子書》，1924年勸吴景濂反對賄選的《致吴蓮伯議長書》，1926年寫給顔駿人的《致顔駿人總理書》，1927年爲營救李大釗而寫給楊鄰葛的信《致楊鄰葛督軍書》，以及1934年前後所作的《中華民國憲法草案意見書》等都十分罕見，其史料價值不容忽視。

范氏父子的詩作也值得研究。范軾早年的詩多應酬之作，和孫毓汶、范德權、韓嵩蕃、周錫恩、魏實堂等官僚、文人唱和較多，唱和對方的原作也多收在文集中，這些他處少見的詩作得以保存下來。1890年以後的詩作多寫實，寫個人際遇真實感人，寫國家社會變遷抒發經世之懷。庚子之後，范軾與傳統文人的交往詩作除了感懷傷世之作，也有發揚傳統孝道的詩，如受當時詞壇領袖朱祖謀囑託所作的《朱古微夫子屬題余姚孝子王太史繼香瘞髮生芝圖，圖爲太史之弟作，張香濤帥弁首》。范熙壬的詩歌有一部分寫於留日期間，和留學生交往的詩作較多，如1908年送別湯化龍回國的《湯濟武比部化龍畢業歸國製詩六首留别》（附湯化龍的原作），與王運浮、王運嘉、董壽珩、王靈希、徐楚南、陳南海、陳公民等人之間交往的詩作，抒寫自己留日期間的感懷之作，這些詩都能反映部分留日學生的生活交際和心理狀態。范熙壬是個佛教居士，不僅很多詩作散發出佛教思想的氣息，而且有些直接寫讀佛經的感悟，以及和中日法師交往的作品，如《讀圓覺經》、《聽諦閑法師講圓覺經》、《酬太

① 茅海建教授在《戊戌變法期間司員士民上書研究》一文中，統計分析了當時大量的士民上書，其中包括對范軾上書的分析。見茅氏著《戊戌變法史事考》，生活·讀書·新知三聯書店，2005年。多種通史或專門研究民國前後政治、國會、財經等論著都引用、提及了范熙壬的質問書，這裏略舉幾種：周谷城：《中國通史》，上海人民出版社，1957年，第438—439頁；劉蜀永：《沙俄與在華國際銀行團》，《近代史研究》，1983年第3期；章開沅、嚴昌洪主編：《辛亥革命與中國政治發展》，華中師范大學出版社，2011年，第234—235頁；谷麗娟、袁香甫：《中華民國國會史》中，中華書局，2012年，第572—574頁。

虛上人偈賀長子彌月》、《贈日本覺隨大瑜伽師》、《贈日本高僧梅谷孝永》等。

以上只是就范氏父子部分詩歌作品而言，總體上看，我們從范氏父子的詩詞作品中，能看到一個近代文人群體的交往圈，詩作中透露出近代多元文化碰撞中傳統文化、價值觀念的轉型，以及個體在歷史變遷中的調適。

三、范氏父子文獻的流傳與整理

范氏父子文集屬於家族文獻，具有家族文獻流傳的特點，即長期依靠家族成員對祖先的敬仰和對傳統文化的熱愛而保存下來。范軾臨終前，將自己的詩文集稿件交范熙壬，囑咐選擇付刊，請生平至交左紹佐作序。1921年，左紹佐爲范軾的文集作序。范熙壬有生之年並没能完全實現父親遺願。1938年，他突然病故，没來得及對身後事做任何交代。1949年初，范延中把父祖詩文稿及部分古籍、文物帶到了臺灣。范延中早在抗戰勝利後就在大陸搜集父祖的詩文遺稿，1980年代改革開放後陸續補充了一些資料。文獻的搜集增補，身處武漢的范亞維付出了大量心力。文集校勘、注解等工作主要由范延中完成，整理完畢之時他已年滿八十，而范亞維則年逾九十。

范延中將文集最終印製成書的任務，交給女兒范鮫來完成，囑咐印刷的版式要“保持古典風格，呈現當年原貌”。2008年夏，范鮫將《秀蘖園集》與《敬勝閣集》印製成册，終於實現了家族幾代人的夙願。從范延中對遺集的精心保護，到姊弟兩人對遺集的整理和相關資料的搜集，再到范鮫將遺集印册流傳，前後付出了幾十年的艱辛勞苦，十分難能可貴。不過，這種民間印製的文集，其流通范圍受到不少限制。文集的編印成書對范延中、范鮫來説是完成了先祖的遺願，而對學術研究而言僅僅是開端。范氏父子文集的重要文獻價值，理應得到學術界的充分關注和重視。

范氏父子文集在中國大陸地區正式出版印行，緣於我們同范氏後裔親屬的交往。2012 年，我受湖北省博物館之邀，同湖北省社會科學院俞汝捷研究員一道，共同清理民國時期湖北省通志館總纂王葆心的大量手稿和收藏的湖北先賢文稿，以備整理出版。交談中得知，俞先生的夫人乃范熙壬的外孫女，家中收藏有范氏文集印本。當時，華中師范大學《荆楚全書》編纂中心正着力徵集湖北先賢文獻，俞先生慷慨相贈。携書歸家，閱讀一過，深感范氏父子在清末民初社會變遷中建樹不小，是認識傳統士大夫向近代知識分子轉型的典型人物。尤其是范熙壬，不愧爲中國近代史上追求中國復興之夢的一位先驅。① 可惜他們的生平行事和社會貢獻在湖北學術界知之者少，更談不上深入研究。次年，黄陂籍的博士生張祥幹入校後，便與之商議以范氏父子行事作爲他博士論文的研究對象。三年中，他出入於武漢、北京等地圖書館，同范氏後裔廣泛交流，終於完成博士論文《黄陂范氏父子宦學歷程考論》。這是我們同范氏父子文集緣分的延續。

在范氏父子文集入選《荆楚文庫》書目後，我們立即對範氏父子文獻加以整理，主要是四個方面的工作。一是標點。范氏家刻本原爲句讀形式，爲便於當代讀者閱讀習慣，同整套文庫體例一致，全部施以新式標點。二是文字校勘。范軾詩詞，國家圖書館收藏有《蕻園初稿》、《蕻園續稿》、《蕻園詩餘》、《蕻園雜著》四種，這在范軾詩詞校勘中自然是基本的參校本。由於詩詞屬於文學創作，不必一一列舉異同，衹是在有明顯差異時纔出校記，國家圖書館收藏諸本統稱“國圖本”。其餘部分，因無參校本，衹對明顯的手民之誤進行改正。三是篇幅的壓縮。這分三種情況，第一種情況是詩文集前影印部分的壓縮。作爲家族文獻，自然是先人手澤和收藏品影印越多越好。而在正式出版時，影印則以挑選稀見者爲宜，故對書影名片之類圖版有所删略。第二種是附録部分的壓縮。《敬勝閣集》之末，原附有范正澤《黄陂范氏源流考查記》、范延中《與

① 朱鋼：《范熙壬：近代追求中國復興之夢的先驅之一》，《世紀》，2014 年第 2 期。

族姪正澤論姓氏書》等多篇范熙壬後裔著述與追憶文章，爲凸顯范軾、范熙壬父子之作，便割愛省略了。第三種是部分重復篇目的壓縮。如范熙壬《蘖園府君行述》、《悼亡妹用朱竹垞記恨韵》既見於《敬勝閣集》，又附見於《秀蘖園集》，現在二書已匯爲一册，就將《秀蘖園集》中附見的文字省去了。四是輯録。從國家圖書館所藏范軾詩詞、近代史料叢書和范熙壬手稿中，張祥幹博士輯録了范氏父子若干詩文，《荆楚文庫》編輯部朱金波先生識讀並點校了范軾戊申年（1908 年）的日記，匯爲補遺，附載於各人文集之後，以供研究者參考。我們真誠地期盼，這些工作能够引起人們對范氏父子以及同類人物的關注和研究興趣。

周國林

2016 年 7 月 27 日於武昌桂子山

范氏後裔家印本前言

頃遵家父所囑，將其渡海還臺保藏多年，繼而經其編纂完稿之先人遺集“范氏父子遺集之壹《秀蘖園集》、遺集之貳《敬勝閣集》”交付同時印行。“父子遺集同時印行”問世，乃紀念一百一十一年前，清光緒二十三年（公元一八九七年）丁酉秋試（全國各省每三年開科舉辦，是年湖北録取六十一名），范軾（曾祖時年四十七）、范熙壬（祖父時年十九）父子同年中舉，父子同榜傳爲盛事與佳話。

余接手以後，亟委請專人規劃安排。悉遵家父意旨所示原則，版式與封面“保持古典風格，呈現當年原貌”，印製成書。《秀蘖園集》與《敬勝閣集》各精裝一册，同時贈送中外學界，供讀者研覽。俾有助於傳統文化之綿延闡揚，庶幾先人畢生僅存之紀録，免致湮没。

百年來變亂災禍，層出不窮，先人文物歷經兵燹火災，毁失殆盡。其後人禍之浩劫，更邈然不堪聞問。家父六十年前雖在大陸故里悉心蒐尋，但先人詩文遺稿幸存於世者，約爲其半。大陸改革開放後，兩岸陸續有所增補，另録附相關詩文史料，得以彙整集成。姑母范亞維女士在彼岸四處訪查，鈔録撰寫，現高年九十二。家父范延中先生在此岸獨力編訂、圈點校勘，年已八十。姊弟二人念兹在兹，渴盼先人遺集早日問世，了此心願。且近年老病侵尋，皆在醫治療養之中。

余追隨在後，黽勉以赴，所幸最後審訂與印製進展順利，始得不負尊長所期。當此卷册殺青之際，適逢兩岸和平發展啓動之時會。謹執筆欣然慶兹告成，肅然叙其始末，以上報先人在天之靈。

公元二〇〇八年六月

范鮫謹識於臺北市寓樓

總 目 録

秀蘖園集 …………………………………………………………… 1

敬勝閣集 …………………………………………………………… 237

秀蕻園集

目　録

秀蕻園集序……15
蕻園詩鈔……17
蕻園詩鈔卷一　江淮同聲集　光緒戊寅至乙酉……19
望兩孤山　並序……19
姑孰雜詠十首……19
苦熱次昌黎苦寒韻……20
孫萊山閣學毓汶招飲賦謝兼求書扇　附和作……21
挽黄莘漁同年嗣翊……22
月楂丈約飲辭不赴柬范叔枬孝廉德權……22
次韻叔枬見贈二首……23
再疊前韻答叔枬……23
同叔枬游清凉山妙相庵三疊前韻……23
連日與叔枬聚處心甚樂也忽忽言歸叔枬四疊前韻贈别亦四疊前韻報之……24
叔枬送予登舟别後卻寄……24
江口待輪舟竟夕大風口占寄叔枬……24
送伯晋歸羅田席上同賦得題字　附和作……25
蘼蕪曲……25
庚辰春游荆州次韻方星階大奎見贈一首　方巴陵人菊人觀察令弟……26
星階又以紅梅畫幀索題走筆成四絶句……26
擬謝康樂酬從弟惠連詩一首……27
廬州中秋宴集萊山閣學次彭心梅韻索和……27

自合肥至六安再疊前韻酬萊心二丈…………………………………… 27
巢湖篇賦呈萊山閣學……………………………………………………… 27
生日孫萊山閣學韓嵩蕃四兄景儒次東坡《送晁美叔》韻見贈亦次元韻答之　附原作…………………………………………………… 28
嵩番又次東坡《生日答劉景文》韻一首索和重以所感因足兩詩……………………………………………………………………… 29
疊東坡《答晁美叔》前韻酬彭心梅　附原作…………………………… 29
再疊前韻酬萊山閣學　附原作…………………………………………… 30
三疊心丈韻酬實堂丈……………………………………………………… 31
三疊前韻酬張瑞廷大令毓蕡……………………………………………… 31
檢前詩落昨韻瑞翁改贈一篇亦四疊前韻戲答之…………………………… 31
起鳳吟答林戟卿孝廉百繁次韻見贈之作………………………………… 32
霍邱舟中重九同彭心梅林戟卿賦得滿字　戟卿，閩人，萊翁癸酉典試所取士也…………………………………………………………… 32
九月二十六日萊山閣學爲余補作生日並招同人飲戲效山谷體賦謝附和作 ……………………………………………………………………… 32
萊翁次東坡《岐亭》韻見示書此奉酬…………………………………… 33
疊戲效山谷體前韻酬顧溢如廣文光昌…………………………………… 33
再疊前韻柬萊翁…………………………………………………………… 33
萊翁饋石老以羹二碗石老轉贈一杯戲疊坡老《岐亭》韻以博一粲附和作 ……………………………………………………………………… 34
三疊前韻酬韓嵩蕃上舍…………………………………………………… 34
四疊前韻酬林戟卿孝廉…………………………………………………… 35
五疊前韻酬魏實堂學博…………………………………………………… 35
自穎入淮次萊翁韻………………………………………………………… 35
倒疊前韻再成別穎一首…………………………………………………… 35
六疊九韻答張蕊亭大令…………………………………………………… 36
七疊前韻答彭心梅茂才…………………………………………………… 36

辛巳閏七月重泛巢湖萊山侍郎屬再賦詩得閏字八十韻…………… 36
次韻答萊翁到潁之作　附原作 ……………………………………… 37
潁州西湖次韻柬諸同人……………………………………………… 38
酬戟卿孝廉次韻……………………………………………………… 38
嵩蕃爲余生日作詩二首索和再疊前韻……………………………… 38
次韻魏實堂學博志厚見慶…………………………………………… 39
三疊前韻酬萊山侍郎兼求筆跡……………………………………… 39
代魏實堂戲答遲庵侍郎四疊前韻…………………………………… 39
重九前日將發潁州遲庵侍郎招飲有詩次韻………………………… 39
野菊四首次戟卿同年韻……………………………………………… 40
次韻謝實堂餽藥丸…………………………………………………… 40
壽春覽古次萊山侍郎《咄泉詩》韻　附原作……………………… 40
長淮泊舟風雨竟夕招戟卿同年飲並柬溢如………………………… 41
溢翁見和原韻輒疊賦謝……………………………………………… 41
惜別三疊元韻戲柬溢翁　附原作…………………………………… 41
登盱眙山觀玻璃泉俯瞰洪澤湖放歌………………………………… 42
次韻答魏實堂志厚學博……………………………………………… 42
再疊前韻答實堂兼呈孫萊山侍郎…………………………………… 43
留別三疊實堂韻……………………………………………………… 43
舟泊岳陽城下登樓懷皖中舊游……………………………………… 43
柬陳仲耦觀察建侯…………………………………………………… 43
再柬陳仲耦觀察……………………………………………………… 44
得内子見寄七律一首　附原作……………………………………… 44
寄示壬兒森兒葆姪三首……………………………………………… 45
禦冬吟四首　擘柑　煮菘　煨芋　斸筍…………………………… 45
蕻園詩鈔卷二　燕魯漫游集　光緒丁亥至辛卯…………………… 47
丁亥臘月由袁浦陸行至京寓沙土園蒲圻館適周伯晋太史錫恩與同館新創雪初吟社是日初集賦得水字强余屬和勉書所懷……… 47

贈歸善鄧鴻臚承修還粤集李仲璇魯孔廟碑字…………………………… 47
壽徐蔭軒冢宰　代周伯晋……………………………………………………… 48
獨流梁氏雙貞女蔣藝樸太史同年式芬屬題………………………………… 48
湯符階大令炳堃任均州時麥秀雙歧寄詩用其韻和之……………………… 49
漢川李采三教授策清以祠堂圖見示爲賦八絶……………………………… 49
舟行楊柳青次中伯權觀察恒韻………………………………………………… 50
劉氏歸余五年矣從至燕京旋游山左艱瘁不辭以庚寅三月二十六日
病殁兖州道署爲詩哀之……………………………………………… 51
四十初度病中口占……………………………………………………………… 51
送小同兒扶櫬歸鄂……………………………………………………………… 51
庚寅八月二十一日送兒子小同濟寧城外登舟追歎前事感不成寐
代書千字寄示妻兒…………………………………………………… 52
題濟寧新拓漢郭有道碑寄魏石塘……………………………………………… 53
次原韻答内子二首時冬至後五日也…………………………………………… 54
新柳行二首……………………………………………………………………… 54
落花行…………………………………………………………………………… 55
蕻園詩鈔卷三　江漢課子集　光緒壬辰至丙申……………………………… 56
大冶鐵山歌……………………………………………………………………… 56
湘潭後湖蓴菜歌………………………………………………………………… 56
廣蘇子美夏意…………………………………………………………………… 57
飼蠶曲…………………………………………………………………………… 58
追和東坡《虢國夫人夜游圖》………………………………………………… 58
畦桑詞…………………………………………………………………………… 58
蘄竹簟詩用昌黎《鄭群贈簟》詩韻…………………………………………… 59
秋日觀緑營校射………………………………………………………………… 59
擬東坡《和子由踏青》原韻…………………………………………………… 60
和子由《蠶市》………………………………………………………………… 60
讀陳後山詩……………………………………………………………………… 60

臘梅效山谷演雅……61
冰牀用昌黎《石鼎聯句》韻……61
擬昌黎《薦士》追次原韻……62
擬歐陽文忠《千葉紅梨花》……62
電氣燈……63
擬韓孟《納凉聯句》次原韻……63
蘄竹簟用昌黎《鄭群贈簟》詩韻……64
秋日觀緑營校射二十韻……64
明河篇……65
讀《老子》……65
讀《管子》……65
讀《墨子》……66
讀《荀子》……66
吉貝布歌……66
武昌西山探梅……67
論書絶句……68
擬黄魯直《謝黄從善司業寄惠山泉》次韻……68
次韻錢穆父贈松扇……68
次韻王炳之惠玉版紙……69
次韻謝黄斌老送墨竹……69
新秋雨後用昌黎韻……69
淮鹽行……70
川鹽行……70
落花行……70
題錢塘孫紫清先生恩原《池塘春夢圖》手卷……71
讀《水經注》……71
和陸放翁《神山歌》……72
苦雨……72

趙忠毅鐵如意歌…… 73
擬韓孟《納涼聯句》次原韻…… 73
讀《元遺山集》…… 74
詠老少年二首用東坡尖叉韻　老少年即雁來紅草…… 74
贈醫者余鳳池…… 75
明河篇…… 75
蕻園詩鈔卷四　釋褐隨扈集　光緒丁酉至壬寅…… 77
丁酉秋闈揭曉余與壬兒同榜口占誌喜…… 77
閱題名録有感…… 77
戊戌春正月挈壬兒北上…… 78
禮部試畢示壬兒…… 78
會試榜發誌喜兼慰壬兒…… 78
臚唱日至乾清門外有作…… 79
五月十三日翰林院帶領引見…… 79
五月二十日奉旨分部慨然有作…… 79
簽分兵部武選司到署…… 80
已亥八月壽童廣文延緒姻丈七十…… 80
舟發漢口庚子臘月朔…… 80
岳口舟中遥見漢東諸山…… 80
多寶灣…… 80
沙陽守風竟日…… 81
雜感…… 81
獅子口觀河決舊處…… 81
是日立春阻風獅口慨然浩歌寄呈伯兄武林…… 82
過安陸…… 82
唐口舟中…… 82
續雜感…… 83
鹿門…… 83

襄陽…… 83
憶家二首…… 84
訪吳文鹿中翰慶燾遠客未歸晤其令弟雨農慶覃留此奉懷…… 84
雨農招飲餞別回寓柬謝…… 84
襄陽至老河口易舟而車臨行晤黃伯湘侍御新自長安之任衡州太守桂鋆託寄家書…… 85
到老河口距除夕僅三日矣往來行人各爲年事不覺心焉數之 …… 85
途次望隆中遠逾三十里以未游諸葛草廬爲憾…… 85
再續雜感…… 85
辛丑元日定遠方鏡楓司馬澤含仁和魏頌良別駕汝駉過訪並招飲漕運局即席賦酬…… 86
柬謝余紫波聯澐廣文…… 86
人日淅川舟中…… 86
初入商南…… 87
武關…… 87
商山四皓墓…… 87
秦嶺謁韓文公祠…… 87
過棋盤嶺…… 88
出山至藍田…… 88
舟中無事戲作小詩並補舊日存稿聊以自娛不過十數紙耳誌之…… 88
初達行在左笏卿同年紹佐以詩招之次韻酬答三首　附原作…… 88
上仁和王相國夫子四首…… 89
樊雲門觀察新作《廣劉後村十老詩》凡二十首以題索和予病未能柬謝雲門兼致笏卿同年…… 90
病瘧半月不愈適筱東太史來自臨潼約管養山農部象頤過診謂中有伏寒外症似熱投以附子炮薑一劑而愈感謝不已口占長句奉酬二君…… 91
代翰林院擬太白山神廟碑頌壽州孫相國屬…… 91

朱古微夫子屬題《餘姚孝子王太史繼香瘞髮生芝圖》圖爲太史之弟作張香濤師弁首 …… 92
蕻園詩鈔卷五　集後集 …… 94
丙子六月十三日燈下寫家書閒步見月口占三首書寄伯兄京師 …… 94
楊花曲 …… 94
武昌寒谿訪陶桓公手植桂用少陵《古柏行》韻 …… 94
癸卯九日宴集和徐性臣太守嘉穌巔韻四章 …… 95
除夕雨中守歲口占七絶二首再寄壬兒 …… 95
東坡守徐州歲旱祈雨有起伏龍行兹仿其體並次元韻 …… 96
丁未中秋久旱不雨和東坡《禱雨沂山有應》一首即次元韻 …… 96
己酉冬壬兒來自京師侍疾月餘歲暮天寒言旋北上依所作與諸子酬答原韻草此示之 …… 96
蕻園詞稾 …… 97
昭君怨　中秋遲庵侍郎招飲，疊調奉和 …… 99
昭君怨　再疊答遲翁 …… 99
昭君怨　中秋竟日雨，三疊呈諸同人 …… 100
昭君怨　是夜微月朦朧，四疊呈遲翁 …… 100
昭君怨　舟行六霍間，水涸膠甚，是夜得雨，喜，五疊前調奉和 …… 100
花心動　同人約游三游洞，以事不果，悵然賦此 …… 101
如夢令　題戴潤川少尹畫幀 …… 101
惜餘春慢　惜春 …… 101
虞美人 …… 102
龍山會　並序 …… 102
高陽臺　再謝戚昇淮大令 …… 102
百字令　徐性臣大守枉過，又蒙召飲，賦此誌謝 …… 103
百字令　二闋 …… 103
邁陂塘　題萊莊畫册 …… 103

八聲甘州　除夕雨中守歲，書寄壬兒日本 …… 104
霓裳中序第一　春陰懷舊，次草窗閨思韻 …… 104
長亭怨慢　再和草窗韻 …… 104
大酺　惜春再次草窗韻 …… 105
金縷曲　哭亡女熙芝四闋 …… 105
蕻園文存 …… 107
蕻園文存卷上 …… 109
硯滴銘一 …… 109
硯滴銘二 …… 109
新疆建立行省論 …… 109
喻母□夫人墓誌銘　代李勇慤 …… 111
鄧母李太夫人福壽頌　並序 …… 112
擬賀皇上大婚禮成表 …… 114
重修東魯書院少陵臺記　代中伯權觀察作 …… 116
續刻滋陽縣誌序　代中伯權觀察作 …… 118
道署西廳立石記　代中伯權觀察作 …… 118
武昌新開河記 …… 119
皇太后六旬萬壽頌　並序 …… 120
擬司馬温公進呈《資治通鑒》表 …… 122
擬重修琴臺記 …… 123
滿州形勢考 …… 124
唐平高麗百濟水陸用兵考 …… 125
《金史》立《交聘表》説 …… 127
歷代陪都形勢論 …… 129
唐十八學士讚　並序 …… 131
蕻園文存卷中 …… 133
蘇文忠公畫像讚 …… 133
王船山《宋論》書後 …… 134

明代屯衛論上 …… 135
明代屯衛論下 …… 136
德國兵制中國能否仿行説 …… 137
民教相安策 …… 140
科場變法議 …… 145
地有四游與地球遶日説 …… 146
論變通泰西上下議院制 …… 148
外洋各國報館有益政事學術論 …… 151
西國賽珍會有益民生國計説 …… 153
振興商務論 …… 155
交鄰必先自强説 …… 158
蕪園文存卷下 …… 163
敬陳管見以備採擇懇兵部堂官代奏稿 …… 163
上兵部堂官條陳四事　光緒辛丑春在行在兵部式選司中録呈 …… 171
江西法政學堂乙丙班畢業學員録序　代林貽書提學使 …… 174
江西諮議局議員選舉撫州復選告示 …… 175
蕪園家信輯存 …… 177
與大兄　光緒二年丙子六月十三日 …… 179
復大兄　光緒二年丙子十月十八日漢皋館寓 …… 180
與大兄　光緒三年丁丑正月初十日 …… 180
復大兄　光緒三年丁丑二月二十五日漢口 …… 181
與小同之母劉氏　光緒十六年庚寅二月初四日沂州 …… 182
復大兄　光緒十六年庚寅三月十四日兖州燭下 …… 183
復大兄　光緒十六年庚寅十月卅日 …… 186
復大兄　光緒二十年甲午十一月廿二日漢寓 …… 187
與大兄二兄　光緒二十四年戊戌二月十四日都中邑館 …… 189
與大兄　光緒二十七年辛丑二月初六日行在後王家巷寓 …… 190
復大兄　光緒三十年甲辰端午後十一日撫州 …… 191

與大兄　光緒三十年甲辰冬月初七上海中和棧 …………………… 194
與大兄　光緒三十一年乙巳三月廿四南昌 ………………………… 194
復大兄　光緒三十一年乙巳五月十六日南昌 ……………………… 196
補遺 ……………………………………………………………………… 199
浪淘沙 ……………………………………………………………… 201
喜遷鶯　寄笏卿同年觀察之官嶺南 ……………………………… 202
三楚草木頌　效江文通《閩中草木頌》體 ………………………… 203
國朝行省箴　仿楊子雲《州箴》體 ……………………………… 204
蕻園戊申日記 ……………………………………………………… 210
附録 ……………………………………………………………………… 229
范眉生先生傳 ……………………………………………………… 231
范眉生先生其人其詩 ……………………………………………… 233
題《秀蕻園集》　並序 …………………………………………… 234

秀蕻園集序

生古人之後，慕古人行誼而效之，此志士之所同也。東坡十歲，侍母程夫人，讀至《東漢書·范滂傳》，曰："兒爲范滂，母許之乎？"程夫人曰："汝爲范滂，吾顧不能爲滂母耶？"由今觀之，坡與滂固皆不朽也。

余友范君眉生始入塾，尊公以東坡之名名之，字之曰亦坡，此與程夫人以滂期坡之意同也。眉生幼敏慧，讀書目十行下。爲文落筆數千言，若夙構者然。試於有司，輒冠其曹偶。會張文襄師相督學湖北，於武昌建經心書院，檄諸生秀異者居其中。眉生妙年英發，尤所激賞。東坡年二十，至成都，以書生見張公安道，一見待以國士。其成名皆始於省會，其受知巨公皆張姓，斯亦奇矣。而眉生此時，年未二十也。書院聚書多，眉生劬苦於學。日手一卷，鈎稽鈔摘無時輟。夜漏三下，咿唔猶未止也。每月官師兩課，納卷以五日。眉生之卷厚寸許，每一藝出，同人推服無異辭。余自庚午至院，與眉生同硯席者四年，推襟送抱，麗澤之益爲多。癸酉同以選拔貢成均，余朝考入選，而眉生失意歸。此後不時相見，然每見則眉生之論日以精，識日以練，而所學日以益進。往往撫時感事，憂深而思遠，於民生之利病、政治之得失、中外之故，言之娓娓動人聽。亦時有所譏笑怒罵，以寄其無聊不平，余又以歎交眉生久，而知眉生未盡也。

丁酉，眉生舉湖北鄉試，其公子任卿同榜，年方十九耳。鄉試叔姪兄弟同榜者有之，父子同榜者不多見。道光二十四年甲辰湖北恩科鄉榜，武昌吴先生傑中式十九名，其子吴先生澍霖中式第三名。解元孫先生玉田曰："是宜其子先以年伯尊同榜，同榜以年伯尊其父。"皆曰然，相傳以爲盛事。是科，余先大父默參府君中式第五名，余得之庭聞焉。眉生父子適沿其例。今科舉雖廢，而科名佳話，志乘有光，掌故所關，不可無傳也。戊戌，眉生聯捷成進士，觀政於兵曹。鋭欲有所建白，所上條陳，皆國家大計。顧抑塞不得有所施行，而天下事日益敗壞不可支。今其文具載集中，可覆按也。

眉生以知府需次江西，於民國二年逝世，今又八年矣。今年任卿以其詩文集示余，且屬爲序。余受而讀之，其詩根據《騷》、《選》，胎息深厚。臚材富，結響堅，出入於放翁、遺山間。以硬語强韻，步武昌黎。古、近體皆有獨到之處。其文善談名理，辯才無礙。沈博絶麗，抉經精而瀝史液。偶爲駢儷之體，乃兼有胡稚威、劉圃三之長。其中如《皇太后六十萬壽頌》、《擬賀皇上大婚禮成表》、《鄧母李太夫人福壽頌》，龍文百斛鼎，筆力可獨扛。氣骨高奇，無愧作手。要之，眉生才足以副其所學，學足以昌其詩與文。大抵得於坡集者爲多，其足以有傳於後無疑。以余觀之，坡慕滂，坡不朽，蘇之效范也。眉生慕坡，眉生亦自有其不朽，范之效蘇也。古今人何遂不相及乎。余老病荒疏，何足以序吾眉生。顧展卷沈吟，五十年來〔1〕，故人聲音笑貌，宛在目前。後死者之得與於斯文也，爲之潸然以悲。觀其後嗣之善繼善述、能光大其先人之緒業，則又爲之欣然以慰。九原可作，詞客有靈，其以余爲知言乎否耶。讀竟，遂書此以歸之。

辛酉十二月五日，應山左紹佐識

【校記】

〔1〕“來”，《蕻園初稿》本作“前”。

蘖園詩鈔

蒓園詩鈔卷一　江淮同聲集　光緒戊寅至乙酉

黄陂　眉生　范軾

望兩孤山　並序

兩孤山，一在湖口，一在彭澤，相距百里，輪艘頃刻過之。覽其形勝，壯哉！豫章之門户也。如世俗所稱大姑、小姑，語極鄙猥，吾無取焉耳。

大孤突如來，小孤屹以向。大小二怪石，嶄然立江上。巉絶懸中流，礫卓掃諸傍。矯首駕龍雙，峨冠鬥雞兩。離立息謦欬，横空逞倔强。鯨鬣刃摩天，鮫涎花噴浪。千峰動鱗甲，萬壑入帷帳。遠岫堆豆登，低濤飛甕盎。雷霆怯呵訴，江湖失蕩漭。護精袍勿虧，養勇氣彌王。嚴類當關夫，巍若登壇將。吐納群軌順，柱砥百川障。盤硬天塹塞，險驚鬼膽喪。兩戒司鍵閉，九派恣跌蕩。參差削劍戟，清濁雜醴醠，就下勢如奔，回瀾情慾往。陽陰感施閉，主客禮酬貺。偉哉工斧奇，宛然爐鞲創。東筍矢插箙，植鎩弓交韔。赭漏秦皇鞭，擘恐巨人掌。於宋若隕星，在夏爲息壤。誰詡峋嶁尖，忽詫崑崙閬。琤淙力相當，硉兀勢不讓。設險邦之喉，立表門有閌。婉孌取遺兒，荒唐涉遐想。峽疑貞女貞，臺笑望夫望。神宇自堅峙，眘儒競惝怳。寺危甃倚墻，塔峭車疊幢。躡影絶青冥，斂色赴寒蒼。角哀風峭厲，竇仄日曭曭。靈蟃戢怒湍，山魈戢憂吭。我行駕飛輪，秋高乘盛漲。一瞥下潯陽，百里在炊晌。峥嶸五字詩，摹肖兩山狀。

姑孰雜詠十首

澤國素卑溼，居人多在菹。當門兒剥芡，括户吏徵漁。古塔斜陽外，荒城百戰餘。憑高攄蓄念，尚想太平初。

逸郭無新宅，沿流有廢田。蘆洲低拍水，茅屋暗棲煙。女生故不貴，民貧亦可憐。如霜赤兩腳，憔悴在江邊。

赫赫桓司馬，當年此建牙。勝游誇白紵，豪客墮烏紗。往事隨流水，新愁聽暮笳。興亡都歷盡，山色倚殘霞。

七月秋過半，江鄉暑未歸。行厨菱藕足，上市蟹鱸肥。隨俗携蒲扇，依人感薜衣。凌歊臺上客，歌舞計全非。

昔者謫仙子，宫袍此浪游。興來常弄月，醉後一登樓。墳草離離在，江風颯颯秋。蛟龍應未得，魂近謝宣州。

敗瓦堙桓井，殘碑卧孔宫。斷痕遺箭鏃，餘憾失沙蟲。壯闊增官制，朝廷重武功。瘢痍今可復，努力望群公。

慷慨韓擒虎，奇兵夜入陳。陣雲深似墨，凉月白如銀。北岸從兹渡，南朝未有人。清時區宇壹，設險尚疆臣。

綫道虹腰接，懸河鷁首浮。船多津吏喜，雨少野農愁。鳥語澗邊樹，人歸橋上牛。艱難陳蟋蟀，敢詠役車休。

島也工談法，如何死便埋。姓名參佛俗，文字損形骸。澗鳥投山果，村童斫墓柴。長安多落葉，望汝掃天街。

作客如秋雁，飛飛性所耽。潮聲聽上下，風景變東南。嘔啞學吴語，詼嘲雜楚談。兹游亦有樂，豈必稻粱貪。

苦熱次昌黎苦寒韻

高秋烈烈驕陽熸，蓐收避位祝融兼。竊柄專雄肆威虐，轟喝并翳欺飛廉。炎官張傘盛輿衛，絳旃紫纛誇不謙。駕螭六九五十四，天門跳踔奇峰尖。闌入紫宫推日轂，廣樂帝醉鼾睡甜。雷公睒閃相嫵媚，龍師墨守無鍼砭。姮娥煽處趁口快，呼僮繼進銀盤蟾。重暉爛然燒四裔，紅鱗餤烏愁窺覘。巫陽縱反冥與頊，一時無計駈黎炎。嗟我農人歎中谷，匝月何曾歌既霑。頑肉浸汗褌常溼，敲石出火磨新鐮。江鄉幸可收秔稻，編稈著手誰敢拈。暍夫喘息心語口，有似精騎銜枚箝。摇頭俯仰踏陰軸，奔河火速官書籤。貧饌齷齪痟饑甚，饁婦赬面愁歎添。兒啼卧路赤兩股，紅沙灼骨無寸縑。豪家作巧蔭華桷，幽居默默如逃潛。豈知暖氣下臍腹，翻令腥臊熏鬚髯。昊蒼似欲赫斯怒，人無智拙胥夷殲。蝨臣涕泗下心禱，朝菌蟪蛄良纖纖。前年旱魃飽河朔，去年江壖遭霖淹。此時羽譙尾已斷，憚犧不合重熬煎。金受火禪有專職，秋行夏令非休占。丁婦於壬順爲正，醜形作劇何鼪嫌。顛倒乾坤扇爐炭，焚薙山澗枯茅苫。臨臨貌貌約束嚴，嘻嘻出出語笑恬。林烏縮頸聲啞瘖，晝蚊夜蝎肌血漸。跣足捶牀仍大叫，當餐舉案懶顧瞻。空庭客至坐蒸甑，飲以寒泉可煎鹽。卻思蹈海嚼冰雪，忍死羞逐熱客憸。炎湖氤氳不可渡，揭沙叫閶搴朱簾。帝頷厥奏免冠謝，聖神有意蘇窮檐。會遣六丁誅熒惑，立吹死氣融膏黏。召還羲叔示薄譴，急起幽仄蒼葭蒹。助汝五龍潤下土，閶闔四敞懸帷襜。天乎倘其玉燭調，小臣再請良無厭。

孫萊山閣學毓汶招飲賦謝兼求書扇　附和作

先生豁達斥籬藩，登人如縋容扳援。政閒嘯侶集庭軒，稱頌酒德彌乾坤。一爵二爵色言言，大旆小毘羅肉燔。熙熙客主酬醻繁，略無拘束威儀幡。或脱杉履褫冠褌，雜以詼謔滑稽髡。投壺射落鵾鷹鶤，仰天大笑杯爲吞。先生是時神益温，頰顴高顙兩目暖。議説衮衮銀濤翻，有似三峽傾江源。嗟予私智等戴盆，欲有所叩愁舌捫。閒尋餘跡躡其跟，枯腸芒角生無根。旁坐耳熱聽者煩，歸卧猶夢相討論。思致俊語持弗諼，新携紈素來吴門。乘興倘爲鳶肩蹲，一揮百盡雲煙痕。高文漫弔剡谿冤，吉金光映永寶尊。先投小詩如介僎，主人一粲啓重閽。

［附］

次韻答范子眉生

孫毓汶

彤襜赤蓋爲輿藩，寒門凄姻遠莫援。燔柴之氣相焮軒，翻漿下麋爇厚坤。時哉有客冰雪言，醰醰説經妙炙燔。郢書燕説稱辨繁，[1]暍烏墜樹蝨死褌，旁作鋒起衍奭髡。偹鱗長翮友鵬鶤，反風噀火互吐吞。大紘小紘争亮温，深叢老羆雙目暖。怪變不窮溟波翻，渴羌無術堙其源。狂藥競進頗黎盆，勸君從此舌可捫。詰屈無爲辨肘跟，四更月露下草根。清風吹空静不煩，呢呢入夢猶細論。快哉斯筵不可諼，詰朝剥琢喧我門。午窗暫睡驚猿蹲，太虚欲綴浮雲痕，溪籐乃甚沈湘冤，冰斯上揖君道尊。拙書有類降席僎，三肅使者謹閉閽。

挽黄莘漁同年嗣翊

長我纔無三歲耳，如君便作百年人。黄金擲牝終何益，白玉修文恐未真。閉户不應蛇入夢，達生翻訝馬爲神。刻舟舊跡分明記，堪笑東坡老鈍身。

便臨碧水全非我，就踏紅塵也學人。羊胛光陰容易過，猴冠富貴莫須真。少時結客半亡在，醉後高歌有鬼神。何日洗清胸界濁，天臺輪與坐忘身。

月楂丈約飲辭不赴柬范叔枬孝廉德權

文書涂抹引睡長，日高三丈懶下牀。清雁一聲闖我堂，故人之招不可忘。竟月坐愁如縛羊，卻願插翅凌穹蒼。十日不歸從翱翔，秣陵山水憑倘徉。秋風吹酒酒鱗香，吴城小店青簾揚。醡頭潑醅信口嘗，銀瓶快瀉酸虀湯。倒冠落幘稱高陽，市兒拍手呼楚狂。不須治具煩庖漿，聊爲殺戒遺季常。發君一粲君謂臧，器聲但免房櫳鏘。聞君述作成觥觥，明當開筐搜琳琅。朱華墜露滋枯腸，勝於醉倒三百觴。

次韻叔枬見贈二首

西風吹遠水，散作之而鱗。下有不測淵，龍宮撝百神。吾宗孕奇秀，磊砢出風塵。自言少作詩，片語乃足珍。詞瀾有砥柱，學海無涯津。觸我性情娛，感子肺腑真。大雅不當亡，斯文猶在人。

白雲邀出山，明月送歸里。去住無窒礙，新詩檢篋裹。燈窗遇故人，發之增狂喜。聞君幾日間，便擬渡海水。國家登賢俊，諫諍有直史。懷寶競自媒，盡以緘口恥。近維四門開，投匭方未已。主聖而臣明，治世迺如此。努力奮滄溟，期子爲鯤鯉。

再疊前韻答叔枬

層雲動山麓，漫天千魚鱗。欲返新月明，憾無五丁神。今我勝游歸，芒鞋生青塵。軟飽送三杯，得睡如獲珍。醉鄉與黑甜，佳味兩津津。阿連興獨豪，歡呼雜贋真。一笑且卻之，作羲皇上人。

吾羡君家學，遠似高陽里。觥觥著述才，迺在一門裹。科第等尋常。未足爲君喜。愛其浩宕胸，如匣貯秋水。藏身書府中，雕搜班范史。下筆勁如鐵，囁嚅小儒恥。君著有《讀兩漢書紀略》。古賢定有靈，頷立引知己。異時上廊廟，坐論正如此。我無淩雲志，跛浪看赤鯉。

同叔枬游清涼山妙相庵三疊前韻

清涼山

登高一以眺，遠見千瓦鱗。遶山數蘭若，香火紛祠神。言覓隨園蹤，黃葦盪墟塵。尚留翠微亭，天語護琳珍。亭上有純皇帝題詩石刻。長江西北來，浮天淼無津。蒼莽國門道，訪古失其真。惟有蔣山色，青青長向人。

妙相庵

漫游望近遠，遶郭不計里。出没陂陀間，取徑松篁裏。繼聞木樨香，到寺始驚喜。犬卧僧齋散，庭院清於水。精藍雖改舊，時頗來詩史。而我性蕭曠，謂洗繁華恥。延瀾過略彴，日夕興未已。蕭寺四百八，所見今僅此。歸來酒正熟，河魚新上鯉。

連日與叔枬聚處心甚樂也忽忽言歸叔枬四疊前韻贈别亦四疊前韻報之

神龍拏空中，時復露爪鱗。向微噓氣奇，轉側失其神。自來天下士，溷跡每風塵。抱璞防暗投，葆晦宜自珍。不學聯聲氣，結客如平津。不學談神仙，吏隱梅子真。立志在前哲，優樂視斯人。

關周皆神駿，而子况千里。含笑待至尊，引置南薰裏。京國快回翔，春風宴聞喜。亦頗念故人，遠在蒹葭水。連宵吐肝鬲，相砭如監史。乘興門强韻，每切王後恥。索句不閉門，我愧陳無已。客心逐歸舟，餘事那及此。後約申殷勤，看取江頭鯉。

叔枬送予登舟别後卻寄

沿流出郭西，艇大不及掌。臨歧謝故人，慨焉縱獨往。天惜我别意，風色變莽蒼。寒潮欺歸客，勢挾來帆長。我乘風與潮，軋軋鼓兩槳。湖山帶遺憾，往事不堪想。蕭蕭蘆葦聲，猶作敲戈響。

江口待輪舟竟夕大風口占寄叔枬

人與鴉鵲同一聲，狂飆怒捲江浦沸。鬼燈熒然如豆青，剌肌瑟縮紛毛蝟。班斌雜沓相磨擊，清濁無由辨涇渭。側身遠瞰天如墨，刁斗三更森夜氣。萬口嘈嘖皆言寒，我時同伴得三四。秉燭繙書恣噱笑，倦極假寐就客位。飢腸遇飯輒得飽，濁醪入口不成味。縮頸凍龜良可詫，行道之難古所畏。我友聞作滬津游，書此告之增歎喟。

送伯晋歸羅田席上同賦得題字　附和作

今夕此何夕，送子江之湄。江城多愁雨，市上生青泥。懔彼念同儕，寧雲阻且躋。藉圖中宵聚，聊慰半載睽。君家籍咸儔，彝廷茂才。嚴軍張鼓鼙。英英季重姿，小珊茂才。駿馬當風嘶。鬥韻刻短燭，連牀聽晨雞。人生如飛鴻，頃刻各東西。昨從江上歸，驚見立路岐。相將俱入室，兩手殷勤携。坐定叩所學，經史紛鈎稽。近乃習科目，文格稍稍低。藏身萬人海，神龍渾其倪。袖中探新篇，奇采干虹霓。闈作甚佳，余决其必售。君才廊廟器，可寶如鎮圭。雁塔何巍巍，高名期爾題。山中暫言旋，勿久雲壑棲。

［附］

次眉生題字原韻寄贈

周錫恩

仲春與君别，遠適峽州湄。峽水鳴濺濺，終朝雲憶泥。晨望東川波，暮指南山隮。無情生山川，厥象筮曰睽。六月駕大舸，夾岸伐鼓鼙。代馬思故群，臨風喜且嘶。我食武昌魚，居訪淮南雞。惜哉慳一遇，悵挹嗟路岐。八月西風生，一笑兩手携。憚君進業猛，厥顙乃欲稽。我方事干禄，覥姡心顔低。刻楮逾三年，豈不傷天倪。神彪嘯剛飆，朱螭躡雌霓。聖朝下明詔，高揭尺二珪。亮當樹宏績，凡鳥誰敢題。嗟餘與夫子，焉能蓬蒿棲。

蘼蕪曲

郎欲採蘼蕪，儂欲採藹車。蘼蕪與藹車，色香定相如。郎欲採蘼蕪，儂恐蛇牀混。密意示郎知，蘼蕪香未遠。郎持蛇牀歸，郎道蘼蕪好。蛇牀代蘼蕪，珍重比瑶草。瑶草何離離，展轉失故姿。提籠不忍棄，棄恐傷郎懷。榮落分無因，黑白貴自守。不比儂獨行，取携從儂手。郎心儂未知，儂情郎可見。隔紗重語郎，請採蘪車便。

庚辰春游荆州次韻方星階大奎見贈一首 方巴陵人菊人①觀察令弟

自笑心如不繫舟，江城此日振衣游。時客枝江。一春雨過添桃漲，四月山深聽栗留。諧俗生涯今尚拙，匡時才調我何優。勞君贈句如荃芷，便吐肝腸當蹇脩。

星階又以紅梅畫幀索題走筆成四絶句

我來已及春向暮，此邦何處有紅梅。君今放筆開生面，便似羅浮嶺上栽。

前山後山烘晴霞，南枝北枝籠絳紗。佳客許乘東閣興，游人錯認趙村花。晏元獻詩：若更遲開二三月，北人應作杏花看。

春風吹酒上凝脂，方子通句。記取君家絶妙詞。一例石湖宗派在，風流合證兩家詩。宋范成大撰《梅花譜》，所收子通一篇、吴下紅梅詩甚多，惟喜方以爲絶唱。

鐵骨錚錚筆有神，便教嫵媚也驚人。從容讀罷南皮奏，花國猶當重直臣。梅爲花中御史，見劉行簡詩。軾頃見南皮張孝達師，密陳備俄一疏，乃從星階處借讀者。疏中所見，精忠鬱勃，霜毫凛凛，廣平之鐵石心腸不是過也。

---

① 方大湜號菊人，起家州縣，終晋撫任，以能吏名世。著有《平平言》四册，皆經驗談。范延中案（下同）。

擬謝康樂酬從弟惠連詩一首

久與塵俗違，養痾棲重巘。林深無孤植，山曲每再轉。幽懷寄事外，曰余恣游衍。令弟惠然來，開襟樂匪淺。爲樂既有時，相會亦有宜。朝華敷朱草，夕秀啓靈芝。方遂握手歡，旋驚分袂期。舟子速行役，戚戚不得離。離時悲尚可，離後惻無端。傾想嘉音至，永增中夜歎。風發浦陽江，纜繫西陵灘。殷勤託緘素，飛來無羽翰。羽翰詎云無，鴻漸於王都。謁帝入金殿，翱翔承明廬。翻然戀初服，且欲惜澄湖。果許在空谷，期子暮春初。春暮雖未臨，春仲適我心。游魚唼清漪，歸鳥振好音。開圃理耕稼，讀書觀古今。夢想趣歸裝，無爲久滯淫。

廬州中秋宴集萊山閣學次彭心梅韻索和

酒醒驚傳好句來，蓮華争向舌尖開。小詩久不摹東野，强韻何堪鬥北臺。况逞雄師欺怯膽，要將新法奪陳胎。爾時但保封疆急，敢望嚴驂一乘陪。

自合肥至六安再疊前韻酬萊心二丈

取次徵軺逐隊來，出門四顧旅懷開。濛濛遠霧藏舟浦，颯颯西風試弩臺。彌望黄茆空鷺堠，翻思赤手劃鯿胎。祗今氣象非當日，且洗塵顔語笑陪。

巢湖篇賦呈萊山閣學

兩山夾湖湖束腰，一湖數郡吞南條。積水環混失歸向，瀦四百里何迢遥。人言其中閟幽怪，天陰往往移龍蛟。孤城卻在落日外，頹垣一綫棲叢蒿。到此無風已心悸，況當奇熱蒸寒飆。連晨鬱怒苦未洩，馮夷弭節嚴撐敲。朝曦乍露銅鉦角，旋傾墨瀋雲瀌瀌。琉璃千頃忽破碎，有意似放天吴驕。湖神跳舞山鬼泣，萬竅翕闢聲悲咷。此時回船移近岸，舟人喧沸收篷篙。卻望湖水立嵲兀，霜脊鼓動千鈞鼇。太虚倒入浸元氣，始訝天柱非堅牢。豈有軒轅張帝樂，爛設組帳吹笙璈。魂翻眼暈坐添歎，性命餘幾輕鴻毛。且倒濁尊共一醉，何以佐酒搴菱茭。天寒月黑風緊格，微雨淅瀝驅洪濤。開帆三日竟偷渡，有似鷹隼離韝絛。吴兒遶岸笑拍手，喜見使節懸征艄。紫髯先生信爽健，要搜險快供詩豪。峽江閩海都閲遍，眼前一勺同杯坳。仄聞北匯此故道，誰尸兹説桐城姚。姬傳刑部。千年禹蹟茫莫辯，古今箋注徒紛呶。揚州五湖列巨浸，此水坐可分苴茅。李善曾有此説。洞庭敻矣不敢抗，隱與彭蠡相謷聱。渦淝支委藉餘勢，專制一面誇雄梟。軒然大波恣跌蕩，灌輸欲受江靈朝。若真宇宙無妨隘，更愁横奪潯陽潮。中泓數點石插腳，上有塔柱干雲霄。寺門晝閉人影絶，何時仙姥頻游遨。當年蠻觸鬥形勝，後者荇謝前孫曹。藏舟投鞭等狡獪，伏屍百萬餘腥臊。山川寥闊不相管，萑澤最易兹逋逃。羈人驚心理歸楫，壯士遣興鳴鉛刀。即今潢池盪殘穢，夜深那復篝狐嘷。國家恩澤浩無外，居民但解稱神堯。井閭桑柘漸蘇甦，共輸租賦安漁樵。晴空一槳打明鏡，吏呼射鴨招朋僚。人生憂樂互代謝，誰堪百慮窮煎熬。咫尺變幻有天意，好景莫放清秋高。我慚腕弱不能舉，諸君大筆歌居巢。

生日孫萊山閣學韓嵩蕃四兄景儒次東坡《送晁美叔》韻見贈亦次元韻答之 附原作

吾友通甫今罕儔，興酣落筆心由由。壽我以詩逾所求，雙璧瑩然無飾修。君昔驅車燕塞游，北跨大漠登狼邱。慷慨論事常昂頭，歸來兩閲滄江秋。奇探猶駕長黄虯，囁嚅如我深可羞。足跡曾不半九州，異書磊磈胸莫收。磨驢故跡因人謀，衹今仕學兩不優。傍徨中夜無長籌，起看月落星西流。

［附］

眉生生日八月二十五次東坡《答晁美叔》韻以詩爲壽

孫毓汶

范子劬學今寡儔，兼人之進古仲由。狂探幽瞰遍索求，一茁已至干雲脩。輶軒兩載歡同游，快若肩袖聯洪邱。我雪兩鬢君黑頭，榆枋企見雕横秋。巢湖縱筆翻龍虬，如據七鼎酣豐羞。方今群彦羅皇州，奮飛東馬即見收。萍蓬漂泛豈拙謀，馬車正藉鹽車優。壽君羈旅無酒籌，前期盛大江淮流。

嵩蕃又次東坡《生日答劉景文》韻一首索和重以所感因足兩詩

千里望故山，楚塞莽寥廓。流光入秋螢，客心警夜鶴。遥知物候變，木葉漸黄落。浮生塵擾間，鎮日坐捫籥。功名魚上竿，歲月水赴壑。金印雖輝煌，未取氣先卻。同學舊年少，回翔滿臺閣。近聞收楛菌，籌備海氛惡。春間因與俄羅斯構釁，詔京外大臣保舉將才。揣摩術未工，退思增赧愕。匆匆及三十，駑鈍一似昨。對牀老兄弟，遠在天涯各。早暮盼征鴻，亮有尺素託。夢中得歡會，猶勝執珪爵。西風如剪刀，刮耳聲霍霍。

少小爲文章，志氣雲海廓。長大百無成，遂舞氋氃鶴。頭銜空碌碌，布衣嗟濩落。四海定君交，同聲振管籥。去冬一揮手，往看荆門壑。離聚那可料，因緣會面卻。吕侯戀京華，大令湘農。熊子歸劍閣。舜欽孝廉。冥冥顛倒之，作劇何太惡。挑燈數往事，夢醒參錯愕。相違甫半載，形神已非昨。况兹驚老大，轉盼白頭各。俯視百林間，衆鳥皆有託。吾欲餐紫芝，不慕人間爵。霜氣纏龍泉，痛飲看揮霍。

疊東坡《答晁美叔》前韻酬彭心梅　附原作

碧瞳方眼神仙儔，結廬自署東鄰由。擁彗屢應王公求，曹碑要讀須楊修。迫呼起起斯從游，煙霞錮癖辭林邱。驚人一語石點頭，巢湖泛棹逢高秋。奇觀忽詫翻潛虬，糠粃在前良可羞。搜剔水利窮揚州，黄金貢產補未收。嚴軍正賴參機謀，指揮攻守爲夙優。玆事輸君定百籌，婆娑老子真風流。

［附］

次韻贈范子眉生

彭 湘

起家拔萃科莫儔，出手得盧良有由。道若大路人弗求，維君静默恒關修。弱不好弄禁嬉游，耽讀墳典暨索邱。經術不減賈長頭，力學古訓斯有秋。錦袍慣奪東方虬，世工撏撦真包羞。别奪六翮騰九州，遭際大匠杞梓收。稻粱瑣屑豈君謀，要當敷政成優優。才略寧輸前箸籌，憂樂在抱超群流。

再疊前韻酬萊山閣學 附原作

經緯密勿皋夔儔，挂瓢洗耳嗤巢由。文學暫供吴士求，體制釐正須歐修。盾鼻磨墨從遨游，肩墻喜接東家邱。快披清句風愈頭，方今戊己嚴防秋。正頌尺一招劉虬，彼微水荇争芼羞。元經日夜編方州，魯縞吹送青冥收。惠而好我携同謀，待公他日玆優優。容分藜火窺邊籌，行矣潁水當清流。時將去六之潁。

［附］

贈眉生再疊前韻

孫毓汶

文貍赤豹吾侣儔，歸徑了了夢不由。禪蝨眩轉將奚求，恒沙泱莽道阻修。儒衣不脱强宦游，身雖傳舍心林邱。神交有客漢水頭，素襟懍懍横高秋。凡馬撥棄驂麟虬，天漿既醉抛常羞。隻手能拓禹九州，匈奴斷臂舉眼收。險語破膽駭不謀，吁嗟子術非吾優。黄花欲放陳觥籌，白衣至矣饞涎流。

三疊心丈韻酬實堂丈

德星燦耀皖城來，耆宿欣瞻洛社開。客人醉鄉尋栗里，人争公室識澹臺。和風演漾標生面，古豔芬芳結晚胎。喜讀銅盤延壽字，忘年許我一尊陪。

三疊前韻酬張瑞廷大令毓蓂

青齊倚滄海，東眺何雄廓。張君挺其間，矯如雞稠鶴。平生愛青蓮，咳擬珠玉落。問尋香山翁，闖門發牡籥。歌高神更王，豈畏填溝壑。書甘十上窮，米竟五斗卻。荒江暫戢翼，一振已臺閣。位置聽彼蒼，甚美基甚惡。輸君看君飛，頌我增我愕。我無從政才，志稱由求各。我無餐玉方，出入曾雲託。我無鶴鳴陰，篚協縻好爵。再拜謝贈言，腳瘇欣然霍。時有足瘡未愈。

檢前詩落昨字韻瑞翁改贈一篇亦四疊前韻戲答之

詞場鬥兩雄，意量競恢廓。君爲雲間龍，余亦日下鶴。相向忽大笑，詩成韻驚落。譬如舞咸韶，挾羽而棄籥。又如訪名山，情忘探洞壑。又如受兼金，九取偏一卻。又如廣厦材，營構遺小閣。補之固已佳，不補亦未惡。任遭子瞻唾，那顧景文愕。而君謂不然，此憾要彌昨。寧使步驟同，毋出機杼各。南陔有笙歌，《泰誓》非僞託。刻燭綴短篇，不成飲巨爵。一字追亡逋，白戰神霍霍。

起鳳吟答林戟卿孝廉百縈次韻見贈之作

有鳳有鳳非凡儔，節節足足鳴何由。碧梧翠竹宜所求，琅玕茂實青修修。夕飲元霜晨出游，朝棲南岳暮丹邱。俯瞰鶯鷃紛昂頭，跳踉鼓翅翔清秋。九苞不炫採愈虬，汝矜爪嘴吾顏羞。歸昌一聲巢帝州，元音會見簫韶收。銜書暫雜隨陽謀，瑞應詎止五德優。我爲鳳兮進一籌，前途珍重奇律流。

霍邱舟中重九同彭心梅林戟卿賦得滿字 戟卿，閩人，萊翁癸酉典試所取士也

天人同一漚，日月疊雙卵。宇内形勞勞，達觀性坦坦。我生受塵縛，坐席焉擇煖。佳節不歸山，頻年滯旅館。今來淠水頭，兀對一篷短。西風捲黃沙，秋聲戰禾稈。伏龍暫起睡，炎官仍張傘。三尺吝甘霖，卻愁此方旱。淺瀆轉膠艇，得寸真可算。篙師努振臂，迫呼刺中脘。坐銷落帽豪，翻學題糕懶。黃花簪已羞，白衣信亦斷。觸目紛旅愁，同濟喜吟伴。兩君出新韻，强索理絃管。芒角空峥嶸，枯腸盡七碗。扣舷弄明月，綺語接款款。楚山澹相照，潁流清可盥。明當趨汝陰，卧看風帆滿。

九月二十六日萊山閣學爲余補作生日並招同人飲戲效山谷體賦謝 附和作

閏秋吾降亦八九，更擘潁螯呷潁酒。侍郎新法試庖手，銀絲紅玉脂流酥。松黃杏酢烝鴨雛，堆盤到口香味殊。幕天裀地會真率，主賓粲爛竹林七。坐雜龍虎余實蝨，白月上階星隱芒。起拂烏角三更霜，何以報

公天保章。

［附］

爲眉生補作生日並和韻贈之

孫毓汶

去閏留小真月九，玉溪生有願去閏年留月小之句。刻日爲壽飲君酒。桂林秋風菊花手，冬郎巧製一合酥。花豬團團盈握雛，非魚非蟹鄉味殊。破壞城府信坦率，茗盌翻倒玉川七。乃如之笑彼蟣蝨，怪我寒燭一丈芒。起視紺宇來清霜，帝旁翩落雲漢章。

萊翁次東坡《岐亭》韻見示書此奉酬

蘇晋繡佛像，愛其嗜米汁。美哉金叵羅，潤透講舌溼。披[2]戒壽我觴，逃禪計亦得。一爵色容與，二爵氣漸急。三爵起歌舞，滿坐亂鵝鴨。頹然徑就醉，餘馥散巾冪。潁陰十月交，天氣霜葉赤。風蒲宿寒雁，好景付崔白。照庭灺紅燭，催曉驚絳幘。珠玉落君懷，宛轉迸鮫泣。憶昔歐蘇游，明月幾圓缺。俯仰長相望，磊落西湖客。此邦古治邦，誰與奏鳳集。

疊戲效山谷體前韻酬顧滋如廣文光昌

林屋兩峰洞天九，五湖鱗碧浸春酒。洞庭扁舟落君手，香霏沁脾齒頰酥。畢竟老鳳清鳳雛，公論不敢人人殊。偶拈詩筆興可率，能事已近建安七。俯睨傭販褌中蝨，愧我鈍植遲拚芒。盤旋蟻磨三十霜，拜嘉頳面增周章。

再疊前韻柬萊翁

飲仙得君疑可九，願傾淮水變名酒。步兵彭澤笑携手，魚箋細擘凝瓊酥。寶花秀暈浮鬟雞，他題請試嗤晏殊。苦對甘蠅失彀率，錦囊但詫天孫七。阿房奇觀諷彼蝨，北窗被冷呼芒芒。急誅二豎飛檄霜，髑髏血手提子章。用杜工部花卿歌愈瘧事。

萊翁饋石老以羹二碗石老轉贈一杯戲疊坡老《岐亭》韻以博一粲 附和作

酸者呼拉湯，鹹者瑪糊汁。皆潁州人土語。一微黑而濃，一稍白而濕。故實既羌無，方言混登得。吾想下鼎初，戎荅需最急。投以錯著水，爛火烝壺鴨。傾以來其漿，瀝滓先辭羃。和以撒子鹽，卵醬色映赤。芼以渾提葱，寸根截雲白。亦有味履支，辣氣衝冠幘。熬成骨董羹，定知釜裏泣。頗類如何果，隨刀味不缺。君但勿侖吞，籠東忘主客。還勝皛毳飯，長載《東坡集》。

［附］

眉公新作呼拉瑪糊吟方言讀若紛綸滿紙謹謝不敏以九韻再疊乞降

孫毓汶

何人守夢夜失九，洶洶洞庭悉變酒。搥樓翻洲一舉手，家書錦字回瓊酥。含飴報添丹鳳雛，眉生頃獲家書喜得千金。喜氣到君詩格殊。陣圖新幻常山率，紛綸鮭菜二十七。盡掃靈麻收狗蝨，中書老穎不吐芒。免冠發禿朝怯霜，約法願君寬令章。

三疊前韻酬韓嵩蕃上舍

有人昨夜夢歐九，招飲會老堂上酒。持螯把杯費兩手，醒味其味清且酥。莘老具食走宰雛，謂宜君法製乃殊。君以口授以身率，五飪六和鼎登七。爭肥擇瘦豕語蝨，孤山老梅茁芽芒。雲鬟玉臂凌清霜，風月那合卿平章。

四疊前韻酬林戟卿孝廉

與子登舟作重九，帽無茱萸杯無酒。清甌一枰談對手，昨來共醉蒲萄酥。憾少玉盌擎鬟雛，君甘獨醒神絶殊。先生矩步弟子率，陽捭陰闔鬥雄七。披堅那顧胄生蝨，積債壘胸著劍芒。安得武庫排青霜，鐵槍横取王彦章。

五疊前韻酬魏賓堂學博

此老突過香山九，一生功德愛頌酒。餘伎足了鮮掣手，門庭盎盎醽春酥。瑶環瑜珥盈鸞雛，青箱世業經各殊。周旋與我尤諧率，叉必對八步對七。[3]挑燈作楷大如蝨，夜闌捫腹生角芒。亦思紅袖圍鬟霜，清平待我[4]賡三章。

自潁水入淮次萊翁韻

怡情到湖山，宦境忘僕令。樂哉王事餘，摇曳盪征榜。太清空點侵，坐嘯潁水净。淡墨揮新縑，逸致何雅靚。被色分施鹽，審聲辨雅鄭。定知此老胸，别有光明鏡。玦月林際上，珠露車根迸。煙渺魚隊斜，風定雁行正。陶然一推篷，萬象入歌詠。且謀築室始，相約歸朝竟。黄麻方待宣，初服恐難請。端知爲此來，娱嬉兩心更。

倒疊前韻再成别潁一首

來潁歡笑纔，去潁别愁更。帆風誰爲呼，盃月孰相請。一綫達誰[5]口，送客從此竟。嘸嗽挹許瓢，清姝繹坡詠。方舟淺旋深，碕岸曲兼正。

配環鳴下瀨，織文競攢迸。寒鶴嘯嶺笙，孤蟾瀉奩鏡。睢績未亞商，溱瀏恥伍鄭。江漢亦云雄，豐姿慚下靚。咄彼喈喈流，百濁溷一净。往來宜中沚，魚簑弄煙榜。隨地可神仙，奚必句漏令。

六疊九韻答張蕊亭大令

好語聯穿蟻曲九，詩格近規吴祭酒。持讀萬遍胝生手，明光獻賦嘗天酥。友侣鳳族招鵷雛，殿柳弄姿濯濯殊。泥沈十載呼坦率，不堪但説叔夜七。那甘濕絮逐群蝨，篇終健筆何銛芒。未須攬鏡驚蓬霜，牛衣幾曾老王章。

七疊前韻答彭心梅茂才

放翁腳跡禹州九，晚卧龜堂縱詩酒。寒螿鳴惜殺賊手，陸終耳孫顏腴酥。鋤苓服粉回童雛，家傳道要與世殊。人間游戲君領率，快比曾點偕六七。彈指幻變牛與蝨，太山百卉紛毫芒。君如連抱淩冰霜，我慚拔地蟠千章。

辛巳閏七月重泛巢湖萊山侍郎屬再賦詩得閏字八十韻

三載江淮間，舊路劣能認。牛渚訪温犀，青山拜李殯。鼓枻弄潁姝，停車望黟峻。即黄山。情得未忘言，有和從宿隽。巢湖兹再游，維時七月閏。暑退秋氣深，清霄卷雲陣。節勞陽侯弭，塵藉雨師汛。飛廉謹按轡，先導肅如儐。初發天門山，渡江不及瞬。繼溯濡須口，倍道詫神駿。既夕宿巢縣，未明争前進。四更殘月白，千丈曉霞縉。星河半明没，涵水動如瑱。須臾散旭日，萬象益滋潤。遠岫秀若鬟，近漪清見鬢。蒲紫浮淺茸，荇青堆亂鬈。中流澹無際，素瑩澈表櫬。布帆欺軟風，卓立逾兩仞。回眸縱四望，始覺尺軀僅。尚有小魚兒，三五狎龍蜃。晚傍仙姥足，竟夕相摩揗。危峰懸淵淪，方塘蓄泓溟。就中腹旅舶，庨豁可以娠。石罅綴青絲，屋角稠赤蕣。墟落不數家，朱陳自姻親。古廟壓罔怪，剥落露孤鎮。香火賴行客，占卜椴常釁。盛意容宿宿，惜少羊酒醑。因憶初泛時，寒飆刮雪刃。維舟隔荒渚，礙若車受軔。倒山踏鼉鼉，高浪駕虬麏。檣竿交激撞，水石互磨磷。推篷不敢視，瑟縮户深墐。倒篋翻夾錦，衣盡尚求襯。呼瓶共傾酌，村沽味薄韌。菜艱地主致，一飽那能餕。繞洲採菱芡，傍岸擷蒿菣。興寂敲枯枰，更深守寒燼。咆哮叫黑龘，睒閃照青燐。兢魂無醒時，魚腹坐愁殉。旦夕禱反風，差比窶待賑。今雖異往昔，心怯口猶訒。苦樂相乘除，觸景驚故疹。沈沈天宇低，落落衆星瞵。微意那及窺，神福殊未慭。夜聞榜人呼，明發風可趁。鄰舫各悄然，心羡去者順。聯翩趨彼岸，快意恣飽牣。喧聒甕争鳴，揮掃車交躪。帆怒鳥翼低，柁轉地鼓震。百里在俄頃，入舟天上晙。披衣起急視，再厲風益迅。前山來欲奔，側岸去如擯。瞥眼渺廬落，喘汗馳童齔。異兆捷馬當，嚮報先鴻信。神哉造物工，豈關人力引。默數兩往來，習吉占無吝。此水夙寥闊，戒途昔所慎。天意通正直，篤念王臣藎。霜雪苦蒙犯，跋涉滋勞愸。連抱皆杞梓，探懷必瑜瑾。所以明四目，佐理陛下舜。效靈萃河伯，政成圭佇搢。後來踵成軌，至喜歌田畯。鬚頰帶黄氣，一見歡問訊。謂宜紀以詩，再三命之諄。吁嗟蕞爾鄭，介居大國晋。前盟愧牽羊，兹戰定輿櫬。記昨嘯潁濱，擲瓦得璿瑨。閉口忽經年，汙渠久未濬。背疥極思抓，腸鳴歎己饉。彼姝坐上客，干旄方在浚。兵法俱孫龐，勁氣各廉藺。曷不整精騎，一效河北徇。近者下名城，遠亦奉琛贐。偏師定關輔，别將收璽印。先罰嚴壁觀，後至責私覲。九夏陳宫懸，考擊竭鼓陣。奮筆攄短懷，興到語未遴。恢詭娱友朋，一笑拉枯殑。

次韻答萊翁到潁之作　附原作

西風吹雨布篷重，野渚荒雞啼曉夢。千摇萬兀到潁陰，一角銅鉦挂簷棟。鳴珂佩玉出未央，西陵岷峨南閩漳。聯翩使節生輝光，朝廷日待調羹湯。霜林老盡珊湖海，潑眼流光安可買。莫辭佳節看黄花，且試新廚烹紫蟹。

［附］

到潁開晴喜示同人

孫毓汶

駢淮壓潁雲陰重，回首霍廬如在夢。何期一夕聚星眠，爛爛晴暉開曉棟。張南周北劉中央，吾儔共處仍夾漳。七日不鑿渾沌竅，八仙再醉麻糊湯。中秋風雨黑如海，倒把重陽佳日買。搔頭遥問菊花天，可須遠販江南蟹。

潁州西湖次韻柬諸同人

十載淮氛壓城重，前輩風流付漚夢。下馬爲叩聚星堂，榛菅滿地没甍棟。西湖城窟埋中央，何人決渠如引漳。坐令鴻嗷卧中澤，有破屋數間，乞兒居之。豈有龍氣移湫湯。我聞坡老袖中有東海，當時役力千夫不須買。安得縈流作態，依舊清而豐，霜後焦陂收稻蟹。

酬戟卿孝廉次韻

風流無復慶熙年，望古驚心愴晚煙。送老一裘蹤落落，照人雙鷺影翩翩。星堂此後誰賓主，月夜從前醉聖賢。我欲因君頻夢越，西湖占斷是逋仙。

嵩蕃爲余生日作詩二首索和再疊前韻

舞鶴氍毹翅翎重，十年不作觚棱夢。半世功名鮎上竿，千里驅馳雀戀棟。韓侯逸興何央央，詩臺高矗卑鄴漳。兩年爲我懸弧矢，一語隨俗嘲餅湯。短檝日夕共淮海，好鄰絶勝千萬買。紛紜世故勿復論，且試新茶煮魚蟹。

次韻魏實堂學博志厚見慶

心契勞傾蓋，交深漸忘年。酒樽移北海，琴劍倚南天。縞帶符情厚，金鈴比句圓。相期疑太盛，過愛本無偏。四坐門登李，三秋幕共蓮。吟懷紛玉唾，觴政競鈎拳。愧我羈淮甸，酬君缺楚筵。隙駒虚碌碌，藻鳳負翩翩。葭水他時思，苔岑此日緣。帽宜簪嫩菊，衣勸著新綿。遣興惟杯物，娱情有賦篇。竹孫方挺秀，珍重籜龍鞭。

三疊前韻酬萊山侍郎兼求筆跡

瑣院晴紆金帶重，捲簾花燦管城夢。駮犖飛來延壽瓦，春容置我華清棟。兼蒼遠泛秋水央，建安賓從羅銅漳。曹醇周醪畢心醉，頳潤腸膩陳蘭湯。鐘王古法妙鴻海，六角蕺山競持買。睡餘墨浪舞神虬，筆過窗棱走寒蟹。

代魏實堂戲答遲庵侍郎四疊前韻

霜華冷壓碧鴛重，鐵衾冷抱梅花夢。空吟靈雨濕仙山，用東坡《次曹輔寄茶》詩意。敢冀朝雲飛畫棟。綺語催春娱夜央，雀臺麗窈收芳漳。佳人佳茗例許同供養，不然恐負銀瓶，第一團鳳湯。吁嗟乎，木石回腸歌小海，咄嗟那致斛珠買。雪髭怕聽吟白頭，惆悵當年説戒蟹。

重九前日將發潁州遲庵侍郎招飲有詩次韻

異鄉佳節等閒過，興到茱萸速共哦。坐客喜無今日少，新詩投較去年多。三更明炬參真宰，一院涼鈎照叵羅。風急曉帆催別潁，淮南山色又高歌。

野菊四首次戟卿同年韻

照水葳蕤格韻幽，十分澹瘦怯經秋。娟娟顧影長淮路，盡日無人替寫愁。

紅玉枝條白玉芽，一天霜露費咨嗟。貧門寂寞逾清艷，肯占風流鬥野花。

羅含宅遠難移植，陶令樽空漫品題。堪笑人間重金屋，但教梅聘海棠妻。

倚竹遥憐翠袖寒，殷勤寄語補籬完。衹今未到春時節，便惜春歸睡不安。

次韻謝實堂餽藥丸

聰明悔悟卻求癡，衹恐癡儂未入時。藥物累君貽遠志，夢魂勞我贈將離。十年慚獻金門賦，一紙深鎸鐵板詞。從此注騷需擱筆，要删香草美人思。

壽春覽古次萊山侍郎《咄泉詩》韻 附原作

高城壓淝雄，連山擁淮壯。翻奇千里平，搆險三面浪。古來百戰地，攻守各殊狀。當關呼一夫，萬馬噤南向。風鶴有餘威，草木駭相望。沙戟何茫茫，寒煙到炊餉。清闐還舊觀，容我扁舟放。盞泉薦秋花，杯酒酹湖漲。仿佛髯仙游，低昂縱飄漾。招隱既荒唐，竊識尤奸誑。愚智等寂寞，不如一尊暢。平生磊落胸，對此揩真妄。

［附］

壽州咄泉詩

孫毓汶

久游骨全疲，見異心始壯。喜談劍鋩山，厭説縠紋浪。咄泉信殊特，劇月出奇狀。萬珠騰一喝，百琲紛四向。群奔助狂叫，競吐慰渴望。不斷儼纍貫，弗竭類井餉。怒比羹乍沸，笑如花亂放。視我口開闔，爲爾竅縮漲。茗烹資溢滎，禾溉仰導漾。浮漚理可悟，湧斛喻非誑。吾儔共萍泛，泡幻話歡暢。願藉聲聞禪，一發綺語妄。

長淮泊舟風雨竟夕招戟卿同年飲並柬溢如

淮流倒注欲不東，巨浪翻雪排狂風。峨舸十丈如偃虹，漁舟一葉飄秋蓬。沉雲催雨天濛濛，暝煙斷續啼征鴻。野蘆聲戰元黄龍，潮生夜半人語同。起尋衣笥裝綿重，我友伴卧滄波洪。相視日夕寸心通，荒渚漏寂吟寒蛩。酒懷喜進詩腸空，一樽過我驅睡蟲。

溢翁見和原韻輒疊賦謝

文場宿將山西東，氣凌八極生英風。豐城入手光飲虹，三峰遠阻壺嶠蓬。神仙煙雨疑渺濛，南遵粤海邀歸鴻。東游徐沛窺雲龍，船燈此夕淮壖同。撚髭笑擁寒衾重，快比肩袖拍浮洪。並擬恨賦删文通，大聲水上喑群蛩。超超眼界塵色空，蘧然夢覺忘雞蟲。

惜别三疊元韻戲柬溢翁　附原作

燕飛西去伯勞東，天涯咫尺牛馬風。憐卿窈麗顔如虹，爲儂憔悴首如蓬。凝眸遠盼天暝蒙，尺書欲寄無魚鴻。卿不見，當年遠戍羈盧龍，搗衣夜月千家同。又不見，藁砧山外山萬重，河陽幕下招石洪。風雲壯志遇會通，焉能相守驅虛蛩。辭卿此去劍倚空，燈花好撲釵頭蟲。

［附］

三疊古意柬示眉生

顧光昌

挽郎不住淮流東，留郎但祝打頭風。送郎上馬氣若虹，妾腸百結隨轉蓬。臨淮關前煙柳濛，凝目盼斷飛長鴻。君不見，東家繡幕新乘龍，鴛鴦鈿合雙和同。又不見，西家金屋閉重重，覓取如願來青洪。私心脈脈靈犀通，苦語未敢鳴秋蛩。願郎冀北群早空，雞鳴共夢驚飛蟲。

登盱眙山觀玻璃泉俯瞰洪澤湖放歌

春游玻璃泉，巖花谷鳥同嬋娟。冬游玻璃泉，鳥歸花落山幽然。一年景物萬千變，惟有泉聲依舊流涓涓。涓涓下與平湖連。平湖接天無際岸，使我北望開心顔。開心顔，長太息，美人窈窕侍帝側。含睇宜笑容儀光，被服纖羅鼓華瑟。瑶池日夕宴賓客，群帝驂翔從太乙。王母侍者不在旁，黄鵠誰假雙飛翼，道遠莫致徒太息。太息兮遠望，見廣莫之門，崑崙之圃。翳華裾兮佩明組，冠切雲兮腰大羽。六螭高駕凌紫煙，隨風按轡排閶户，九關盪蕩天不許。我欲渡水河無梁，我行山阿荆棘長。悲風颯颯霜霰重，狐狸嘷嘯龍蛇藏。天荒地老疑徑絶，豈惟步兵慟哭非猖狂。非猖狂，拔劍起。擊巖石，飲泉水。歌聲激越寒雲委。泉清百尺照見底，巖石潾潾可礪齒。湖水不枯，此泉不竭，澎湃流清泚。淮山不崩，此石不爛，磊落懸蒼紫。千秋萬歲不滅常如此，東逝滔滔，疇柱而砥。

次韻答魏實堂志厚學博

此心不濁更無清，妙悟聊參瀉玉聲。樓閣崢嶸通一綫，湖山澮濘豁雙明。真源問慣途能識，險徑探多步總平。三門塵煩今滌盡，漫勞輕重辨銖衡。

再疊前韻答實堂兼呈孫萊山侍郎

酒律詩懷分外清，齒牙芬散有餘聲。最難道合稱知己，衹恐才疏棄聖明。鴻爪後緣留日下，蝸名前路問君平。輪囷肝膽憑誰吐，一事娛人是泌衡。

留别三疊實堂韻

旅館蕭條客夢清，爐灰坐撥聽雞聲。愧無文藻成三賦，剩有疏狂比四明。滁澗夜吟山雪重，楚江歸看晚潮平。知君老負王充略，獨向晴窗著《論衡》。

舟泊岳陽城下登樓懷皖中舊游

雲中遠岫疊青螺，雨後平湖漲碧波。畫景徑宜招北苑，詩人憾獨少東坡。蘇詩集無岳陽樓詩。千年嶽色常蒸浸，萬古樓頭幾醉歌。爲想江南吟眺處，清風亭外夏山多。

三年浪跡託征鴻，樽酒論文處處同。今日獨歸江漢上，懷人此夕洞庭東。孤城晝暝湖邊霧，五月朝寒水面風。一事關心陳與義，巴陵苦説句難工。陳詩有“詩到巴陵苦未工”之句。

柬陳仲耦觀察建侯

開闢奠兩儀，物滋號逾萬。洪冶一爐鞲，相去豈曰遠。水火以氣行，無生氣弗善。草木雖能生，瑰然知識悶。禽獸差有知，失義又頑鈍。惟人四者兼，可貴不可賤。嘗讀荀卿篇，名言謂足勸。達仁透宗旨，理徹更無憾。妙闡氤氳符，窮究神鬼變。百象紛起滅，機權在方寸。剥極必終復，震動斯受艮。消長任自然，盈虚攝左券。大人足調燮，細人安眠飯。衆人嗟勞勞，位外復何願。

包犧結繩治，義盡圖畫中。姬文綴微辭，幽賾理難窮。六爻多發揮，闡述於元公。宣尼贊韋編，大義昭發矇。愛哉四聖人，豈惟參兩功。斯文揭日月，萬古光熊熊。後儒競章句，鈎棘矜魚蟲。抵隙爭毫釐，水火紛交訌。重霄病霾晦，掩卷不欲終。先生痛湔之，赤午回清風。刊有《易經正文》。奇癢得爬搔，礦石資磨瓏。枝葉芟幾條，老本開春容。虚堂息群喙，深念酬主翁。及知衡氣機，無言洩鬼工。天時與人事，何者非渾融。返真見三古，漢宋吾安從。

再柬陳仲耦觀察

壯夫命志輕萬里，要飽風雪鶩山水。安能欠伸屋打頭，哈脯從人拙爪嘴。陳編獨抱酸到骨，聞道無涯亦可恥。先生昨者海上來，爲言海市供歡咍。吞刀吐火非誕幻，馴龍伏虎真雄傀。亦有鬼斧能架構，開場選勝何奇哉。置弋嵬瑣雜跂脈，雕搜珍賤窮靡胚。豈惟狂瞰蕩胸鬲，高談已足心顔恢。吁嗟乎，滄桑雲狗大游戲，眼見鮫鰐巢平地。無事但可補山經，烈火隆隆遲一試。

得内子見寄七律一首 附和作

獨坐幽齋萬象空，豪情下與舊時同。多蒙遠路貽江鯉，並説春寒透閤櫳。晚翠衣香紅杏雨，踏青天氣緑楊風。花晨月夕真辜負，安得長橋跨彩虹。

［附］

寄　外

劉韻梅

一輪凉月正當空，滿院蟾輝處處同。斜照書齋窺鏡檻，暗移花影度簾櫳。有懷欲訴千山路，無語難禁五月風。自古男兒輕遠别，可知意氣比長虹。

寄示壬兒森兒葆姪三首

行年三十四，子多如茁筍。膝下添三丁，壬也較聰警。早歲分之無，弱抱得天稟。今漸能讀書，我歸遺棗餅。

汝命宜貴壽，兒生時周伯晋太史嘗評八字。胡以質不文。得非樸礦中，光蘊球與珣。念汝少多難，陟屺傷白雲。何時答幽怨，永慰北山墳。

葆也猶子行，吾豈不愛之。同氣三人中，惟汝尤嶷岐。父祖有世業，光彩增門楣。拭目庶成立，樂哉肩可隨。

禦冬吟四首

擘　柑

楚國有高士，其名曰黄甘。後至乃封侯，美爵非所貪。願得侍君王，咀嚼助清談。功成一舉手，雪落風慘慘。

煮　菘

白菘美於豚，緑菘酥於蜜。小爐燒榾柮，慢火出芬苾。呼僮啓錡視，春氣滿户室。酌以玉色醪，一醉吾事畢。

煨　芋

昔者懶殘僧，輕與人間事。但食勿多言，鄴侯等兒戲。偉哉蹲鴟物，鼎鉉期立致。蕭炅固不學，惡烏謂可棄。

劚　筍

漢人不識筍，煮簣久弗熟。我有長柄鑱，爲斫角萬犢。戢戢東籬下，穿苔氣逾足。寄語李彦深，但咒莫成竹。

【校記】

〔1〕據上篇范軾詩，“繁”下當脱一句共七個字。

〔2〕“拔”，國圖本作“破”。

〔3〕“叉必對八步對七”，國圖本作“温叉曹步争八七”。

〔4〕“待我”，國圖本作“才調”。

〔5〕“誰”，國圖本作“淮”。

蘸園詩鈔卷二　燕魯漫游集　光緒丁亥至辛卯

黄陂　眉生　范軾

丁亥臘月由袁浦陸行至京寓沙土園蒲圻館適周伯晋太史錫恩與同館新創雪初吟社是日初集賦得水字强余屬和勉書所懷

季冬陰氣凝，冰凍膠兩軌。日暮號寒風，餓鴟聲四起。千里莽川原，兼旬斷炊米。汗游苦塵鞅，那得窺案几。朅來王國中，銀闕耀新蕊。故人臺閣彦，列坐又君子。集者余晋珊侍御、陳冠生修撰、崔槃石中允、文仲雲庶子、丁伯厚、張子虞、張燮鈞三太史。雪窗鬥彩筆，詞源傾峽水。我才愧桓鯢，君輩如逝鯉。壁觀馳白戰，瑟縮森十指。頃從淮左來，民事殊昔比。河流决未復，畚梮屏衆技。至今高寶間，横潦失沙嘴。高陽李相國及子和河督，皆以此被譴放歸。杞人亦何爲，念此嗟未已。流民不忍圖，圖之費筆紙。王畿旱既甚，薄雪聊可喜。詩成如諫書，雅奏非靡靡。文采振天漢，威鳳集爰止。下里奚足論，緑衣綴黄裏。

贈歸善鄧鴻臚承修還粤集李仲璇魯孔廟碑字

英靈蔚粤秀，嘉胤承南陽。解褐游上都，山客登明堂。一疏昭日月，載歌生風霜。氣振金石韻，道溢丹青光。緬想邁管樂，高視踰魏房。屬際堯舜時，四門辟貞良。舉足柏影重，覽暉梧葉長。君由部郎躋臺諫，旋列卿貳。璇衡出焕爛，瑶宇覩休祥。扶蔬應聖期，穆穆何皇皇。代世歷新故，天驟秘參詳。華夷持和議，使節紛相望。布德宣仁化，飲馬肅遠方，乙酉歲，出爲越南勘界大臣。衿領判曲直，輔車繫存亡。一隅不足云，軍國貴平章。疏言"臣頭可斷，此土不可失"云云，忤權貴，幾落職，幸朝庭鑒其忠鯁，召還爲總理各國事務大臣。武克微言重，文儒千目張。燕巢有孤笑，鳳儀無庸翔。終以與當軸不合，乞病假開缺。歸歟謝神虎，牛後豈龍驤。深趣逐雲白，逝川哀河黄。順流泝海岱，眺月理宫商。柱史訓知足，懷寶復何傷。

壽徐蔭軒家宰　代周伯晋

皇帝撫宇，九纏奠謐。天清地静，文辟武翕。日耀紫微，星煌鬥極。觥觥鉅儒，應期作弼。

鉅儒伊何，相國徐公。五常蘊智，九德植躬。氣凝秋肅，神藹春融。百川鉅海，鱗介黿龍。

起家清要，陟位台輔。鑒撰九齡，箴陳藴古。治挈洪維，術陋虞補。稷禹揖讓，孔周室廡。

西山一編，辭義宏括。邱氏補言，物大理博。兼綜二家，孰存孰削。雲霧揮張，塵堨開豁。

張能刻苦，陸亦精微。賢關識踞，聖域知歸。春芹薦絜，秋藻流輝。煌煌卓議，海宇是依。

行本文末，知言□□。匪華斯誇，而實是尚。冰映懷清，月懸鑒朗。造士金鍼，量才珠網。

某也蕞陋，竊比師門。文章可見，性道難聞。傾崧迷峻，瞻河懵源。挂一漏百，罔罄言詮。

昔在申甫，夾輔姬周。亦越宋室，文富優游。矧公道德，無與比儔。永延洪算，壯我清甌。

獨流梁氏雙貞女蔣藝樸太史同年式芬屬題

静海彈丸不百里，一門兩見奇女子。女子近死三十年，芳名留映獨流水。獨流之水何洋洋，女子之節何觥觥。一死從夫一殉父，路人至今猶慘傷。女志不苟生，生類鴻毛輕。女死非尚勇，死逾泰山重。從容就義堅弗渝，昂藏鬚眉愧不如。噫嘻乎，乾坤間氣鍾帷薄，曹娥衛姜何落落。伊誰守土司風化，讓此冰霜兩磅礴。我願人生常存烈女志，不願人間屢見烈女事。烈女一死再死長已矣，千古齊墮杞人淚。

湯符階大令炳堃任均州時麥秀雙岐寄詩用其韻和之

循良今見老張堪，漢廣謳吟遍召南。微物豈知祥瑞應，寸心能致雨風甘。豐年人語真含樂，儉德天功本不貪。秋稼如雲山路滿，壺漿争遶勸農驂。

漢川李采三教授策清以祠堂圖見示爲賦八絶

三臺樵唱

平湖勝蹟説三臺，深谷爲陵理費猜。滿眼楩枬增美蔭，殷勤猶憶昔年栽。

六港漁歌

漁舠江上狎風波，六姓朱陳共結蘿。煙靄漸消朝暾露，雕甍畫閣影嵯峨。

吴溝秋月

良疇千頃傍吴溝，蛤吠蟬吟與耳謀。最愛蓼紅蘋白外，一輪冰鏡挂新秋。

陂堰春波

春江鴨緑漲晴漪，遶屋芙渠正弄姿。燕子晚歸韡浪細，天然一幅輞川詩。

鶴仙古渡

騎鶴仙人去不還，清渠一碧漾前灣。渡頭倚杖看歸鳥，日落西崖紫翠間。

竹嘴清溪

漢川修竹森千畝，聞説蕭疏感昔年。獨有溪聲無近遠，暗隨琴築落階泉。

金盆夕照

丸丸松栝峙靈區，圓蓋金盆似畫圖。試問季倫園谷裏，神工雕鑿似今無。

玉帶朝曦

水遶當門映紫微，高陽門第有光輝。丹楹珍重傳家物，管領兒孫玉帶圍。

舟行楊柳青次中伯權觀察恒韻

人家夾岸不嫌荒，一例笙歌選勝場。回首霓裳仙詠遠，使君可似舊時狂。

夕陽低處曬漁叉，楊柳青青拂路斜。一帶野花偏解語，秋深嫋嫋壓輕車。

劉氏歸余五年矣從至燕京旋游山左艱瘁不辭以庚寅三月二十六日病歿兗州道署爲詩哀之

五年一夢付浮漚，南北風塵伴客游。蓮子結成心帶苦，桐花開盡葉驚秋。五年中，小産數次，終以産後致病。藥鑪經卷終何術，鬟影釵光逝不留。蕭寺城西斜照處，好尋歸路返松楸。暫厝署側火神廟。荒城卧病竟無醫，幽憾茫茫屬纊時。燈畔呻吟長憶母，枕邊啼泣尚將兒。一子小同①，年甫三歲。我緣蝸角頻濡滯，君已蠶房脱縛羈。地下素心應共語，十年兩賦悼亡詩。辛已五月嚴孺人卒時，在皖江未歸，至今抱憾。

四十初度病中口占

三郎四十太郎當，老矣華髭漸欲霜。世事馬牛風裏過，人情羶蟻味中嘗。哀蟬一曲下庭葉，歸雁數聲驚晚涼。我病因愁愁更病，魯王城畔露蒼蒼。

送小同兒扶櫬歸鄂

送汝南歸去，吾衰益可憐。不堪生驟别，那况死長捐。老僕供盂飯，雛兒奠紙錢。音容今更遠，泉路憾綿綿。

汝稚嗟何恃，南行况路賒。半年聊代母，千里乍辭爺。老僕容憐倚，慈靈要護遮。孤篷看渺渺，獨灑淚天涯。

---

① 小同及蕻園先生幼子（行四）范熙楨。范熙楨，號稚眉，先於光緒十三年丁亥八月十五日。蕻園先生號眉生，生於咸豐元年辛亥八月二十五日，父子二人同爲亥年出生，月日相同。故范熙楨號稚眉，小名小同。江西大學堂畢業，曾任宜昌關監督公署科長、江西省南城縣長。

庚寅八月二十一日送兒子小同濟寧城外登舟追歎前事感不成寐代書千字寄示妻兒

慼慼割親愛，悠悠立河湄。去去望歸帆，慘慘傷别離。别離亦有分，此實摧肝脾。前船父與子，歡笑歌駒驪。後船母與兒，推窗看雲飛。時中伯權觀察送其封君及令妹甥旋楚，亦至濟寧登舟。終然一雛燕，羽毛未褵褷。不識别離苦，但解牽我衣。宛轉付僮僕，淚下如綆縻。念汝襁褓中，從母走京師。冬月過泰山，冰雪犯崔巍。車箱轉犖确，顛刺髓徹榷。荒雞咽曉鈴，馬蹄蹴寒澌。黄河鳴啾濺，壞雲天四垂。凍燃野店楷，饑啜道旁糜。汝母抱汝泣，十生九則危。三載滯鳳城，黯黯白日低。珠桂論采薪，琴劍安扊扅。南人厭北俗，臭味終差池。嗟哉無乳哺，充腸雜粉粢。汝母瘦如柴，井臼强撐支。而我增毷氉，連戰曳鼓旗。科第不可掇，霜華變髭鬚。破涕開我顔，形完神實虧。偶然卧牀蓐，從不求刀圭。明年復再索，噩兆占熊羆。亦知事非祥，匝月棄如遺。在都再舉一子，不育。聽人甘蔬糲，無緣貰參芪。展轉事東游，舟車逾奔馳。漠漠魯王城，官廨差清夷。棗下三間屋，南簷納晴曦。謂可乞小休，息肩理樿椸。汝漸下地走，能噉楂與梨。冬宵鬧燈燭，春夜宣鼓鼙。娱樂曾未幾，汝母嬰百罹。譬如欲滅燈，閃倏餘殘暉。雖有一木存，不救大厦欹。履霜嗟漸積，後時悔何追。世無跗與扁，俗手焉能爲。二豎肆毒螫，龍雷争煽吹。枯魚吐沫盡，撮口徒噞噅。春蛹將脱房，奄息如游絲。我行沂水上，旬月時事非。歸來但束手，肉骨無良醫。掩袂對相泣，眼血枯莫揮。永謝人間世，不復親房幃。開櫳斂鏡臺，一步三歔欷。啓篋檢鍼繡，點點斑著緋。汝雖未解事，失母能勿悲。半載從我居，嬌慣憐嫛婗。盛夏赴河滆，留汝老僕隨。驕陽灼四體，頭腳瘡纍纍。叫呼徹晝夜，膿血殷淋漓。及今凉可藥，汝又與我違。解纜任城閘，挂帆京口磯。忍將好言慰，痛如心在劙。行者爲太息，舟子爲揮洟。好扶汝母櫬，汝母陰護持。勿索阿爺急，阿爺有見期。許當重九日，可至漢江涯。重九多風雨，燠寒慎所宜。沔彼江與漢，二水無澠淄。異源而合流，東匯何逶迤。我家漢水北，古縣黄子陂。結茆三五間，十畝供耘菑。慈母即汝母，温惠我所儀。矧汝最煢獨，撫視理無私。汝神肖汝兄，全在顙與頤。試使嫣然笑，眉眼逼似之。阿兄聞弟來，握手交歡咍。阿姊聞弟來，出閣相提携。諸兄姊妹行，擁觀塞門楣。投汝棗與栗，啗汝餅與飴。庭前四五樹，樹樹連理枝。門外三兩塘，塘塘水漣漪。嘒嘒秋蟲鳴，關關春鵲嬉。後堂聽金石，前院調壎篪。毛裏既相屬，耳目漸可移。勝於在我旁，骨瘦氣慘悽。生者得所託，死者吾不欺。暫厝村北原，行葬先隴陲。淑臣府君之墓在窯灣山邊。下有同穴人，執手相葳蕤。生未佩鍼管，死猶戀庭闈。冥冥九泉下，終古侍嚴慈。春秋奠一罍，松柏植四圍。伐石棄幽壙，濡筆攄銘詞。寫我生存憾，慰彼身後思。容華不可見，夙慟那得彌。我今四十年，衰病交攻擠。自從送汝歸，秋風侵骨肌。兩耳腫且聾，兩目昏而眵。酸鹹歷世味，安能久局羈。誓歸理農圃，永得親塋祠。有婦能持家，有經兒可治。倘佯游物外，足以傲皇羲。鯤鵬圖南溟，斥鷃搶樊籬。小大各有殊，適性理則齊。落葉下空階，凉月墮半規。耿耿照無寐，蟲聲夜凄其。舉頭望星漢，低頭吟此詩。詩成趁歸鴻，寄與梅鶴知。

題濟寧新拓漢郭有道碑寄魏石塘

石塘老友真嗜奇，爲我遍搜兩漢碑。瓊瑶燦爛十餘紙，朱籤一一紛標題。景君魯相並羅縷，就中最喜陳留遺。云此神物後出土，二千年代無傾虧。胡爲彼蒼不愛護，一朝炫露遭俗嗤。長鑱短斧競捂擊，坐使拱璧生瘢胝。漢季天綱亂權竪，乳母常侍阿柄持。西園鬻爵逾千萬，次亦百萬傾家貲。回天墮雨勢噂沓，奈何赤手撩蛇虺。甘陵兩部實首禍，膺滂儉馥言太危。三君八俊盡一網，填屍北寺嗟罣罹。山林朝市俱不保，世外尚有經人師。太原先生早見幾，清不矯枉貞不違。獨覽乾象探圖緯，雖有臧否無抵巇。淵海湛深望莫測，但覺鱗介宗龍龜。考終已協洪範吉，休名永與范史垂。議郎文字不苟作，生平無愧惟此詞。片石巍然高六尺，鴻篇仿佛盤蛟螭。惜哉點畫多剥蝕，暗誦蕭選如見之。出非其時仍厄閏，令我望古傷延熹。

次原韻答内子二首時冬至後五日也

問余何事苦淹留，大地茫茫侈壯游。短策縱談經濟術，布衣常抱國家憂。梅花有憾春無主，風雪漫天役可休。寄語故園勞盼望，一篙趁暖刺江頭。

心逐歸鴻跡尚留，夢魂時戀故鄉游。一箋遠寄頻添憾，百榼雖斟未解憂。冷雁漸催新暖到，寒禽仍覓舊林休。殷勤璇錦無多字，默訴東皇爲轉頭。

新柳行二首

春煙和雨漾輕碧，青青垂柳映芳陌。柔條拂水綰千絲，嫩葉梢風捲三尺。梢風拂水兩横斜，竹外桃邊處士家。未慣折攀防繫馬，學成妝髻僅盤鴉。行人艷説武昌路，武昌曾種萬年樹。高枝遠受液池波，低柯近帶曲江露。舊條已老新枝發，再到陶公仍秉鉞。著意摩挲樹十圍，多情愛惜春三月。清明時候養花天，濯濯靈和曉殿前。似經張緒風流賞，猶憶王恭游讌年。游讌風流今在否？新詩補付甘棠後。紅板低拖雙斂眉，白門斜襯小垂手。東風不住語流鶯，别有深懷未惜聲。永豐南角無人問，倘觸瑯琊顧盼情。

榆錢疊砌春無語，過雨蘆芽抽碧渚。刺桐花發杏子肥，海棠照夜光凝炬。武昌宫柳何青青，妝成淺翠如娉婷。三起舞腰學漢苑，百回垂手拂旗亭。借問此柳誰手栽，人道陶公今再來。陶公舊種千株樹，盡向液池深處開。山川不改前時秀，濯濯風姿還似舊。我懷張緒想當年，珍重奇才支宇宙。

落花行

沈香亭子春脈脈，楝風梅雨連江白。蜂慵蝶殢怨春歸，獨爲落花轉愁劇。憶昔花開繁盛時，紅肥緑瘦襯臙脂。金谷廣張名士宴，檀板高唱謫仙詩。幾時詩酒剛停罷，春事闌珊朝復夜。西墻芍藥號將離，東圃海棠催下嫁。西墻東圃各悄然，杏妒桃羞衹可憐。繫馬不堪抛柳綫，買春無計費榆錢。當年培植園丁在，再過忽驚臺榭改。待燕重裝玳瑁梁，藏鶯巧借珊瑚海。飄茵墮溷本尋常，歲月堂堂倍感傷。通明殿遠群仙到，願與東風送緑章。

蕺園詩鈔卷三　江漢課子集　光緒壬辰至丙申

黄陂　眉生　范軾

大冶鐵山歌

鐵山三千六百九，嶄巖藏金自古有。夜光睒閃流螢飛，晝景掀騰老蛟走。鏐鋈鉼鈑各異名，洪鑪鑄鼓使人驚。當其頑礦閟精氣，千年黝色長峥嶸。周官重職丱人掌，梟氏栗氏紛徒黨。三品定制劃龍龜，九鼎窮奸駭魅魎。黄金爲上白金中，爾鐵亦得齊銀銅。牛腹鹽官雜漢讖，火羅貘糞開嚴蒙。唐坑宋監留遺蹟，都局元家罷工役。占城不獻西天烽，高昌那致青鍮石。衡嶽蜿蜒插天半，天半寶光插雲漢。勢若萬馬奔平川，一綫懸崖忽中斷。大峰小峰争錯落，冶城四面疑鑱削。江流東去水錚淙，雲開遥見武昌郭。傳聞此地富珍儲，英英雲氣時呵嘘。一自當年禁斮劚，山靈守護緘丹書。地不愛寶汁流浦，鐵花鐵樹露三五。苗旺初驚梟雁翔，芒寒微訝虹霓吐。四夷賓服新政平，千夫鎚鑿聲丁丁。不待揀沙游麗水，居然插劍望豐城。大府殷勤費討講，山民焉敢持鷸蚌。礦師遠致碧眼胡，火輪近試黄石港。十里五里官符催，千觔萬觔載鐵回。大别山頭架鑪鞲，朝朝暮暮聲如雷。鬼斧神工世罕見，要使精金成百鍊。爲銚爲鎛待陶鎔，詎祇商民稱利便。噫吁嘻，採金鑄幣始莊山，無金鐵亦紓時艱。安得聚將九州一大錯，點成金銀臺闕，磊落常躋攀。

湘潭後湖蒓菜歌

湘南泉水碧如油，明湖萬頃清而瀏。菵蒲回遶九十汊，桑麻倒映三千疇。中有香蓴最滑美，嫩如蟹脂軟如髓。紫絲細雨護龍髯，青縷斜風摇雉尾。連根接菜葉相當，一樣江南雲水鄉。箇箇荷錢排姹女，絲絲荇帶綰吴孃。春風遠度錦灣曲，山色湖光看不足。前谿欲開麗子花，别蒲微長湘妃竹。網得白魚新煮羹，酒簾飄處雨初晴。蜀薑越桂兼雙鱠，陸酪張鱸共一鐺。沿湖一片玻璃彩，數點清香奪蘭茝。此味從無俗客知，佳蔬未許豪家買。寵蓮孌藕非偶然，翠鈿冰縠晚凉天。洗筆池頭歌水櫂，石鰭山下繫漁船。輕舟又過空靈岸，十里蓴風香不斷。筠籃滿摘露葵呼，蘭槳低送雨花唤。移根千里定江東，異事堪驚百歲翁。君不見芳草十步古所歎，莫將季鷹風味誇吴中。

廣蘇子美夏意

何處風來百種香，芙蕖的的散回塘。牽將小艇摇新翠，盪出明湖透晚凉。

突兀奇峰起夏雲，諸天真宰鬱煙熅。擬將世界炎蒸氣，洗换清凉到十分。

碧穗炊煙當樹直，緑紋溪水趁橋彎。黄昏飽飯渾無事，閒看江南雨後山。

一樹纔開楝子花，深深庭院短籬遮。日長午睡方驚覺，乳燕初飛未肯斜。

櫻桃熟後熟楊梅，緑暗紅稀漸欲摧。細雨魚兒吹水荇，斜風蟻子弄階苔。

田水今年一尺寬，柳陰叱犢罷朝餐。秧鍼抽處桑田密，麥浪翻時草閣寒。

潑墨濃雲送晚雷，連江好雨鎮相催。安排畫燭題新句，一道虹霓落酒杯。

聞道東瀛碧漲高，欲翻地軸騁靈鼇。北窗卧足羲皇上，忽憶乘風射怒濤。

飼蠶曲

種桑望桑肥，飼蠶望蠶好。莫愁桑葉稀，祇恐蠶先老。東鄰有少婦，日夜喜提筐。西鄰有弱女，守箔朝朝忙。朝朝復暮暮，採取桑兼柘。盛以青絲籠，眠以金璘藉。再眠桑漸低，三眠蠶始齊。小姑纔簇蠶，未諳學添梯。四月少閒人，家家事蠶作。租吏莫相催，蠶忌閉深閣。深閣亦暫閉，食葉聲遠聞。阿誰初下筆，幾日織成文。

追和東坡《虢國夫人夜游圖》

唐皇幾暇四夷賓，深宫御宴娱芳春。朝臣文士希進奉，清平一調屬才人。千金競買娥眉笑，粉黛六宫生光耀。楊家姊妹艷如花，選入椒房神采照。華清賜浴春泉温，霓裳曲舞映朝暾。大姨三姨皆貴寵，八姨淡掃尤承恩。天街夜月明如晝，寶馬香車擁前後。黄金絡轡珊瑚鞭，白玉鞍韉雲碧袖。侍兒簇錦隨花驄，宫娥結隊摇燈紅。右拂左縈出輦路，千乘萬騎來回中。三郎沈醉朝復暮，五宅酣嬉自來去。廣平避道不敢争，丞相回嗔能勿懼。漁陽烽火驚俄延，玉碎香消劇可憐。賸有馬嵬留錦襪，更無西市騁雕韉。朝天素面人何在，飛鞚黄門形未改。憑誰意匠費經營，縑楮流傳閱千載。丹青神品推張萱，似曾攝致鴻都魂。驚鴻游龍宛得見，漢家趙李安足論。我觀此圖三歎息，當年内府詎難得。山河舉目望蒼凉，千古佳人多傾國。

畦桑詞

畦縱横、桑高下，雲之油油，籠蓋四野。桑曲直、畦短長，雲雨既渥，葉沃而光。震雷驚、倉庚鳴，百果甲坼，卉木萌生。春日何婉孌，照我東南隅。行行至中田，相與携犁鋤。朝决畦頭水，夜築畦旁渠。畦前種薺麥，畦後盈葴蔬。留此一片土，珍護桑秧儲。截以溝畝澮，和以墳埴塗。連根帶曉露，分載滿篝車。二月初吉，天朗氣清。谷風習習，農人趣耕。迺睠桑田，欣欣向榮。猗彼士女，聯袂謳吟。草長江南曲，雜花開遶屋。黄鳥高下鳴，飛向桑邊宿。桑枝漸長桑陰齊，家家準備蠶房低。東鄰西鄰約女伴，懿筐一路殷勤携。

蘄竹簟詩用昌黎《鄭群贈簟》詩韻

好竹連山人不知，蘄人伐之始居奇。編成莞簟體堅潔，横江劃破千玻璃。色参黄潤質逾栗，紋添翠織形無疵。鮫綃雖遜天匠巧，龍鬚殊遠凡夫爲。空堂六月坐烝甕，炮燔四大同煎炊。惟有此君通沆瀣，俯仰高下時攸宜。呼僮净掃片席地，一空倚傍無餘資。八尺蕭蕭透凉意，六時簌簌騰清漪。銀牀晶帳卻妖窈，瓊宫貝闕驚庸兒。翻恐陽烏匿光曜，世外正少和風吹。簟乎安能宇内置，乾坤幬載回晴曦。秋風紈扇殊激憤，功成不與争旺衰。

秋日觀緑營校射

上將輝參伐，成車建羽旓。山川三楚壯，風雨九秋交。皁蓋飛華甸，油幢駐綺郊。挽弓天策鋭，立馬朔方虓。組練川原映，巾綸氣概包。無譁盤勁鶻，如破貫潛蛟。芟舍循周制，高墉贊易爻。疊雙揮錦彩，徹七唱銅鐃。斜蹴星馳鏑，低彎月滿弰。電光隨隼落，雲影逐鷹捎。夏箙懸蝱睫，唐弧綴鳳膠。旌移屯細柳，鼓擊厲前矛。中鵠從心慣，騰驤妙手教。九花調赭汗，百步響青骹。論賞長楊酒，程功五柞肴。鐵衣霜葉拂，銀騎晚鉦敲。白帝宣威柄，黄間息闞哮。動摇開雉尾，呼嘯插龍鞘。講武瞻旄鉞，摹文陋斗筲。即今滄海沸，拊劍爍珠鮫。

擬東坡《和子由踏青》原韻

蜀江春漲蜀山青，游人如蟻傾江城。絳桃紅杏自開落，猿啼鳥喚難爲聽。一年春事鬧蠶市，野村酒店簾影橫。離雜草色間紅碧，一鞭新雨催農耕。靚妝艷服照山谷，高車大馬喧都亭。十十五五散復聚，來來去去無留行。扇痕暫拂谿頭水，簫聲欲度街前錫。相傳褉飲競此節，流觴曲水瀏其清。秉蕳贈芍意非古，徒侈富庶驚愚氓。杜老高吟發江畔，天寶戎禍懲芽萌。道人符術亦不惡，攫錢買酒逃酩酊。陶然一醉且自樂，爲歡能幾嗟浮生。

和子由《蠶市》

有繭如甕羊如廲，快哉賈利竟三倍。蜀人生理苦綿薄，奔走香火乞神庇。去年伐荻下江渚，織成蠶箔壓檐際。今年風日轉清和，馬頭孃子慇懃祭。青青桑葉遶回塘，芃芃麥苗抽短穗。街頭粥鼓鬧嘈嘶，陌上花旛催蓓蕾。三眠三起雖未成，爛漫東風如有意。勸農使者在都邑，温暖要與千人被。野農買得桑苗回，賣出新絲荷天賜。小窗夜課燈火深，婦子嘻嘻笑語醉。吾儕願作康衢謠，一縷微生畢官稅。

讀陳後山詩

南宋河山似奕棋，銷沈大雅最堪悲。獨餘前輩風流在，尚有西江卓犖詞。

杜陵詩派接涪翁，百代同尊祧與宗。稍喜後山稱後勁，狂瀾力挽更從容。

韓門巨擘推皇甫，郊島清寒合近僧。學得橫空盤硬語，一時范陸讓飛騰。

窮年矻矻苦推論，快劍逢人説鈍根。不解千秋門户見，馮王左袒哭吟魂。

臘梅效山谷演雅

山桃無言自開落，休李醜核雜痤駮。石榴但解鬥紅裙，楊花底事霑朱幕。槿因朝菌同蛄悲，櫻爲餘甜供鳥啄。海棠少黯貽劉譏，牡丹包羞累韓斲。炎荒六月蔗流槳，寒食千家杏販酪。似聞蠹橘記龜蒙，慣竊羊棗笑方朔。頽齡漫倚杞菊制，熱淚應共杜鵑著。預防忿懟種幽萱，生怕將離鋤芍藥。九畹藝蘭嗟放廢，千里轉萍歎飄泊。臭味難從蕭艾熏，跬履久觸鈎藤惡。芙蓉秋水怨渺茫，蘼蕪夏山憾嶔崿。服箱未見吐牽牛，噪喜何曾報金鵲。茶蘼無計轉闌珊，茉莉偏工逞瘦削。辛夷枉擅筆如椽，長春空説盞能酌。那羨荷錢散遠溪，莫弄薇香逗簾箔。玉簪狹小纔上頭，水仙輕盈漫舉脚。雞冠怯冷噤五更，鳳尾學書艱一諾。荔枝苦買妃子笑，紫荆衹見兄弟樂。誰信山荆耐早寒，直恐麗春成糜淖。出門一笑大江横，惟有臘梅堪伴鶴。

冰牀用昌黎《石鼎聯句》韻

黄河凍俄合，陰陽息炭烹。萬馬瘖不嘶，饑雀啄無聲。初疑坎水洊，旋訝天衢亨。巧奪舟楫工，暗壓魚龍驚。未濟君子惕，素履幽人貞。險疑千澗落，流總一篙争。鏡沼欣驅轂，璇源穩振纓。蓬萊映清淺，潺湲化坦平。寒門未啓鍵，雨木難抽萌。夢蝶暫可栩，支龜容無傾。卧游忘近遠，坐談遺濁清。瞬息詩郵速，往還觥船盈。推挽人力省，摩盪風氣成。琉璃射朝旭，球戛嬉晚晴。金湯恣俯眺，砥柱賴孤撑。賞雪安琴具，浮家載茗鐺。老龐嘲下拜，贏炬恐冤坑。狐聽嗟巢卵，蟲吟惜盎罌。蕭王猶瑟縮，右相漫提擎。虎尾防探熱，鯨鬐欲沸羹。但歌公無渡，始覺身倍輕。節候炎凉異，微才幾席盛。用如蒲轂聘，置似野航横。犖确山石響，琮琤劍戟鳴。乾坤開蓽陋，嶽瀆歛精誠。戰野元黄錯，乘槎浩渺情。玉壺懸海島，鐵甲照幽并。氛祲十州浄，光輝一色呈。前旌留磊磊，故轍守鏗鏗。準泼寒凝水，安貞德可名。行人非涉病，兹物足援撜。勿誚形模隘，能通製作精。南荒希見用，猶憶玉珂行。

擬昌黎《薦士》追次原韻

煌煌帝王都，綸綍炳謨誥。自非大手筆，鳳池曷敢到。我公廊廟才，雍容涣大號。千金買駿骨，驛駰争前導。採葑起而歌，猗蘭變厥操。檠潤有輝光，蓽門不蕭秏。中朝盛豪俊，蔚然天府奥。沈鱗縱水嬉，羈羽及秋噪。峨峨進賢冠，未可無功盗。孟郊天下士，尚友見高蹈。卑官困溧陽，箠楚競摧暴。坎坷甘如飴，嗜古窺其隩。群書鈎詰屈，百家披桀驁。鑽幽出微茫，縋險得奇好。泉紳挂巑岏，石劍蹲兀傲。巖花妍夏谿，濤樹怒秋潦。婀娜姿内含，琮琤響外報。肝腎窮鎸雕，株橛費爐竈。庖丁刀自砉，離朱眸無眊。四坐恣喧呶，孤懷息褊躁。行年垂五十，孳孳懔荒耄。畢歲嗟賤貧，窮途恥昧冒。鹿鳴禮嘉賓，旨酒宜燕傲。緬維雅頌初，删述聖所造。正聲塞宇宙，敦厚侔載燾。漢世增五言，歌詠雜悲悼。蘇李溯其源，河梁殷贈縞。嗣響稱建安，酬答盡忠告。霸氣起横槊，雄風肆吹帽。晋宋逮齊梁，蛙鳴亂娟嫪。鮑謝最清發，參差略可芼。陳隋等自鄶，徐庾慚取部。昭代富人文，上筵列瑋瑁。子昂植其鑣，李杜分其纛。後來秉筆徒，瓣香各心禱。紆餘車合軌，慘淡轂殊抱。溝水東西流，通津易轉漕。郊也詩以鳴，不遇我心懊。吹枯捷飆扇，捄暍重醪犒。四門肅穆開，孑旄盼郊勞。

擬歐陽文忠《千葉紅梨花》

江城春暖鋪朝霞，驚開一樹紅梨花。梨花種繁此最貴，根深幹古交槎枒。種植幾人閲幾代，千葉相當花相對。天然富貴出輕盈，肯共繁英争瑣碎。東城昨夜滿欄雪，西郭柔條嬌映白。不知何處來此花，朱唇染透猩猩血。夷陵地僻游人稀，好花辜負放春歸。風雨妬花殊太惡，紛紛冷艷點苔磯。郎官白髮興未淺，鎮日遶欄恣流眄。自忘衰朽露華顛，獨趁良宵飛玉盞。我今嗜好與君同，對花不飲羞龍鍾。靄靄沾衣霏細雨，沈沈壓帽散香風。從來尤物不世出，移根定向仙人室。洛陽錦繡滿春城，一朵紅雲捧初日。

電氣燈

神工鬼搆架高椽，鑿壁分光綫蜿蜒。金蛇萬道噓青煙，老蚌昂首珠出淵。蟾蜍避面羞魄弦，金烏搨翅愁崩騫。顛倒七政回璣璿，一輪火鏡撐坤乾。穿雲破霧來無邊，豐隆列缺猛著鞭。阿香御車馳後先，雨師風伯空流涎。羲和章亥忘歲年，俾夜作晝驚客眠。欲放光明普大千，永無窒礙參游仙。小珠大珠舍利圓，恒河沙數紛鈎聯。黑獄罪苦俄變遷，歐洲新法黃鬢蜷。幻人巧技汗赬肩，嗟爾人力可移天。吾儕面壁攤陳編，聞雷失箸離席筵。玉女一笑齒嫣然，迂儒墨守紛注箋。擿埴索塗希聖賢，火傳薪盡往復還，安得明燈導我前。

擬韓孟《納涼聯句》次原韻

萬木寂無聲，孤雲起撲朔。撼撼林葉響，活活波紋濁。霞車弛晚馭，火傘息朝擢。非煙送九輪，其雨興四嶽。嵐縹霏氛氳，泉紳恣瀺灂。篁院戛宮商，蓮房鬧霆雹。炎湖争渡喧，洌井懸綆愨。蘭臺仙縱游，鈞天帝張樂。倚壁晝騰螭，窺檐夜鳴鷟。煩襟得蕭灑，幽悰轉綿邈。相思怒如鯛，既見臂堪握。高言謝燠寒，放論欣軒卓。世途嶮爪嘴，俗態競牙角。拙謀苦蛬吟，騰口甚蟬啄。蠻衣惹瘴腥，獠饌飫塵渥。青鯨磨浪嬉，赤豸投崖捉。團黃豆簇棚，皺紅柿撐桷。蔓涎尋蝸唾，刷翅看鷗濯。土怪偵閃暘，山魈踞斑犖。尾榜蛇玩珠，頭捽鼠含璞。木盤堆螺蟹，瓦盎薦稌穧。牽柔綴鴻頭，墜粉攢鵠殼。毒霧嗟晝熏，猋颶歎夏齪。爍體嶺祲流，瘴肌霜鬢斮。驅痁倚文鋋，發雩仗詩槊。獰猙忘舊觀，嘔啞喜先覺。浮蹤鳩鵲侶，結契猨狖兒。豈意九疑魂，重戾四門學。天栱網已開，酒缸花復撲。京游稍振步，謫夢仍腳鋜。行野盼辛夷，遶城吟芍藥。桃李門春妍，梨棗訂秋剥。嘉賓脱珥弁，酣歡雜叫詠。蘄簟展晶瑩，倭瓜浮磊硞。夥頤堂沈沈，奉揚風數數。文絺終朝披，畫麈鎮日搦。高灑滌煎熬，鮮飆返澹樸。攄抱祛昔壅，文史增新搉。倚闌眺参横，停盞聽雞喔。吾儕事游衍，有酒聊喑敕。爲君傾壺觴，感逝戀庭幄。爽氣涵天河，雙環共雕琢。

蘄竹簟用昌黎《鄭群贈簟》詩韻

編竹爲簟世所知，蘄州所製工絶奇。平鋪八尺净無翳，如展萬頃新玻璃。故人放櫂來江上，歸裝滿載不汝疵。一端贈我有深意，疑此殆非人力爲。江干卑濕氣候異，空城如釜兼□炊。炎官張傘陽烏爍，高甍華桷俱非宜。暍夫湍汗計安適，擬遁冰海携囊貲。虚堂乍展凉忽到，疏簾謖謖摇淪漪。琴牀棋局招友侶，焚香瀹茗呼僮兒。俯仰隨時差足樂，槐陰午夢清風吹。願常安置北窗下，助我冷骨争炎曦。此君何可一日少，相依聊駐華顔衰。

秋日觀緑營校射二十韻

鞠旅軍容肅，治兵殺氣交。鸛鵝雄北楚，荼火耀西郊。日朗天澄爽，原平地豁庨。選場依水曲，闢圃占山坳。振鐸旗先弊，銜枚士不譊。犀腰横羽箭，猿臂挽牙綃。有奭紅連旆，無嘩翠拂旓。三驅嚴細柳，一鼓勵前茅。馬逸騰全勒，烏號控鐵髇。盤旋光吐月，儵忽影流泡。電掣弦聲砉，風催鏑響飑。氣疑穿石虎，勢欲斬潯蛟。勁箭抽鶉尾，新弧試鳳膠。籠山雙疊駛，掠地四蹄虓。校績行都試，分明授野炰。公言張獸罟，餘勇笑蚊巢。上將揚周觶，高歌徹漢鐃。霜旂回巘脚，雲罕露林梢。沛艾師干飭，威棱井絡包。車攻賡雅詠，羽獵漫同嘲。

明河篇

晴霄歷歷白榆影，秋心已落金梧井。玉蝀遥連閣道高，銅龍細滴宫壺永。參横斗轉東復西，纖雲四捲秋月低。三五嬋娟移兔窟，一雙婉孌劃虹隄。明星耿耿麗天半，天半昭回倬雲漢。擬拖白練瀉中流，欲構藍橋通遠岸。中流遠岸渾無著，一道銀河吹不落。静看水氣倚闌干，忽訝波紋動簾箔。昏見南樓淺且清，曉墮西山縱又横。誰駕石梁曾喚渡，空驚玉瀑不聞聲。無端七夕翫牛女，一水盈盈弄機杼。會少難争烏鵲功，離多莫負青鸞語。離多會少在何處，河畔茫茫隔煙霧。天上也遲作合期，人間那覓相逢路。可憾當年博望侯，乘槎枉説帝車游。携得頑石來下界，五光十采欺庸眸。可惜當年謝端婦，海螺出甕大如斗。仙骨珊珊自不凡，翩然恥作糟糠守。神仙蹤跡那能説，終古銀河自皎潔。疏瀹從無宛委書，探源詎藉崑崙穴。年年歲歲秋復春，玉繩遥望連鈎陳。請將壽考周京頌，還詠東瀛洗甲人。

讀《老子》

老氏本黄帝，宗旨壹清净。道德五千言，颯颯動人聽。無爲無不爲，好静民自正。騎牛慕關尹，猶龍歎宣聖。何來河上公，纖塵翳明鏡。傅會參蕪詞，支離啓詬病。願言掃荆榛，天人闡性命。

讀《管子》

堂阜脱纍囚，中鈎釋宿怨。泱泱東海風，霸圖反手建。四維持國體，八觀攄高論。篇箸大小匡，謀操輕重算。嘷嘷雖弗如，歡虞亦所願。衣裳與兵車，增輝在壇坫。尸祝擷蕭茅，臨淄户十萬。

讀《墨子》

孔墨世並稱，杨朱豈其匹。節葬本夏規，非儒出徒筆。尚賢達政權，備突富兵術。離三失道真，横議遭軻嫉。七國異學鳴，源同流不一。薰蕕别臭味，師資在取益。曩哲嗟杳沈，卮言競日出。剗經嬴炬餘，百家群散佚。曠代儼如新，披讀歎精密。

讀《荀子》

荀卿出周末，舉世尊老師。勸學崇聖術，禮樂參古儀。旁及議兵篇，時復露端倪。孟思許踵接，蘇張敢肩隨。炙輠雕龍徒，泯泯供一嗤。入室乃操戈，刺謬莫如斯。徒令千載下，達人抉瑕疵。永懷蘭陵叟，沈冤悔靡追。

吉貝布歌

的的皪皪天雨珠，紅黄滿地鋪氍毹。千花萬艷競濃冶，饑寒那見充裋襦。獨此異種移異域，蠻疆一綫西南隅。林深箐密嶺邑雜，迦波羅劫撐崎嶇。瓊枝數丈照海嶠，山茶花發啼鷓鴣。鵝肪低綴三稜實，裂開白玉爲肌膚。桃核熟綻軟茸露，褵褷雪色欺鳧雛。采采盈筐復盈掬，輪輾翻簸無須臾。緂麻索縷陋往製，織成貝氈分精麤。鐵鋌竹弓彈錯落，紡車啞軋紛嫗姑。自從唐初開貢賦，橦華賨布來巴渝。花毬鎖袱載廣舶，木棉家貝呼閩奴。流傳中土溯元代，梵書刼貝名無殊。道婆崖州教紡織，黄姑祠廟留番禺。緰帴阿錫遍楚蜀，紅綸白越傾勾吴。清河縑總房子纊，遜此聲價昂三都。即今衣被功百世，家機夜課蠶桑餘。秭歸浣女緦布鄧，豫章婺婦草鞋胡。曉起市錢學花蕊，晚聽促織催提壺。素秋凜凜霜既降，授衣首繪豳風圖。民間絲縷不易得，艱難子婦闢宸謨。倚閭慈母費鍼綫，戍邊壯士驚韠桴。白裘詎僅一州覆，楚纊幸免三軍呼。金谷貴人張夜讌，後車滿載貂襜褕。亦有豪俠競侈靡，冰紈火繭雲霞裾。比從萬里來番布，似繒非繒繻非繻。織從機器競淫巧，斬新花樣供嘻娛。闊長面背無瑕玷，五光十采喧通衢。驟觀疑奪天孫錦，競買誰計錙與銖。其物雖工用易敝，往往摧拉同朽枯。貧門投杼坐太息，篋中餘布朝缺餔。抱貿街南復街北，得錢未足供租逋。一尺二尺費搜索，十匹五匹資徵輸。農桑自古垂邦政，昔何敦勸今何愚。聖朝遠物原非貴，矧此大利操鈞樞。輔相裁成自有道，隴阡彌望盈柯株。我思布帛爲上端，安得漸回澆俗躋唐虞。

武昌西山探梅

冬日竊發群卉枯，梅花照爛西山隅。正如忠臣義士有奇抱，獨回元氣大地同昭蘇。磊磊落落三五株，皇天雨露相滋濡。慣銼冰雪鍊肝膽，每苦塵土侵肌膚。縞衣仙人叩門呼，明月滿地翩躚俱。山南山北夜夜送春色，不教灞橋驢背撚斷吟詩鬚。官居雖數載，夢憶西山在。坡仙死去逾千年，武昌樊口幽絶終未改。放鶴亭前鶴已飛，山靈有約猶相待。苔封古逕雲氣濛，葉掃寒溪泉流灑。芒鞋信步奥而夷，藜杖扶身平不殆。久矣簿書厭喧卑，山行未半陡覺大精彩。始知羅浮姑射，都非人世門，如此好山，那惜千萬買。花開未開香徹骨，人歸不歸權歌發。神仙合住雲水窟。一枝乍破江上春，孤根獨卧山中月。咄嗟風饕雪虐太飄忽，陽荄漸轉生機勃。山僧告我且遲歸，會看紫華綠萼滿拄看山笏。

梅花如高人，不肯住城市。我從城市間，一問高人事。武昌樊口山水隈，西山直上何崔嵬。寒溪九曲瀉珠玉，滿山香雪紛皚皚。蕭寺無僧常晝閉，孤亭有鶴遲夜來。疑是西湖逋仙偶游憩，携將眷屬於此胡爲哉。又疑師雄乘醉羅浮巔，美人縞素來蹁躚。過此流連不忍去，花膚雪貌掩映雲水天。即今歲歲開還落，開自無言落無着。斜倚籬邊月弄姿，橫搴竹外風翻萼。袁閎土室眠須穩，和靖孤山真耐冷。一鋤屬破西山雲，鐵骨撐天露剛鯁。繁枝花意動，窺檐鳥頻呀。命僕携酒樽，我懷忽孤縱。籃輿兀兀山不平，蹇驢得得遲友生。乘興逸出松風閣，登高一嘯山靈驚。獨有梅花與我爲知己，紛紛作態争相迎。花亦無言我欲醉，直須呼起玉局，一榼且同傾。歌未歇，園丁回，已報山頭一樹開。酒酣插花下山去，莫問城中舊來處。

論書絶句

籀篆淵源閱世新，李斯玉筋獨超倫。一從秦望題詩後，誰識陽冰是替人。

元岑作隸三千字，次仲翩翩創八分。石室素書傳筆勢，中郎飛白氣淩雲。

聖病分明悟筆方，天然第一是元常。籠鵝自有神仙骨，不得求王轉得羊。

伯英章草妙臨池，韋誕風流亦可師。獨喜衛家賢父女，縱横筆陣冠當時。

擬黄魯直《謝黄從善司業寄惠山泉》次韻

九龍天目來蜿紆，慧泉第二繙茗書。學省清資風逸腋，一斛遠致江南珠。雲窗石鼎燦琳腴，蟹眼魚眼紛皚如。何當澆本罄七碗，飄然夢落芙蓉湖。

次韻錢穆父贈松扇

黄羅書勝白硾紙，九華翠羽風流似。織成松柎如椶心，遠渡蓬萊獻天子。三韓六月松風寒，碧幢紺幰回遼山。海外人煙寬眼界，奉揚願慰懷袖間。

次韻王炳之惠玉版紙

清風吹透檀欒竹，五色雲深護春谷。剡溪藤韌散若金，花潭水膩凈如玉。王郎遠持玉版來，百番光滑勝炙轂。浮碧殷紅映文几，蔡侯遺事播西蜀。右軍禊帖十三行，征南經解一萬幅。天與妙物有深意，詎教沈滯老巖曲。翰林蘇公文章伯，玉堂静對頗不辱。風流蓮炬寫雲箋，墨采飛騰挽頽俗。何不持將贈此翁，卻與黄門伴鈔録。吾儕幸可厠殺青，霜毫未飽思隕萩。待公他日炳丹青，擬擣元霜香十斛。

次韻謝黄斌老送墨竹

黄生工寫竹，落落空群輩。筌宲絢丹青，墨妙恥難逮。南唐金索書，圈勒中窾會。根梢風雨交，相嚮不相背。千古鐵鈎鎖，宗法誠懸在。燕公最晚出，名與李成配。毫端横煙雨，姿媚屏俗愛。文采三百年，湖州超象外。胸次滿渭川，聲價光十倍。吾宗獨挺秀，游戲弄姿態。古今幾畫手，精神堪晤對。四幅吐輪囷，養成龍子大。

新秋雨後用昌黎韻

江城六月困炎溽，空庭坐甑嗟詀諵。雖有清風無好雨，火雲高矗千峰巉。紅鱗焰鳥燒四裔，欲將后土同芟燔。憑空忽送新秋至，蓐收號令回天鑒。倒注銀河瀉飛雨，跳珠亂濺芙蓉衫。城頭潑墨催風急，快若駿馬離箝銜。胸中一洗千煩熱，不須飲水分酸鹹。捲簾憑檻眺秋色，晴空一抹横瑶函。遠山螺黛經初沐，争供几席雙眸饞。偉哉造物無私意，虔祈默默通至誠。江湖憔悴愁枯槁，伏龍未起憂讒讒。岱宗觸石興膚寸，神功敷灑謝雕劖。蜀波萬里瀉清曉，湘流暮捲蒼松巖。西南缺月倚城角，落霞天半煙攕攕。政餘好友二三子，新詩投報馳魚緘。

淮鹽行

淮綱改票運，厥始道光年。軍興路梗塞，引地紛烽煙。渺渺湘鄂岸，不到東吴船。居民愁澹食，大府心皇然。九重弛禁網，借箸資西川。中興盪粵寇，半壁恢南天。湘鄉首建議，鹺政有轉旋。杜私防鄰灌，疏銷改局員。減釐恤商本，輪售分後先。立法綦周密，突過安化前。國家理財賦，商民期兩全。舊制圖恢復，通變達經權。奉行苟不力，往往遭削朘。加派恣中飽，錙銖罄閭閻。窮民艱貿易，日獲數十錢。富民不足惜，窮民滋可憐。通泰二十場，堆積彌溝阡。緝私私更熾，疏銷銷益艱。場商踵倒歇，課款彌拖延。吁嗟識時士，無策紓憂煎。不問法何如，視人賢不賢。

川鹽行

川鹽產蜀中，色白質堅瑩。平地湧鹹水，泉源瀏其清。廠工逾萬計，竈户不一名。深山鑿煤礦，老林伐薪蒸。順流下巴峽，揚帆如建瓴。擔簦陟嶺巘，亦僅數日程。銷運侵楚界，利與兩淮争。民情競便適，未暇辨淄澠。可憐持籌吏，畛域過分明。欲障百川東，竭力工經營。敵私減成本，加釐苛税徵。儼然兩敵國，硉兀氣不平。從來謀國是，但取便民生。楚省利食川，川課亦官徵。如何執隅見，紛紛計絀贏。想見登場人，不及旁觀清。偉哉劉晏法，禁弛甦困貧。國課數百萬，利枋操鈞衡。所願復古制，徐觀百室盈。

落花行

空庭啼鳥春晝長，鳴鳩乳燕爲春忙。珠簾初捲蝦鬚箔，金鼎微熏麝腦香。一年難遣是花時，花時著意少人知。井華曉汲勤培溉，瓶供宵移費護持。底事花開復花謝，紅梅待聘海棠嫁。雨餘殘暉清臙脂，風過濃香襲蘭麝。信知茵溷非偶然，含情搔首問青天。兒童不管春來去，掃向方塘曲水邊。

題錢塘孫紫清先生恩原《池塘春夢圖》手卷

謝家庭院三株樹，樹樹連珠浥珠露。丹柯養就碧池春，韡華遠映錢塘路。錢塘家世舊知名，三鳳才華迭奏聲。翦燭西堂增繾綣，種梧東府共峥嶸。朝朝暮暮天倫愛，誼篤如君能幾輩。壎篪韻事重湖山，文筆飛騰傾海岱。一從烽火照鄉邦，雁鶺參差失舊行。觸目看雲晨倚檻，傷心聽雨夜聯牀。滄桑世變何由説，玉樹雙摧真菀結。贖命難憑藥一甌，招魂無計山千疊。墨林毫素能寫真，落紙猶傳慘淡神。倩將絶妙荆關手，貌此池塘夢裡人。吁嗟友愛今人罕，隻影孤蹤滯旅館。相逢意氣何相親，欲搜好句歸裝滿。我今對此心惘然，手足飄萍各一天。江流日夕向東海，夢逐西湖煙柳邊。

讀《水經注》

龍門紀河渠，蘭臺誌溝洫。縱覽千百世，包羅數十國。經川與支流，一一舉無惑。僅能括大綱，未遽昭邃密。獨有范陽人，冥搜富學識。著書如作吏，鈎心肖酷刻。一部桑欽經，窮年抱矻矻。比事勤搜稽，修詞貴翔實。舊蹟逮琳梵，荒陬陟卭僰。編成四十卷，光采映青赤。氣韻盈楮蒲，情文溢藻墨。嗟生未逢辰，疆域限南北。足跡苦無幾，揣揣費揣測。枉貽郊卿誚，大純疵莫匿。藉微善長功，川瀆幾壅塞。陵谷日變遷，水石交陊泐。景純博物士，覆瓿翻可惻。攤卷發長吟，史漢資羽翼。後儒勤賞析，如戴禹明德。

和陸放翁《神山歌》

神山萬仞插東海，人言中有巨鰲在。揚腮若木噓晚霞，奮鬣扶桑噴鼉采。一鰲踔伏一鰲蹲，纍纍三五相吐吞。忽驚毒手遭龍伯，六鰲連釣無一存。鰲頸頓折鰲足斷，海水狂沸山崩騫。遂使齊州空九點，宛如釜底棲游魂。眼前滄桑不自保，山靈應笑人草草。秦皇漢武遠求仙，採藥不歸顔色老。丱僮三百困窮崖，雄師十萬擲荒島。仙子樓閣太玲瓏，神君冠帔真縹緲。堯悲萬國生魚頭，羿憾十日金石流。鯀殛禹興取將相，張弓挾矢明恩仇。共工觸柱媧補石，智愚同敝貉一邱。鞭山填海徒多事，至今不滿東南陬。皇天后土均覆載，吾儕虱處如蛸蛑。南山射虎心下死，赤手捕鯨誰與謀。北風捲地吹作雪，黄河欲渡冰似鐵。宫闕蓬萊望明滅，持螯飲酒勿復論，過眼流光堪一瞥。

苦　　雨

壞雲千疊吹不開，沈冥一氣熏煤炲。楚江兼旬困霪潦，檐霤綆急天如篩。朝聞鸛雀鬧庭樹，夕聽窾木鳴相挨。豪風怒捲敲鈴鐸，横雨亂墜飛瓊瑰。魚龍噴沫移窟宅，馮夷欲踞山爲臺。自從解凍誕彌月，一聲破塊驚春雷。夭桃冶杏紛爛漫，好花著意含藹荄。農書正待中和獻，杷頭生菌吁可哀。階泉瀉玉鳴虢虢，野畦散乳流皚皚。移牀避漏擇干土，炊煙帶濕凝寒灰。陽烏側翅返三舍，羲和斂轡驅車回。兒啼婦歎淚隨盡，桑條未展麥苗摧。蛟螭得勢從掀舞，三光無計争崔嵬。青蛙黑暵附墻壁，蔓涎垢膩垂九垓。陋邦卑濕何足道，直恐大地同蒿萊。我讀《洪範》五行説，休徵時若伊古推。天意高遠容莫測，愧非調變陰陽才。但祝昊蒼轉晴旭，净掃纖翳袪塵霾。十雨五風歌既渥，耕鑿出入容吾儕。芒鞋滑滑遺幽興，不辭痛飲春江醅。

趙忠毅鐵如意歌

趙公忠毅天下無，心如古鐵堅不渝。午夜聞雞歌慷慨，唾壺擊碎煩冤紆。茄花委鬼紊天紀，漫漫六合光模糊。舉朝正士一網盡，憑依社鼠驕城狐。抗疏都堂獻天子，思動天聽行天誅。滿腔熱血兩行憂國淚，筆漿墨瀋一片相和濡。四兇四害不可除，坐贓遣戍胡爲乎。邊草荒荒斷行跡，抱此烏金如意拂拭行與俱。身圜頸方長尺半，七星八卦雲雷鋪。諦觀有詞銘厥背，二十六字字字驪龍珠。一揮鬼膽落，再舞天地如轆轤。塞雲關月少顔色，蒼茫四顧萬里投崎嶇。瞻望雁門關，遠在天一隅。惜公騎鯨不稍待，金雞有赦空飛符。忠魂烈魄憑爾寄，精靈呵護留寰區。陵谷遷移閲人代，摩挲故物流光徂。閹黨重臭今何有，獨此光芒寒映青珊瑚。高楊左李君子儒，後先譴死皆無餘。誰歟鑄此鐵，張鼇春亦真丈夫。更有東方未明硯，連城聲價傳燕都。嗚呼，趙公忠毅天下無。

擬韓孟《納涼聯句》次原韻

二儀互斡旋，四氣分訛朔。昊蓐務謙廉，焱融政昏濁。果坼穎不抽，麥漸秀未濯。赫照窮崖垠，高燒煽海嶽。額爛澤干源，尾焦水翻瀇。焊炰逮神奸，殲磾失霆雹。勢奪三光暾，威嚇九輪慤。炎官盛輿輜，熱屬喧鼓樂。喘甚奔燕牛，鳴雜巢阿鷟。下土愁惔焚，上蒼隔綿邈。猰貐森磨牙，猩狒怒張握。蠅頭營厲峭，蛇腳鑽堅卓。懼炙拳肩跟，憚爔縮爪角。人情遠炭湯，鳥意倦棲啄。卻願雪山游，庶需冰海渥。禪處蝨漫捫，衣解塵空捉。蔭暍鮮嘉樹，避暑少崇桷。幸逢生死契，慰我神魂濯。閎論湔煩冤，高言蓄卓犖。譬旱得霖甘，如枯霏玉璞。畦蔬羅韭菁，野餼煮稌穛。芡刺搜雁頭，橙瑰剖鵠殼。開室驅雰埃，敞牖破卑齪。素桐三四拂，甘瓜一再斲。酒腸露芒枒，詩膽生劍槊。新思來無端，舊夢渾然覺。直黜固所甘，神傷不在兜。山猱憐遠羈，峒獠嗜孤學。蠻器蚰涎黏，瘴衣蛇腥撲。對案愁蠱熏，照壁畏蠍鋌。幽獸雜白戲，荒花爛紅藥。毒霧伏以飛，痁瘇屯而剥。九死憫隤虺，十宥驚謡諑。夜涉湘水淪，朝躋嵩石硞。與子隔迢迢，相見無數數。殘喘幸兹甦，朽株稍可斵。儒黌啓經帷，鄉校敦純樸。無事樂逍遥，有懷共揚搉。古畫微微披，新章款款喔。筆鋒勁尚倚，茗槍嫩堪軟。宿雨濕苔階，晨飆捲芸幄。吾志豈遑他，欲言費鐫琢。

讀《元遺山集》

中州文獻逾百家，滹南滏水紛騰拏。東巖令子最後出，一鶻振響噤群鴉。太行之巔天下脊，飛狐萬仞嶂空碧。山川間氣盤嶔崎，筆札英聲走霹靂。英聲磊落照碑版，海内争趨門限滿。别裁宋派洗江湖，斟酌唐賢跨中晚。三唐兩宋波瀾闊，古服今裝尤卓犖。五百年來無此才，杜陵不死眉山作。高華沈鬱必殊科，氣挾幽燕慷慨多。想見胸中澆塊壘，目空南渡吞黄河。别有心事深如許，荆棘銅駝誰共語。碎琴莫訴汪水雲，晞髮聊同謝皋羽。金源國是嗟卑卑，一髪千鈞那可爲。野吏亭中銷歲月，無端丞相議新碑。新碑未立九鼎覆，黍麥秋風感油秀。詎甘栗里拜陶潛，且附稗官學陳壽。陳壽史才公有餘，陶潛五柳賦閒居。萬户何人麤且俗，枉教私室藏官書。嗟爾官書雖未録，網羅散帙絶還續。殘年細字劇傷心，異日國宬才取足。孤臣懷抱慰辛酸，耆舊無存問字難。留取首陽三寸蕨，先朝遺事後人看。滄桑時代流光駛，可惜壬辰無片紙。殷勤薪火憶當年，賴有陵川高弟子。

詠老少年二首用東坡尖叉韻 老少年即雁來紅草

西風吹墮碧雲纖，滿地霜華戒曉嚴。春色釀成添火齊，秋容洗净費金鹽。移從東畝間依竹，醉倚南榮笑暴檐。且向衆芳摇落外，翩翩著意吐紅尖。

落日城頭噪暮鴉，携將瑶草壓歸車。關心無限凋榮態，冷眼曾看次第花。九畹幽蘭名士宅，一籬靈菊野人家。移根願向長安近，同伴相邀路幾叉。

贈醫者余鳳池

昔者扁鵲子，中途遇神仙。探懷出禁方，解囊授真詮。視病見五臟，名馳齊趙間。又聞古俞跗，湯液卻塵緣。割皮搦髓腦，腸胃翻盥湔。攙石與毒熨，後世嗟無傳。我讀史公書，掩卷三流連。其事雖已古，其人壽千年。沌陽得余子，鍼砭最稱賢。結茆漢水曲，溷跡居市廛。刀圭趁手愈，春意盈階前。韓康雖空乏，賣藥不論錢。人人争求藥，門限將爲穿。飯哺無停晷，輿傔交往還。術矣進於道，一時莫或先。安得起倉公，頡頏判踵肩。士生爲良醫，上者爲良相。相業理陰陽，醫術辨痌癢。事殊情則一，持柄戒鹵莽。積功活千人，封侯庶可望。矧子篤内行，孝友悈里黨。又喜厚賙給，鄰户分餽餉。作善斯降祥，古語良非誑。蔚蔚庭前樹，柯葉霑雨旺。挺秀發春榮，凌風日以上。世業紹箕裘，陰德增醖釀。栽培厚心地，後福詎可量。漢水流溶溶，金樽泛滉瀁。

明河篇

皎皎一片月，挂在西南隅。繁星不知數，三五如纍珠。秋雲四捲净如拭，惟見銀河一道鋪天衢。初疑素鍊横，磊落紫微界。俄驚廬山瀑，白龍飛空外。金精水氣交瀠洄，閣道鈎陳紛菴藹。南樓宵見清且淺，北斗回旋河暗轉。玉津不識始何年，織女機邊石未卷。漢家博望誇邊功，自雲乘槎牛斗通。前無古人後無繼，枉以奇異嗟愚蒙。亦有淮南子，志怪説靈鵲。憑空結隊駕虹橋，野眺凌波來綽約。乞天巧，望天河，天河澄澈風不波。萬頃琉璃成世界，千斛珠玉長枝柯。雲母屏前增斂艷，水精簾外辨盤渦。惟有對飲酒其下，詞源倒瀉金叵羅。或云黄河之水天上來，奔流到海不復回。積石崑崙在人世，星宿一海大如杯。自古河源在絶域，足跡未到休疑猜。憾不呼起君平相質證，紅墻銀漢淼淼何奇哉。東方狗國欃槍起，妖芒作作射千里。碧海回薄鱷浪翻，白榆摇簸鰲隄阤。净洗甲兵須壯士，會掃天潢無泥滓。雲漢昭回歌倬彼，壽考之頌獻天子。

蕻園詩鈔卷四　釋褐隨扈集　光緒丁酉至壬寅

黄陂　眉生　范軾

丁酉秋闈揭曉余與壬兒同榜口占誌喜

角逐詞壇四十年，艱難一第勝登天。窮途劇可憐昭諫，壯志猶能勵茂先。貢樹偶分游紫陌，[1]飄萍無計脱青氈。過庭詩禮貽謀遠，敢冀生兒便象賢。

掲來珠實綴枝柯，春入門庭喜氣多。鶴帶雛飛能舞鏡，龍將子起並騰梭。荀家聲譽高陽里，蘇氏文章小大坡。驚見泥金雙帖到，夜闌一笑慰顏酡。

四世箕裘困子衿，差强人意轉沈吟。硯穿欲透從磨鏡，花繡無緣不度鍼。此日秋風同侍宴，當年夜雨幾傷心。新歡舊憾紛來集，先隴離離草色深。[2]

我已投鞭伍惰農，無端又步建章官。漫誇老手工修鳳，卻喜新鋩欲吐虹。報國不慚雙鬢白，克家還發片顏紅。三春上苑花繁盛，得路長乘渤海風。

閲題名録有感

早得虚名晚得科，浪游湖海閲人多。金閨轉盼青雲客，玉局銷魂春夢婆。幾輩高才充上駟，一時健步羨明駝。罡風吹墮群芳謝，僅有黄花耐折磨。

香火三生證夙緣，鹿鳴宴敞荷恩偏。科名敢詡吾家盛，風氣能開一邑先。陂邑如兄弟叔姪同科之類不一，而父子同科則自予始。有子桂馨娱晚節，不才瓠落記當年。師門依樣留佳話，嗣復生徒拜馬前。座師黄仲弢夫子，時方迎其尊人漱蘭太夫子到鄂。

世厄天窮恐未真，德門盛事見吾身。眼前學步探香客，往日趨庭問字人。一榜登龍多俊乂，半生磨蠍坐饑貧。非關傲睨如方朔，慚愧佳兒逐後塵。

少日聲馳翰墨場，中年橐筆試明光。〔3〕秋風毰毸三條燭，〔4〕春夢蹉跎兩鬢霜。驥子與翁争趫捷，〔5〕龍鍾笑我不鋒鋩。回頭十六科前事，辛苦由來味慣嘗。〔6〕

戊戌春正月挈壬兒北上

同作邯鄲夢，重來跡已陳。飆馳過渤海，電掣走天津。快意期騰實，嘉名愧析薪。金門齊射策，努力勿逡巡。

禮部試畢示壬兒

逐隊春明試禮闈，隋珠照乘有光輝。軍成父子權分合，綳倒孩兒孰是非。步展騂騮開道出，翼摶鷹隼傍雲飛。探花年少尋常事，養就豐翎看汝肥。

青衫兩兩不差池，童孺争誇一段奇。人羡郎君真早達，天憐老子補衰遲。竇庭文采開丹桂，馬氏才名重白眉。聞道仙姝能織記，可煩再織耀門楣。

會試榜發誌喜兼慰壬兒

帖子泥金報捷來，伸眉一笑倦顔開。文章始信非憎命，造物何曾棄不才。通籍幸容依北闕，拈毫還愧步西臺。龍門燒尾三千客，金馬隨人對策陪。

初踏槐黄撤棘闈，鉛刀一割貴沈幾。鳳雛晛睆先傳響，鶴子褵褷便解飛。玉出荆山餘藴藉，珠遺滄海自光輝。憐予晚遇還期汝，暫蹶霜蹄志莫違。

臚唱日至乾清門外有作

鴻臚高唱敞丹扉，穩著官袍步禁闈。桃李春風三月暮，旌旗曉仗五雲飛。螭頭捧笏瞻天近，馬首聯鑣帶露歸。幾輩歡顔幾惆悵，微臣家世本儒衣。

五月十三日翰林院帶領引見

中使傳呼報早朝，絲綸閣外静無囂。曈曨曉日騰丹陛，縹緲祥雲護絳霄。自分散才甘社櫟，何期旁採到芻蕘。天顔咫尺容瞻就，宴罷瓊林奏六璈。

五月二十日奉旨分部慨然有作

咫尺蓬壺入望真，霑泥墮絮太無因。纔登雁塔凌霄漢，卻失驪珠攫爪鱗。博浪短椎呼負負，黔驢舊跡笑陳陳。自憐雞口聊相慰，二甲分曹第一人。鄉先輩王萃珊、王孝鳳均以此語鎸小章，都中人至今傳之。黄榜標題姓字新，天恩高厚逮臣身。竟無金馬能留我，不信青烏果限人。幼時，星命家無以館選許予者。得水蛟龍森爪角，脱韝雕鶚笑風塵。眩書羅趙終何補，辛苦臨池四十春。李蔡爲人本下中，封侯由命不論功。莫將附鳳攀龍事，説與穿鵰射虎雄。老驥未忘千里志，蒼鷹長嘯五更風。馬曹局促憑嘲弄，神臂終當惜此弓。恥居王后愧盧前，粉署高寒隔九天。奪我鳳池非是辱，續人貂尾算無緣。雞蟲得失空千慮，駑驥驅馳共一鞭。最是影衾多抱憾，君親何以報埃涓。

簽分兵部武選司到署

初脱儒衣强學官，畫眉深淺入時難。焚香吏至遲開閣，抱牘人來懶正冠。署尾隨班書鳳諾，埋頭逐隊上鮎竿。椒山芳躅容瞻拜，愧我登場骨相寒。署有椒山祠，必祀之。從來邦政重中樞，話到先朝體制殊。九伐尚存司馬職，三邊誰典禁林符。憂時定遠應投筆，報國終軍孰棄繻。聖代即今需武備，捫囊一笑有錐無。

己亥八月壽童廣文延緒姻丈七十

歲星一角懸江表，三楚儒林德望尊。薪火從容傳弟子，楹書鄭重付兒孫。秋深苜廨盤餐健，春滿蘭陔杖履温。老圃黄花人共羡，蒲輪有詔下金門。

舟發漢口庚子臘月朔

言從漢水尾，擊楫溯寒湍。一臘饒風雪，孤帆度野灘。待春回暖律，計日近長安。聖主蒙塵在，休嗟行路難。

岳口舟中遥見漢東諸山

武關秦嶺道修長，臘盡春回天一方。山色望中雄楚塞，河聲到處接江鄉。年來粳稻聞棲畝，澤有萑苻恐跳梁。羽檄軍烽驚未定，征鴻叫徹五更霜。

多寶灣

多寶灣前勢曲斜，長堤彌望少人家。雲沈遠浦天粘樹，雪壓荒灘水齧沙。剩有平疇棲雁鶩，不堪大澤走龍蛇。風塵澒洞寒濤急，臘鼓逢逢此泛槎。

沙陽守風竟日

沙陽渡口野舠輕，沙岸潾潾淺水橫。雪捲沙飛花糁地，風中喚賣落花生。

雜　感

壯歲輕行役，兹游胡太遲。海氛摇北極，天仗竟西移。殿闕銅駝卧，河冰鐵馬馳。自慚韜略淺，何以救顛危。

萬乘嗟儽寄，千官出燼餘。可憐唐殿閣，無復漢圖書。魑魅蟠宫禁，欃槍照帝除。長城誰壞汝，一擲計全疏。

詛楚真兒戲，和戎費老謀。六師方幸蜀，亞父恥安劉。劍閣霖鈴夜，蕪亭豆粥秋。忍教猿鶴化，腥血噴幽州。

開國詒謨遠，垂裳格有苗。未聞狐兔伎，遽握虎龍韜。澤畔枯魚泣，城頭剎鳥號。紅燈高照處，三輔土全焦。

否德丁陽九，黄楊厄閏年。宸居猶播越，天意有屯邅。望歲輕豐鎬，歌風滿薊燕。園陵方待掃，何日翠華旋。

獅子口觀河决舊處

萬計薪茭此告勞，頻年幕府殫金刀。流民夜聽千家哭，怒雨驚飛八月濤。地勢北趨盤駿馬，河流西折吼靈鼉。長提霜落横空卧，獅口銘功矗九霄。有碑三四，紀合龍事。

是日立春阻風獅口慨然浩歌寄呈伯兄武林

今年立春正月初，昇堂賀歲喧里閭。明年立春臘月半，我又扁舟泝襄漢。一年兩見春來去，來於何鄉去何住。春來春去無停蹤，游子天涯歎遲暮。自從五月下江南，西湖水緑柳毿毿。弟兄携手一相見，盃酒飲我湖上潭。前門烽火陣雲黑，海潹波翻行不得。聞道鑾輿已播遷，頓使輪檣多梗隔。我亦浮家返故園，驚魂未定聲暗吞。火雲高起灼江漢，去予不顧歸柴門。柴門晝掩消長夏，夏去秋來夜復夜。閒呼稚子煨藥爐，每課園丁鋤菜杷。朝章世局渾不聞，漂零落拓悵離群。放翁射獵終南夢，杜老麻鞋渭北雲。一腔心事那能説，家國艱虞生計窄。眼看落日下長安，流水嗚嗚風瑟瑟。揭來奔走咸陽道，儒術致身悔未早。東勞西燕自年年，斫地悲歌令人老。昨夜西風捲地號，起看雪壓江村高。相思千里如何極，不如把酒讀《離騷》。書聲未歇風轉吼，寒月暉暉挂南斗。春光已逗千絲柳，片帆駛過獅子口。

過安陸

白雪陽春曲，高吟到郢中。雪融千嶺盡，春與萬方同。問俗嗟民困，憂時祝歲豐。履端頒正朔，佳氣望葱蘢。

唐口舟中

擊楫中流猛著鞭，春風容易换新年。土牛蹋鼓衝寒早，陣雁銜蘆得氣先。莫負終軍南粵志，高吟杜老北征篇。微官素食慚無補，敢冀宫壺雨露鮮。

續雜感

遂起蕭墻禍，翻從築室謀。徙薪寧弱漢，恤緯爲尊周。將相紛平勃，朝廷誤李牛。傷心袁粲血，冤徹九泉幽。

自古譏城下，開門揖更羞。疆埸無敵愾，滄海有横流。每慨牽裾哭，空煩借箸籌。忠魂如不死，三疏古今留。頃從友人處抄得袁爽秋京卿疏稿三道，後竟如其言矣。而君先死，惜哉。

皮幣酬獯鬻，金繒事契丹。如何新錯鑄，罔恤舊盟寒。設險丸泥易，犁庭紲馬難。豺狼方在邑，天府莫偏安。

丁甲誰驅遣，風雲倏變遷。登壇忘秘籙，仗鉞失親賢。毒霧漫黄屋，袄氛煽白蓮。郭京前鑒在，底事奮空拳。

彼族誠猖獗，吾皇覆載包。敦槃存國體，鋒鏑慎兵交。窟地龍移宅，翻波鱷滿郊。中興豪傑盡，擾擾但群淆。

鹿　門

鹿門山水自嵚奇，山色長依漢水湄。龐孟至今餘故里，杜羊何處訪沈碑。孤峰雪過林泉静，大地春來草木知。遠寺鐘聲驚客夢，扁舟月落大隄時。

襄　陽

形勝依然控上游，關河四塞望中收。直通京北西邊路，高總山南東道州。春野散牛連宛鄧，秋風躍馬笑曹劉。遺民不識烽煙苦，落日荒城動客愁。

大隄仕女樂春嬉，百戰於今息鼓鼙。鄉俗北方河洛氣，風情南國漢江詩。更無私史編耆舊，剩有官碑紀去思。見説峴山曾墮淚，六朝往事後人疑。

憶家二首

苦憶還家旅夢虚，知家憶我定何如。馬因北向常思舞，雁爲南翔合寄書。臘鼓春燈千里外，板橋茅店五更餘。客中守歲無多憾，憾在先塋祭掃疏。

十畝閒閒有敝廬，衝寒展轉易舟車。年荒問價珠兼桂，宦薄隨身劍與書。雪擁小爐煨榾柮，夜開曲檻望蟾蜍。春來約束持門計，女織男耕課種蔬。

訪吴文鹿中翰慶燾遠客未歸
晤其令弟雨農慶覃留此奉懷

吴質翩然賦遠游，鹿門我亦艤孤舟。不逢前二十年友，誰主山南東道樓。上市已無鯿縮項，過江那復鯽排頭。尹邢避面真堪笑，攬勝聊爲五日留。西來飽看萬山雪，東下狂吞三峁流。我欲麻鞋見天子，君將傳乘食諸侯。乾坤牢落誰青眼，歲月峥嶸各白頭。同是天涯分兩地，兩家一例望歸舟。

雨農招飲餞别回寓柬謝

一室芝蘭臭味聯，爲予投轄話殷拳。綈袍范叔無人顧，雞忝茅容獨子賢。萱閣春娱扶杖健，太夫人年届八秩，而精神不衰，尚能治家款客，尤愛年世家子。芸窗夜讀聽珠圓。文鹿子姪均秀穎可喜，延師教之。歡觴祇惜驪歌急，帶醉籠燈唤渡船。

襄陽至老河口易舟而車臨行晤黄伯湘侍御新自長安之任衡州太守桂鋆託寄家書

天荆地棘促輕裝，五十衰翁意氣狂。欲覓侯封追傅介，未甘郎署老馮唐。一身書劍孤篷雪，千里關河兩鬢霜。寄語妻孥休悵望，敝裘羸馬發襄陽。

到老河口距除夕僅三日矣往來行人各爲年事不覺心焉數之

肩摩轂擊路人嬉，醉倒誰家白接離。簫鼓滿街燒絳蠟，帆檣一片颭朱旗。關中轉粟新開道，漢上題襟遠寄詩。看飲屠蘇喧爆竹，客懷無那賀年時。

途次望隆中遠逾三十里以未游諸葛草廬爲憾

山川糾繆遶隆中，抱膝當年志不同。巾扇一生名士度，桑株十畝布衣風。天心北顧開司馬，人望南陽起卧龍。太息三分徒畫策，草廬春色鬱孤忠。

再續雜感

彼相誇予聖，元戎奏爾能。謂將張撻伐，聊以戢驕矜。螯虎天心厭，弁蜂後患懲。惜無支廈手，楝折力何勝。

四牡下騑騑，天書降紫闈。雖寬張角死，未假赤眉威。傅翼成郿塢，攀鱗到錦衣。崑炎無玉石，殃及咎誰歸。

黷武非天意，佳兵孰將才。朝聞和議出，暮見戰書來。七國誅鼂錯，千金間郭開。定貽强敵笑，一炬楚人哀。

帝倚東南重，詢謀亦孔皆。提兵分楚越，轉粟自江淮。幸有籌邊策，能無大局乖。安危深注意，表海奠風霾。

辛丑元日定遠方鏡楓司馬澤含仁和魏頌良別駕汝驌過訪並招飲漕運局即席賦酬

天涯握手眼逾青，結契都忘世俗形。君輩鄭侯勞饋餫，我慚杜老感漂零。似聞官踝如綿蕞，且把村醪當醁醽。珍重前途同努力，他年鴻雪記曾經。

地入秦疆帶楚垌，東風先放柳青青。千家燈火喧元旦，三省簪裾聚德星。輓粟飛芻書上考，引杯看劍惜餘馨。歸來一枕還鄉夢，賀歲聲中喚未醒。

柬謝余紫波聯澐廣文

與君執別幾星霜，客裏相逢在鄭陽。涸俗一官餐苜蓿，驚人三鳳奏笙簧。芝綸朝奉祥雲護，萊綵春依愛日長。好奉起居開八座，堯醞新歲拜宫觴。晋珊中丞方拜撫浙之命，太夫人壽届八旬。

人日淅川舟中

危崖狠石散搓牙，落日無人鳥徑斜。水宿風餐三百里，欲尋驛使少梅花。春來人日正暄和，細數春郊樂事多。何似扁舟弄泉石，鼟聲雷轉迸珠渦。兩山夾水瀉潺湲，一綫中開世外天。不是谿頭春水漲，空山那得識新年。萬兀千摇到淅川，勞生心事日如年。逢人欲望長安路，遥指孤雲落日邊。

初入商南

籃輿詰曲轉山椒，綫路惟通徑一條。樹鑿雲根撑古幹，麥穿石罅迸新苗。巖泉滴處低安覓，澗水横時密架橋。絶好桃源人未識，應憎車馬溷塵囂。山中片土貴於金，多謝農家作苦心。剷石待栽松合抱，築塘兼種柳成陰。晨挑野菜銜煙濕，晚斸枯枝帶雪深。官府催租忙底事，何人爲誦道州吟。

武　　關

層關高踞萬山中，楚蹶嬴顛角兩雄。螺黛横空分向背，鴻溝劃地走西東。春寒不散蜂腰雪，日瘦常迎馬首風。大息商於六百里，一朝割棄爲和戎。

商山四皓墓

漢祖當年歌大風，誰知衽席伏兵戎。蕭曹已謝從龍志，降[7]灌徒嗟走狗雄。匕鬯不驚神色外，鬚眉如接笑談中。商顔依舊人千載，古木殘碑説殯宫。高卧巖泉定幾秋，無端物色到留侯。唐家機肉肥鸚鵡，晋室殘臍噬馬牛。漫説壺關先入漢，莫須周勃始安劉。穀山老父傳書久，偉業從來建白頭。

秦嶺謁韓文公祠

唐綱穢濁煽腥聞，隻手回天未可云。九死蠻荒無後悔，一生元氣在斯文。淋漓大筆推《原道》，衰朽殘年尚戀君。粃蠹不除千古憾，英靈常峙嶺頭雲。

過棋盤嶺

一嶺矗天半，躋攀近日邊。山河收眼底，雲氣盪胸前。地訝盤蛇遶，人如磨蟻旋。誰當開此局，疑是爛柯仙。昨夜藍橋雨，春泥脚底生。泉聲因石搏，人力與騾争。逕閡雲低鎖，巒開曉挂鉦。莫誇凌絶頂，舉步有溝坑。

出山至藍田

澗宿巖餐十日程，深山歷盡眼方明。雲飛荆紫關前急，路到棋盤坡下平。客饌飽含蔬筍氣，谿流猶作珮環聲。何人解種藍田玉，一角荒城遠岫横。

舟中無事戲作小詩並補舊日存稿聊以自娱不過十數紙耳誌之

三年不作峥嶸句，五門難澆塊壘胸。往事雲山成過客，高吟冰雪送窮冬。閒時緑綺存知己，明日黄花定笑儂。且記鹿蕉尋昨夢，未從檢點壓輕艅。

初達行在左笏卿同年紹佐以詩招之次韻酬答三首 附原作

仕隱難爲計，情懷異往年。酸鹹殊俗好，詩句畏人傳。心逐孤飛鶴，身如不繫船。風塵常僕僕，放枕便蘧然。

故人從北至，驚我又南來。乍見離腸訴，相將笑口開。檢書燒短燭，掃榻撥寒灰。歎逝悲無限，傷心話鄴臺。詩中有感周伯晋之語。

長蛇方洊食，唳鶴總驚心。間道身歸闕，憂時淚滿襟。海氛仍甚惡，厦壓懼難禁。恤緯慚嫠婦，徒然抱膝吟。

［附］

贈眉生同年

左紹佐

粲粲同門子，當時最少年。姓從唐杜辨，名共大蘇傳。聲價豐年玉，文章下水船。郎官非不達，回首一潸然。

歌舞長安地，誰知避賊來。寒聲聽鳥變，春色見花開。白髮絲絲雪，丹心寸寸灰。時傳風鶴警，不忍説燕臺。

已矣周公夢，淒涼客子心。謂周伯晋過世。秦中曾秉節，漢上舊題襟。詞賦工何益，存亡感不禁。東溟饒木石，銜憾託冤禽。[8]

上仁和王相國夫子四首

八座康强祝起居，回思昨歲奉鑾輿。入關蕭相收圖籍，扈蹕宣公草制書。北闕會須酬秬卣，西湖未許憶蓴魚。白頭報國丹忱貫，福澤饒增憂患餘。

節樓曾建五華頭，又見畿疆擁八騶。地望早儲真宰相，天階近接古諸侯。黄扉漏静資調鼎，碧海波平費運籌。太息澶淵孤注擲，忍看鐵錯鑄神州。

黑夜篝狐叫帝閽，無端烽火起蒼黄。哀鴻遍野三軍散，匹馬朝天七月凉。悍將威名讎未雪，老臣心事鬢如霜。嵯峨銅柱分明在，大厦支扶要棟梁。

香火垂垂四十年，不才瓠苦落巖偏。記從畫閣萊衣後，軾初以弟子謁見時，甫成童，太夫人召入後堂，獎賚甚厚。重侍沙堤杖履前。郭令勛名兼壽考，鄴侯忠孝是神仙。春風滿抱生機溢，下駟猶堪借一鞭。[9]

樊雲門觀察新作《廣劉後村十老詩》凡二十首以題索和予病未能柬謝雲門兼致笏卿同年

後村南宋詩中佼，十老吟成斲工巧。好句流傳七百年，和者雖多能者少。樊山聲價吾楚寶，翰墨蜚騰富文藻。一官暇日愛長哦，騁興恣酣廣十老。游戲天倪窮萬方，雕鎸物態辟群窔。落筆往往雜莊諧，寫生躍躍透毫秒。遂令前賢避三舍，有似洞庭吸横潦。淮陰部將貴多多，子雲絶技非小小。飼壇牛耳碩無朋，凡手不敢施猾狡。噫嘻君才凌謝鮑，君治又且冠鄷鎬。渭南牧民如牧豭，吠犬生氂馴雉擾。杜母循聲愜野謡，吴公美政書上考。詎惟宰郡若烹鮮，刬更鋤彊如捕蚤。回翔樞幄贊元戎，勛貴側席争爲傾倒。朝廷新詔辟四門，市駿千金苦未早。淮陽漫許卧汲黯，江左定合起王導。繡衣直指東方驄，黄麻知誥北門草。寇公晚入政事堂，敬輿昨擬興元詔。六龍回馭在斯須，八柱擎天忻再造。整頓乾坤改舊觀，收拾雷雨復清曉。點竄《三都》、《兩京》篇，潤色明堂王會稿。要將贔屭載圭瑁，不屑蟲魚韰梨棗。念吾南風久不競，江陵已歿江夏杳。扶危撥亂及今兹，勉旃發憤攄懷抱。龍蟠大澤鬱霆雹，虎嘯中原奮牙爪。鷹瞵慘澹側愁胡，鳳覽從容俯衆鳥。經濟於君何有乎，吠詠徑可立談了。刮摩垢膩返虚明，噓翕元氣甦枯稿。從此洗甲净天河，一切腥羶共祓澡。能事固宜有不讓，奚翅百鈞穿魯縞。嗟予晚遇未聞道，郎舍浮沈駑在阜。時攬明鏡照衰顔，幾輩天衢騁騄褭。南皮門下舊年少，晨星散落參與昴。黄河東走瀉滄溟，西嶽崚嶒峙雲表。鑄成奇采吐毫端，俊語雄篇任揮掃。邯鄲步拙那能工，嫫鹽效顰徒取惱。巡檐把卷闔且開，倚壁偷聲酉到卯。愧無寸莛撞鴻鐘，斫樹收龐笑麽眇。四方相與逐雲龍，或倚寒郊欺瘦島。太冲落落吾黨豪，定有錦囊似君好。

病瘧半月不愈適筱東太史來自臨潼約管養山農部象頤過診謂中有伏寒外症似熱投以附子炮薑一劑而愈感謝不已口占長句奉酬二君

何物元冥窮奇子，譴逐萬年終不死。欺我老范胸無兵，闖入黄庭據案几。長安五月火雲屯，行人汗流顛至趾。而我蜷縮深閉門，羊裘罽毳裹四體。天君不振見侵削，自取厥咎斯已矣。尋常和緩不可爲，正坐未窺其奥耳。吾友逸少華省彦，潼上歸來聯俊侶。滿身甘露帶楊枝，一灑一噴欻然起。頭風蕭颯遣陳琳，血髏模糊怕[10]子美。未獨文章褫姦魄，還由善氣驚魑魅。關中流莩百萬家，涇渭旱坼千餘里。朝廷賑貸澤如春，官吏奉行流若水。堂堂太守士修先生督放賑米，小東、養山佐之，飢民全活無算。今夷吾，惻然惠給仁人米。號召賓客紛解囊，九合居然踵盛軌。一旦霖雨興方寸，河嶽喧沸人神喜。德門群從競人傑，農部宇器深蕴美。昨來扶牀初一見，便覺静妙逼肌髓。得非前生飲上池，聰明透悟超凡理。數語落落貫中邊，一紙飄飄澈表裏。有似清風驅宿霧，瘧鬼跳遁隮山坻。能者洞見垣一方，拙者抱書良可鄙。十全爲上古所貴，工拙相懸逾倍蓰。我今頓生微管歎，醫國手段兹其始。循房感念不能忘，書之投贈如桃李。

代翰林院擬太白山神廟碑頌壽州孫相國屬

峨峨太白，苞絡梁雍。頡頏二華，部婁九嵏。上有積雪，亘古嚴冬。靈湫霱淪，實宅螭龍。嘘翕雷雨，吐納雲風。滲漉下土，帝嘉乃功。秩尊群望，保障西封。嗟爾關陝，疊遘鞠兇。虐焮旱魃，羽燋嗷鴻。黎黔爛沸，青黄阻空。發帑振粟，博濟猶窮。男婦饑踣，轉徙媪翁。若瘝在抱，如疚切躬。民之瘼矣，神亦攸同。爰命從臣，圭璧滋恭。莫蘊壇遣，祈禱深宫。桑林引責，遠慕殷宗。賴兹神貺，德薄報隆。甘霖闓渥，慰我三農。亭生濡潤，禾黍芃芃。篝車載滿，閭井綏豐。天無私覆，澤有大同。朝野歡慶，海宇洩融。昔也流亡，今歸自東。下拯元二，上答蒼穹。神績既著，神廟宜崇。迺命疆臣，庀材鳩工。庭楹殖覺，牖闥玲瓏。既勤樸斲，亦葺垣墉。牲體具戒，籩豆恪供。禮頒燎檟，樂奏笙鏞。小大稽首，至止肅雝。春秋匪懈，以表寅衷。刻石彰烈，永跱寵崧。千秋萬祀，福佑關中。

朱古微夫子屬題《餘姚孝子王太史繼香瘞髮生芝圖》圖爲太史之弟作張香濤師弁首

曹娥江上春遲遲，謝公山下草凄凄。春草無心生自老，就中惟有一叢好。白華爛漫開紫英，居人云是孝子草。此草無根亦無跗，常挹醴泉吸甘露。靈根下世三十年，不産他山産此處。山間何所有？麻衣如雪孤塋守。塋側有何物？苫塊餘生留髣鬌。記存髮一縷，天意居然憐孝子。孝子事親髮膚不敢傷，孝子思親廬墓依親旁。寸草春暉毫髮何由報？纍纍如許髮短而心長。心長哀慕何時已？形影相憐兄與弟。寒巖冰雪嚼殘冬，野壙松杉咽流水。流水啾啾冬復春，暫返敝廬辭故親。臘鼓聲聲喧更急，白雲一片遶孤村。聊將此髮瘞墓畔，髮與精誠兩不散。血餘雖剔未成灰，貞性肯隨山石爛。石爛海枯無生理。髮滅髮存能有幾。重來乍見草蒙茸，一掬重臺映潭底。潭底碧波清復清，紫芝灼灼轉滋榮。臨風宛轉摇芳馥，異事傳説鄰翁驚。吁嗟乎，王薦瓜、孟宗竹，古來至行感草木，自無之有理難卜。扶輿毓秀豈徒然？生非其時未爲福。倫紀大節天壤昭，死重山嶽生秋毫。生近神禹穴，死逐伍胥濤。骨肉湛水神氣歸天上，素車白馬昕夕從游遨。始知嘉草瑞應不經見，千鈞一髮磊落垂山椒。南皮今代大手筆，[11]揮毫恍入芝蘭室。十指拂拂生晴煙，五色煇煇映初日。寫出纏綿悱惻香草心，華鄂棣棠光四溢。人生不朽良獨難，開縑展素使我增凄酸。知君忽憶池塘夢，髮衝冠墮憂慟涕紈瀾。廿年奔走長安道。塋隴荒榛苔未掃。華顛攬鏡自茫然，一髮青山悔不歸來早。讀君畫，爲君歌，天涯日暮轉蹉跎，安能如此奇孝終不磨。嗚呼，如此奇孝終不磨。

【校記】

〔1〕“紫陌”下，國圖本有自注“予癸酉得拔貢，廷試三等，未用，今二十五年矣”數語。

〔2〕“草色深”下，國圖本有自注“先祖及先考均以明經終，鄉試屢薦未售，直至己亥，伯兄軾始登北闈賢書”數語。

〔3〕“明光”下，國圖本有自注“予得拔貢後，朝考報罷，就職值州判，不到，旋考教習入選，傅充正白旗官學一年，以事捨去”數語。

〔4〕“三條燭”下，國圖本有自注“戊子己丑均入北闈堂備，不中”數語。

〔5〕“趫捷”下，國圖本有自注“壬兒髫齡入泮，兩湖書院肄業”數語。

〔6〕“慣嘗”下，國圖本有自注“予以丁卯爲弟子員，嗣後每科必到，時先君尚健，能送兒輩考，兼以觀場。予兄弟叔姪五六人均正年力富强，無役不應，二十余年如昨日耳”數語。

〔7〕國圖本作“絳”。

〔8〕“冤禽”下，國圖本有自注“二句非原稿，似押吟字”數語。

〔9〕“一鞭”下，國圖本有自注“公自同治甲子督學楚北，蒙取入邑庠，戊戌充會試，大總裁，幸復出公門下”數語。

〔10〕“怕”，國圖本作“吟”。

〔11〕“大手筆”下，國圖本有自注“張子青相國爲繪此圖”之語。

蘵園詩鈔卷五　集後集

黄陂　眉生　范軾

丙子六月十三日燈下寫家書閒步見月口占三首書寄伯兄京師　似律不律，似古不古，以抒胸臆，未能忘言云爾

皎皎孤圓月，天涯兩地明。離人栖薊上，游子滯江城。照見雙幽曲，無言獨自清。知君望鄉信，對之有餘情。

君情與我情，盡此一輪中。君目與我目，共見月當空。見月不見人，銀河劃西東。問月月不言，悠然來清風。

北極去天近，仰首觸星辰。河石掬在手，因之達好音。車馬長安道，桑榆故里心。予懷清渺渺，坐嘯獨披襟。

楊花曲

紅日映窗春雨微，階前款款楊花飛。流鶯千樹坐相語，江北江南春不歸。五陵年少媚春好，朱顔擲向明鏡老。金縷歌殘玉樹空，拓枝舞罷羅幃悄。飄雲捲雨不自量，長安女兒踏春陽。蘭膏墜髮輕蜂婕，石鯨飛泉送酒香。緑煙金穗暗相逐，白蘋紅藻翠鱗覆。莫向東風還蕩摇，一生好傍龍池宿。

武昌寒谿訪陶桓公手植桂用少陵《古柏行》韻

團團月照西山石，下有古桂高千尺。參天黛色欺老松，拔地蒼柯傲貞柏。幽崖晚綻金粟香，密徑朝涵玉露白。長留人世閱興亡，歷盡滄桑

誰護惜。陶公昔日鎮江東，澄清江表生英風。坐踞胡牀發嘯詠，行携仙友娱晴空。曉波近挹樊口水，疎林俯瞰吴王宫。直與鷲峰現法界，疑躡蟾窟非人功。吁嗟人往名已重，太息偏安謀不用。百回運甓費辛勤，兩翼衝霄誰縱送。春華枉自集粤蜂，秋實何曾餧丹鳳。衹餘過客任攀條，遺植於今説隆棟。

癸卯九日宴集和徐性臣太守嘉穌巔韻四章

騫身疑躡閬風巔，高會超除世外緣。遠岫秋容排闥送，晚谿漁唱隔林傳。君懷灑落揮毫玉，我愧錙銖算口錢。[1]白酒黄花拚取醉，不辭狂飲瀉澠川。

仗策曾登峴首巔，玆游汗漫證前緣。風流縱遠遺蹤在，政蹟能兼好句傳。鴻雪幾經堪入畫，鶴琴一路不名錢。大隄士女憑回憶，到處依依説潁川。君昔官三楚，有惠政，所去人多思之。

層臺矗立郡城巔，一水縈洄悟道緣。聲望荆南留故事，文章北宋得真傳。江楓遠映烘天錦，園橘低垂散地錢。好景合當佳日賞，尺縑如掌拂秦川。

又報梅花放嶺巔，遄飛吟興助仙緣。萊莊地辟千秋業，君官荆門時建，另圖索和。漢樹陰濃萬口傳。天門鍾祥一帶堤工，得力甚巨。畫閣雙魚摇緩佩，春郊五馬擁連錢。即今鎖鑰資羊杜，擊楫猶堪濟大川。

除夕雨中守歲口占七絶二首再寄壬兒

沈疴不俟三年艾，積涸懸知一勺漿。煙霧障天春漠漠，釣竿珊樹趁輕航。

釜鳴鐘毁付蒼穹，蜚鳥何干彀楚弓。隻手挽瀾持莫急，春來遍處是東風。

東坡守徐州歲旱祈雨有起伏龍行茲仿其體並次元韻

潯陽無復射蛟弩，少室沙門飼虓虎。謬傳蛇醫有姻連，錯認豬龍是初祖。巧封白獸骨投潭，兼刎蒼鵝血濺土。群兒遶盎擊楊枝，學呪金盆敢或侮。二妃弭節蹴電車，九子鳴鞭出洞府。黃頭夜半叩朱門，乞與銀瓶灑寸縷。咄嗟旱魃太猖狂，鑄鼎當年漏伯禹。中學誠信格豚魚，爲民請命神弗吐。靈湫抱珠眠正鼾，驚醒叱咤生風雨。願將燒燕五百枚，觸石一激錢塘怒。

丁未中秋久旱不雨和東坡《禱雨沂山有應》一首即次元韻

坡公誚龍慵，以文爲戲耳。蚤晚一噓氣，枯槁復餘幾。河流斷梗禾生煙，四山静滌秋如洗。但祝青驄獵獵來，當筵落箸驚奔雷。銀瓶點滴馬鬣浮，蜀江滿瀉瞿唐堆。神龍得勢挾風吼，俛笑鯤鮞實知否。屈伸變化非直慵，潛潭抱珠多伏龍。滃妻旆裶拜天賜，我氾布濩誰居功。司農星土籌金穀，桑林六事勤自責。岱雲層合及今茲，莫爲潯耕待投劾。

己酉冬壬兒來自京師侍疾月餘歲暮天寒言旋北上依所作與諸子酬答原韻草此示之

萬里天涯客路過，風霜飽啜汝偏多。尋親待覓王祥鯉，訪古還翻史籀蝌。國器藏身追管樂，家傳較律到陰何。楹書鄭重貽謀業，一舸容予製芰荷。

【校記】

〔1〕“口錢”下，國圖本有自注“時筦撫州府城外榷務”之語。

蕻園詞稾

蕻園詞槀

黄陂　眉生　范軾

昭君怨　中秋遲庵侍郎招飲，疊調奉和

一例主賓歡洽，一樣壺觴酬答。有酒便須澆，醉今宵。　門外霜華滿地，階下月華更媚。何物最關懷，桂花開。

［附］

昭君怨

孫毓汶

茶量依然未減，棋興依然不淺。有事斷儂腸，酒尊香。　天上一輪更好，座上一人不少。算否去年時，幾多詩。

昭君怨　再疊答遲翁

昨夜長卿入夢，今日子公指動。堪笑换尖團，一詩難。　前度劉郎今又，舊跡坡仙尚有。著意問西湖，近開無。

［附］

昭君怨

孫毓汶

一物萬金難買，千里江南送蟹。妙絶釣詩鈎，况中秋。　此去同舟泛潁，又是一年風景。待醉木樨香，聚星堂。

昭君怨　中秋竟日雨，三疊呈諸同人

卧聽瀟瀟響瓦，起看如絲細灑。游興擬偷閒，老天慳。　大好琉璃世界，底甚墨雲遮壞。一事代閨愁，盼登樓。

［附］

昭君怨

孫毓汶

一雨行人意滿，無月詩人興懶。天鑒兩般情，晚來晴。　絡繹新詞勸酒，一喙敢當衆口。願待菊花時，倍吟詩。

昭君怨　是夜微月朦朧，四疊呈遲翁

造物日須千變，纔得陰晴兩便。圓月挂雲端，暮生寒。　一水盈盈可渡，仍記去年征路。爲報夜來潮，漲三篙。

［附］

昭君怨

孫毓汶

樓上仙人未醉，雨後姮娥未睡。拚是不周全，恰團圓。　曉霧連城一白，新漲連空一碧。向晚宿酲開，見長淮。

昭君怨　舟行六霍間，水涸膠甚，是夜得雨，喜，五疊前調奉和

道是湘帆九轉，又似蓬萊清淺。一步莫輕過，費摩挲。　澈夜鳴渠到曉，從此鼉叢闢了。放眼起波瀾，酒腸寬。

［附］

昭君怨

孫毓汶

沘水膠沙四遶，久旱鱗波更小。天遣布帆開，雨聲來。　淅瀝終宵不止，潛霍新泉至矣。激箭放輕舟，快哉游。

花心動　同人約游三游洞，以事不果，悵然賦此

非病非齋，更非關青鳥，傳書相左，如此好山，辜負良辰，都是老天慳我。世間徒踏芒鞋遍，奈風月等閒拋過。且從緩呼儔嘯侶，再扶輕柁。　自笑清游福薄，算載酒尋花，總無一可。春色惱人，天氣困人，忙亂電光石火。夜寒須有閒愁訴，除燈影再無三箇。放著夢江南，路長怎麼。

如夢令　題戴潤川少尹畫幀

蘸墨研朱調弄，帶月和煙鋤種。緑瘦與紅肥，併入羅浮清夢。珍重，珍重，好借東風吹送。

惜餘春慢　惜春

暗緑沈煙，稀紅滯雨，望極天涯芳草。吴江路遠，楚塞雲飛，難禁夢魂縈遶。因甚東風錯吹，如水流年，誤人多少。問春歸何處？芳顔雖在，半隨愁老。　長記得碧樹藏鶯，畫梁棲燕，顯出千般裊嫋。梨腰澹白，柳眼深青，欲訴萬端煩惱。惟憾尋常，負他買玉論金，因循遲了。再休題往事，落花滿地，漏鐘驚曉。

虞美人

長安春雨，同左笏卿侍御紹佐、陳蘇生曾佑、魏子題時鉅、王筱東會鼇三太史步入市鑪沽飲，相傳爲李青蓮買醉處

廉纖細雨春城濕，是處尋春跡。城西一角夕陽斜，卻見青簾颺出海棠花。　花間繫馬同沽酒，莫問囊空否。無人解笑太常齋，便醉如泥，荷鍤此中埋。

龍山會　並序

癸卯九日，同人宴集擬峴臺。宿雨新晴，風日澂爽，主賓交酢，觥斝雍容。於是徐性臣太守嘉龢首唱，用巔字韻。疊至五六和者，如戚昇淮大令揚、張繼南都戎紹武、鄭耀先通守光祖、吴大令迺翼，及鄧饒兩廣文，戛玉敲金，有美必備。彙爲一筩，示餘屬步，隨占四律以紀雅游。復倩湘南歐陽子餘即景繪圖，再催題跋。時管榷江頭，文事久廢，蘧廬坌俗，臘鼓驚心。偶檢詩餘，得宋人趙以夫賦龍山會一闋。輒倚兹調，聊填小詞，用質吟壇，並識緣起。續前賢之韻事，債恐遲於隔年。攬名勝之流傳，跡或視夫今日。

樂事年年有，選勝探新，次第看重九。羊公今在否？峴山遠，佳話流傳江右。巀嶭起，城闉最高處，平捫參斗。縱吟眸，青山紅樹，一谿帆艫。　依然桓孟風流，落帽題糕，好景何曾負。驪珠携滿袖。暢懷趣，付與荆關妙手。一例雅歌，人趁公暇，陶情詩酒。也應記茱萸，醉把約來年又。

高陽臺　再謝戚昇淮大令

樹擱沈雲，橋撑墮葉，年芳澹宕驚秋。攬勝開樽，使君高會登樓。簪萸泛菊尋常事，算龍山重見風流。快銜盃席帽，聯翩賓主獻酬。　此

邦自昔多文獻，矧神君儒雅，政美無儔。上考書成，家家笑語歌謳。醉歸落月蒼茫裏，認寒煙橘柚田疇。紀新游，緩帶風前，放櫂江頭。

百字令　徐性臣太守枉過，又蒙召飲，賦此誌謝

蝸居地僻，乍江干軍馬，頓回岑寂。一紙招邀冠蓋鬧，畫閣開樽讌集。入手螯肥，登盤筍脆，痛飲歡金夕。晚來歸路，酒香猶潤衣幘。　曾記太守當年，漢南春柳，處處留芳植。回首驚心無限事，又換蒼桑故跡。此地煙塵，東溟雪浪，同是悲秋客。時中俄和約未定，俄踞[1]東三省，日本拒之，恐有戰事。陶然高會，輪囷肝膽能說。

百字令　二闋

性臣太守元調見和拈此答之，又出官荆門所作《萊莊繪圖》索題，輒並賦三闋以贈，其二即百字令，其一爲邁陂塘即摸魚兒也。

伊人可慕，悵算緡鞅掌，葭湄阻右。豐度久傾城北著，政績雙岐比秀。三戟雀門，八龍荀里，雅擅多文富。令姪菊人太史現官商部左丞，旋加副都統銜練兵。山川絢麗，迎風珠玉咳漱。　况是妙手栽花，豪情看劍。浩唱當舷扣。管領名城攄偉抱，俯仰縱横六宙。望氣東關，洗兵西徼，學極天人究。蒼生有福，岱雲騰上遠岫。粤西土寇數年未平。

名賢孝隱，賸苔封古碣，雲迷徑楚。難得高懷彰大節，一洗空山巢許。樓構望雲，泉疏順水，架閣森條緒。祠堂羅拜，令名休數謝墅。　竭來江右雄麾，吴縑快展，彷彿游深岠。書畫滿船逾海嶽，無限鴻篇鉅敘。移孝作忠，訓甿善俗，孔邇歌墳汝。臨江佳話，採風流播律吕。

邁波塘　題萊莊畫册

算人間節廉忠孝，纔將宇宙撐拄。周秦遠溯三千載，留得大名如許。

高隱處。依約是，沮南漳北龍泉路。敝廬風雨。記隴畔輟耕，庭前舞綵，芳躅自終古。　風流事，闡發幽光無數。景萊新構庭墅。巖阿片石摩挲在，路旁有碑在所耕處，距故宅不遠。圖畫四圍雲樹。奇妙遇。偏一箇幽人，兩地留抔土。臨江府亦有萊子故蹟，與荆門同，惟山水不及耳。古人可貴，兩處爭傳，往往如此。吴子密編修、易實父觀察均有題及此事者，因並詠之。老天付與，似有約多情。使君五馬，勝跡又爲主。君選臨江實缺，現署撫州篆，似一奇也。

八聲甘州　除夕雨中守歲，書寄壬兒日本

看男兒墮地起風雲，天涯悵離群。望扶桑一片，海門銀雪，怒捲朝暾。念爾勝衣舞勺，膝下共晨昏。忽奮搏天翮，直錫飆輪。　回首家山萬里，縱長鯨快掣，孤負青春。慨神州澒洞，擾擾自煙塵。願乘時簪毫射策，踏槐黄，平步入金門。歸來好，請纓他日，留待終軍。

霓裳中序第一　春陰懷舊，次草窗閨思韻

閒愁翠岫疊，嫩柳驚寒遲展葉。滄海煙霏霧結。念燕市笙歌，帝京花月，泥鴻爪雪。認舊時眉嫵留篋。低徊久，夜闌暗約，影事箇儂説。　憶切，雁聲酸咽。伴旅館巾香未滅，匆匆誰遣惜别。悵淚染紅綃，鬢冷金玦。彩輪明乍缺，最腸斷陽關一闋。天涯感燕飛何在，有夢趁香婕。

長亭怨慢　再和草窗韻

記曾傍畫樓深處。紺碧闌干，繡茵庭宇。寶瑟明璫，珠簾斜捲蕩芳趣。艷歌歡聚，渾忘卻傷春句。歎零亂無端，霎紅怨嬌顰如許。　延佇，問桃花照影，可識去年門户。爐香夜冷，鬢絲易感潘郎賦。夢回雞塞渺雲天，倩誰送東風傳語。春意又闌珊，盼斷一江煙雨。

大　　酺 惜春再次草窗韻

又海棠開，山茶放，做就春陰亭閣。邊鴻憑寄遠，憾塞雲低墜，海氛還惡。蜃霧迷空，[illegible]烽殷地，誰慰天涯離索。自金吾禁夜，想翠沈紅悄，粉凄香薄。算漚絮前因，乍吹旋散，水流花落。　　柳條猶嫩弱。暗銷凝，争忍負河橋約。况説似青鸞有信，紫燕無家。幾番準對花閒酌。夢不成歡，續殘夢，更須良藥。倚嬌怨，罡風削。韶華百五，好借明珠量卻。惜春那曾睡著。

金縷曲 哭亡女熙芝四闋[2]

薄命紅顔誤。怪天公，摧殘弱質，不教春駐。剎那韶光花信動，便赴泉臺歸路。聽旅館，瀟瀟夜雨。遠望親廬飛不到，但白雲一片縈鄉土。魂蕩漾，寸心苦。　　萍蹤我亦風前絮。又緣慳停橈江上，風濤羈阻。膽裂桐棺驚瞥見，誰料分離終古。悔兒女頻年輕負。莫遂平生幽烈志，背爺娘暗訴哀蛩語。天已缺，憾難補。

慟灑西河淚。捲鮫綃，明珠一顆，入懷驚墜。鏡幌書匳猶在眼，不道音容隔世。錯莫認今生夢寐。廿九年華彈指現，便塵寰小謫談何易。甘撒手，老親棄。　　前生福慧修成未。歎嬋娟光沈寶月，綵雲流碎。誓矢柏舟冰雪操，忍死深閨不字。衹翠袖天寒獨倚。瘦骨懨懨春又病，掩房櫳彈淚傾鉛水。留訣別，問諸姊。

欲趁瑶臺伴。了塵因，鉛華弗御，默持經卷。樓閣莊嚴觀自在，色相諸天較淺。竟脱卸春蠶縛繭。廿四番風吹送去，任芳辰仙子同消遣。春未老，絳旛遠。　　停辛佇苦愁何限。枉聰明鴛鍼誤託，懶拈繡綫。鏡破弦殘盟白水，待及黄泉相見。悵蘭質葳蕤細綰。一枕凄凉依旅榻，忽夢尋化鶴無人管。揮不盡，淚珠斷。

黯鎖城西寺。悄無人，空階葉落，女貞孤樹。粥鼓雨餘錢紙濕，最是離魂斷處。喚不轉子規啼住。百五春光如逝水，儘芳華凋謝都無據。心耿耿，永終譽。　　歸來環佩忘朝暮。隔滄海郵程千里，神傷陟岵。九轉回腸今慘割，怕聽流鶯低語。渾遮卻楚江煙霧。月黑燈青悽繐幕，歎夜深寂寞誰憐汝。衰膝遶，庶幾遇。

【校記】

〔1〕“鋸”，應爲“據”字之誤。

〔2〕“闕”下原有“附壬兒悼亡妹詞”，因本書亦收此詞，故略去。

蕻園文存

蒓園文存卷上

黄陂　眉生　范軾

硯滴銘一

物無異巧，適用則殊。一拳之石，質肖蟾蜍。有手有口，有腹中虚。爰稽卦象，爲震仰盂。古人宥坐，或庋席隅。苔蘚斑駁，殆閲居諸。欲辨疑識，作者誰歟。晴宵[1]小閣，左圖右書。捲簾風嫩，水浸芙渠。一奩瑩澈，日映霞紆。匪淪而漪，匪激而徐。憑軒静對，惟目與娱。及其得意，筆飽墨腴。任君挹注，汲之不枯。原泉混混，道在斯乎。

硯滴銘二

具璠[2]璵之質，而經琢磨之功。蓄翰墨之華，而抱冰雪之胸。結文字之契，而羞與簿書刀筆爲傭。其静以鎮也，儼接巖巖之道貌。其虚以受也，天然瑩澈，而涵一片之冲融。及夫盤鼎述作，濡染淋漓，與一切高文典册，羽檄飛草之事，固靡不吐納包孕，而挹注之無窮。噫嘻。吾懼其器，易盈而易竭也，則將勗之曰：子與毛穎陳元楮先生善，盍往從諸名山石室之中。

新疆建立行省論

左爵帥既平回逆，遂達天山之南北兩路。謀所以善厥後者，慨然思建立行省，以敉定西陲。於是偏陬下士，幸睹其成，而揚搉言之曰：盛矣哉，國家之聲教漸被遠也。

新疆一隅，遠阻塞外。自漢以來，不受中國羈縶。有若車師、前後王庭，有若烏孫、疏勒，有若莎車、鄯善，有若康居、大宛。其人類剽戾狂獷，睢盱睒睗。如鼠如猹，奮其牙角嘴距，以爲邊圉患。以中國之大，累朝之盛，亦嘗竭天下之力以征營之。卒致兵罷財殫，迄無成功。事迹昭昭，載在史册。忠臣義士作爲詠歌，以鳴其激烈憤惋之氣，道其艱苦禍敗之實。蓋西域之平，若斯之難也。及清受天命，聖武遠揚。絶域殊方，回面内嚮。然以準、回兩部之故，屢勤王師。康熙朝，嘗三駕親征噶爾丹矣。雍正朝，嘗驅策零矣。乾隆朝，嘗誅阿睦爾撒納及霍集占兄弟矣。道光朝，嘗殲張格爾矣。列祖列宗神聖相承，撻伐薙獮，與民更始，涵濡卵翼，垂六十年。地大物夥，萌拼其間。回逆之叛，迄今又幾十稔。而卒爲我師所滅，詎非天哉。

且夫版章之開闢，視乎氣運之轉移。地力宣洩發舒，至本朝而盡。東南兩海擴之，不遺毫髪。惟西北陸地周數萬里，沙磧横飛，人煙寥闊，蹄迒滿路，俟俟求群。是天留未啓之鴻荒，以爲盛世消息尾閭者也。有數聖人以墾之於前，復有一聖人以耨之於後。我侯我尉，爾宅爾田。雖欲不列於郡縣，其可得哉。或曰：置官必屯兵，屯兵必儲糧。地鮮所出，必不敷支放，諸多未便。噫，此迂儒未達時務之論也。向令兵不解甲，内地運餉以千萬計。耗中事邊，其勞敝不愈甚哉。新疆牛羊麥麵蔬蓏之賤，氈裘澆植之利，金礦銅礦之旺，徭役賦税之簡，且哈薩克茶馬布緞互市之利，又皆什倍中國。此皆其地之所宜，非有損益者。而况斬危崖，劃仄嶺，引淙泉，瀉漫壑，招華民以墾之，予籽種以厚之，緩錢賦以安之，定土著以便之，其勢尤順，其利尤大。

行省例有督撫、司道、府州、縣官。今請設總督一員，駐伊犁東路。設巡撫一員，駐迪化府。設提督一員，駐迪化府。設布政使、按察使各一員，與總督同治。設分巡安西北兵備道一員、分鎮安西北鎮總兵官一員，同駐鎮西府。設分巡天山北兵備道一員，駐伊東府。設分鎮天山北鎮總兵官一員，駐塔爾巴噶臺。設分巡天山南道兵備道一員，駐葉爾羌。設分鎮天山南鎮總兵官一員，駐烏什。設府十一、直隸州三。府州之目曰：伊犂東路、伊犂東西路、庫爾喀喇烏蘇、烏魯木齊、原設迪化州。巴爾庫勒、哈密、塔爾巴噶臺，以上北路。闢展、哈拉沙拉、庫車、沙雅爾、阿克蘇、賽喇木、葉爾羌、和闐、烏什、喀什噶爾，以上南路。設州四、設縣四十，其府州縣名應奏請欽頒。文官同知以下、武官副將以下，應若干員，另議再設。

夫郡縣立，而統兵之員可減。内民衆，而頑梗之風可息。興養設教，化荆棘而康衢，化幽谷而白日，化榛狉而冠裳。其效遠則十年，近則不出七八年之内也。四海臣民，猶將頌聖德之如天，而樂相臣之善爲補劑也。又何戔戔之足云。

喻母□夫人墓誌銘　代李勇慤

夫人姓□氏、□省□□縣人。以咸豐己未四月歸於喻，即今衢州總兵官俊恩，而成謀之姻好也。夫人事喻君二十有三年，生子三、女一。卒於光緒辛巳七月十九日，葬於衢州□里之原。其明年，喻君以女爲余四子婦，始具述其生平梗概，而問銘於余。且曰："吾妻之卒也，吾子長跪禱神，願以身代。吾女刲掌和藥進，皆無救。則擗踴號哭，哀慟不欲生。初非有督之者，顧能若是。至今思之猶惻然。"噫，其孝也。

余惟婦人無外事，故鮮有傳者。而惟嘉言懿行之不可没，則往往於其教子若女者見之。歐陽文忠有言：觀其子之賢而有正，則知其母之義方。然男子出就外傅，適四方，其他日成就不可知。惟女子跬步不離閨闥，耳聞目見，秉於母訓者尤多。今喻夫人之卒，其子若女能侍奉之若是，則其平日之爲教可知。既教以孝，事其親，則亦能教以孝，事其舅姑。君既樂有賢子女，而余亦樂得賢子婦焉。然則夫人嘉言懿行，餘無以見，亦即於其所以教女者見之。他如智禦急變、仁贍宗族，此雖人所難能，而夫人之所不樂以外事見者，可略而不書。

銘曰：婉娩女宗，章志貞教。贊夫以忠，勗子以孝。朝廷勸善，里黨觀型。生榮褕翟，殁耀桓楹。維生有儀，維殁有後。刻此豐碑，以昭不朽。

鄧母李太夫人福壽頌 並序

皇帝御天下之十有四載，皇太后既歸政，退居慈寧宮。時則海寓鏡清，邊徼罷障，園廬款附，穹卉面内。聖上穆然思孝養之義，審游豫之宜，斟酌典章，經營舊制，塗塈丹雘，霞絶霓壻，櫓桴重棼，睽罛庨豁。漢之清凉、宣温、神仙、長年方斯蔑如也。萃九州之上腴，儲萬國之貢珍。巍乎，焕乎。信可以祇肅輦茵，馨絜餐膳，震鑠史宬，風厲臣鄰者已。

於是大鴻臚歸善鄧公以疾在告，疏上不許。愁然曰："臣身不足恤，有老母在，年七十矣，庸得已乎。"再申前請，卒獲恩命。去之日，卿士慨於廷，商旅歎於市。朝友餞送，賓從齎咨。公迺從容言曰："嗟乎，某之身，今迺得爲太夫人之子矣。四牡之詩曰：'王事靡盬，不遑將母。'言人臣之義，不敢以私廢公也。卒章曰：'是用作歌，將母來諗'言人子之情，又可自下達上也。今某賴天子威靈，出使萬里，擁旄仗節，申晝郊圻；入備卿寮，參從典客。揣德量力，懼或弗稱。糜軀塗腦，未知報時。徒以高堂皓首，崦嵫景薄。方切倚閭之望，鮮賡白華之詠。昔令伯辭洗馬而卻拜，安仁奉板輿以閒居。烏鳥之私，今豈有異。思得汲流舊巘，葺宇家林，十畝以給桑麻，二頃以供饘粥，果園樹後，蔬圃築前，曲沼種魚，小亭飼鶴；問雞嚮晨，則偕弟奉匜，視日將晡，則率婦執饋，笄縱雜侍，頍弁傞俄；風日融瀁，扶仗東榮。煙景翕蔚，掴襻南隮。可以娛神澹慮，葆頤延和，俾羲馭戈回，籠燭宵炳，於願足矣。"

公又曰："某幼承父詔，長問師業，禹冠共彈，嶠裾遂絶。夏燠冬寒，清温多闕，瞻我父母，依依遠別。洎游京雒，學仕霜曹。職司喉舌，罔敢叫囂。九賓對越，廉遠堂高。我母聞之，勗厥堅操。猰貐猖獗，煽海澎湃。天威赫濯，析津遄邁。我母聞之，遺書相誡，謂宜馴柔，以圖其大。尉侯既飭，疆里是經。重銜綵旨，飄海南征。假旋惠州，過我户庭。我母聞之，先以僕迎。驚喜相遻，問母安否。偕入敝廬，登堂拜母。母言慷慨，母色和柔。謂此何時，王事無留。輿騎灃礙，超跨嶮阻。夢耶真耶，在母左右。絶徼巉崖，墜馬折臂。我母聞之，行愁坐喟。林箐複互，瘴瘴楚惡。我母聞之，朝慘暮愕。蝰蛇蔡狢，虎豹當關。我母聞之，摧肺裂肝。毒蜮含沙，詔狐九尾。我母聞之，鉥骨鏤髓。盛夏休卒，載詔歸覲。母子相見，涕洟被面。藥羅露刃，冒頓伏兵。此頭可斷，我土必争。關南歐脱，弗失寸尺。母憫勞勞，兒荷帝力。九天蕩蕩，白日昭明。帝許無罪，我母稱心。凡兹一顰一笑、一止一作、一忻一悲、一離一合，似浮雲捲空以迅驟，若驚濤陵飆而噴薄。然我母神采不少渫，容體不加孱。血脈潤於疇昔，眄視清於綺顔。夫誰護之，孰實致然。”

公又曰：“溯道光之中葉，粤辛丑吾以降。鄉關蕩析，門祚中落。維我先大父暨太夫人闢榛翦菅，茹荼咀蘗，克勤克儉，爰立室家。説禮敦詩，篤梁孟之義；周規折矩，厲鮑桓之節。帟幃秩秩如也，里黨訢訢如也。奉身維約，教子以方，若乃念彈鋏之微吟、警北門之永歎。先大父減衣嗇食，太夫人拔簪撤珥。都爲旨蓄，遠致京師。不使室有啼號，以亂子心。亦不使子有昏墨，以負主知也。每奉一書，凜然有淵明薪水之諭。每遣一使，肅然有元暐錢物之詢。浮湛諫議者十年，展轉司傳者數臘。游子粲粲之服，慈母手中之綫，登盤粒粒之珠，慈母心頭之肉。興念及此，不覺涙涔涔墮也。社櫟與豫樟並進，鷦鷯偕秋隼齊翔。免陳思圈牢之誚，實懲和嶠癖嗜之譏。非有伯起卻金之操，但守河東和丸之訓耳。然猶宿痾沌涠，胡尾跋疐，上飽侏儒之釆，下累祈父之饔。税冕清時，非得已也。遑云激潁流、揚渭波，晞蘧瑗之卷懷，慕二疏之知足哉。”

於是其客范軾迺簪筆昌言曰：“太夫人藴道含龢，培根沃葉，是宜天降之福，而永享遐齡。維鴻臚表襮純直，不殞淑問，至性惇竺，綿密讜愛，抑其稟受母訓，度遠前賢已。”間嘗讀其乞退之疏，求其稱病之故，竊憫其志，歎其遇也。忠臣孝子，内迫於色養之多違，外懼夫再三之瀆告。跼脊高厚，真忱韞韣，故隱其本懷，非以欺君也；詳其末疾，非以愛身也；因病而去位，非以矯情也；罷官而事親，非以弋譽也。《北山》

之詩，念父母而慘滲；《小宛》之詩，懷二人而不寐。賢者之所疚疾，抑豈世俗之所測度也。恭維聖朝孝治之明，燭見藎臣鞠瘁之狀。錫類推恩，曲予優假。斯又交孚之懿美，非僅家衖之樂事也。於義宜頌。

爰作頌曰：

粵海浮天，飛雲插漢。毓靈坤維，集社中閈。
博陵孝敬，中國儉勤。伊誰雙之，維太夫人。
德儷珩璜，馨垂蘭芷。馳譽丹青，太夫人有子。
太夫人有子，大邦有臣。忠爲國幹，孝爲家楨。
移孝作忠，靖共爾位。既忠而孝，思義不匱。
望雲憶里，解組歸廬。睠彼林鳥，匪愛蓴鱸。
明明天子，鑒厥精誠。朝辭北闕，暮發東溟。
海水洋洋，天風蒼蒼。萬里跋涉，奉爵萱堂。
六珈翟茀，王[3]采斑衣。壽母燕喜，天子之施。
至誠神格，大年天佑。醴厥羅浮，丹摒句漏。
羅縷懿行，非誇非諛。凡百君子，維鄧公之如。

擬賀皇上大婚禮成表

臣聞帝車並曜，中宮指天極之星。暘谷同暉，月御攡金樞之轡。是以西陵螺祖，協德軒圖。嬀水娥皇，瞻型姚室。塗峰蓁幣，啓寶運於石熊。渭涘造舟，毖貞符於錦鶩。榮閎邁績，鴻勛列十佐之萊華。簪珥陳規，媯志糾三風之慝。用使兩儀合撰，八表臚歡，俟其禕而复哉尚矣。至若白亭黄氣、騰光樞電之鄉；金戺玉階、正位椒風之室。燈山巢鵲，識門内有貴人；身畔飛蟲，占閨中之佳兆。宫車欲動，環廬之仗馬先驚；天妹所居，列宿之蒼龍入衛。鴛鸞翔集，蕙蘭發越之區；鐘鼓和鳴，荇菜參差之地。靡不丹麟茁定，翠鳳含綏。前志所徵，厥符靡易。

欽惟皇帝陛下乾維御宇，鼎位凝辰。握金鏡以燮二儀，撫雕箱而承七廟。娥臺體哲，璇宫之慈籙熙宣；姒幄稟聰，繭館之懿徽闡繹。埏垓幕幬，重光彙而群姓丸闌；瀛濆砥平，緫氣通而庶萌籥勺。父天母地，媲泰媪而道穆朱宣；月姊日兄，匯羲娥而功駕黄序。天鑒厥德，神示之謀，用降坤靈，篤生嘉耦。洪維圓精煥彩，方示迓鼇。蘭茂銀潢，玉瑩寶胄。吉剌乃元家世戚，竇威與唐室姻連。金灶瑶廚，槩孟識蔭門之舊。白狐銅馬，瓠蘆閎悦室之輝。嗽鍾乳而捫天，奇紋著手。擲瑶梳以化月，異彩盈懷。四教醰醲，七情婉嫕。陋甄宗之博士，渺馬氏之諸生。軼王宅之女師，愧李營之將種。筐中白石，銜燕翦以間投。室内黄衣，幻蝶衾而迪吉。終温且惠，適昭黼禄之華。不愆於儀，允協河洲之選。

惟皇太后以爲掖庭望重，必慎簡德閥，以嗣徽音。惟皇上以爲中壺職尊，必妙選華宗，以資内助。爰進鳳鏘之卜，疊占龜筮之從。雁酒白羊，熠爍官家之法物；縠圭赤玉，璘彬賜第之輝光。羅紙金華，印鮫腳於六禮版上；雕輪翠幰，篆龍文於四望車中。乃擇元辰，舉行盛禮。時也祥氛馥郁，瑞靄繽紛。漏静鴛壺，天高鵲觀。和風散錦，雄雌應而陣陣皆香。曉露凝珠，錯落披而雙雙合璧。十萬濯龍之葉，樹本連柯。三千帶雨之條，花都並蒂。上林枝畔，欣聽鳴鳥雝雝。太液池邊，喜見游魚隊隊。蓬瀛冰泮，女牀引鸞鳥之吭。禁沼波澄，銀漢擬鵲橋之駕。八旗綵仗，隨雉尾以摇光。七寶華牀，擁龍亭而入衛。髾髦被繡，駙承華之蒲梢。葩瑤曲莖，結飛雲之袺輅。元墀釦砌，地維坦而無頗。蓮炬燈球，天南殷而不夜。排闕中雙鳳，紫蓋黄麾。馭海上六鰲，金釭火齊。太常植羽，教坊遮道之辰。右相押麻，鹵簿訶街之會。奏象箾者十三曲，奉鸞輦者二百班。日是玉盤，黄人捧而前導。雲爲繡傘，仙子障而後陳。碝磩綸連，炤爛於泰和殿上。琳琨綵致，駢比於德壽門前。華蓋翔行，萬騎蹴長秋之轂。清道案列，八神扶王母之宫。愓隱負罿，步障高褰於左右。名藩扈蹕，騰驤肅鞚於東西。紫極晨開，黄封朝下。盤螭文盉，祗貢瑶齊，立鵠宸妃，盡簪瓊佩。皇上按坤乾而得卦，覽女則以垂型。端衮冕於龍樓，結鞶褵於燕御。鍧鏗發響，奏十部之融平。鞭呼静塵，樂二儀之嘉會。宫門日旭，雁既奠以和聲。閶殿宵長，雞初鳴而達旦。沼蘋澗藻，方陳太史之詩。律子吕妻，合譜房中之樂。天錢撒帳，賜金與湯沐並隆。皇雅吹笙，黼領共褘衣一色。

伏念我聖祖道徵篤慶，曾虞嬪以端型。迄今我皇上業懋顯承，復周行而繩武。舉古今罕逢之盛，實國家再見之榮。泰繫五爻，占帝乙之歸妹。坤稱大母，卜地道之有終。矧乃運際中興，世鍾下武。青徼釋警，丹冥投鋒。塞腐鼠於穹郊，戢封豨於重穽。道通回紇，春王正月之書。壤闢渠搜，西母益疆之版。山河兩戒，馳章亥以編程。日月雙丸，詔羲舒而受吏。特牲告廟，彌昭郅治馨香。象服臨軒，愈信太平仁壽。兩行金燭，共玉燭以諧和。五色妝臺，並春臺而熙皞。端六宮之瑱揥，豈徇帷闥之安。承一酳之麗笄，爲奉段脩之節。從兹天廚視膳，萱闈之食性能諳。即看女御受官，蘭幄之陰臣可率。聖母受釐延慶，惟期負劍以含飴。盛朝嫗化煦光，行見飛蟲而兆瑞。

臣等生際明時，躬逢盛典。或彯纓荷組，近覲天顔；或專閫建牙，遠銜日腳；或懸車井里，喜負時暄；或守職史宬，樂睹世瑞；或通都文學，釋褐揚明；或僻域耆英，抱衿處晦。咸喁喁嵁嵁，怡怡愉愉，翹愛靈源，徵懽性府。第從臣之嘉頌，采風俗之歡謡。配地配天，萃山靈以呼萬歲。無怨無曠，效野叟而頌三多。大孝以睦族尊親，故正位必遵懿旨。聖人以齊家治國，故明倫必布恩綸。育姒繩姚，官禮即睢麟遺意。行雲施雨，安懷逮鶼鰈遐方。介福萬年，景命輯鴛鴦之翼。詔書十道，覃恩被雞鶩之群。庶申雀忭之忱，謹肅鵷行之序。慕刑於之起化，克媲文謨。思令德之式歌，無慚周雅。

重修東魯書院少陵臺記 代中伯權觀察作

有臺巍然矗於城中，俯視闤井，攢互如櫛，相傳爲唐杜甫南樓賦詩處。其上翼一亭焉，方廣盈席，四周洞達。循蹬而陟其巔，鄒嶧之山，汶泗之水，層復環拱，若離若合。遠岫青浮，近漪碧映。左縈右拂，融瀁心目。登覽者宜可以發揮道德，陶瀹性靈。臺趾有屋三楹，祠奉公像。後於其北，廓地辟舍，以居一郡講學之士。慕公遺躅，顔之曰少陵書院。以地故魯也，易名東魯。歲租所入，膏饍資焉，至於今不廢。

然自軍興以來，衣冠蕩遏，庠序瘠敝，典籍散佚，絃歌殆歇。士子率局促因循，貿貿然朝不謀夕。緊豈無一二沈潛高明、卓然自立者，則又狃於聞見，靡所師承。月應數課而來，歲持一笈而往。不賞不析，機理閼遏；弗獎弗誘，罔克用勸。寖且牆垣陊，甃石阤，桷榱頽黰，軒户蕪穢。而所謂少陵臺者，方齧隤其一面，風雨漂而日星移。岌岌乎，岸谷深陵是懼。

余忝奉天子命，觀政於魯。到官之明年，吏民協和，文武熙洽，亟有志於兹事。鎮軍田公韙焉，郡守穆君、邑宰張君任焉。相與捐貲鳩工，而屬張經歷、陳訓導兩君董理其役。罅者苴，踣者植，缺者完，黯者華。林木蒔於其内，風水固於其外。塗塈丹雘之觀，有逾舊貫。畚挶削屢之事，無擾民力。□月訖工，迺爲之召生徒，優廪給。於常課外，加試經古雜體文詩賦若干，歲三課之，著爲教條。不泛不嬈，人士忻悦，莘莘向學。

余惟書院之設，所以敬業樂群，廣益而集思，專其力而端其趨，以蘄志乎道德之歸，非以爲俗士燕朋狎處地也。是故禮名賢以化導之，進良友以觀摩之，文博而禮約，日新而月異。及其學之既成，其上焉者，固將以躋乎聖賢之域。次亦不失爲明禮達用、中行狂簡之選。自鵝湖、鹿洞創於朱子，海内宗之，垂數百年。都會之區，彈丸之邑，大郡小郭，項背相望，蓋莫不有書院。然而人才卒不古若焉，意所以講習漸摩之非其術歟。毋亦上之人不爲之鼓舞作新，而聽其自裁自傾歟。

兖爲孔孟之鄉，七十子藏息修游之地。生其間者，宜何如顧名思義，而求所以是則是傚歟。少陵忠愛君國，遭值亂離，大節炳炳。即其所謂讀書萬卷、致君堯舜者，亦豈徒託空言歟。諸生勉乎哉！勿騖華而浮，勿躐等而荒，勿溺習俗而陋，勿計功利而嗇。方當聖清之隆，車軌大同，民生幸不見兵革。有臺榭山水之觀，相與沐浴詠歌於其際，俛焉孳孳，古今人何遽不相及也。人才之美，風俗之茂，跂予望之矣。是爲記。

續刻滋陽縣誌序 代中伯權觀察作

滋之邑，土衍而遼平，無岡巒蔽虧，距曲阜裁一舍。寧陽、鄒縣，爲里者五十。濟寧汶上，以次差遠，四封可縱目盡。泗水東來，至金口壩，沂水、洙水注之。漕水、漢馬水在其北，其西北爲洸水、趙王水，環之如帶。然夏秋雨霪，衆水自寧陽、曲阜諸山下，合數十泉，流如赴壑。奔悘澎湃，溝窄狹莫能容。往往壞廬舍，破林木，傷田禾，大爲人患。

余到官之明年，夏五月，雨逾旬日，平地水深三尺以上。奪南門入城，箭飛電捲，鼎沸若狂寇至，居人謀徙避。余急偕同城官弁，督勇夫數十人禦之。投稭藁，進畚拘，其夜防成。明旦禱於神，雨止風息，陽曦霍然，城以無恐。

維兖州古稱重鎮，沃野千里。前代建侯樹屏，國朝因之，以重兵控扼其地，而滋實附郭邑。其於水利、農桑、隄防、疆井諸大政，宜居官者所事事。而其他兵刑、學校、人才，風俗因之。孔子論衛政，富爲教先。《洪範》之告武王也，曰既富方穀。今滋蕞爾邑，雖人心樸茂，風俗儉勤，猶有魯先公之流風餘澤，而水利之未興，農政之未善。歲之豐尚不足於食，歲之歉則益將流離轉徙，不能以一朝居。然則保固疆土、盡心溝洫，固今者之急務，而余與二三賢守牧令之責也歟。新署縣尹張君薌浦有政聲，適持縣志來。問余序，因書以歸之。

道署西廳立石記 代中伯權觀察作

歐陽子有云："物之奇者，棄没於幽遠則可惜，置諸耳目，則愛者又不免取之而去。"斯説也，余嘗味焉。夫所謂愛之而不取，是惟無取則已，取則必將公之於人，傳之於世，以求常置諸耳目而無棄没於幽遠焉。否則與其旋取而旋棄也，寧無愛之爲愈也。然必執是以謂天下之物不當奇歟，奇而不必愛，愛而不必取也，可乎哉？

余性喜石，到官後修葺廢圃，見所疊舊石頗夥，類非瑰偉當意者。既迺訪得此石，亟命數十人，舁致入署。立諸西堂宴客之庭階下，以供衆翫。暇輒戟手散步，徘徊拊摩於其側。吾觀此石，堅樸而蒼黝，磊砢而瓏玲。受雨日之精，積山水之氣，巖泉澗雪，震撼盪激。蓋不知經幾寒暑，一旦得出於世，輪囷鬱勃，卓然有似老蘇所謂魁桀踞肆、意氣端重、莊栗刻峭，凜乎其不可犯者，信奇物也。

石前在郡人湯氏家。湯固前朝顯官，其子孫陵替，先業不能保。陂池臺榭，奇花異草，鮮有存者。此石遂與殘磚斷礎，同偃卧於路隅，蓋亦不啻棄没矣。余雖欲愛而取之，恐復爲歐陽子所誚，移置於此，永爲官物。倘後來之賢士大夫，或有愛奇如餘者，相與珍重而拂拭之。庶幾常置耳目，而不失取之之道焉。上有前人題記，多漫漶不可讀，乃别泐一石於左，而書其事。

武昌新開河記

維岷江自蜀東流，入荆州界。下三峽，出江口，匯洞庭、湖南衆水會之。再折而東，經漢陽府城南、武昌府城西二府，臨江東西相望。稍北，漢水自西北合商、雒、唐、鄧以南諸巨浸注焉。《書》所謂“江漢朝宗”，實其地也。源遠而流長，波壯而瀾闊。每當夏秋之際，澗壑奔騰，澎湃洶湧，百川氾濫，會於兹流。舟檝帆檣，往來輻輳，葦杭守泊者無慮千萬。猝值風濤之警，洄漩之虞，小不預防，即遭覆没。估人過客，類有戒心。

今天子嗣位之二十年，時維南皮張公作督於楚，長沙譚公撫視是邦，衡州王公、義寧陳公、開藩陳臬究心民瘼。僉以爲武漢重險，巨浸堪咨。按春秋時有夏汭，杜預注謂夏水曲入江處，亦名夏州。漢爲沙羡東境，劉表以黄祖爲江夏太守，始於沙羡置屯，扼夏口之險。吴黄武二年城江夏，依山傍江，開勢明遠。劉宋時分爲郢州，何尚之云：“夏口在荆江之中，正對沔口，通接雍梁，實爲津要。既有見城，浦大容舫，於事爲便。”《晋志》又稱：“沙羨有夏口，對沔口有津。”然則夏口古在江北，唐置鄂州，而夏口之名移於江南。沔水入江之口止，謂之沔口，或謂之漢口。夏口之名，遂與漢口對立，分據江之南北矣。是夏口古有其迹，不知湮於何代。疏而濬之，以復故道，以洩溝渠，以殺江怒，以納舟航，以固險阻，誠保邦之要圖、利涉之急務。爰迺飭防營，督工役，具備畚，�塗泥，□爲一渠。其寬以數畝，其長以數里。高者鋤之，曲者達之，狹者闢之，壅者通之，以□月□日鳩工，以□月□日訖事。

河之沄沄，注於江瀆。維諸君子之勛。河之瀰瀰，表於江汜，維良有司之美，河形如帶，永永無壞。民以安居，商以利賴。乃書其事，旌之貞岷，是俾來者知河之所由成。

皇太后六旬萬壽頌 並序

臣聞璇樞遶電，天開軒帝之祥；華渚流虹，地紀青陽之瑞；丹陵雲彩，觀河而識休徵。若水瑶光，貫月而呈寶運。塗山毓夏，載著石熊。元鳥興商，聿吞鳦卵。以及四妃佐嚳，三女型虞。周賡思媚之篇，漢啓昭靈之應。仰資陰教，式弼丕基。闡奕葉之貞符，紹重華之洪緒。考驗今古，章焯圖書。

恭維慈禧端佑康頤昭豫莊誠壽恭欽獻皇太后陛下天生睿哲，篤著亶聰；茂質内含，淵衷外映。七情婉嫕，軼王宅之女師；四教醰醲，陋甄宗之博士。終温且惠，居桂館而淑問已彰；不愆於儀，踐椒塗而芳猷允塞。坤靈實輔，雝雝麟趾之風；乾德配尊，穆穆螽斯之詠。固已順成四序，久照萬方。

逮夫玉几受遺，勉徇敦請；珊簾高設，權綜萬幾。躬御弋綈，節儉逾於明德；圖陳古鑒，博覽過於長孫。揆文而韃韃知歸，奮武而韎韐有奭。威棱井絡，殪袄鳥於南交。天馬渥窪，蹴封豨於北海。象胥九譯，菉幣之史同文。雲吕十旬，記里之車合軌。泰遠咸遵幪幬，幽遐畢届梯航。展謁九陵，奏膚七廟。靈台上祭，即陳丹水之功。畢郢昇祠，自兆素麟之慶。爰翕河而哀對，因胙土以分封。偃革玉關，銷兵紫塞。冉驪邛筰，交輪流沫之珍奇；僸休侏儺，疊聽提官之謳詠。山河兩戒，馳章亥以編程。日月雙丸，詔羲舒而受吏。赫赫乎，殷周之仁義。煌煌乎，虞夏之羽干。十載以來，厥德茂已。

迄於娥臺再御，姒幄重張。晝璿圖而敬授民時，秉玉燭而調宣和氣。丸闌群姓，披宵旰之簡書。蕭勺庶萌，聆閭閻之疾苦。杏花菖葉，兼省春耕。柘館桑田，時親夏課。道通天竺，春王正月之編。壤闢無雷，西母益疆之版。協千齡以啓運，契六合以居尊。軼後超前，扇翼翼巍巍之烈。登三邁五，宏昊昊蕩蕩之規。豈直鱗集仰流，魋結面内而已哉。候届榮河，時當降聖。葱葱佳氣，簇擁於彤闈；郁郁祥光，環遶夫紫禁。福全鴻範，符周後之歷年；莢受泰元，邁漢家之永世。星樞朗潤，海寓澄清。舉古今罕見之榮，實國家再逢之慶。

伏念我聖祖運鍾下武，曾展孝思。迄今我皇上業懋中興，載稽令典。酌朝儀於誕節，詢故實於儒臣。闢殿閣以奉輦輿，萃珍腴而羅餐膳。南陔華黍，協孝子之吹笙；北闕恩綸，沛仁人之賜粟。帛招髦士，餔錫高年。矜犴獄而澤逮圜扉，拯鴻嗷而租蠲空杼。尺天寸地，趨禹會以來王。鰈水鶼林，企堯門而洊祝。瑶池日暖，香浮介壽之樽。寶婺星明，光燦長生之籙。交梨火棗，兕酌瓊筵。木母金公，鳩扶玉杖。奏象箾者十三曲，奉鸞輦者二百班。酭爵萱帷，盡率六官之瑱揥；舞衣繭館，共聽十部之融平。

微臣幸際休明，叨逢盛典。望蓬萊之宫闕，長存舜日堯天。附蒲穀之冠裳，竊比皋賡禹拜。誦天保九如之句，北斗觴稱；效華封三祝之忱，南山頌晋。所冀延洪錫福，貞竇祚以常新。庶幾擊壤呼嵩，焕青編而不朽。

頌曰：於鑠聖母，純嘏竺厚。參贊兩儀，撫綏九有。提坤紐兮。纘武繼文，爲天下君。就之如日，瞻之如雲。垂洪勛兮。兩裁大政，不陨淑問。治理絲棼，心平水鏡。俾彌性兮。八表遐邇，時和歲豐。青徼釋燧，碧海磨銅。歸大同兮。大孝尊親，謨烈日新。璇宫祐迪，瓊册薇陳。慰兆人兮。八千春秋，花甲初周。籌添海屋，算衍箕疇。延景休兮。天啓圖昌，受命溥將。遠覘雲靄，近挹爐香。堯日長兮。金闕峨峨，慶典伊何。萬方雨露，千門詠歌。歆太和兮。南山於前，北斗於天。壽母燕喜，頌洽垓埏。萬斯年兮。

擬司馬温公進呈《資治通鑒》表

臣光言：臣聞治亂之原，古今一體。興衰之跡，方册可稽。臣識昧疏通，學非殫洽。偶自幼齡，粗涉群史。迄於皓首，仍嗜此書。每患遷、固以來，文字冗雜。呫嗶小生，累年莫究。矧在人主，日有萬幾。思欲擷其精英，删其繁重。更斷代之例，爲編年一書。使事跡昭然，有條不紊。上助聖明，略資觀採。力薄功大，任重道悠，徒懷寸心，久而未就。伏遇英宗皇帝若稽古訓，式闡大猷，俾摭舊聞，遂伸微志。尚方紙墨，分於奏御之餘。内閣圖書，從其假借之便。叨榮非分，交集悚惶。遽泣遺弓，未違汗簡。

陛下誕膺寶命，祇承前烈。先奉綸音，寵以製序。載申敕旨，錫之嘉名。屬當進讀之初，俾參經筵之末。便蕃茂澤，獨專美於兩朝。樸樕小才，敢偷安於一息。殫竭智慮，冀效涓埃。衰病紛纏，不任勞劇。陛下愍臣艱苦，察臣專勤，曲賜優容，兼給禄秩。差判西京留守御史臺，及提舉嵩山崇福宫，前後六任，仍聽以書局自隨。俾臣稍假犬馬之年，得肆力於鉛槧，窮日繼夜，擿隱探幽，博采通人，研求故實。上起戰國，下終五代，凡一千三百六十二年，修成二百九十四卷。又爲《目録》三十卷，爲《考異》三十卷，合三百五十四卷。自治平開局，迄今始成，歲時悠忽，牴牾實多。仰汙覽觀，伏須罪戾。

臣聞殷之高宗、唐之太宗，皆致治之賢君，中興之令辟。乃一則曰：監於成憲，其永無愆；一則曰：以古爲鑒，可知興替。誠以師心自用，非睿哲之休風；多識前言，乃輝光之盛業。伏念臣違離闕下，十有五年。

賦性戇愚，人事罕接。區區心力，萃於此書。深願捧土以裨邱山，酌水而廓瀛海，不揣固陋，謬用翦裁。伏望陛下體殷、唐二宗之心，俾臣得媲傅説、魏徵之美。鑒前代興衰之跡，審千古治亂之原，予是奪非，揚善遏惡。懋盛德於百世，熙景號於無窮。兹實宗廟社稷之靈，四海群生之福。豈伊微臣獨爲慶幸，臣不任懇款之至，謹隨表上進以聞。

擬重修琴臺記

出漢陽郭西北行，不二里許，大别之麓，月湖之濱，琴臺在焉。方志以爲伯牙鼓琴、鍾子期聽之，實於其地。由今思之，理或然也。

當夫中途邂逅，傾蓋論交。送抱推襟，誼聯膠漆。顧瞻斯世，邈焉罕傳。七徽撼其幽懷，五弦寫其高趣。於焉戾止，携手同行。山色蒼蒼，水光瀲瀲。發天風之浩唱，移海上之深情。學術既成，懷才靡售。一則壯年淪落，嗟日暮於窮途。一則溷迹漁樵，甘巖阿以伏處。兩人志概，相喻無言。

既而白雪罷歌，湘靈停撫，留餘音於激楚，剩逸響於遶梁。豈必技奏夔襄，聊以蹤希管鮑。碎琴山下，猶疑高士之居。明月湖邊，如聽仙人之曲。詎非靈蹤所寄，泉石於以增輝。勝地斯傳，耕釣因之生色也哉。

臺廣不越十畝，下臨清漲，傍繚曲隄。垂柳蓊森，魚荇交映。澄波鏡展，古刹雲藏。一雙採菱之船，三四牽蘿之屋。春風白袷，細雨青簾。香霏霏而點衣，樹裊裊以團壁。檐宇乍啓，朝旭紅鮮。軒窗偶開，平蕪緑净。靡藉林皋之勝，而無車馬之喧。出郭不遥，蒼秀在目。都人士女，以遨以游。洵可謂心遠地偏，高明眺望者已。

漢陰名勝，兹其首出。紅羊劫燼，棟甍罕存。黄鶴仙辭，樓台再圮。頹垣斷礎，過客睹而心傷。賸水殘山，騷人覽而涕下。今以某年□月□日重葺告成，頓還舊觀。所賴巡方大吏博物通人，點綴昇平，蒐羅文獻。復一壑一邱之勝，標半風半月之奇，於以殿起靈光，亭傳豐樂。俾三門蘅芷，不抱憾於往古來今，而一曲陽春，實永垂夫人間天上也。

跂予望之矣，爰泚筆而爲之記。

滿洲形勢考

吉林爲滿洲舊國，本朝龍興之地，寧古塔在焉，即明代之建州右衛也。部落有五，曰蘇克索護河、曰渾河、曰完顔、曰東鄂、曰哲陳。滿洲之北，則爲扈倫四部。曰葉赫、曰哈達、曰輝發、曰烏拉。惟烏拉在吉林，當滿洲東北。其輝發、哈達、葉赫，皆在興京之北。今屬盛京將軍，舉轄境以内，皆因所居之河得名。烏拉、輝發，二河入松花江。哈達、葉赫，二河入遼河。即明之海西衛，亦謂之南關北關。哈達爲南關，葉赫爲北關，皆逼處開原鐵嶺，乃明邊防之外障也。寧古塔以東瀕海島嶼，有曰野人衛，爲東海三部。曰渥集、曰瓦爾喀、曰庫爾喀，與滿洲同處遼瀋之東。又有長白山二部，曰訥殷、曰鴨緑，皆屬建州衛。土産東珠、人參、紫貂、元狐、猞猁，皆金代部落之遺。城郭土著射獵之國，非蒙古行國比。今吉林將軍所治，即烏拉故城。東西四千餘里、南北二千里，南瀕鴨緑江、圖們江，北瀕烏拉河、松花江以至混同江南岸，即黑龍江下游也。其東則爲長白山之陰。嘗閲《滿洲氏族源流考》云：自寧古塔東北行四百餘里，居虎爾哈河、松花江兩岸者，曰諾雹部，即庫爾哈部。自寧古塔東行千餘里，居烏蘇里江兩岸者，曰術倫部。又東二百里，居尼滿河源者，曰奇雅部、喀喇部。此二部即渥集部，皆東路也。又寧古塔東南，有班吉爾漢喀喇，去烏蘇里江千里，此南路也。自寧古塔東北行千五百里，居松花江、混同江兩岸，曰哲爾喇。又東北行四五百里，居烏蘇里、松花、混同三江匯流左右者，曰赫哲喀喇，即使犬國也。又東北行，逾混同江七八百里，曰費雅哈。直至東北海濱，距寧古塔三千里，曰奇勒爾，即使鹿國也。此皆北路。由混同江泝江以上，至黑龍江之北，外興安嶺之麓，介俄羅斯及喀爾喀蒙古之間，則有索倫部落。在嫩江左右，則有錫伯、卦勒察等部，皆打牲部落。錯鄰蒙古之間，所賴以外捍强鄰而内衛中國者也。今居吉林者，非盡滿洲人，各因其部落爲俗。漢人則十三省皆多有之，蓋由讁戍至此者，亦各自爲俗。其地無城郭，磚石環木棚二三里，即謂之城棚。内八旗所居，士大夫遷謫，亦寓其中。餘皆散居各屯。國初時，民俗馴樸，道不拾遺，百里往還，不裹餱糧，不購芻秣，不行銀錢，以粟布交易。近則風氣逾開，非復如舊矣。又有名依徹滿洲者，即新滿洲也。考之國書，由寧古塔而東三百里，有依朗哈喇土城，即五國城也。又東北五六百里，爲虎爾哈部所居。又六百里，爲黑斤部所居。又六百里，爲費雅哈部所居。此三部人，總名曰烏稽達子，即渥集也，又名魚皮達子。其地近混同江，不産五穀，惟獸及魚。三部人皆無官長約束，質直有信。商賈賒物，約償黑貂，千里不爽期約。每歲五月，則乘查哈船江行，泊寧古塔南關外進貂。將軍設燕，並出部領袍帽靴帶等物賜之。其人勇敢善戰，國初擇其才武者，賜以官職。數年令從虎爾哈遷至寧古塔，又遷至奉天。又二年始入都，諭入軍籍，故曰依徹滿洲。

我朝之興，始於遼瀋。其初以一成一旅，力征經營。平滿洲各部，而漸拓鴻圖，撫有寰區。故其時有言，得朝鮮人十，不若得蒙古人一；得蒙古人十，不若得滿洲人一。蓋其風俗言語相同，可以齊其心力，作其志氣，一其號令。於以備腹心之選而收臂指之效，事無不集，功無不成。今聞世家宦族，多習於文弱，而各部迥非從前之悉成勁旅矣。則欲培本根而固邊防，正宜規度形勢，振厲民風。選其壯丁，勤其訓練，以免强鄰得而侵侮。故略考而著諸篇，以備留心時事者考證焉。

唐平高麗百濟水陸用兵考

唐太宗八年秋七月下詔，大征高麗，以張亮爲平壤道行軍大總管，帥江淮嶺峽兵四萬。長安洛陽募士三千、戰艦五百艘，自萊州泛海，趨平壤。又以李世勣爲遼東道行軍大總管，帥步騎六萬及蘭河二州降胡趨遼東，諸軍大集幽州。遣行軍總管姜行本、少府少監邱行淹先督衆工造梯衝於安蘿山。李世勣軍發柳城，自通定濟遼水至元菟。遼東道副大總管江夏王道宗將兵數千至新城。營州都督張儉將胡兵爲前鋒，渡遼水趨建安城。進攻蓋平城，拔之，以其地爲蓋州。張亮帥舟師自東萊渡海，襲卑沙城。程名振引兵後至，拔之。耀兵於鴨緑水，即今之混同江也。車駕渡遼，軍於馬首山，進圍遼城。克之，以其地爲遼州。進軍白巖城。十九年六月，白巖降，以其地爲巖州。至安市城，高延壽帥兵大戰，太宗親授方略。命世勣將步騎萬五千，陳於西嶺。長孫無忌將萬五千爲奇兵，自山北出狹谷，以冲其後。上自將步騎五千，挾鼓角齊出奮擊，高麗兵大潰。延壽等帥衆請降。更名所幸山爲駐蹕山，徙營安市東嶺。時上以安市城久不下，議欲先攻建安，世勣阻之。又以張亮已至沙城，宣命並攻烏骨，度鴨緑取平壤。長孫無忌阻之，爲老成持重之謀，不能出奇制勝，是以無功。一年之中，雖拔十城，斬馘四萬，而士卒物故，財費耗損。至於歎思魏徵，幾同漢武輪臺之悔。此初次用兵高麗之大略也。

及二十一年，再征高麗。以牛進達爲青邱道行軍大總管，李海岸副之，發兵萬餘，乘樓船自萊州泛海入。以李世勣爲遼東道行軍大總管，孫貳朗等副之，將兵三千人，因營州都督府兵自新城道入。兩年皆選水戰者配之。世勣渡遼水，歷南蘇等數城，焚其城郭。牛進達攻石城，進至積利城下，斬首二千級。又有烏湖鎮將古神威將兵浮海，破高麗步騎五千於易山。薛萬徹、裴行方將兵三萬餘人及樓船戰艦，泛海以擊高麗。此再用兵高麗之大略也。

高宗初年，高麗與百濟連兵，侵新羅北境，取三十三域。程名振、蘇定方救之，戰於貴湍水，殺千餘人，焚其外郭。顯慶四年，蘇定方、劉伯英等水陸十萬，再伐百濟新羅，王春秋與之合。定方自成山濟海，破百濟於熊津江口。水陸齊進，直趣都城，百濟王父子獻城請降。凡五部二十七郡，分置熊津五都督府，以劉仁願爲熊津都督。又起劉仁軌檢校帶方州刺史，劉伯英爲平壤道行軍大總管，進圍平壤。破泉男生於鴨緑江上，斬首二萬。劉仁願奏請益兵，詔發淄青、登、萊之兵七千人赴熊津。拔真峴城，通新羅運糧之路。孫仁師將兵浮海送之，克周留城及加林城。仁願、仁軌與新羅王以陸師進，仁軌别將杜爽、扶餘隆將水軍，自熊津入白江。焚倭兵四百艘，海水皆赤，百濟之餘黨殲焉，此平百濟用兵之大略也。

既而蓋蘇文死，三子争立。李勣、郝處俊、龐同善、契苾何力等水陸諸軍，並擊高麗。拔新城，又拔南蘇、木底、蒼巖三城。郭待封以水軍趣平壤，薛仁貴以陸軍破金山扶餘川中，四十餘城望風俱服。嗣克大行城、克辱夷城、克平壤城，分高麗五部百九十六城爲九都督府。此又平高麗水陸並進用兵之大略也。

大抵高麗東西南三面瀕海，北鄰女直，即今盛京地，西北抵鴨緑江。其國分爲八道，中曰京畿。東曰江源，本獩貊地。西曰黄海，本馬韓地。南曰全羅，本弁韓地。東南曰慶尚，本辰韓地。西南曰忠清，即古馬韓城。東北曰咸境，本高句驪地。西北曰安平，本朝鮮地。五代時王建代高氏，闢地益廣。併新羅、百濟爲一，明初封爲高麗國王。後李旦代有其衆，改國號爲朝鮮。釜山與日本對馬島相望，臣濟次之，尉山、開山皆其衝要。王京北倚叢山，忠州左右鳥竹二嶺，羊腸遶曲。平壤西北鴨次二江，俱南通海。寬奠、鎮江與昌城、義州諸堡隔水相望，若從靉陽境上鴉鶻關取路遶出鳳凰城内，一旦長驅，則遼左八站、東江一城絶阻聲援，俱莫自保矣。水戰之處，皮島、江華、仁川、熊津、釜山、全羅等處，在在皆爲舟艦要衝。倘爲國者熟籌利害，慎固疆圉，嚴天塹之防，勤軍費之蒐，善建不拔，有備無患。夫何至藩籬自撤，而束手以待强大之救援哉。

《金史》立《交聘表》説

史之有“交聘表”，《金史》所創，而前代所無者也。金起完顔，奄有遼土，與高麗交最早。穆宗時，高麗醫者自完顔歸。謂高麗人曰：“女直居黑水，部族日强。兵益精悍，年穀屢稔。”高麗王聞之，乃遣使來通好。太宗天會四年，始遣使奉表，稱藩於宋。優詔答之，賜以保州之地。嗣後聘問不絶，迄於金亡，無失好焉。夏始遣兵助遼，太宗天會元年，宗望至陰山，以便宜與之議和。二年，奉表稱臣。請以事遼之禮事金，賜詔答之。宣宗貞祐初，始因邊界搆兵，繼復議和，稱爲兄弟，各用本國年號，金不能制也。宋則和戰無常，稱謂屢異。或以臣禮稱表，或以姪禮稱書。大約始助金以攻遼，則求燕雲十六州之地。終助元以攻金，則改歲幣三十萬之供。延至宣哀末年，往返講和，迄無成局，而國運隨以蹙焉。

高麗、夏、宋三國之於金，小大不侔，盛衰互見。類皆朝貢多，而報禮少。元托克托等修《金史》，列爲《交聘表》者，何哉？意以爲金雖全盛，終不能吞併三國，以成一統之規。雖經十主、一百二十年，而南北兵争，迄無休息，且宋、夏、高麗立國皆在金前，亡國又在金後，以視彼渤海稱雄，旋起而旋滅者，名義所存，自有輕重。宜其僅以交聘目之，等諸鄰國也。

雖然邦交之道，古者行於諸侯，今則行於天子。古者見諸中國，今則見諸外夷。周禮以賀慶之禮親異姓之國，以脤膰之禮親兄弟之國，以饗燕之禮親四方之賓客。諸侯三歲而聘，五歲而朝，有事而會，不協而盟。所以諸侯自相輯睦，而六服承辟以歸於宋周也。若諸侯不自來朝，而但遣臣以聘問，天子將有非常之事，是爲時聘。春秋以後，屢有天子命使卿，聘問列國，而主權於是下移矣。小國受命於大國，改聘爲朝，而聘禮於是乎不講矣。秦滅諸侯，廢爲郡縣。漢通匈奴，結好外夷。沿及三國鼎立，南北紛争，中外之局合，主臣之義混。而交聘之道不行於諸侯，而行於天子矣。繼唐者五代，開宋者契丹，冠履易置，君如奕棋。三綱不明，九法並斁。而交聘之禮不見於中國，而見於外夷矣。此古今時運之紛變，天地氣數之日開，而於國家政典朝章、禮制風俗，隱爲關繫者也。烏可以爲尋常交際，而漠然視之也哉。

春秋之言交聘也，事詳而文密。《金史》之書交聘也，語約而義賅。是又繼春秋而起，别開史家之生面者已。托克托等所修諸史固未盡善，而其爲此表，實有補班、范諸人所不及者。後世秉筆之儒，又何能舍此表而别求圭臬也哉。

歷代陪都形勢論

漢、唐、宋以前，中國幅員尚隘。都邑所建，不過大河南北、恒華東西、齊魯秦晋鄭衛陳許之郊耳。遼起臨潢，金起混同江，元起和林，始跨據東北塞外荒徼，以達西域匈奴各部落，奄而有之。爲地以數千萬里計，遠過古時中國倍蓰，故視邊地重而中地輕，於邊事詳而中事略。非其規畫之特異，而地勢然也。陪都之制，周、秦以後皆有之。在中原者，以唐、宋爲多。在北方者，以遼、金爲最。周有二都，漢有三都，魏有五都，隋有二都，皆近在河洛數百里内。平原廣衍，險要不著。惟唐立五都，上都在長安，即隋舊都，在漢長安故城東南二十里。前直子午谷，後枕龍首山，左臨灞岸，右抵澧水，信九州之上腴也。東都在洛陽，亦曰東京。前直伊闕，後據中山，左瀍右澗，洛水貫其中，有河漢之象焉。北都在太原，而曰北京。左汾右晋，潛邸在中，武后時所增置也。至肅宗時，增江陵爲南都，控巴夔之要路，接襄沔之上游，襟帶江湖，指臂吴粤，謂非重鎮歟？又增鳳翔爲西都，河隴之咽喉，關中之屏蔽，縱横四出，京輔所視爲安危者矣。又以明皇幸蜀，增爲南京，爲漢昭烈定鼎之地。沃野千里，閉關有餘。然旋置旋罷，寶應以後，並復更張矣。宋襲五代之業，以汴京爲東京，河南府爲西京，應天府爲南京，大名府爲北京。東京分京東、京西兩路，凡曹、鄭、許、滑、濟、濮、陳、潁等州屬焉。四達之衝，號爲繁富。西京則洛邑，即唐東都也。東暨汝潁，西被陜服，南略鄢郢，北抵河津。田疇廣沃，民氣安舒。南京本唐宋州，在京東路之内。北京統澶、懷、衛、德、博、棣、濱、通諸州，土平而近邊，習於戰鬥。河漕通輓，畜牧蕃殖，稱雄塞焉。若南宋以臨安爲行在所，不立京名，然亦未復中原寸土，誠卑無足道矣。蓋唐、宋之陪都，皆在中原。而宋又失燕雲十六州，以致其疆宇益促也。

至於遼之本土，在元魏時有數百里。至唐而蠶食扶餘、室韋、靺鞨之區，地方二千餘里。五代及宋，始兼幽、并、營三州而有之以萬里計。

太宗以臨潢爲上京，負山抱海。地宜耕植，民便水草，金齪一箭二百年之基壯焉。遼陽爲東京，本朝鮮地，天顯三年徙東丹國民居之。三面負海，遼河、渾河、鐵山、駐蹕山皆在境内。大定爲中京，古奚霫也。多深山大谷，阻險自雄。聖宗過七金山，南望雲氣，有如郛郭樓櫓，因建都焉。惟城池湫溼，人多以爲不便。幽州以爲南京，亦曰燕京。隋爲幽州總管，唐置大都督，改范陽節度使，安史乘之以亂中國。五代割據不常，晋高祖以遼援立，割之以獻。其名山，有恒山、太行、碣石、燕山之險阻。其大川，有桑乾、滹沱、衛河、易水、漳灤、高梁之襟帶其重。關有井陘、居庸、紫荆、倒馬、松亭、古北、山海之鎖鍵。扼九州之吭，據建瓴之勢，固非僅漢唐之都長安洛陽，宋之都開封者比也。大同爲西京，戰國屬趙，秦漢屬代，元魏道武於此遂建都邑。周改朔州，唐改雲州，後唐李克用父子據之以取中原。遼既立都，用爲重鎮，非親王不得主之，此遼之陪都，所以獨勝於前代也。金、元形勢與遼略同。金之東京，即遼東京也。金之北京，即遼中京也。金之西京，即遼西京也。金之中都，即遼南京也。惟其南京，則沿宋之汴京。宣宗遷居，去中土爲近。上京爲會寧府，金之舊土。天眷昇之，貞元削之，大定復之者也。初宣宗欲都河中，朝臣阻之，遂寢其議。遼之上京，金初改爲北京。復以大定爲北京，而臨潢隸入府路，是以不在四京之列焉。元起朔方，併西域，平回部，滅女真，臣高麗，收南詔，封緬甸、印度、俄羅斯，遂下江南，而天下爲一，地輿之廣，無與等倫，而都則減於遼、金。其大都爲燕京，亦仍遼之南京，金之中都也。其中都則金桓州地，中統元年，定爲開平府者也。和林則太祖建都之處，前後王朝所居。祇置行中書省，而不以京名。餘如關陝洛汴，概從闕焉。是詳於北而略於南，視南輕而視北重也。明起江南，始定都於建業，而以開封爲北京。後定都於北平，而以金陵爲南京。鳳陽爲中都，自洪武始。安陸爲興都，自嘉靖始。遼、金、元之舊都概置不用，是又詳於南而略於北，視南重而視北輕也。

綜而論之，山川者，天地之險阻也。城池者，國家之險阻也。黄河自天地之西，而極天地之東。大江自中國之西，而極中國之東。故古今言建都者，首推黄河，次推大江。亞細亞洲之山，起於崑崙，分爲三大幹。北幹走朔漠，沿興安嶺迄醫無閭、長白，以達遼海。中幹走積石，龍門，沿太行以下渤海。南幹走岷嶓，沿衡廬五嶺以下交海。漢、唐、宋以前之中國所轄者，衹及中幹，而黄河以北與敵共之。故其陪都，均不甚遠。遼、金、元以後之中國所轄者，遠逾北幹，而黄河、大江皆我腹地。故其陪都所建，動爲地利所必争，控扼外藩，拱衛宸極，宅中圖大，遠駕長馭，亦迫於時勢之不得不然耳。然則居今日而議陪都，能勿酌唐、宋、遼、金、元、明之舊制，參以我國家一統之輿圖，擇中外交涉之區，與上游重鎮之地，而加意也哉。

唐十八學士讚　並序

史稱秦王世民以海内浸平，乃開館於宫西，延四方文學之士。以王府屬杜如晦，記室房玄齡、虞世南，文學褚亮、姚思廉，主簿李元道，參軍蔡允恭、薛元敬、顔相時，諮議典籤蘇勗，天策府從事郎于志寧，軍諮祭酒蘇世長，記室薛收，倉曹李守素，國子助教陸德明、孔穎達，信都蓋文達，宋州總管府户曹許敬宗，並以本官兼文學館學士，分爲三番，更日值宿。供給珍膳，恩禮優厚。世民謁朝公事之暇，輒至館中引諸學士討論文籍，或夜分乃寢。使庫直閻立本圖像，褚亮爲贊，號十八學士。士大夫得預其選者，時人謂之登瀛洲。懿乎鑠哉，千載一時之盛事也。讀史至此，慨慕流連，爰各繫以贊。辭曰：

李唐膺祚，滃鬱霕霧。天開地闢，虎視龍興。晋陽旗建，謨烈鼎新。丕創洪業，天策殊勛。裼裘公子，國封維秦。既平禍亂，亦啓儒文。鱗集霧合，髦乂溱溱。築臺禮士，開閤延賓。校讎秘籍，搜討典墳。裾連襼接，紱冕如雲。玉輝昆國，劍躍龍津。騰驤皇路，黼黻休明。虢虞並進，元愷聯昇。貞觀之治，斯主斯臣。流風未沫，式仰芳塵。抚懷百代，尚友古人。

奕奕杜陵，實維王佐。畫策軍麾，謹籌戎座。料敵解棼，燭微觀火。無競維人，制勝在我。陝州卑官，風塵幾挫。賴有房公，一言驚坐。雲龍契合，笙簧唱和。夾輔皇家，蕭曹靡過。

杜固能斷，房亦善謀。同揮玉麈，並翊金甌。清操卓識，遠度驛騮。貨寶無總，圭璧是求。面陳帝陛，嘉爾壯猷。片言悟主，大義興周。東山破斧，牖户綢繆。進賢爲國，邈焉罕儔。

矯矯永興，雅抎五絶。德智外涵，精誠内結。藴質蘭芬，秉懷荃潔。筆法獨傳，鍾王派别。

亮也多文，聿爲像讚。摇筆珠霏，鋪牋錦燦。思廉史才，厥工論斷。南董成規，冠冕詞翰。父有姚謦，子有登善。濟美一堂，興朝楨幹。

元道潛郎，書記翩翩。投身魏幕，擇主需賢。履險不變，神色灑然。虎口慶脱，魚水歡聯。

參軍家世，搨歷梁蕭。清芬載誦，風概霞操。蔡顔二薛，麟角鳳毛。門承通德，濟濟英豪。駒馳千里，篪奏六璈。罏煙染袖，珠玉揮毫。

蘇勗温雅，晚遇賢王。才儲金箭，業富縹緗。世長特達，貞吉含章。耀姿天色，衣錦舊邦。緊維守素，簡直易良。立朝正色，嘉謨孔臧。

滄海横流，小儒破碎。一髮之貽，千鈞之繫。醰醰穎達，撰述《正義》。大中小經，粲然明備。列諸學官，錫以上第。高懸日月，萬世永賴。陸生釋文，章櫛句篦。删煩定訛，蠲惑破滯。如奏咸韺，淫哇俱廢。聖道昌明，鄭馬可繼。

猗歟仲謐，敢觸天威。不茹不吐，諫草交揮。嚴辨夷夏，防慎宫闈。清風枕塊，劍客歔欷。

文達愔愔，沈幾察理。助教四門，聲譽鵲起。敬宗緣飾，同編實紀。晚附昭儀，恩幸莫比。

詵詵衆賢，千載一遇。名節殊途，顯榮合趣。韶護錯音，鳳鸞載路。如星之拱，如川之附。澤沛乾膏，恩濃湛露。圖繪淩煙，宏我王度。

【校記】

〔1〕“宵”，國圖本作“窗”。

〔2〕“播”，國圖本作“璠”。

〔3〕“王”，疑爲“五”字之誤。

蕺園文存卷中

黄陂　眉生　范軾

蘇文忠公畫像讚

《宋史》本傳載，公自爲舉子，至出入侍從，必以愛君爲本。忠規讜論，挺挺大節，群臣無出其右。但爲小人所忌，不使安於朝廷之上。又稱其器識閎偉，議論卓犖，文章雄儁，政事精明。四者皆能以特立之志爲主，而以邁往之氣輔之。故意之所向，言足以達其有猷，行足以遂其有爲。至於禍患之來，節義足以固其有守。旨哉，言乎！公之生平，畢具於是矣。考宋孝宗序文亦曰："他人之文，或得或失，多所取捨。至軾所著，讀之終日，亹亹不倦，可謂一代文章之宗也。"是故公之身，雖不大用於朝，公之文，則可久行於世；公之名，雖具厄於宵小，公之節，則大著於當時。洵乎放浪嶺海，而如在朝廷。斟酌古今，而若斡造化。君子之道，闇而日章者已。讀公之書，瞻公之像，流連俯仰，贊歎深之，爰操翰而爲之。辭曰：

矯矯先生，命世之英。志節光偉，文章老成。氣養剛大，識裕高明。海涵地負，玉振金聲。

吁嗟斯人，冠冕百代。敬義不孤，直内方外。嶺嶠崎嶇，毅然無害。大節炳如，昔賢克配。

韓柳雅健，陸賈豪奇。合而一之，卓爾文師。易嗣父業，洛慕皇羲。孔語藉振，書傳審微。杯觴嘯詠，綺麗飛馳。徘徊來往，左有右宜。緬兹遺像，憾不同時。愜我寤歎，播以歌詩。

王船山《宋論》書後

予讀船山《宋論》而有感也，曰：是其爲書，殆遭世亂離，蒿目時艱，不容已於言，而又不可以放言者乎。是其中有大不得已於當世之務，而姑託之宋以立言者乎。

如論宋太祖立封樁庫，欲以養士招邊，而事卒無成，是即明季諸藩邸擁金自斃之説也。如論元祐黨禁，歸咎於洛蜀諸賢，是即明季東林黨禍之説也。如論濮王典禮之議，當時諸臣鮮所折衷，是即明興獻大禮之説也。如論諫臣不能專務劾奏，是即明季好爲伏闕上書之説也。至於顯言明政之失，多沿宋之積弊，而未能驟革者，則有如保甲、免役、保馬之法焉，有如榷酒、農器之税焉，有如置交子務之條焉，有如經義策問取士之舉焉。而其尤痛心疾首、大聲疾呼者，則直歸咎於宋之不取燕雲，以釀成數百年中國淪陷之禍。至斥趙普爲奸佞鄙夫，而譏宋之世，君臣上下終無一人焉。其言切直，而其意深遠矣。

蓋宋之爲宋，寬厚休養，是其所長。宴安巽愞，是其所短。船山生於明之末造，目睹夫神州陸沈，中原鼎沸，崎嶇嶺海，竄伏炎陬，與宋之祥興，幾無以異。而追思夫祖宗舊制、開創宏規，先人之締造維艱，後嗣之遵循不善。則又未嘗不流涕太息，有慨乎其言之誠。鑒夫宋之所以亡，而亟欲後之人深慮僨轍之未遠也。

觀其篇末，有曰："合天下以求競而不競，控數州以匿武，而競莫加焉。"又曰："牽帥海内，以守非所自守之地，則漫不關情而自怠。奔走遠人，以戰非所習戰之方，則其力先竭而必頹。"皆綜括時勢以立言，非同夫書生紙上談兵，毫無根據者也。至其所謂天地之氣五百餘年而必復、周亡而天下一、宋興而割據絶者，則有涉於理數元會之游談，未可盡信以爲典要。讀是書者，觀其通焉可矣。

明代屯衛論上

兵與財，天下之大計也。天下之財與天下之兵，必通計而爲之制。故財有餘用，而足以贍兵則强；兵有餘力，而足以養財則富。二者失其一，國無以爲國矣。古之制兵也，藏之於農。而天下不知人自爲養，而天下不困。後世兵農雖分，善爲制者，猶師其意以立一代之法。使兵衛民，而不欲民知兵之利。使兵兼農，而不以兵蠹民之財。蓄不測之威，制有常之用。逆亂之節，無自而萌焉。若唐之府兵，明之屯衛，其最章章者也。唐府兵以二府統十二軍，以十二軍統天下十道、六百三十四府，中外相維，上下相制。無事則散耕，有事則聽調。三代寓兵於農，而府兵則寓農於兵。夫寓農於兵，是兵農雖分，猶不分也。迨其後一變而彍騎，再變而神策，於是乎耕戰之兵廢，則召募之兵起。推其原，則皆壞府兵之故也。

明初命諸將分屯龍江等處及邊境荒田，撥軍屯糧爲官軍俸糧。定制：每軍種田五十畝爲一分，給農具耕牛，三分守城，七分屯耕。後漸推行腹里衛所，以二分守城，八分屯耕。天下既定，即改管軍萬户府爲軍衛以統兵，遂撤民屯，並以衛兵從事。其法每衛一指揮，指揮一人督十千户。千户一人督十百户。百户各督旗軍一百一十二人，畫地而耕，達之天下。明太祖嘗言養兵百萬，不費一錢。非寄之於農，國幾何而不困也。當其時，京師都督府五、衛七十二、畿甸衛五十一。四方都指揮司二十一、留守司二、衛三百七十。額兵二百七十餘萬，盛哉兵數之多，近古所未聞也。有軍屯，有商屯。軍屯者，軍受官田以自耕，可以養内地之兵。商屯者，商即邊募人耕種，而輸粟於官。給以開中鹽引，即以其粟贍軍，兼以養邊塞之兵。又有民運者，賦民麥米豆草布鈔花絨，運給邊卒，以濟屯運之所不及。明之立制，蓋以三者兼而行之。而養一軍即有一軍之用，用一軍即有一軍之養，不聞其有害而無利也。

然行之百餘年，而法大壞者，何哉？蓋法非不善也，而法必須人以守之。自守邊將吏得清官界以自便，官享其利，軍受其賊，而屯軍始困矣。自屯城變亂，屯政每畝必於取盈，但聞增糧不聞減賦，而屯制漸廢矣。自衛所之官各占軍餘，屯卒苦於官役，逃亡相繼，而屯軍愈缺矣。益之以水旱饑饉之不時，催科占役之無藝。尺伍相繁，逃亡相踵，簡閱不精，訓練無法。宣德之後，其弊已滋。正嘉之末，則一壞而不可復理矣。豈非有屯衛之名，無屯衛之實。明季諸臣，謀國不臧者階之厲哉。

明代屯衛論下

然則屯政其遂無可議乎？曰：何爲其然也。自宋、元迄明，兵農之分已久，各習其力而不相通。故無事則驅之爲農，有事則調之爲兵者，在漢唐以前或可行之。故趙充國、諸葛亮、羊□[1]等，得以奏其成功。至唐府兵之利廢，而天下之軍仰給縣官者，至八十三萬餘人。雖以郭汾陽之親教耕種、韓重華之募民屯墾，而不能挽其積重之勢。蓋兵自務於戰，民自務於耕，若强稼穡之農而使之聽號令，習擊刺，强久戰之兵而使之躬耒耜，衣襏襫，則兩相妨而迄兩無成。目不兩視，耳不兩聽，手足左右不兩動，其勢然也。唐惟見不及此，是以府兵行之不久，不能不出於彍騎。明惟見不及此，是以屯衛之兵，不旋踵而亦變爲召募。從來立法者，必審其法之久遠無弊而後行之。宋陳恕有言：“戍卒皆惰游，仰食縣官。一旦使冬被甲兵，春執耒耜，恐變生不測。”當時儒臣議者，往往援漢唐故事以責恕，而不知其弊之必至此也。

竊觀古今大勢，屯於邊地者，行之莫不有功。屯於腹里者，行之莫不有弊。誠以邊地多未耕之土，腹里多可墾之田。蓄厚威於邊，其身家託焉。而又沐浴於剛勁之氣，使之練習於武勇。不特外夷莫之敢窺，即腹里之奸宄亦隱然有所畏而不敢逞。若腹里之所防者，盗賊而已，良有司制之而有餘，機捕役擒之而已足。郡郡置軍，縣縣設衛，晏居無事，醉飽酣娛，黠者溷歌舞文墨之湯，陋者逐雞豚園池之利，心厭甲胄，而神氣疲憊。足不能跳盪，手不堪擊刺，臨操麕集，苟應期會，衣甲器械往往不具。遇當番直，假貸於人。點驗軍械，移東就西，冀塞觀聽。而管理軍政者，率多部院大臣，班秩殊絶。任劇而事殷，位尊而階峻，軍伍之虛實、將校之才否，漠然不關於心。欲其日討而訓之，勢固有所不能。一旦有事，徵調荷戈，欲其不爲驚□[2]縮蝟，不可得已。此所謂天下皆有兵而天下皆無兵也。洪永之世，分列衛所。頗以遷就功臣，而處之善地，置之膏腴，遂壞一代之軍政。卒至募衛兵不用，另募民兵，使國家之費一耗於衛兵，再耗於民兵。而民兵與衛兵合爲民蠹，民困兵困，賊卒不可滅，而國亦隨之不可爲焉。

故吾謂天下有必不可不屯之地，則邊城之荒棄者是也。有不可不屯之人，則士卒之游惰者是也。南循海澨，北極九邊，東盡登萊，西訖西藏。皆用武之區，可耕可戰。中間要害，如徐州、虔南、鄖夔、潼關，亦可扼險而收土著丁健之用。沿海則水師訓習之地，環遶以固中區，爲詩書耕桑之域。運天下於掌，而制九州如一室。根蔕深固，比於泰山之安，計無便於此者。屯政之在今日，不可不講，而又不可概以一偏論也，明已。

德國兵制中國能否仿行説

兵制莫詳於中國，亦莫善於中國。唐、虞、夏、商不可得而稽矣。《周禮》爲周公致太平之書，夏官大司馬，專掌兵政。其伍、兩、卒、旅，即鄉、遂、比、閭，寓兵於農，法良意美，垂諸經典，人能言之，無煩贅述。秦、漢以後，古制漸湮，隨時變更，靡衷一是。於是各標新異，務侈富强，屯兵、募兵、團兵、府兵之名，日出不窮。兵農既分，不能復合。識者歎兵制之益壞，未嘗不歸咎於井田之不行也。

就現在中國兵政言之，京師暨各省駐防兵二十餘萬人，各省緑營兵六十六萬一千六百餘人。各省練勇在外，各省水師經制兵及各省水師練勇又在外，綜計不下一百餘萬人。兵數之多，爲地球各國所無。養兵養勇之費，需銀逾五千萬兩。一旦國家有事，則皆不足以備緩急、臨戰陣，仍紛紛然召募鄉勇，廣練民團。所養者非其用，所用者非其養。上以實求，下以名應，虛縻餉糈，徒損國帑，莫甚於今日者。夫法無久而不弊，在隨時而變通。事有近而易行，貴得人以措置。國初以武功定天下，騎射之精、馬步之强，勢足以囊括宇内，席捲四海。及中葉承平日久，武備漸弛。粵匪、捻寇由是煽發蔓延，稽誅十數載。賴曾、胡、左、彭諸公，教練湘淮各勇，從容部勒，訓選精强，大亂克平，轉危爲安。所謂養一兵得一兵之用，此其明效大驗已。乃以軍事初定，廢弛如故。精壯者漸以衰頽，空額者不爲補足，甚或因裁撤兵餉，而士卒譁潰。或因查勘軍裝，而火藥轟毁。固由將惰兵驕，實乃賞罰未明，紀律不肅，人心涣散，顧私忘公之所致也。

今欲仿德國兵制，以爲中國立富强之基，其意良是。然驟言改革，其中亦有數難焉。彼國境内，男丁無殘廢，皆入兵籍。平時以醫士巡行都邑，選精壯少年入營練操，三年有成，方許授室。而中國之人不能强使入伍，是其一難也。彼國大小將官，均由武備學堂挑選。精於佈陣、騎擊、測量，繪圖，屢考上等者方授之以職。而中國之官，不能如此認真，是其二難也。彼國武能兼文，文不能兼武。水陸各將帥，非由學堂出身，及韜略嫻熟、資格極深者，不得遞昇。而中國文重於武，是其三難也。彼國兵士者，由官給其父母、養其妻子，無内顧之憂，人樂致死用命。而中國不惟不恤及家屬，反有本人久著戰功，未得優典者，是其四難也。彼國尊重職守，王子、貴人可充伙長、水手、兵頭之役。世禄之家，不以名隸軍籍爲恥。而中國尊卑有分，體制懸殊，是其五難也。彼國專設兵學校及武備水師各學堂，教以先令讀書及地圖陣法、運用火器之術。民年二十一入伍爲正長，七年爲備兵，三年爲後備兵。最後入朗脱威兒隊，年四十乃罷，老弱者可以汰之。而中國袛求充數，不問年齒，遑言兵法，是其六難也。彼國以商養兵，以兵衛商。以國家合力保商與兵，君民一心，聞警輒赴。病者醫之，傷者贍之。將帥與士卒同甘苦。而中國視爲緩圖，是其七難也。

有此數難，而又加以帑餉不充，訓練不善，器械不求精利，伍營不務整嚴，統兵者各顧其私，以克扣浮領爲事，練兵者不知古義，以韜鈐心法爲迂。召募則糾合市井無賴之徒，遣散則釀成游勇劫奪之案。慎始無術，善後無方，一遇强敵之當前，鮮有不望風奔潰者。此而欲責以有勇知方，尊君親上，屹然爲古人節制之師，不可得也。遑足與歐洲各邦抗衡哉。

雖然，勢不極者不返，理不窮者不變。中國之兵，以馭中國則有餘，以制外夷則不足。以較晚近則易悦，以希往古則難從。居今日而談成周三代之規模，靡不笑爲迂闊。殊不知德國之兵制，固儼然三代遺風也。特三代寓兵於農，泰西則人盡爲兵，是其小有不同者耳。武備學堂、水師之設，又不過古人三時務農、一時講武，春蒐、夏苗、秋獮、冬狩之遺，而略爲變通，以盡其利。雖謂爲中國之復古制也，何不可乎。斯視上之人能否整飭，不患下之人能否從違。

果其於中國弊端，極力杜絶。一律仿西法操演，制兵練勇，以遏其流。再由各直省府縣趕造大中小武備學堂，或武備院，或儲才館數十百處。挑選年少子弟入學，專習攻守、戰陣、軍器、船炮、天文、地理、測量、繪圖、駕駛、製造諸事，期以三年五年，循序推陞，考其功課優劣，嚴其名次賞罰。學成者任以職事，不率教者責之。經費官民並出，抽釐税以濟貧民，人才文武兼資，計造詣而分等第。參用西法，貴賤無分，源流並裕。平時爲農、爲工、爲賈、無不知兵，一旦有事，則呼應捷而調集靈。尤爲駕輕就熟、胸有成算。事雖繁重而迂曲，然與不教之民，未練之士，則相去奚啻天淵。

矧由此而擴充，可以備將帥，可以作干城，可以漸漸轉移，而爲國家收股肱腹心之效。以中國幅員之廣，人才之衆，聰明智力詎讓歐洲，而乃事不師古，動鄙西學爲末務，至讓西人爲先驅。是即兵制一端，古法原已盡善，不圖中國僅得其粗，而西人竟得其精也，夫亦大可慨已。

民教相安策

西人之挾全力以與中國争者，其惟通商與傳教乎。通商則漸奪中國之利，傳教則並奪華人之心。奪華人之利，而中國不過患寡患貧。奪華人之心，而中國且不安不均。瓦解土崩，而將無以爲國，奈何任其蔓延蟠結於吾土也。曰：中國固嘗禁之矣，其如禁猶不禁何？曩者，康雍全盛之時，主聖臣明，勵精圖治。然如湯若望，南懷仁輩，猶陰以算術行其教法。朝士提倡援引，奔走後先，直省開堂，畿輔宣教。肆無忌憚，莫敢誰何。雖疊奉列宗嚴旨，掠其居，火其書，而根株已深，罅漏難塞。十三省之三十教堂如故焉，私赴内地之洋人如故焉。沿及道光之季，白門要撫，則有保護教士之條。粤東講和，則弛華人入教之禁。至咸豐八年以後，天津和約屢次加增。不惟準其内地居住，建堂禮拜，並將從前毁折之教堂基地查出交還。多給諭單，聽便游歷。一時奸民附和，如蟻慕羶。恃爲護符，張膽明目，大則把持官府，小則凌辱鄉民。種種弊端，不可殫述。邇來其焰愈熾，其黨日繁。中國濡染聖化之區，寖變而成羅馬世界。約舉教民之數，除地球五洲他國不計外，衹以亞細亞洲言之，從天主教者四兆七十萬人，從耶穌教者一兆八十萬人，從希臘者八兆五十萬人。中國地方得亞洲三分之一，其多可知。將來日新月盛，靡有窮期，水銀瀉地，無孔不入。後顧茫茫，詎堪設想。夫教之盛衰，視乎國之强弱。國家强盛之日，以一紙制之而有餘。國運孱弱之秋，雖全力驅之而不足。中國之失機，在雍、乾以前，不在道、咸以後也。居今日而顧欲西人之不傳教，與吾民之不從教，不可得之數也。然則禁既不能，其惟民自民，而教自教乎？曰：中國之準其傳教也，原屬萬不得已之端。而中國之屢出教案也，又實莫可如何之事。方今强鄰逼處，虎視鷹瞵。片語齟齬，好則人而怒則獸。每因教民之細故，釀成海上之兵争。玉帛未終，干戈繼之。或詰總署以索償賠，或逞鐵艦以求口岸。横生枝節，巧弄風波。惟知恫喝以取盈，罔顧維持夫大局。朝廷方示寬宏之度，官吏仰體懷柔之心。不知一案甫平，生靈之朘削已甚。一案又起，閭閻之荼毒更多。試舉滋事教堂者言之，如同治五年河南之桐柏，七年四川之酉陽，九年直隸之天津，十二年四川之黔江、廣東之鶴山，而天津之決裂尤甚。光緒元年江西之九江，二年安徽之寧國、宣城，浙江之温州、海豐，六年廣東之清遠、花縣，十二年江蘇之松江，以及十七年蕪湖、安慶、揚州、和州、丹陽、武穴，十八年宜昌、宋埠等處。去年四川重慶，今年江南徐州相接踵焉，長江上下數省無歲無之。輕則焚掠，重則驅斃。黠者颺去，愚者株連。甚或以朽敗不堪之教堂，而虚增重價。以先行搬空之器物，而揑報搶奪；以自加焚燬之屋宇，而謬賴鄉民。民受其殃，官受其累。以是云安，其亦安之甚矣。矧自日本搆釁，割地納賄，損威耗財，久爲歐洲各邦所竊笑。時局之艱危，真有不堪設想者。雖欲民教相安，民自民而教自教，亦烏可得哉。然則禁既無可禁，安又無可安，豈遂無道以處之乎？曰：是又不然。從教者，中國之人也，必先制中國之人，而後可以安民。傳教者，外國之人也，必更制外國之人，而後可以安教。中國之人可以法馭，當嚴束焉以就我範圍。外國之人可以理通，當婉諭焉以消其嫌隙。欲弭未然之患，莫急於統中外而兼籌。欲拯目前之危，莫要於參理法而並用。竊陳教務之策，約爲十條如左。

一、講鄉約，以正民心也。按天主、耶穌、希臘各教，名目不一，源流則同，悉本摩西十誡。耶穌自命爲上帝之子，創立《新約》。以罪福之説勸人爲善，較之白蓮、清净等教，略有間矣。惟以天外無神，不設君親牌位，不祀歷代祖先。從其教者，家懸十字之架，人茹七日之齋，鄙棄綱常，輕蔑周孔。智士聞而髪指，匹夫見而按劍，所以動輒爲難也。查各府廳州縣，向有鄉約，朔望宣講《聖諭》、《廣訓》、前賢格言。沿及今日，名存實去。誠使申明舊制，選城鄉篤行能言之士，按日宣講，不厭繁多。俾愚夫愚婦激發天良，共知大義，不必詆排，異教自然邪匿潛消。

一、籌屯墾，以厚民生也。東南人浮於地，西北則曠土尚多。一遇災荒，流民千百成群。所過州縣，沿途騷擾。其荒僻之鄉，則大肆劫掠。

鬧教之案，未必不由於此。夫民無恒産，因無恒心。從教者食其財，以救饑寒。鬧教者即奪其有，以延旦夕。宜於西北、關外、新疆、東三省等處，逐段履勘，招民佃種，官給耕牛、種籽，酌予川資，俾其食力墾荒，不問有無眷屬。一面購置化學植物各機器，以松土脈而培膏腴。庶樂業安生，自不至於游手好閒，尋釁滋事。

一、禁游觀，以端民俗也。中國素信鬼神，往往賽會斂錢，以博須臾醉飽。燒香拜佛之男子有然，婦女尤甚。雖入寺觀，視若尋常。獨其偶步教堂，轉生疑忌。而彼深宫固室，實不願人私窺。前有蘇民誤入其中，竟被毆重身死。又有浙民醵錢教户，以至訟累破家。怨毒既甚、謡諑斯起。宜飭地方官剴切曉諭，至再至三，示以佞神非福、惕以業荒於嬉，禁止一切游觀及婦女赴會看戲等件。違者罪其家長，婦女罰及本夫。而教堂洋屋，尤當視爲畏途。共懔前車，勿貽後悔。

一、廣善舉，以恤貧民也。各省教案，無非因醫院剜心、挖目、嬰孩拐迷遺失之説而成。雖由誤信人言，實亦咎由自取。竊謂懼醫院之慘毒，曷若不延西醫之爲高。恐育嬰之匿藏，何如不託撫養之爲愈。中國向有善堂送診窮民，收養孤子。近年屢奉上諭，飭各省建局育嬰。果有實力奉行，無慮勢難周給。且西國所載條約，並無行醫育嬰明文，何煩越俎代謀，令我相形見絀。以後城鄉市鎮，諭本處紳董遍設善堂。凡民之疾病，不能延醫者，赴局診之；民之嬰孩無力養活者，送堂育之。勒索民費有罰，私送教堂有罰。我之善舉充，彼之善路塞矣。

一、闢義學，以訓幼民也。古者八歲入小學，十五入大學。家有塾，州有序，黨有庠，其制殆不可考。三代而後民失於教，是以放僻邪侈，陷罪而不自知。今西制無地不有學，無人不可學，蓋猶有古人遺意，宜參用其法。每縣設立義學，或十數處，或數十處。經費不足，以官款資之。民力有限，以官力輔之。詳列規條，多分門徑，以儲四民之用，以起千載之衰。培植人才，挽回國運，計無善於此者。

一、聯保甲，以格莠民也。近日教案，人人知有匪類爲之。南之哥弟、北之安清，結會拜盟，散給旗布，長江上下，黨羽盛行。不獨有害教堂，抑且地方之患。宜令各直省認真稽查，編立門牌，勿得視爲具文，以致宵小混跡。一經究出，務盡根株。别其首從，科其輕重，各予自新之路，仍嚴非種之鋤。緝捕殷勤者論首功，防範疏虞者記重過。會匪無從漏網，脅從靡不革心。至於捏造謠言、煽惑耳目者，明查暗訪，按律加誅。際此中外多事之交，自不容以左道亂政之談，嘗試於光天化日矣。

一、嚴管束，以整教規也。現在教民，據上年羅馬教王開單，大省不下十餘萬人，小省亦不下萬人，可謂多矣。若必劇加區别，誠恐疑有薄待，倍啓争端。若竟概予包容，又恐良莠不齊，無憑究詰。夫教爲西國之教，民則中國之民，豈容一入其門，便自肆行無忌？亟宜照會各國以及教王，責令傳教之人有約束教民之責任。務於入教之初查清來歷，果係身無過犯、安分守己者，始準收留，否則不如勿收，以免多事。仍將住址、籍貫、年貌逐一注册，開送有司衙門，俾可稽考。其犯罪者，一逮公門，静候訊斷，不得徇隱袒庇，出面説情，則地方官之權伸，而教士之衷可大白於天下。

一、定律例，以清教案也。向來中外交涉之案，西人用西律，華人用華律，猶曰彼固西人也，若同一中國之民，一在教中，一在教外，乃居然彼厚而此薄，彼輕而此重，不均孰甚焉？良由教民倚教士以欺平民，教士又倚其國以欺中國，地方官衹知中國律例，而於西律茫然不通。故治華民獨嚴，而治教民不得不改嚴爲寬。小民負屈含冤，無可發洩，計惟取償於鬧教，以稍鳴其積時之不平，而官民與朝廷苦矣。莫如開律例館，取《大清律例》，參以中西和約、萬國公法，與西國律例之全，譯而訂之，定爲《中西讞案合篇》，頒諸直省，通諸列邦，斟酌平允，以便遵行。庶民教兩不偏倚，中外可省免交涉曲折。

一、改條約，以抑教權也。條約所載，均於彼教有益者則詳之，於中國有益者則略之。如約内云，傳教乃勸人爲善之事，而不顧教士是否爲善之人，其一略也。約内云教士與地方官平行，而不知教士非官之比，其二略也。西國定制，教士在何國行教，應歸何國約束，而中國條約無之，其三略也。中國教民争訟，教士本不宜干預，而條約雖有若無，其四略也。總之西人無事不佔便宜，即傳教一端，猶必著著争先，而不憚文詞之往復。無論條約所有，增至數四，固如鐵案之難移。即條約所無，猶可徑情直行而以意爲輕重。如包庇教民、干預公事、闖見地方大吏、擅用印信公文，皆爲條約所無，而教士坦然不以爲愧。英、美、法、德各國之外來教士，莫不如此。嗣後修約之時，宜與各國會商，改定條約。務將以上各節細爲剖辨，凡事俱照公法辦理，毋得任縱教士顯與中國爲難。違者知會公使，遞解回國。教士之勢不張，教民之禍自戢。抑其權，乃所以安其身也。

一、釐券契，以衛教産也。教中購買産業，雖奉明文，然約載房屋基地，不得私相授受，必本人情願出售，而於地方風水形勢無礙者，又向地方官禀明，始可憑中立契。乃觀近年教案，多由内地奸民串誘教士，矇混私買，並不禀明立案。有指别姓之産而賣入教堂者，有已賣於别人而復爲教堂誤買者，有本屬一縣之公業而一人私賣者，有本屬一人之私業而衆議不容者。似此争端，何能辨析，然亦不難辨析也。既有業主，又質公庭，私相買賣之禁嚴，有礙風水之疑解。如係奸民作弊，查獲處以重刑。如係教士營私，其咎必有應得。倘得精明幹練、熟悉公法西律之有司，折衷聽斷於其間，則教士既可心服，而小民不致懷疑矣。

以上十條，爲民計者六焉，爲教計者四焉。凡皆所以統中外兼籌，合理法並用，而使民教相安之大略也，然則其不禁也，所以妙於禁也已。顧或者曰：西國教案亦不絶書，何以未聞有行兵索賠之舉，而獨於中國斷斷相争，豈非恃有保護之説？與以後欲永遠相安，莫如删去保護之約。曰：是又不然。西人遠涉重洋，不避艱險，公然游行内地，如履户庭。詎肯貿貿然來，以自蹈夫不測之淵乎？充其兵力所至，靡堅不摧，靡鋭不挫。南阿北墨，一榛穢之地耳，尚且闢爲康衢，振以木鐸。藍其智慮區畫，實有謀定後發者。通商與傳教，胥是術也。使中國早不予以保護，則彼當時必有道以處之矣。不觀前年蕪湖之教案乎？衹以譯署詰問賠償遷延，彼英、法、美者三國同聲立派兵艦來華，以爲要挾恫喝之計。聲言中國如不能保護，彼將自爲保護耳。情勢洶洶，一若迫不及待者。而中國怵於兵威，不得已而草草議和完案。於是懲治者，中國之人民也；償還者，中國之財物也；格外奉贈者，中國之基地碼頭也。夫至中國不能保，而西人豈中止哉？至西人不欲中國保護，而中國尚能安哉？且前以保護之故，而中國百姓尚爲彼教所魚肉，若使有違言，則縱其犬羊狼豕之群，以蹂躪夫禮樂衣冠之地，又孰得而禁之？是既有損國體，仍加重敵釁，究非計之得也。

吾謂中國而爲康乾之中國，則邪不足以勝正，而彼教雖行猶不行。中國而爲今日之中國，則弱不足以敵强，而彼教即禁無可禁，於不可禁之中，求暫相安之術。俾中西和局，不至於解散者，則要在乎固結民心，與任用公忠體國之大臣。

科場變法議

本朝開科取士二三百年，試士沿明八股，參以經義、策問，相沿莫改。屢經中外臣僚疏請，酌量變通，顧以格於成例，未蒙俞允，且雖欲變而迄無善法也。於是，輒歸咎於天下之無人。嗚呼，天下豈竟無人哉？耳目相若也，心思相若也，智力才識相若也。上以實求，下以名應。計國家所以需士，與士之所出以問世者，當何如閎大而重遠、體用而兼賅？舍是不講，而沾沾焉驅天下於章句、排偶之末，以粉飾其苟且因循之治，命之曰求賢，命之曰掄才。其資禀稍優者，甫操筆而即工，不三數年，已揚揚然紆青拖紫、登金門、上玉堂矣。然猶請託公行，苞苴並進，甚至不必求工，而亦濫厠榜尾，如操左券者，又何可勝數也。故前人謂八股之害，至可以亡國。雖其辭不無過激，然大率僉壬之得志，正士之消沮，實爲國運所關繫。

然則爲今之計，可勿亟思改絃易轍，而求所以得人之要道哉？要道何如？不外乎詢事考言，化無用爲有用而已。唐宋以前，其取士不限一科，是以謂之科目。司馬光請設十科，亦沿魏晋九品之意。然施之今日，尚有宜行與不宜行者。周官之鄉舉里選，緣三代人心質樸，風氣未漓，故可以爲善法。至後世臨軒策士、投牒糊名，則已屢變而大失其真。科舉一道，習之既久，弊益叢生。執末流以訾前朝，古人當亦不任其咎。苟責其實，正未可非，如於積痼難醫之中，擇其輕重緩急之術。今之海防切要，洋務大興，宜別開一科，爲通達洋務科。計分大、中、小省，每省取中若干人。水陸操練，將帥攸資，宜別開一科，爲儲備將才科。計分大、中、小省，每省取中若干人。天文、算學，研究愈精，源通中西，才無畛域，宜別開一科，爲天文算學科，而測繪輿圖附焉。計分大、中、小省，每省取中若干人。電重光汽，西法所長，而中國效之者也，宜別開一科，爲製造機器科。計分大、中、小省，每省取中若干人。其餘名法、律令、表判、章奏，所以考究政治、留心經濟者，宜別爲一科。淹貫經史、羽翼傳注、工於詞章、優於義理者，宜別爲一科。皆分大、中、小省，每省取中若干人。

以上數科，上之所取不一途，下之所造不一術。不以兼長賅博爲貴，惟以深通專業爲優，務實事不務虚言。俾聰明卓犖之才，皆得有所鼓舞發揚，而及時自效。是科舉之名固未嘗變，而其實，則得一人可備一人之用者也。草澤有致身之路，庶不以垂頭呫嗶，耗其精神。朝廷有育才之方，亦不以無謂干旌，縻其爵禄。如是而十年之間，英豪輩出，名俊如林，海宇氣象當可焕然一新。雖不侈言富强，而富强之本在此矣。

地有四游與地球遶日説

今之談天者，均言地球遶日之説，始自西人。其證有四，人見斗極出地，北行愈高，南行愈下，更南而兩極皆平，又南而北極入地，證一。舟行海上，一東騖而一西馳，久之而彼此相連，證二。船自海上來，必先望見其桅，次及於船。證三。當月蝕之際，二曜相望，中隔地球，則見有圓暈摩月，證四。言之鑿鑿，固已明辨晰矣。

考中國古書言地者，如《大戴禮》引曾子曰："如天圓而地方，則是四角之不揜也。"言地動者，如《易》坤卦云："坤至柔而動也剛。"如

《春秋元命苞》云："天左旋，地右動。"《河圖括地象》云："天左動起於牽牛，地右動起於畢。"《尚書考靈曜》亦有云："地恒動而不止，而人不知也。譬如人在大舟中，閉牖而坐，舟行不覺。"諸書所稱，亦多地動而具圓體之明證。至於地球遶日之説，尤分四季寒暑之軌道，與《尚書考靈曜》所云"地有四游者"合。"四游者"，四方游走，不拘一處之謂也。夫惟地既圓且動，故得以地球名之。然則《尚書考靈曜》所云"地有四游"者，非以其遶日之軌道，適應四時之寒暑乎。

西人言地球遶日者，始於明嘉靖中。伯罷尼亞國人哥伯尼言：地球與各政相類。日則居中，地與各政皆循環於地球外，川流不息，周而復始。並非如昔人所言，地静不動、日月各星循環於其外者也。後來天文諸家測算考驗，均以哥説爲準，並察得地球之遶日，一則日周，一則年周。日周者，本身晝夜運動，西向東旋，隨旋隨昇，凡十一時七刻十一分四秒方周。故地上之人仰觀各星，皆如東昇西没，其實乃地之東旋也。年周者，旋於日外之周而復始，因有隨旋隨昇，晝歷十二宫位，凡三百六十五日二時七刻三分四十五秒，方能一周，故有四季之分、寒暑之别也。

夫地球循環日外之道，乃黄道中綫也。其南北二極，與天之南北二極常爲直對相應。雖運行不息，其二極所指永不更移。又其軸於黄道，略爲偏斜，有二十三度二十八分之鋭角。故地球周圍環有時北極近日，而南極則遠於日。有時南極近日，而北極則遠於日。有時赤道與日相對，凡二極近日，故有夏季冬季。赤道與日對，故有春分秋分也。

兹繪圖置日於中，四周十二宫遶之，又繪甲乙丙丁四圈於四方辰、戌、丑、未四宫。在辰戌者，即二極近日之次，地行此道，則南爲夏至、此爲冬至，南爲冬至、此爲夏至矣。在丑未者，即赤道與日相對之次，地行此道，則南爲春分、北爲秋分，南爲秋分、北爲春分矣。餘八宫逐漸以推，南北相對，寒暑互易，而十二宫以畢、十二月以成。所謂四游者，不外乎此。人第見東昇西没，有似日之遶地而行。又見寒暑往來，有似日之行赤道、黑道、黄道者，不知日徑長三百一十五萬里，比地徑大一百一十倍，身大一百三十二萬八千四百六十倍，居天之中，樞紐盤旋，不離本位。凡二十五日六時，一周復始。地徑長二萬八千六百五十里，離日三萬四千五百萬里，循環日外。凡三百六十五日二時七刻三分四十九秒，方行一周，所以成歲也。而其餘日，則有歲差之奇零，所以置閏也。本身西向東旋，至十二時周而復始，所以成日也。地球遶日，四游之軌道，如此而已。

論變通泰西上下議院制

有君主之國，有民主之國，有君民共主之國。泰西近百數十年，多改君主爲民主。即有一二未改者，然其國政必由議院以行，斯亦不得謂之君主而無與於民也。

有拘泥君尊民卑之説，而罔知變計者，其惟中國乎！中國自秦漢以來，天下一家，尺土一民莫非其有。民去則無所之，逃則無所匿，爲上者輕視其民，毫不爲意。國家舉動，朝野弗知，至於暴戾恣睢，然後激而叛上。及革命之後，故轍相循，因仍不改，以爲蚩蚩者氓，固不必與之决大疑、定大計也。堂高而廉遠，魁柄不可以下移也。壅蔽之不通，衆益之未廣，猶以號於世曰："吾以爲民也。"其誰信之！

乃若三代以前，君民之心一也，則有别矣。明臺也，衢室也，告善之旌也，敢諫之鼓也，未有不博諮於民者也。《傳》曰："史爲書，瞽爲詩，工誦箴諫，大夫規誨。士傳言，庶人謗，商旅於市，百工獻藝。"《詩》曰："先民有言，詢於芻蕘。"春秋之世，號爲濁世。然鄭人游鄉校，而子産弗毁。衛靈欲叛晋而朝，國人而問之。是皆許民以可與國事，而君不自主之者也。君民相共爲理，以治國家。夫是故古無議院之名，而有議院之實者也。《論語》曰："天下有道，則庶人不議。"其所謂議者，乃庶人之浮議也，非庶人之公議也。如謂公議亦不容於有道，何以箕子之對武王曰"謀及卿士，謀及庶人"乎？大凡中國之遺制，中國不自知之，而反讓西人以獨步者。即議院一端，其較然者已。

試以英制言之，英上院四百七十九員，曰勞爾德士、王公、勳爵、大教師，蘇格蘭、阿爾蘭公舉大臣充之。下院五百七十餘員，曰高門士，民間紳富充之。會議之時，起正月訖六月，恒以半年爲期。至散議之日，國王親詣上下院，逐條面陳，可者發行，否者重議。又以德制言之，德爲合衆之國，上院曰奔得拉，議員歸二十五王簡派，計五十九人。下院曰立斯塔，議員由各國百姓公舉，計三百九十七人。主上院者有首相，主下院者即下院議員中選之。兩院議定，仍候共主允準，首相署名，然後遵行。又以美制言之，美國各邦有邦會，由本邦百姓公舉二員至國會上院。而下院之員，則視各邦之民數多寡而定，其主上議院席者，即副伯理璽天德，以六年爲期。元首有違例處，下院决轉上院，上院得而削褫之。議院條陳諸事，上院有批駁者，下院重爲核議之。又以法制言之，法自一千八百七十一年新舉議員，共七百五十人。議院中一人爲主，四人爲副。國事之當議與否，皆主議者主之。開議時，或以舉手，或以投票。其叫囂之弊、偏袒之争，往往不免。又以俄制言之，俄有一國會，由帝簡派，共四十二員，主會者一員。會分三班，一議文事，一議度支，一議律法。平時各主各事，亦得彼此會議，介於國君與軍機之間。二政會，爲刑名之總匯。復分爲八，其五在彼得都城聚議，其三在莫斯科都城聚議。三聖會，總理教會事務，主會者名教督，三等大員俱隸焉。其行政施令，又微與歐洲各國不同矣。其他若西班牙、意大利等各國，開議時，各部員百姓皆可觀聽，規制大同小異。然皆以議院爲全權之所在、政令之所關，故必詢謀僉同，毫髮無憾。而後上諸國王，允而行之，以故垂拱仰成，可以不勞而理也。其視議院之重且專也如此。西人創議院，蓋在八百年前，迄今未之或改。其斟酌盡善可知，其歷久不敝又可知。

中國自商代至今，二千餘年。聲名文物，在地球之上固當首屈一指。然富不如西國也，强不如西國也，豈所以致富强之道有所未備哉？所患者真意日漓，文具日勝，名存而實去，忘公而急私。凡一切興利除弊之舉，地方官率以故事視之，至萬不得已而上聞，則又蹈常襲故、拘文牽例，往往一事之微，由守令以上大府，轉部曹而達樞垣。公牘往返，經閲歲時。或有事經奏請下部議覆，更多阻滯。説者謂今日之天下，實吏例利之天下。旨哉斯言。

今如仿行西法，開設議院，而其中亦有可略爲變通焉。西國議院分上下，中國宜官紳士庶而一之。自京都外逮各省會垣以及各府州縣，均設一院，每遇地方緊要公事，關繫民生國計，定期集衆會議。凡事之是非可否，視名之多寡以爲從違。所舉議院各員紳，必皆公正廉潔、品學兼優之士，庶不使貪勞猥庸者濫厠其間，而得一人可收一人之效矣。事關一縣，則一縣議。事關一府，則一府議。事關一省，則一省議。其地方尋常公事，仍歸大小衙門照例詳奏。如是則於仿行西法之中，仍不失率由舊章之意矣。倘或有不肖紳吏把持議院，故與爲難。則議院亦可據實上聞，從嚴參辦。使寡不能屈衆，貴不能抑賤，邪不能醜正，私不能害公。如此則上下交而其志同，中國有不能奮然自興者，未之前聞。

約而言之曰："去四害、興六利。大臣弄權，一害也。議院立，則大臣不敢竊國，以箝諫臣之口而蔽人主之耳目，奸謀息矣。吏有積弊，二害也。議院立，則銓選之京員、補授之州縣不必厚賄，吏胥而伎倆窮矣。官紳私徵，三害也。議院立，則田賦徵榷商農，不得足其私飽，而可以上訴於帝庭矣。獄官鍛鍊，四害也。議院立，則命盜重案，承審者不敢輾轉規避，而刑獄之寃抑泯矣。六利者何？一曰吏治可振，二曰財源可裕，三曰人才可興，四曰民隱可周知，五曰工役可速辦，六曰交涉可得宜。興六利，利也；去四害，亦利也。有此十利，則議院之舉，抑何憚而不爲也？

吾故爲之説曰：鐵路者，中國之血脈也；議院者，中國之氣息也。欲合東西南北二十二省之遥，而通其血脈，道在修鐵路。鐵路成，而兵機商務各得其宜。欲統貴賤尊卑四百兆人之繁，而貫其氣息，道在設議院。議院開，而後上德下情罔有不達。二者相輔而行，貞之以恒，持之以久，進之以漸，維新之治將在於斯矣。

外洋各國報館有益政事學術論

嗚呼，今日中國政事之廢弛，豈獨報館未設而已哉？學術之頽敝，豈惟未閲新報而然哉？當軸者默審其機，徐察其盛衰之故，欲隱用西法以轉移風氣，而開中國數千百年來未有之新政。良工心苦，不憚經營。而姑於報館一端，殷然留意，垂察邇言。蓋將以究其利弊之所歸，爲參酌變通之計，欲海内學者憬然嚮風，俾知報章之微，實有關於國計民生、人心風俗之大，不當以爲瑣屑俚淺而忽之也。

中國向有京報逐日謄抄，印刷成書，以行京外各省。所録者朝廷諭旨，巨僚奏疏，與夫官闈之舉動起居，官吏之升遷陛見，及一切無關緊要，循例發抄之章牘而已。至於軍國大事、帷幄秘謨，則從無片紙隻字漏泄外聞者。各省督撫又另有轅門抄，按日發報。所録又僅一省之事，官場中接見賓客，若委屬員，寥寥數言，一覽隨盡。其所以視報者甚輕，故其爲報也，無非可報可不報之事。粗觀之，似無足輕重。細審之，則吏治無由而振，人才無由而出，民困無由而蘇，積弊無由而湔。地利未盡而不知闢，國用未裕而不知充。有軍務之緊切，而不知攻守之宜。有物産之秏盈，而不知榷算之數。有才力聰明而不用，有農工商賈而不興。上下相蒙，君民相隔。澒洞箝伏，自以爲堂廉高遠，體制尊嚴。又以爲學古入官，不踰户而見天下。思以束一世於飾智驚愚、刑驅勢迫之中，而不知敵國之覬覦欺侮日甚一日，適爲外人所嗤笑，而後悔莫及焉。豈不大愚哉！

夫西國報館之設，所以通上下之情，而除壅蔽之患者也。其制與議院相輔而行，有議院以決其從違，即不可無報館以究其得失。查英國近年報館二千三百餘家，俄國報館四百餘家，其名目有歲報、月報、日報、七日報、半月報之殊；其體例有新政異聞、近事告白之别。以至律家有律報，醫家有醫報，工商農職均各有報。出之者多，閲之者衆。國家既免紙税，復助報貲。婦人女子，菜傭酒保之流，莫不手執一編，争先快睹。其勤勤懇懇，不遺餘力如是，詎徒悦耳目而資談噱者。

而我中國瞢然無睹，轉笑其徒爲多事。學士文人，守一家之陳編，拘三場之程式，咀嚼畢生，疲神耗氣。外觀之，似胸羅古今、才窮山海，及叩以當世之務，與中外交涉情形、國家政治得失，則茫然不知。反曲爲之説曰："此非臣下所敢參，庶人所得議者。"噫，舉一世之人，而趨於苟簡、因循、空疏、固陋，學焉而不知幹濟，仕焉而不達經權，以致貽誤國家而不甘任其咎者，又孰非由此一言階之厲也。

然則爲今中國計，非多設報館不足以廣見聞，非廣見聞不足以資考鏡，非資考鏡不足以得人才，非得人才不足以理政事，非理政事不足以躋富强，非躋富强不足以靖敵國外患。理相因而勢相迫，學術治術一以貫之，報館之有益無損，其大彰明較著者已。所慮者，中國文法既密，忌諱實多。在上者，有重灼震慴之威權。在下者，恒懼口舌文字之賈禍。此當報而不敢報者，其一也。中國事由官主薦用私人主筆者，顧護情面，即是非無自而分。訪事者得賄隱容，即臧否無從而定，此可報而不欲報者其一也。中國人心素多忮刻，無論士農商賈各有所得，祕而不宣。且攘攘熙熙各謀身家之不暇，百工技藝亦鮮出奇制巧之流，堪資矜式。此雖報而不必報者，又其一也。中國品學兼優之士每以身入報館爲恥，清議所指，衆謗隨之。僅僅市井齷齪之夫濫竽充數，見聞既隘，美刺無憑，何足以評論時事，其不能膺報館之選者一也。中國内帑久虧，四民凋耗，招商集股，裹足不前。國家無助開日報之條，官府以不聞人言爲幸，如寐如魘，墮聰塞明。其不能竟報館之成者，又一也。種種阻撓殊難更僕，所以漢口、上海、天津、香港、廣州、厦門等處非無一二報館，主事究皆西人，緣自華人爲之，則適招嫌怨，而事必不終。自西人爲之，則初雖齟齬，而久習成慣。惟華人不便開設，故甘讓西人之奪利而不争。惟西人得以自由，故陰制中國之短長而不覺。此則中國既不能設報館，而又許西人設於中國地方，尤爲有損無益，不可不徐圖挽救之者也。

挽救之爲何？計惟有精聘名士，妥訂章程，於沿海及通商口岸，次第仿行。官商協力集資，優給館員薪水。地方官力爲保護，無論何人，概不准與報館爲難，俾得專心探訪，博覽周諮。凡上而朝政典章、軍機密務，下而商情市面、製造工程，以暨地方水旱、天時雨暘、人事消長、文武官吏之賢否貪廉、水陸防營之張弛勤惰、船炮器械之利鈍堅窳、獄訟斷決之曲直公私、胥役之勒詐貧民、關卡之苛徵重税，靡不精心考核，登諸報章，善則揚之，惡則斥之。如有挾私尋釁、得賄徇情、顛倒是非、變亂黑白等弊，查有實據，及被人訐發者，輕則驅逐，重則枷責。以示懲戒之公，而明好惡之正。期諸實際，不在空言。報館之用既宏，報館之行必遠。如是則集思廣益，翕受敷施，居官者奉若南鍼，引爲龜鑒，政事當日有起色也。考言詢事，革薄從忠，爲士者開拓心胸，增長識力，學術當日有進步也。矧由是而推之，可以仿開議院，則復上古謗木諫鼓之風焉。可以仿造學堂，則還三代鄉塾黨庠之制焉。考試不拘於時文詩賦，武備不狃於駐防緑營，富國有礦鐵銀幣紡織之規，自强有機器兵艦鎗炮之利。研汽化電光諸學，以宏製造。習天文地輿測算，以重真才。於政事學術，皆無不各臻其盛，而遠駕歐洲各國之上。則風氣不患其不開，仍視當國諸公之悉心擘畫而已。

西國賽珍會有益民生國計説

天下事有兩兩相形而益致其精者，其西國之賽珍會乎。泰西工藝之精甲於宇内，原其致此之故，全由國家鼓舞而成，猶中國誘人以科舉利禄之途也。西語有所謂否登者，如士人考得新理新法，工商創成一器一物獻諸國家，由商部考驗，上者錫以爵禄，中者酬以寶星，次亦給以文憑。許其擅專門之業，獲利終身。因以享大名、膺巨富者，不知凡幾。驅一國之人聚精會神、鈎心鬥角、製造争奇，日新月異。不徒如是，又且特開公會，以集五洲之珍尤，較四海之技藝焉。斯其用意深而取效遠，實爲歐洲各邦振興商務之一大關鍵也。

何以言之？自古有國者崇尚儒術，率視工商爲末務。雖於民生國用非不講求，究皆成法相仍，未能别開生面。以爲耕田鑿井，安甿庶之常規，服賈牽車，逐錐刀之微利已耳，從無以國家全力，出而代市井經營者。不知耳目所見聞即心思所由啓發，心思所啓發即才智所由恢張。凡民日用之常，自農具、女工、舟車、兵器，以及百工技藝、飲食服用之微，無不可借力於機器。而機器之法，無不出於金石水火化學算學之中。技雖巧而無以比較之，則不能精益求精，而漸推擴充以收富强之效。

西人之意，非徒以是觀美也。賽會一次，其民之靈巧一闢，工作一新，物産一增，商務一盛。利國利民，計無有善於此者。其始由本國舉行，漸至各國通行。又漸至東洋，日本仿行，又漸至中國賽物助行。其設會之地，堂宇初不過六十畝，漸增至三百畝。其送物之民，自一萬五千人，漸增至三萬人。游覽者，自六百萬人，增至千數百萬人。其用費自二百萬元，漸增至千數百萬元。其陳物之所，分門别類，無美不臻。而且井井有條，令人一目了然。頃刻之間，九州游遍。計自英京倫敦創之，法京巴黎繼之。荷則建於阿摩斯德丹，奥則設於維也納，美則行於費城，德則開於伯靈都城。各國迭舉，名目不一。賽珍之外，有名賽奇公會者，有名眩奇公會者，有名博覽公會者，有名捕魚會者，有名賽魚會者，有名牲畜賽奇會者，而農務會則逐年舉行，尤著成效。故其會也，議院則助巨款，國家則派大臣。獎賞則待考究之家，經理則歸總辦之職。賽珍之物，既可邀免税於前，復可獲奬賞於後。售出既可收無窮之利，收回亦可免運税之貲。良工何憚而不踴躍争先，殷商何畏而不跋涉遠游哉？

中國而有意振興乎？即不必如西人之專注商務。而亦何妨講求賽會，以辨别其高下優劣，而爲之等差。農桑、水利、耕織、礦産、舟車之用，有關於民生者正復不少。何若於内地著名鎮埠，試開會場一二處。先期出報，知照各行省工商人等，各運所有之物赴會銷售，兼縱觀游懋遷交易。官定價目，不準胥吏勒措資物，浮收錢文，違者治以重典。此外酌收游貲，以供經費。廣購西國所有新式器物，有便於民者，售之民間，教以如何用法。參酌中西立定章程册目，選派清廉練達之人，不拘官商紳董，公同辦理。凡中國所有者，應如何益加研究；中國所無者，應如何仿照製造。地利有未盡者，應如何悉心開墾；氣候有不齊者，應如何調劑得宜。使地無曠土，野無惰農。輔以西國機器之靈敏，佐以西國公司之流通，逐次擴充，多方勸獎。不出十年，其效立見。然後集八方之珍異，輳萬里之梯航。出其所有，以與歐洲諸邦比挈長短焉。斯不與富强期而富强，且莫之能禦也已。

振興商務論

日中爲市，始於神農。牽車服賈，載在周書。《禮》有市師之官，《詩》有抱貿之詠。衛文以通商興國，管子以輕重稱雄。沿及後世，其流漸遠。然聖賢之教，重義而輕利，崇道而黜藝，錐刀子母，有識者差之。太史公《貨殖》一書，至今猶爲詬病。中國本二帝三王相傳之天下，未聞朝野上下終日爲商務汲汲也。

自海口弛禁以來，堂户大開，藩籬胥撤。中外互市，創千古未有之奇。輪舶梭馳，洋貨蝟集。日新月異，車來賄遷。震駭閭閻，把持闤闠。小不飽壑，動輒生波。彼挾全力以衛商，商務安得而不盛，我復多方以疲商，商務安得而不衰。夫商務之盛衰，在昔原無關緊要，豈知蟻穴潰隄，髪絚斷木，吸我膏血，啃我精華。假盟聘爲劫奪，借和約爲兵刃。闢廠地爲戰場，收行夥爲間諜。其足以壞國計、鏟民生者，竟如是其毒而且熾也。又彼之洋貨源源而來，我之金銀滔滔而去，彼之貨其來日滋，啗我者方無限量，我之貨去無所往，售彼者迄有窮期。是以彼視我如外府，我洩彼如尾閭。漏巵無形，日甚一日，一往而不復，已逝而難收者，又如是其每況愈下也。近人著《盛世危言》，有《商戰》一篇。擬之於戰，可謂深切著明。然知有害而不能即革，知有利而不能即興，多議論而少成功，拘繩墨而避勞怨，則衰者將益衰，而終無以起其衰而臻於盛也。欲爲振興商務計，固不必沾沾然設商部官、商務學也，仍不外乎以商之業還之商而已。

中國地廣人稠，物産豐殖，百貨流通，舟車輻輳。如絲茶、蠶桑、紡織、鋼鐵、煤礦、輪舟、火車、油鹽、米穀、銀錢等項，凡商所能辦之件，皆可仍以商充之而不奪其業。而又減釐税以暢其銷路，購機器以助其經營，外洋之貨思何以抵禦之，中土之貨思何以疏通之，中外兩行之貨，思何以調停酌劑之，大約出口多而進口少，斯華商盛而洋商衰。而尤要在於修内省鐵路，添内河商輪，立外洋公司，通各國輪電，賽各省工藝，給商民貲本，加海關税則，廣西法製造，墾邊塞荒地，行國家銀行。以上十者，均於商務大有裨益，即於國計民生，亦大有關繫。試詳論之。

現在蘆溝至漢口，鐵路業經開辦，可無論矣。然南北經而東西緯，縱横交午，轉輸較靈。則幹路之外，似宜多建枝路，使東達三省，西通兩藏，南迄滇、黔、兩粤，北接内外蒙古、新疆。其用無窮，不獨商貨易集也。

公法載，凡長江内河，如歐羅巴之萊因河、多瑙河，盡人皆得開設船行等語，不知此指分屬各國者而言。若美國之米西西比河，則帆輪之利，美人擅之，他國不敢過問。近年日本亦仿此制，專以小輪運載進口貨物，人以爲便。中國長江之利，既與彼共之矣。倘内河小輪，仍讓人著著争先，及時不廣諭商民，後悔何及。且蘇、浙、江西均早定有成規，大湖南北援例駛行，亦不慮有窒礙。南如洞庭以内，上達貴州、濱鄰廣右。北如襄樊之水，來自漢中。三峽之水流從巴蜀。外此不一其名，次第舉行。人貨均可拖帶，庶免覆溺遲滯之患矣。此商輪宜設於内河也。

自通商以來，洋船之貨由彼國運至上海，及香港、汕頭等處，遍乎通商各口岸，賓至如歸。挈妻孥、育子孫者，不知凡幾。又兼海綫四達，消息瞬通，而我中國曾無一輪越地中海以西，僅僅招商一局數輪回環中國海濱。因無商輪電綫，遂無人運貨出洋，以與彼争利者。非游歷難歸，則小本貿易，趁搭偶至，異域誰憐。實爲中國之辱，此商輪宜遠出外洋也。

西人每事必設公司，招股集貲，咄嗟立辦。夥友由總管分派，總管由股東公舉。能則任之，否則去之。無夤緣請託，無竿牘苞苴。遇有國家大役，捐助餉糈，以境外之利養本國之民，以千人之毫末奉君上之徵求。其欲不奢，其報彌厚。中國仿而行之，則可安出洋之商者，莫如立公司。

泰西之賽會，不止一端，最盛者，英之倫敦、法之巴黎、美之費城、奥之維也納。搜集珍奇，品評優劣，按高下以定賞，增知識以揚名，且給以寶星，許其世業。人資游覽之益，工得觀感之助。論者議其勞民傷財，而不知賽會一次，技巧日增，物産日富，實爲商務之一大關鍵。則欲鼓内地之商者，莫如賽工藝。

泰西以商立國，官不甚重，商不甚輕。國用不足，多向商人借款，名爲國債。而土耳其、波斯等國，因債多息鉅。利權下移，國勢浸成貧弱。我中國礦産之富、關税之饒、帑藏爲地球莫及。近年軍旅四應，飢歉屢書，蠲賑和敵之餘，不得已一籌洋款。然司農仰屋，下策交譏，若出賠費以助商人，則本貲充裕者衆矣。

近人《通商綜核表序》云，約章所載進口税物，因被中食用，不予徵科，以示曲體遠人之意。詎向之供夫旅用者，今則視爲利途，稍與争持，動加駁斥。又同一紙也、墨也、金銀器也、氈毯衣服也，出口有税，進口則免。中外互市，貴取其平。苟取舊章而更定之，酌一進出皆税之則，彼必無詞。按西例出口税輕，所以暢銷土貨。進口税重，所以杜遏來源。中國壹反乎是，宜其商務之不振也，非加海關税則不可。

西國技藝，英、法、德、美皆爲最精。出其唾餘以博中國厚利，往往窳朽不堪，甫用即棄。中國甘爲所愚，又以受紿爲諱。思蒙一時之視聽，從中飽其私囊。不獨兵器然也。豈中國之人不如日本哉？故宜廣西法製造。

中國北徼，地曠人稀，民習偷惰。故小有災歉，弱者填溝壑，强者揭挺竿。北五省之地利，又較遜於南方。井疆溝洫之遺，茫然莫辨。初以爲各省人少也，及查美洲金山埠，及南洋新嘉坡、婆羅洲等處，華人流寓、充雇工者，約近二百萬人。洋人虐待，甚於犬豕，稍加反脣，炮烙刑軀，每每因而斃命。中國既有如此多人，如彼廣土，曷弗招回華工，安置東北邊陲，俾之屯墾荒地乎。

凡此皆因商之利而利之者也。若開國家銀行，似於奪民之利矣。然資本既厚，挹注無難。取息不欲其多，存款不嫌其細。且銀行所出鈔票，可以到處通行。銀行所存手摺，可以查根對簿。官民悉聽入股，殷户亦準集貲。市面之壞，力能維持，大役之興，不煩捐納，屏官場之習氣，酌西法以變通，是又惠商便民之實務也。因論商務而條舉之。要之，中國農桑有經，學校有制，商者聽民之自爲之，而官固無所容心於其間也。故曰振興商務之道，不外乎以商業還之商而已也。

交鄰必先自强説

古之鄰國，中國十數省之地而已。今則環地球五洲，而各自爲國。即環地球五洲之國，而皆與爲鄰。海禁大開以後，與中國往來通商訂立和約者，無下數十國，而皆有争强角勝、欺藐中國之心。俄起北方，踞亞歐兩洲之境，東包黑龍江、外蒙古、烏梁海等處，西軼新疆霍罕諸回部。帀我三陲，不下二萬餘里。英據香港，奪印度，脅取阿富汗以南諸部，與我西藏毗連。近且南併緬甸，直接滇界。法蹙越南，歸其統轄。又侵割暹羅湄江東岸，以逼滇粤邊陲。倭效西法，崛起東瀛，殄我流球，殘我朝鮮，攘我臺灣，耗我兵費。至於南洋各島，棋布星羅。昔人所稱候風朝貢者，今均爲英、法、荷蘭、西班牙諸國所有，無一自存。由此以觀，中國西北兩面防於陸者，既日與各國周旋，東南兩面阻於海者，又多有外洋交涉，此宇宙之奇變、古今之創局，而非僅如春秋戰國時之强鄰比也。於此而以勢禁之，中國既有所不能；以術縻之，中國又有所不屑。予之以利，而彼不知感；繩之以法，而彼不欲遵；愓之以威，而彼不生畏。彼知中國之不喜生事也，則思動輒要求；彼見中國之有隙可乘也，則將藉以漁利。而中國自古帝王馭夷之術，至是不幾於窮乎。曰：

何爲其窮也？

孟子曰："惟仁者爲能以大事小，惟智者爲能以小事大。"誠見夫古今之鄰不同，而其鄰之爲交則同；鄰之大小不一，而其本仁智以交鄰則一。善哉，交鄰之道，仁智盡之矣。夫所謂仁者，非徒矜包容，尚寬忍而已，其必開誠佈公，推心置腹，無虞無詐，示以真有交好之心焉。所謂智者，非徒競詐力、侈縱横而已，其必勵精圖治，發憤爲雄，不亢不卑，示以實有自强之意焉。之二者雖不足以語仁智之全，然亦足以見仁智之用。交鄰之大要，竊以爲不外此。凡泰西各國之所以輕視中國者，以中國崇尚虚文，鮮裨實用也。一旦示以真能自强，則聲威所播將震疊之不遑矣。各國之所以重視中國者，以中國素敦信義，不務誇張也。一旦示以實欲交好，則忠信所孚自感格之靡間矣。就現在中國論之，設海軍，購兵艦，造鎗炮，佈防營，開鐵路，講武備，何一非欲自强也者。而縻帑誤國，喪師削地，功未成而禍輒隨之。立和約，遣公使，開口岸，納洋商，通聘問，護教民，何一非欲交好也者。而語言繆葛，情性隔絶，一有阻而群起難之。其故何哉？上下之心不一，中外之情不通。口舌之空談，不能化其拘墟之見；儀文之末節，適以掩其真摯之忱也。然則欲維和局，必先通中外之情；欲通中外之情，必先一上下之心。其不可不改定章程，而振興耳目也決矣。請得而備言之。

中國君民分阻，天澤迥懸，積習相沿非一日矣。泰西各有議院以達民情，以持國政。宜變通其法，令各省一律創設。即就所有書院，或寺觀，或會館，歸併易名，大榜其座。遇有興革事宜，招衆集議，直言無隱，擇尤施行，分等請獎，狂謬者不坐以罪。《書》稱"謀及庶人"，此之謂也，則莫如開議院。

内臣、外臣、使臣、邊臣，國家皆資以有事也。内臣宜令堂官按月一課，試以時務策論；外臣除月課外，察其吏治之勤惰，與才具之大小而進退之；邊臣責以防務兵屯，使臣責以公法律例，均久其任、課其成。至於出使外洋，非曾任公使、參贊、翻譯、領事，素有聲望者，不得遞昇。尤必多帶學生，廣其識見，周訪才傑，記其姓名，以爲緩急之需，而儲舟楫之用，則莫如培人才。

本朝以百戰而得天下，經數朝戡定，始克拓地萬里。會邊境日削，外夷屢有違言。上下臣工卧薪嘗膽之秋，非粉飾大平之日。近者西國有蠟人館及繪像館，或爲拿破侖被擒之狀，或爲彼得羅受困之形，皆欲激厲國人同深敵愾，初不以爲諱也。宜令地方官三令五申，告以内匪未戢，外患方長，萬一有事，上下均受其害，不可旦夕苟安。凡在臣庶，孰不當激發天良，孜孜圖治哉？則莫如申教令。

華工之散佈南洋及南北亞美利加者，何止數十萬人。外洋虐遇日甚，中國無力招回，損威甚矣。不知西北塞外，曠土尚多，東南荒僻之區亦復不少，果使招集流民，擇處安插，樹藝耕種，相土之宜礦産、牧畜興地之利，官爲保護，勿使追呼，民安其生，何必遠適異國。既絶外人窺邊之漸，又增中國富强之觀，一舉而數善得焉，則莫如移流民。

商務現雖整頓，似可少杜外滲之利。然彼創我困，勢恒不及。機器仿制，收效尚在數十年間。爲今之計，莫如招股集資，多造洋舶。飭出洋大臣，携帶熟於商務者，運貨出洋，與彼互市。刺取彼中器用之習尚，與價值之情形，隨時函致商局，源源接濟。並廣搜内地玩好，如蘇繡、景瓷、杭紬、寧緞之類，開其風氣，悦其觀瞻。官税减輕，酌加獎勵。挽回漏巵，奚必無術也，則莫如振商務。

吴起之教楚王也，曰損不急之枝官，謂非要急之官也。今内既設六部矣，而復重加卿寺；外既設三司矣，而復分出各道。以及府州縣之有丞倅巡典，皆枝官也。文職如是，武職亦然。不能有益地方，衹足騷擾百姓，豈古有官不必備之意乎？邇來仕版益雜，十羊九牧，事多掣肘，易惑上心。吏道之衰，罔非捐納誤之耳。馮林一先生嘗議汰冗員矣，近人又議併督撫矣，又或議疏閒曹矣，然捐納不停，人才不出。僅汰之併之疏之，無補也，則莫如停捐納。

自古大有爲之君，及休休有容之大臣，無不節目闊疏，器局寬簡。

蓋儀文繁褥非所以待權奇，而體制尊嚴適足以阻觀聽。西人之簡易，似乎上下無別，其意則極爲深遠。今縱不能如本朝之不守明制，日本之改用洋裝，然儀注太多，人才苦於不振。尋常器用輿服，似宜參以西制。官僚接見，免其呈遞手版、迎送拜跪之煩勞。有事入而逕白，閽僕留難者罪之，庶幾壅遏通而下情達乎，則莫如簡禮節。

今之省省設防，處處練兵，改習洋鎗洋炮，演試水電魚雷，可謂密矣。及其有警，國家不得一兵之用，則以營制未變也。泰西各國人皆爲兵，其餉糈極豐，其居處極潔，其恩遇甚厚，其名目甚高。而又習之以韜鈐行陣之書，練之以步伐止齊之節，誘之以財利功名之路，激之以殺敵效果之心，有節制而無烏合，有丁壯而無衰羸，故足貴也。中國緑營募勇，能如是乎？則莫如更營制。

京之同文館、津之武備、江南之水師製造各學堂、粤鄂各省之方言儲才等館，或以地狹不能容納多人，或以費絀不足支應久遠，或教習多於學生而爲安插游士之地，或投考需夫條送而爲應酬聲氣之階。一省之中，學館寥寥。及歲可學之童無慮千萬。因向隅而失業者，此時之幼稚，皆後日之流氓也。國家非人不興，奈何不急爲設法籌款，於城鄉市鎮多建學堂、廣開義塾乎？則莫如增新學。

泰西所以慕中國者，以中國土地廣大，人民衆多也。又以物産豐盈，貨財充斥也。然上年俄人争界，忽内削數千里；法人争界，又失百里；臺灣全省，拱手以讓之倭人，則地不爲廣矣。海外各島流出者數千萬人，僧尼羽流、耗散者又數十萬人。而婦女之裹足失學，又以其半棄於無用，則民不爲衆矣。金銀流入外洋，歲以四千萬計，繼長增高，利源日竭。以致國帑空虛，動虧洋債萬萬，則貨財不充矣。而司農之官於户口田産度支出入，有名無實，揑數開報，在廷之人無復過而察焉。古之制國用，稽輿圖，敬負版，其謂何也？則莫如權盈虚。

以上十者，似爲自强計，而於交好無涉者也。然我强而敵不敢欺，我盛而敵倒爲助，則昔之仇我者，又安在其不欲交好於我乎。總之，戎狄貪而無親，勝不相讓，敗不相救，彼之世戚即彼之世仇也。其日尋干戈以相征討者，尚且置公法和約於不顧，而又安得惜之於我乎？故或謂宜結英以拒俄，或謂宜結俄以制日本，或謂宜和日本以抗歐洲諸大國，或謂宜聯歐美爲一氣以定弭兵之盟，皆逞其一偏之談，仰人鼻息，以徼幸成功，不顧國家之成敗利鈍者也。唯有自强之實，而可言交好。日本明治之政，西國播爲美談。近幾頡頏英倫，爲東方强富之國。前車固在，約略可師。若本不能自强，而但摇尾俯首，乞憐於大國之前，以冀其交好我焉，則越南、緬甸、琉球之覆轍，豈待智者而知哉？若夫使臣之往來，國書之絡譯，玉帛珍奇之獻酬交錯，公卿大夫之游覽結交，或以商訂條約而特遣重臣，或以訪求新制而多派員弁。自來交鄰之道，固所不廢。而究其肯要，往往不繫於此。此自古帝王所爲内修政事、外綏遠人，而爲仁智兼盡之術也。然則古之鄰，何以異於今之鄰？今之交鄰，奚必遠於古之交鄰也哉？

【校記】

〔1〕“□”，當爲“祜”字。

〔2〕“□”，當爲“磨”字。

蕻園文存卷下

黄陂　眉生　范軾

敬陳管見以備採擇懇兵部堂官代奏稿 光緒二十四年戊戌六月初分武選司上

兵部主事臣范軾謹奏，爲敬陳管見以備採擇恭摺仰祈聖鑒事。

伏讀屢次諭旨，許部院司員條陳時事。又奉本月十六日上諭，嗣後各衙門司員等條陳事件，請堂官代遞，即由各堂將原封呈進，等因欽此。仰見我皇上明目達聰，邇言必察之至意。際兹廣開言路，曷敢緘默因循。竊維變法自强，首戒人才之壅蔽。勵精圖治，尤期學術之振興。粉飾不可以圖成，當矢實事求是之意；堅僻適足以僨事，貴持循序漸進之功。方今時事多艱，内患外憂，相乘迭出。皇上宵衣旰食，一日萬幾，所處者列聖未處之時勢，所任者中主莫任之仔肩。獨斷乾綱，風行雷厲。薄海内外，咸翹首以觀新政之成。微臣來自田間，素鮮深謀遠識。芻蕘一得，無當高深。惟是人存則政舉，必交儆以求行政之人。法久則弊生，貴博取以垂無弊之法。在宸衷翕受，固不厭精詳。而臣職靖恭，尤宜殷獻納，不揣蕪陋，妄擬十條，謹由堂官代奏，以備聖明採擇。

一、保薦期於核實，宜平日訪求也。十室之邑，必有忠信。宇宙之大，詎乏奇才異能。懷寶待價者固多，肥遯自甘者不少。第或潛修空谷，僻處深山，素未與俗吏周旋，而地方官鞅掌簿書，亦遂無從過問。府廳州縣，責在牧民，本無薦舉之權，原不足計。至司道以上，秩愈顯則分愈尊，其出也輿馬炫赫，其入也堂宇峻深。所與酬酢，往來類皆冠蓋紈綺，人才軒輊漠不關心。及值詔書敦促，回顧倉皇，乃雜取姓名熟識、才具黠儇者數輩以應，不曰通達時務、留心經濟，即曰才識閎遠、器宇深沈。究其寡廉鮮恥，暮夜鑽營，心計既工，品流遂濁，則所謂保薦者，適爲援引羽黨之用，而非秉公鑒拔之真，朝廷奚從而得人才？宜責令京外二品以上大員，不得養尊處優，但講體制，所有各省紳民人等，平日留心延訪，博採輿論，查實某人長於何事，而邃於何學，隨時簿記，隨時接見。試其品學是否相符，成竹在胸，庶少失人之弊。昔臣胡林翼、曾國藩等，均用此法網羅群才，卒以削平巨寇，其效昭然。且古所謂大臣者，以人事君，故有進賢之賞，有蔽賢之戮。進非其賢，與有賢不進者等。請皇上再降諭旨，嗣後内而閣部卿貳，外而將軍督撫，歲終考劾，必以所舉人才若何爲斷，開具該員年貌、籍貫清册，及地方公正紳耆保結送部考查，以驗虚實。俟各省彙齊，奏請併開特科，派王大臣之有品望者認真考試。試畢請賜召見，量予録用。不得但憑文字言語及平日熟識之人，以敷衍故事。有不稱者，嚴坐舉主以應得之罪。夫然後循名責實，自可杜奔競苟且之風矣。

一、團練務在擴充，宜城鄉遍置也。團丁之法，足以濟額兵、練勇之窮，古人多用以取勝。然辦之於官，則呼應或有不靈；辦之於民，則守望必能相助。近年各省間有設團防局，派委多員，招集市井惡少，與民痛癢全不相關，虚縻官款，無裨實用。矯其失者，遂謂民兵竟不可用，非篤論也。宜飭各直省督撫，檄諭各府州縣，邀集城鄉紳董，剴切勸勉，曉以敵愾大義，破除積習，相見以心。令舉公正、廉直、樸誠、耐勞者數人，以爲團首。開立縣團總局，再由團首轉相號召，自城而鄉，自鄉而社，自社而村，自村而族，各立團局。以次抽選團丁，互相團結，訓練兵法，而仍受約束於地方官。略仿軍旅伍兩之制，選擇壯丁入團，十人爲牌，伍牌爲哨，百人爲隊。俾之朝夕操演，講求鎗炮、技擊、攻守、埋伏、間諜、巡警之宜。每月鄉團公局各操二次，齊集城團再操一次。更番退换，習以爲常。其分團之首如哨官、城團之長如營官，賞罰進退，悉稟官辦。器械、旗幟、號衣各團自備，務歸一律，以免紛歧。無事則從容講肄，有事則用以防守。果有才能超衆、團壯精練，足以破賊立功者，準由地方官稟請督撫，照軍功例獎。官事平，仍還其鄉，惟不得擾害鄉里欺詐滋事。違者嚴照軍營例，重懲示衆。一鄉如此，他鄉他縣以此類推。在在皆民，在在皆兵。不勞帑以養兵，不荒時而廢業。小有賊盗，不足剿平。金湯之資，國家賴之矣。查各省府廳州縣，大鎮巨商所在皆有，何難湊集款項以充口糧？第以禁令森嚴，不敢無故招募，以蹈不測之禍。誠弛其禁，重其賞，勉以忠義，勵以名爵，人人争自圖功，詎不可奮發於旦夕？是在地方文武廉正坦白，與民相親。上下聯爲一氣，其勢甚順，其機甚捷。昔道、咸間，粤寇方張，江忠源、羅澤南等徒以練勇殺賊，如拉枯朽，遂以湘楚各軍出辦大敵，號爲勁旅，非明驗歟？今粤省土寇蠢動，鴟張中外，和戰紛紜，各省荒祲。迭見搶劫之案日出，焚燒教堂之事常聞。倘能力辦鄉團，保全閭里城市，則地方之害逐漸而消除矣。

一、仕進既寬，宜永停捐例也。今既設學堂，開特科，又諭京外大員保薦人才。造就之術宏矣，選舉之途盛矣。中國之弊，在官多於民，多一官則多一擾民者，惟捐納得官爲尤甚。世家子弟、市井少年，苟席先人餘貲，無不思叨一命之榮。見有力學攻苦束修自愛者，轉揶揄之，非笑之，視道府曹郎均可咄嗟立辦，無惑乎不悦學而悦官也。由是好缺優差，任其請託；明保密薦，工其營謀。人才以之日壞，吏治以之日污。捐納之弊，至斯極已。皇上聖明，詎見不及此。徒以部臣一再展緩，託於救急禦荒，而貽累無窮，遂授若輩以擾民之柄。民之豪黠者，類皆化而爲官。謹廉安分者，正不知湮屈幾許。宜請訊頒明詔，立予停止，永遠不準再開。其有已捐京外各項人員，飭該管上司嚴加淘汰，酌留十之一二，仍勿許銓補實缺，以窒仕途。嗣後世家子弟，由貲蔭得官者，視風氣爲轉移，必將折節讀書，以求一藝之長，而洗終身之垢。化天下之捐納而入於正途，即起天下之廢才而進於學校。於情爲至公，於理爲大順。即於國家化民成俗、除害興利之政，尤爲先務而不容緩。其歲計度支若干，應飭部臣及各疆吏悉心籌議，另立良法，以裕財政。然後人知名器之重，不敢悻邀，而學堂之推行愈加奮勉矣。

一、學堂既設，宜責成教官也。教官一項，自昔號爲冷官。沿至今日，幾同贅疣。衹以聖廟所在，姑留以備籩豆之司，藉理庠序之册。然有名無實，情苦居多。學臣歲科兩試，循例册送諸生。取束脩微貲，以供饘粥。分俸入以給身家，何足爲諸生之表率、開風化之本原。由是稍有志趣者，即鄙不屑爲。而地方官視之又輕，不以官數。竊維地方所重在人才，人才所出在學校。學校不立，人才必不昌。師道不尊，學校必不舉。孔廟建置相承，千數百年俎豆馨香，歲時勿替。宫墻美富，疇弗尊之重之。聖教深入人心，由於已久。伏讀五月二十二日上諭："通飭各省督撫，督飭地方官開設中學、小學，民間所有祠廟一律改爲學堂，以節糜費而隆教育，欽此。"無論城鄉寺觀，悉准改修。即以學宫而論，隙地空屋，教官亦有所管田産，計復不少。似宜就近增建學堂，即將該教官原有田租，稍加擴充以成學費。所有原設教諭、訓導、學正、復訓、復諭等官，均可改充各學堂監督、教長、提調、稽查等職。一以稽考學徒之功課，一以綜核學費之收支。庶官不曠而事以專，職業較繁，責成較重。至於中西各教習，不妨博採通人，延聘名宿。綜計一省教官，除老憊庸劣者，概行勒休、勿許濫竽戀棧外，其稍年力富强有志進取者，均可留承其乏。任滿甄別，即以此爲黜陟之本。至各鄉各社之民立義學、社學，應由各鄉紳董秉公自覓提調教習，勿庸限制，以防干預。學綜中西而一貫，廟存孔孟以常新。諸生沐浴涵濡，共被昭代作人之雅。化教官之責任，重學堂之樂育。宏所謂儒以道得民者，其在斯乎！

一、昭信股票，宜專派官捐也。伏讀屢次諭旨，昭信股票原期上下流通。願借與否，聽民自便，斷不準稍有苛派抑勒等因。仰見皇上深恤民瘼，洞燭輿情。如天之仁，孰弗輸將恐後。第願捐之誠在小民，而勸捐之權在大吏。地方官多方勸派，祇求見好上司，竭澤而漁，在所不免。以故山東、四川之案，上達宸廑。此外各省之暗中抑勒者，不知凡幾。至候補、候選等官，雖甘報效，力不從心，資斧告貸於友朋，薪水難敷夫日用，爲貧而仕，情實可矜。非如久在實缺、屢典兵柄之上自督撫、將軍、提鎮，下至州縣守牧，禄入較豐，官橐較重。諺所謂"窮官勝富民"，又謂"官久自富"也。即令本人身故，子弟席豐履厚，任意揮霍，以至矜誇惡終者有之。甚或與民争利，爲富不仁，私開典當、銀錢、店號，販運食鹽、軍米、貨物，闖越關卡，倚勢横行，牟利甚於平民。捐項從難網及，即傾囊報助，不過九牛一毛。舍此不圖，而第於微員末秩、商賈農工等求之，計較錙銖，其數已細。輕重倒置，所得幾何。宜請旨通飭京外文武大員，無論在任解官，凡已經歷任優缺、久任優缺者，各當激發天良，共抒忠義。所有該員貲産若干，定限據實報明，無得隱匿架射，矇混脱卸。一經發覺，全産允公。其應捐多寡之數，按産派認股票若干，應期繳納司庫，俟天帑充盈，準其呈請給領股本。惟不得藉端邀獎，至開捐納之門，朝廷昭信體制自存。一切零星細捐，俱從寬免。下如重負之釋，上無苛濫之徵，計無善於此者。查西國之制，國家商民有無相通。除將所有貲産，酌提分給子女外，餘留充學堂公款經費，毫不自私，此即均富之道。中國倘能仿而行之，有能於認領股票外，急公好義、慨捐巨款要需者，應即請特旨昇擢旌獎，以風厲百僚。不徒以匾額封銜，公事一轉移間，上下交通，民安財阜矣。

一、失業游民，宜移墾荒地也。古者士、農、工、商，各執一業。《周禮》太宰閒民無職業轉移，執事宅不毛者罰里布，田不耕者罰屋粟，民無職事者罰夫征。是皆三代以來，教民自養而無曠土之明證也。西制無問何人，必有一業，可以自養。即本國地狹民稠，必設法遷往他境，甚或遷往他洲，以爲殖民之計，不使一夫流離失所。中國東南各省居民稠密，地性膏腴，近數年間水旱頻仍，流亡不免。至西北諸省，及東三省、内外蒙古、西藏、新疆等處，則一望寥廓，村落蕭條，恒數十百里不見人煙。原野荒榛，良疇棄爲廢土，沃壤視同石田。倘以東南各省之民，除有産業不願遷移者毋庸抽調外，其餘極貧無依及流爲乞丐盗賊者，悉予招回。按稽人數，量予資遣，酌送北省邊□安插。如長城以北及天山南北兩路西藏各地、吉林、黑龍江、奉天等處，人給荒地數十百畝，貸以種籽牲畜，俾之耕種樹藝，歲入若干，認地納租。有田主地主者，由田主地主一律完納租賦。其貲本不足，由田主代籌。編爲客籍，積久自成土著。民果日給有餘，必不棄而他適。終歲勤動，異地如在故鄉。盗竊之念自弭，守護之力可助。全在爲上者，視民事如己事耳。孟子述周之制而曰："入其疆，土地闢，田野治則有慶；土地荒蕪，田野不治則有讓。"今中國大勢正坐患貧，有種植則水利興，河患可減；有開墾則生殖衆，國用以充。此變法自强之要務也。現奉諭旨開立農、工、商各項學堂，即以此條歸併，交各省大吏切實籌畫，飭地方官妥爲安插保護，斯不勞而理已。

一、制錢短絀，京師宜開銀元局也。中國礦産未開，銀日少而錢日絀。半由奸商莠民，銷毀無算；半由販入外洋，傾鎔製器，復運來華，以牟重利。近年京外各省，市面計銀一兩，僅易錢一千一二百文，且有不及一二百文者。市儈藉以居奇，壟斷其間，細民生計日形窘迫。如廣東、湖北等處，始設有銀元局，開鑄龍洋，雖不十分精好，而可稍抵漏巵。乃人情不思所關甚鉅，多方挑剔，故低其價以令不能暢行，反不如墨西哥之鷹洋，日本俄德諸國之雜洋，尚可廣銷各埠。查龍洋之制每元值庫平銀七錢二分，小者以次遞減，分爲半開四開十開不等。無銅則音澀，銅多則光鈍。惟提揀純净，少攙銅質，多和高銀，成色勝於各洋，諒無不行之理。應請旨飭下總理通商衙門及户部，悉心核議，妥籌辦法。迅於京城開局，鑄造大小各銀元。所有一切章程，須採湖北、廣東省局之式，而斟酌損益之，以求完美無憾，俾鑄一錢即得一錢之用，開一局即呈一局之功。涓滴歸公，不使利權外溢。倘有攙銅過多、字印模糊、音響啞澀諸弊，責令該局司員罰賠重鑄，科以中飽之罪。庶民工人等，知所儆畏，不敢作僞犯科。市面銀錢店户殷實著名者，限領若干。故流行使用，當飭繳銀入局，以供再製之料。銀色平碼，一遵部領庫平定式，以杜奸混。並飭五城街道，各省地方官示諭商民，一切零星販鬻，許以大小銀元代銀兩制錢收付。以及官俸兵餉、内庭賞賜、外省關榷，統用銀元扣算，不許任意高低。以期與制錢相輔而行，並補銀錢兩者之短絀。從此挽回利柄，整肅權衡。利在國而亦在民，何至有暗中掣肘漏入外洋者。惟是開局之初，應遴派精細廉明、熟悉化學人員，前往各省詢考利病，雇覓工師，然後回京開鑄，則圜法自有折衷，此綜理財政之一策也。

一、華洋雜處，商埠宜建交涉學也。海禁既開，環球九萬里如履户庭。長江腹地，西人貿易，居多長婦子，安室家。樓閣雲連，市廛櫛比。租借之地，邏察綦嚴。華民小有疏虞，動遭毆辱，甚至殞身斃命。地方官鮮諳西律，無由持較長短，積屈莫伸，衆怨交集，往往教案因是而起。迨焚燬洋房，損壞什物，彼爲多端藉口，脅以兵威，勒索償賠，迫懲兇犯。一不得當，上貽廊廟之憂，豈盡無法處之，由未諳公法律例約章故也。請旨飭下總理衙門，行知各省督撫。凡有通商口岸，一律創設交涉學堂。廣購譯行公法、條約、西律各書，延聘教習，分門立教。商人子弟，準其入學肄習。學費自備更好，否則官爲籌款，略給學貲。俾得安心講習，三四年後學成，準由督撫試驗，予以卒業文憑，派充本學或外學教習，以次遞昇，並獎虛銜以示鼓勵。每月課程，按其功效量爲勸懲。其有實在公法精通、中學明徹者，咨送總理衙門派充各項要差。遇有交涉案件，即可委用核辦，斟酌華洋律例以劑其平。惟不得藉西學護符，曲庇外人，自損權利。曲直是非，一秉公法。彼即無理，亦不致漫無顧忌。而我中國商民從此輾轉傳受，互相熟悉公法，藉以曉然交涉之利害，不致冒昧僨事。少息争端，豈非一國之幸哉！西例能明一國公法公律者，爲國法師。能熟諳交涉公法者，爲交涉公法師。上自國王，下至商庶，咸遵用之。兩造争訟，各延律師對質。判斷曲直，毫無偏袒。中國之大，僅知按用中律中例，而一二洋務人員大半知之不深，未能折衝樽俎，其餘均皆茫然，無怪乎其情形隔閡也。苟急興此學，多一明交涉之人，即少一受欺壓之人，而國勢因以益振矣。

一、策論經濟，宜合不宜分也。從前以八股試帖取士，流弊至深，誠有如今日諭旨所云者。一經改定章程，擯棄時文，並廢楷法試帖。風行草偃，海内士庶咸憬然悟今是而昨非。疇不思讀書致用，勉爲通達時務之才，故督臣張之洞等奏請鄉、會試，首場試以中國政治，二場試以五洲各國政治西學專門，蓋深得其要也。竊維本年正月有詔舉經濟特科之諭，業經京外大臣保薦多人，已有臚列上聞者，不一而足。其應特科之目，仍以内政、外交、理財、經武、格致、考工六者爲宗。及以近日策論章程證之，雖不明分六門，大要不越六門之外。雖或不止六門，其實已括六門之中。是則今之考試策論，與前之詔舉特科二而一，一而二者也。皇上破格求賢，旁招才俊，取才之典，不拘一途。立賢之心，有加無已。故各疆臣甫奉特科之詔，即以經濟人才進，及再奉考試之諭，又以策論章程進，鼓舞振興，不遍餘力。中國士人曩昔囿於時文、試帖、楷法之中，終其身不遑捨業他適。一經改易，自應有懷抱利器者出於其間，惟甫脱排比聲病之勞，即膺奇才異能之選。苟未深信於平日，何敢輕試於臨時。聲聞過情，君子所恥。晚近風俗，好異鶩名。流弊所趨，亟宜防察。如御史鄭思贊所陳，似亦慎重名器之心、遴拔真才之道。可否請旨飭將經濟特科已保人員若干，交總理衙門王大臣先行察看，以定去取。果經濟素優廷試稱旨，方予破格録用。倘才具平常，濫邀薦牘，應如何懲戒，以儆奔競之風。其經濟歲舉歸併一節，應如御史宋伯魯所陳，併入下科鄉、會試辦理，以免紛趨而杜倖進。似此慎重名器，將來認真考核。經濟在其中，策論在其中。二者相合，而不相離，庶於取士之法爲有當耳。

一、武科營伍，宜分不宜合也。武科以選將才，營武以練兵卒，此人才之不同也。武科多係士人，營武不拘流品，此出身之不同也。武科雖改鎗炮，而重在韜略。營伍雖識文字，而仍取膂力，此選法之不同也。近觀各省督撫學政議奏，有謂非營兵不許考試者，有謂武生武童必盡數入營者，有謂考試必先入學堂者，有謂須試策論始可取中者，各執一説，意見紛岐。要知諭旨意在遴選將才，培成偉器，非徒備披甲執兵之用。一入武備學堂，則所習者測量、算法、布陣、行軍、地利、天時、屯營、籌餉，種種方略，類皆文人所切究、儒士所講求，與入營兵如薰蕕之異器、淄澠之别味。惟鎗炮一項，營武專長，以之練兵則有餘，以之取士則不足。蓋準頭表尺，亦與測算相通。螺絲機簧，又非製造莫辨。赳赳之侶，詎能深究精微。必先知其源流，悉其奥藴。精思健力，層出不窮，淺學俗儒大抵望洋而歎。今欲强粗魯之質與敏達同科，難矣夫。武科之亟欲改者，非必欲武人知文事，乃正欲文人習武事也。弓矢刀石，武技止此矣。至改鎗炮，則武人文人各得其半。進而改試策論，則全乎文事，而非武人所得與焉。必如西國之制，人皆爲兵，則先由人皆識字，而彼中將帥，亦未聞捨學堂而他求之。誠以學堂文事也，科舉文名也。名稱其實，乃所謂有文事者必有武備也。爲今日計，宜令各省大吏，通飭各府州縣，均設武備學堂，認真教習，學成始準應試。分門訓練，無問世家平民子弟，有願入學者，報名投考。先試各種兵法，繼以馬步鎗準及體操演炮等事。非先入學堂數年，不得應試。非文理通順，不得入學堂。如此則科舉與學堂爲一途，文士皆有嚮學之志。營武兵勇另爲一途，武夫自有獎進之階。異日腹心干城，必於科舉學堂中求之。若營兵强令入學，既所不便，驅以就試，抑又何能。語曰：千軍易得，一將難求。又曰：選兵不如選將。固知將帥之任，非學堂無以成之，非科舉無以寵之矣。

上兵部堂官條陳四事　光緒辛丑春在行在兵部式選司中録呈

一、肅紀綱，以勵廉恥。《左氏傳》曰："國家之敗，由官邪也。"《管子》云："禮義廉恥，國之四維。"伊古以來，未有紀綱廢墜、廉恥蕩然而國可以久立者。自粵、捻平定後，洋務日棘，宵旰憂勤，亟籌固圉交鄰之不暇，幾無寧日以明政刑。坐是歲歲開捐，年年保薦，照例之恩賞蔭襲，纍纍然布滿仕途。紈袴膏粱，酣歌醉飽，終日徵逐，習以爲常。倚黨類爲應求，藉錢神爲結納，不識尊親之大義，罔念時局之艱難，斤斤於美食鮮衣，逐逐於高車駟馬。同列被其排擠，寒素受其侵陵。吏治安得而終，人才奚從而出？此前兩廣總督蔣攸銛《遇變陳言疏》中，所爲剴切論之者也。今縱不能停止捐納，亦宜略示區別，應請堂官切實考核，隨時察訪。除文理粗通、心地明白、才堪造就者，酌留供職外，其有沾染習氣、暱近小人、於公事漫不講求、徒以趨附鑽營爲得計者，無論雜項正途，一經指出稟明，立予懲辦。輕則撤差記過，重則停資參革。庶志行端謹之士益相與守法奉公，争自磨礪，而一二寡廉鮮恥之徒，亦不敢肆無忌憚，僥倖嘗試於光天化日之中。此正本清源之道也。

一、久職業，以植人才。兵部四司，各有專掌。銓注除選，案牘較繁。實則半屬空文，無關緊要。今以書吏所優爲者責之司員，徒耗精神於無用，自應删繁就簡，酌定緩急重輕。以爲辦稿次第，詳審分併存發，以爲歷久。章程則絜領提綱，有條不紊。惟部員歷練稍深，即謀外任，再或昇轉出署，一切頓易出手，人地未必相宜，似宜略予變通，量加優異，以收駕輕就熟之效。擬請酌於郎中、員外、主事，各加一二缺，按班序補。於郎中上，酌加三四品卿一二缺，以爲歷次昇階。果其諳練通達、資望素孚、爲部中必不可少之員，準由堂官保薦擢補。再上則爲本部侍郎、尚書，俾終其身於部中，而爵賞足以相勸、名位足以相酬，自無輕於出署之意。兩漢刺史守相，有爵至通侯，增秩賜金，璽書褒勉，而終其身不改别官者，此道得也。抑其中更有説焉，除每月應辦公事外，司員餘力尚多。倘得二三留心時務之人，相與策勉商榷，或講韜略，或習輿圖，或究古今軍制沿革及器械營壘之事，集思廣益，殫見洽聞。堂官又以時考課而激勸之，異時折衝禦侮之才，捨兹部其誰屬。

一、嚴簡閲，以重部權。會典所載，兵部尚書、侍郎總核天下兵馬糧餉，周知將帥之才而進退賞罰之責，至重也。迨各省駐設防兵，慮督撫難於節制，始酌加尚書虚銜，許其緩急調遣，久之積重難返。疆臣之勢日張，本部之權日替，非重内輕外之道也。近來督撫奏調武員，保劾將弁，購造軍火，增募防營，無不立準施行，鮮有交部議奏者，是朝廷固已深信疆臣知兵過於部臣矣。清夜捫心，彼爲督撫者，宜何如慎重耶。竊謂前代之視本兵也重，重則經撫有掣肘之虞。今時之視兵部也輕，輕則專閫有尾大之患。欲救今日之弊，莫如特簡兵部堂官，酌帶司員三數人，馳往各省。按三年大閲之期，調集滿漢水陸各營、兩洋操防各勇，認真校閲，試演所長。上自提鎮，下及千把，秉公黜陟，毋得瞻徇。其有縱兵殃民、糜餉誤國、貪詐驕蹇、盤踞把持者，查明贓私各款，許以軍法從事，勤奮者優予擢獎，俾知聞風感畏，儆一戒百。並飭嗣後督撫，非邊要及軍務省分，毋許擅調武員。更須查明所調之員何項出身，有無參罰劣跡及賄託鑽營等情，飭取出具切實保結，以杜蒙混取巧。如查出前次弊端，除本人按律重懲外，督撫應坐濫保濫調私罪，不準抵銷。統由兵部詳細稽核，奏明請旨辦理。然後命討刑賞，大柄有歸，中樞之官不同泛設也。

一、裁冒濫，以慎名器。世襲一途，在朝廷不次推恩，所以慰忠魂於既往、勵節義於方來者，至優且渥。第思捐軀殉難之家，往往本支無人，他房過繼。又或同姓不宗，揑飾冒襲者，所在多有。甚至彼此爭祧，纏訟不休。而其本人曾不得延一綫之血食，辜恩亂宗，莫此爲甚。亟應一律扣除，以示限制。嗣後各省督撫如遇此等案件，應即查明真僞，分別辦理。除實著名忠烈、戰功死事、在人耳目者，方準援例接襲外，倘僅尋常遇害、無關家國重輕者，食報有年，已逾本分。此後概行停襲，諭令繳還敕書。既免濫邀卹典，兼可節省公帑。似亦仁至義盡之端，不爲苛刻。至軍功保箚，事隔多年，案懸數省，即使本人投到，已覺惝怳無憑，倘經外人頂充，輾轉販鬻，羼入標營，矇混差委，其害有不可勝言者。近來江淮一帶，游勇會匪儼擁頭銜，僕隸下流居然翎頂，誰復究其真僞，詰其是非。似宜乘此整頓部務之時，通飭各省將軍、督撫、提鎮，查取各標實缺。候補員弁履歷清册，考驗是否本人，因何保案得官、年貌、籍貫一一不爽，準由同鄉同官保結當差。如有冒充扶隱等弊，倘經告發，立予嚴懲。該管上司，照例治罪。其有從前立功，保箚已過三十年者，人已老朽，一律註銷，勿許投效軍營，以爲玩褻名器者戒。行伍既清，英才何難輩出哉?

以上四條，謹就時勢以立言。惟期變通以盡利，非必切於一部一司之事，亦無便於一身一家之私。司員供職日淺，則例未諳，越分言高，殊深疚愧。衹以虛懷下問，俯採芻蕘，敢效一得之愚，冀廓四聰之聽。恢而彌廣，或可裨夫行政用人，健以自强，庶無忘夫整軍經武。輒因管蠡，妄附瞽矇，恭呈鈞鑒。

江西法政學堂乙丙班畢業學員録序 代林貽書提學使

光緒三十年有詔，各直省建立學堂，講求法政。時則前撫軍胡公，首先創改課吏館，就原有經費稍擴充之。招集在省僚屬若干人，延致留學東瀛畢業之士，駐堂講授。越一年，以在籍士紳及外省官幕子弟，咸願入堂肆業。則又加班廣額，賡續學期，依次分爲甲乙丙班，限以期滿三年畢業。惟事屬創舉，程式疏闊，又兼帥節屢易，延未奏咨，直至去年再奉諭旨，嚴飭一律舉行。學部頒發定章，改歸學司管理，於是南北各省次第開辦。而贛省之甲班學員，已畢業於今年夏初，乙丙兩班亦於是冬均得畢業焉。

鄙人接辦伊始，惓惓以開通造就爲念。以一切規制未善，亟商諸今方伯陳公、今廉訪慶公，合力組織，詢謀僉同。幸今中丞馮公雅意育才，虚衷聽納，届日蒞試，聿觀厥成。於是首試國文，以驗其中學根柢，再試中國政治法律，以察其平日研求。循是而國法、民法、行政法、訴訟法，以及警察、裁判、監獄、交涉、財政、經濟、物理、債權各科，分門考驗，積十餘日竣事。人授試卷二十餘册，與於試者約七十餘人。濟濟盈庭，詵詵就列，終始不紊，可謂勤已。試既畢，覆核平日功課，參以品行勤惰，綜計分數，標揭等第，給予文憑，用昭獎勸。而諸學員念數十人之同術同方，三四年之不荒不怠，興懷遒鐸，感誌盍簪。將謀鋟板勒名，以記其事，抑何篤也。

顧余有不能已於言者，新天子冲齡踐阼，聖德日躋。法祖敬天，善繼善述。内有懿親之夾輔，外有碩德之訏謨。憲法成立，期以數年；諮議籌備，限以數月。地方自治之會，宣佈於鄉區；各屬調查之文，終繹於道路。倘國民程度未進，紳士不廣爲提撕，有司弊害未除，在官不亟行懲革，將何以仰副明詔，俯慰輿情？所宜極力擴張，多方造進，儲才待用，振聵牖聾，濬智瀹靈，日淬月鍛，則必廣其堂舍，增其名額，密其節目，嚴其教條，寬其學費，優其獎勵。鍥而不捨，相與有成，緊余等執事者之責也。

所慮國步方艱，民心甫定。蜉撼潛煽，羊質捷幡。摭盧梭伯侖之唾餘，肆桎梏芻狗之謬説。倘逷閑檢，弁髦名義。三五倫斁，流失何極。則是簣虧滋誚，墻面仍譏。今且未能自治，異時奚足治人。學如未學，竊爲諸君懼焉。《書》曰：“學古入官，政乃不迷。”《記》曰：“化民成俗，其必由學。”《孟子》謂：“經正則庶民興，庶民興斯無邪慝。”區區之意，深願與諸君共勉之耳。

江西諮議局議員選舉撫州復選告示

諸君由各縣初選舉，被多數人選舉而來，亦知初選當選之關繫矣。今復齊集郡城投票，公舉復選當選人，以備省會議員之用，則其關係不尤重於初選舉耶。

東西立憲各國，有所謂單級選舉者，即衹開票一次，决定當選之數，是爲直接選舉法。有所謂復級選舉者，即由初選决定後，再行重選一次，又爲間接選舉法。我中國人數既多，規制初定。開辦伊始，不能不謹慎以從事，故採用間接選舉法，而名爲復選舉。此因時制宜之道，可信爲行之無弊者也。

惟是程度不齊，風俗各異，識見既有優絀，才具遂分高下。他府姑不具論，即以撫州六屬言之，每縣解送正册，有選舉資格者多至千餘人，少亦七八百人。既公認爲有選舉權，則亦公認爲有被選舉權。有選舉權而後得以入會投票，有被選舉權而後初次可以當選。吾不能定其當選之後，其效力果有益於地方否。所可喜者，以多數有選舉權人，公選此少數有被選舉權人，以應復選舉之需，而即爲異日全省議員之用，則必品行端正，議論開通，學識卓越，通曉外國政治，通曉中國掌故，熟悉本省民情風俗，合以上五項資格可知也。就或不能全合，而有一項之可稱，亦確乎其不可少也。否則，降格以繩，如所謂被人控實尚未清結，及品行悖謬，營私武斷，以下八項者，我知其斷斷無之矣。

讀諮議局所發投票須知，有云議員責任甚重，倘舉非其人，即於通省前途大有窒礙。復選之時，各初選當選人務須選舉同府同直隸州之公正明達紳士，方爲不虛所舉。由是觀之，則今日之復選當選人，即將來之議員無疑。而議員之應如何擔任義務，如何維持公益，如何修改規則章程，如何和解自治争議，如何代表人民請願，如何糾舉行政事宜。從斯以往，官紳和衷共濟，地方增進幸福。文明之幕大開，壅蔽之習盡祛。六屬各城鄉市區，大有蒸蒸日上之勢，詎非上憲所期望而通省人民之厚幸歟。

諸君勉之哉！勿以私見而違公理，勿以偏執而阻清議，勿以黨同伐異而壞和平，勿以詐力營謀而損榮譽。實之所至，名必歸焉；名之所推，實必副焉。於公理上多一分研究，即於政界中多一分智識；於選舉時加一番審慎，即於議會中加一色人才。本監督誠不敢忽略從事，懼貽他日之訾摘，以爲地方羞。故於今日諸君齊集，尚未投票之先，謹竭愚忱以告。

蕺園家信輯存

蕺園家信輯存

黄陂　眉生　范軾

與大兄[①] 光緒二年丙子六月十三日

前月抄寄一函，想已收到。得五月十五日書，具知人事康吉，起居佳勝。客中健飯，自是一快。第天時變遷，淫燥無常，所宜隨在保重，是方慰遠懷耳。

弟人事如昨，惟現當盛夏，竟懶作文，無計解免，衹得以功名有命，自緩鞭策。大比雖重，亦不過應酬了之而已，恐北道主人又多此一番懸望也。湖北主差已放，未知又是若何人物。不得張孝達[②]、李若農[③]爲之，我輩慮無脱穎之日矣。兄書談文極是，知於此中煞有功夫，弟則節目疏闊，興來則説，興盡而已。此是平生一大病，然俯效時趨，不能亦不願也。

都中有好策本，多買兩部付票號寄出。數學字學，南中不得其傳，書坊亦無善本，可到廠肆覓之。都中近况如何，凡事須審先機隨大勢爲要。揮汗問安。

---

① 大兄，范軏，字衡甫，號佩蕙，後改名范澤溥，江漢書院（後併入經心書院）肄業。清同治十二年癸酉優貢，光緒元年乙亥恩科順天鄉試舉人、國史館謄録。丁丑、庚辰、丙戌等科會試房薦，光緒十五年己丑舉人大挑一等，籤分浙江補用縣知事。歷任浙江仙居、浦江、青田等縣知縣，卒於民國五年正月。在胞兄弟中排行居長，蕺園先生行三，故家信以大兄稱之。

② 張孝達，即張之洞，字香濤，號孝達，直隸南皮人。

③ 李若農，即李文田，字仲約，號若農或芍農，廣東順德人。清咸豐九年己未探花，授翰林院編修。屢典試事，累官禮部左侍郎。著有《宗伯詩文集》。

復大兄　光緒二年丙子十月十八日漢皋館寓

本月望後接得手書，並呈潘老師[①]一函。旋聞老師到省，日昨抵漢，船泊大碼頭。當即修容謁見，談問家中情形及兄作客近況。並准代弟謀館，温語和光，藹然可近，如入春風之座，令人躁戾全消矣。師言本月十九乘輪船回籍，約明春二月始可進京。暫時覿面，尚未細領教言，既自喜復自憾也。家中自嚴親以下，均甚平安。惟弟託足無所，情殊悒悒，倘得老師鼎薦，不久當有棲身之地。

現在天時戒寒，須善葆養人事，功課雖宜常做，而身體亦務安適。弟已爲不鳴之鳥，所望兄努力春華，一雪此憾。兹因陳伯翁回京之便，順寄緞鞋一雙、徽墨兩塊、新刻經心書院課藝兩部、同館試帖兩部，檢存自用。或友人索取，再行寄到。良師益友，宜時時親近。誠以觀摩有助，非徒爲無謂應酬也。南中友人漸都散去，居此寂寂，意甚無聊。擬於課暇爲雜著古今體詩，藉讀有用之書，未審能獲進境否。臨穎匆匆，藉問近安。

與大兄　光緒三年丁丑正月初十日

候届新正，又是一番景象。雖在異鄉，而同鄉之人不少。南中况味如前，今年較更寂寞。弟居之不安，月初即復到省。現有孝感、漢川兩

---

① 潘老師爲潘祖蔭，乃范軾優貢朝考、謄録閲卷受知師。潘祖蔭，字伯寅，號鄭盦，潘文恭公世恩之孫，江蘇吴縣人。清咸豐二年壬子探花，授翰林院編修。咸豐八年充陜、甘鄉試正主考。同治元年授光禄寺卿，充山東鄉試正主考。歷侍讀學士、左副都御史。光緒元年授大理寺卿，轉禮、工、户、吏等部侍郎。博學好士，自任侍郎後，屢典文衡，門生遍天下。累官工部、刑部尚書、太子少保，光緒八、九兩年兼任軍機大臣，光緒十三年充管理八旗官學大臣、兼順天府尹。光緒十五年派充順天鄉試監臨。光緒十六年庚寅十月卒，謚文勤。喜搜藏金石碑版，著有《攀古樓彝器類識》、《秦輶日記》。

縣試卷可閱，稍羈月餘，當晋省爲圖館事。五夜自思，終覺無味，何時得破此愁城也。《除夕詩》一首録呈閱之。所有經文底稿俱行抄出，得便即當寄來。場中用否，俱在兄酌之。會期伊邇，惟勵前途。此請近安，順叩年禧。

復大兄　光緒三年丁丑二月二十五日漢口

前接正月十二手書，備悉一是。會館人多地窄，難以久住。且不用人，更宜謹防竊盗。現與何人同火，將來出京不能無得力之僕。同鄉有人可共則好，否則寄信回南，速急趕人到京。熟人如張次珊①兄弟、周蔭堂、龍璞安，均可時時相見。璞安爲人，尤能緩急相共。萬一手中拮据，向伊等告貸無妨。蔭堂現有百餘金託存當鋪生息，弟有信與伊送交彼處。

會場伊邇，趕緊休息静養，以不出門爲上。場中之文，不必太遵理法，惟取其機勢圓足，詞條豐蔚，便是中品。潘芝堂所以得手者，不過此様工夫耳。又經文稿十數頁，係由票號寄來，想已收到。榜後得意，自不必言。否則覓妥伴回南，回時須查清教習現傳到某處，再託熟人照應，便趕信前來，弟去一就。余晋珊②已回伊弟子博之信，云今年有信

---

① 張次珊，即張仲炘，字次珊，湖北江夏人，經心書院同學。光緒三年丁丑翰林，授編修，累官通政使司參議。

② 余晋珊，即余聯沅，字晋珊，湖北孝感人，經心書院同學。同治晚期以内閣中書調充軍機處章京（函稱“出直”即指軍機處下班出宫而言）。光緒三年丁丑榜眼，授翰林院編修（函後，余聯沅連捷會試、殿試，名列鼎甲入詞舘），歷監察御史，福建、江西按察使，皆有政聲。光緒二十五年調充蘇松太兵備道觀察，時北方義和團拳民之亂，列强軍艦雲集上海及沿海一帶，華洋商民震駭，宵小蠢動。晋珊先生明決果斷，巡防嚴密，穩定人心。復積極推動並隨同兩江總督劉坤一與各國領事商議，約定互保，東南各省賴以轉危爲安。光緒二十六年授湖南布政使，同年底旋署浙江巡撫，光緒二十七年辛丑十一月病故。上海紳董商民感戴，聯名請準捐建專祠，生平政績宣付國史館立傳。余聯澐字紫波，號子博，余聯沅之弟。

與湖北巡撫，大約語非無因。兄俟伊出直，親去一走，總以晚半天爲妙。就云我有信問候，兼索其致翁中丞①書，看伊如何答應，就驗子博之言確否。於今世事全在人爲，兄出都時總宜求座師信，關會督撫。鹽局漢關均可位置，然非權要之人不能推薦。

弟於正月半因王小蓮薦，閱孝感卷一次。現又因梁斗南②薦，閱黃州府卷。又薦閱蒲圻卷，蒲圻距黃州試期不遠，恐不能分身，再設法以二兄去代。三處約得數十金，不無小補。别館難謀，即閱卷館亦非大面不能安插。斗南爲人樸厚可敬，因潘老師之薦，較形親切，時以弟館事爲念。伊臨起馬之時，將弟名片交鹽道蒯公，派入起市差務，大約總有成勢，但略須候缺，故遲遲耳。潘老師及陸鳳石③現想到京，兄查示住宅，弟隨後有信問候也。見潘師時，無妨道及弟事，並懇伊再致函梁公如何。都中王麻子刻石章小刀，多帶幾把回。紅扁皮箱可帶作衣包者，買一口回，此間近安。

與小同之母劉氏 光緒十六年庚寅二月初四日沂州

我於初四月到沂州，一路平安。惟雪後泥深，山徑崎嶇難行，坐車辛苦。連起三早，半夜動身。幸賴有馬勇護送，賺錢真費力也。蘭山正場案已發過，不免來遲。月半前後可回兖州，照守屋子，夜晚白天總要

---

① 翁中丞，即翁同爵，字玉甫，翁文端公心存之子，廕生，江蘇常熟人。歷官陝西布政使，授陝西巡撫，同治十三年調任湖北巡撫。光緒元年署湖廣總督，光緒三年（此函同年）丁丑八月卒於鄂撫任上。中丞爲巡撫之雅稱。

② 梁斗南，即梁耀樞，字斗南，廣東順德人。同治十年辛未狀元，授翰林院修撰，擢詹事府中允，亦潘祖蔭門生。光緒二年丙子八月授湖北學政，見李慈銘《桃花聖解盦日記》丁集第二集八月初一已丑日記。

③ 陸鳳石，即陸潤庠，字鳳石，江蘇元和人（和易近人，胸無崖岸，與蘋園先生爲拔貢大同年）。同治十三年甲戌狀元，授翰林院修撰。屢典試務，歷内閣學士、侍郎、左都御史、工部、吏部尚書，累進東閣大學士。宣統年間任弼德院院長、太子太傅。入民國後（民國四年）卒，謚文端。

有人。山東衙署被竊亦是常事，不可因有人巡更，便自大意。王媽看引小同，不許迎風受寒，眠食都要有節。漢口及各處來信，好爲收着。大哥及童親家進京會試，如過兖州，可暫住兩天，候我回兖一見。尚有書籍文章存在箱中，我來清出交還。有人回到湖北，即將兩包託帶。但要問明中太太，實在是可放心之人，方交與他。如有兩人同去接老太爺便好，並託切須查明。

晚十二鐘　眉字

復大兄　光緒十六年庚寅三月十四日兖州燭下

前接江輪一信，今又接信，欣悉已同扶三弟安抵都門。刻下場事畢矣，人事如何，文章得意否。此次尤爲緊要，萊山①尚書提總平正，時墨又所不宜，大約假名家而能出奇制勝者，得手爲多。科名有定，所遇主試之人亦有定。去秋潘三未入文闈，弟早知無分。天公安置，人事不過盡心耳。

近日咳嗽舊疾愈否？不可不先爲預防。南省有好橘仁，可以常吃。化痰袪濕，與兄身體最宜，不必聽人之言别求補劑也。浙省人多，候補頗難立脚。所云糧道與此處無甚往來，惟運司惠菱舫有世誼可託。因兄

---

① 萊山即孫毓汶，字萊山，號遲盦，山東濟寧人。孫玉庭相國之孫、孫文定公瑞珍之子。咸豐六年丙辰榜眼，授翰林院編修。歷内閣學士、工部侍郎，累官兵部尚書、太子太保。光緒十年入軍機，兼軍機大臣，另兼總署大臣，至光緒二十一年底退休。光緒二十七年卒，謚文恪。精書畫鑒定，爲知名收藏家。光緒五年己卯四月十七日邸抄“孫毓汶爲安徽學政，本任學政吏部侍郎龔自閎病故”（龔自閎號叔雨，龔文恭公守正之子，浙江仁和人，道光二十四年甲辰翰林，授編修，累官吏部侍郎）。學政三年一任，蕻園先生以陸潤庠薦入孫幕，即在是年。賓主脱略形迹，忘年相惜。唱和頻繁，見《蕻園詩鈔》卷一《江淮同聲集》與《蕻園詞藁》。光緒十六年庚寅春闈，孫毓汶以刑部尚書充會試總裁，函稱“萊山尚書提總”指此。

尚未到省，弟亦未曾提及，俟到省後再託不遲。孫燮翁[①]住東單牌樓頭條胡同，可以備禮往見。弟今春寄去十金，伊回信謙和親切，親筆寫信，工楷有法，曲體門生寒素，復將原物璧還。又爲弟寄信張朗帥[②]，嘘求河工差使。如此好行，其德令人感頌不忘。兄事弟出京時已曾提及，伊允俟到省後，函致浙撫。此老言之必行，非虚爲答應者。見時仍用受業大片一，職銜大片一。向門房述及在湖北蒙取一等補廩云云，伊必請見，用外官禮節亦可酌之。其餘同鄉如陳桂翁信，可以一求。余晉珊、劉幼丹[③]均是御史，外面亦可説話。並如曹竹銘[④]、馮聯棠[⑤]等，多謀一二，摠勝於不説。凡在京中稍有名者，外省咸憚畏之，大勢然也。軍機信不易得，萊老又有此差，更不能見，亦不必説。惟此是到省前事，若到省後之事，全在自爲。同寅有聲氣者比比皆是，正途人員衹要留心公事，勤慎明練，自爲上游倚重。説話留心，謹防忌諱，待人謙恭，處事精細。

---

① 孫燮翁指孫家鼐，字燮臣，安徽壽州人。性厚重誠正，咸豐九年己未狀元，授翰林院修撰。同治三年授湖北學政（同治六年案臨漢陽府院考，蘖園先生年十六，蒙取入泮，受知最深），歷官侍郎，左都御史，工部、吏部尚書。光緒二十四年入閣，曾兼充京師大學堂管學大臣，累遷武英殿大學士，太子太傅。宣統元年卒，贈太保，謚文正、入賢良祠。

② 張朗帥指張曜，字朗齋，順天大興人，祖籍浙江。監生，起家河南固始縣縣丞，以防勦太平軍有功，由知縣擢昇知府、按察使，咸豐十一年授河南布政使。因有言官劾奏戰將不應驟涉文職大員，改叙總兵。其後率軍轉戰陝甘，平寧夏，同治九年授提督。同治十年隨陝甘總督左宗棠肅清關隴回亂。光緒三年西征，陸續收復土魯番、哈密、伊犁等地，驅除俄國勢力，底定回疆，戰功卓著。左宗棠奏保堪膺重任，不應限於武職。光緒十一年移防内調入關，授巡撫銜。光緒十二年授兵部尚書銜、山東巡撫，勘治黄河大臣。光緒十七年卒，贈太子太保，謚勤果，入賢良祠，生平戰績宣付國史館立傳。

③ 劉幼丹即劉心源，字幼丹，湖北嘉魚人，經心書院同學。光緒二年丙子翰林，授編修，歷官廣西按察使。宣統年間湖北諮議會議長，民國三年任湖南巡按使，翌年病故。

④ 曹竹銘即曹鴻勳，字仲銘，一字竹銘，山東濰縣人，光緒二年丙子狀元，授翰林院修撰，累官陝西巡撫。

⑤ 馮聯棠即馮文蔚，字聯棠，號修庵，浙江烏程人。光緒二年丙子探花，授翰林院編修，累官太常寺卿。

應酬微節，雖是細故，然當道之挑剔，往往在此，不可以爲無益而疏忽之。大約處今之世，圓通者必得便宜，方正者每遭擯屈。我輩胸有涇渭，不可見諸辭色間。同鄉如黎玉屏之爲人，可謂盡善。徐博泉在會館猖狂無忌，去年到東，大爲上臺所斥，以至哀跪乞憐，可憐可笑。無事講求吏治諸書，浙省時勢所急者，海防、塘務、絲鹽、漕運，在在均宜考究。須細求其利弊之所在，熟誌不忘，以便見上司時回答。然不可過於露才，又恐遭人忌嫉。於今上司愛才者，固不乏人，而妒才者亦多，有當面如此而背後不然者，又有看似如此其實不然者，均不可不防。州縣之難作可知矣。到省得一長差或短差稍優者，再行接取家眷。浙省住公館，百物騰貴，恐難爲計。弟意暫可寄寓廟宇或客店中，俟一年半載，看光景如何再行設法。候補與處館不同，局面既大，應酬無可躲閃。相隔一水，年底無事，尚可求首府委一例差，回省度歲，不亦便耶。

弟本意欲回鄂謀館，此次來東，誠出意外。兼以東人近得辦東省上游河工，已經張朗帥奏準，署中有事，刻難分身。轉瞬夏秋大風，不時出險，仍須周看堤工，弟亦不能無事。冀一二年内可得保舉過班，未知天從人願否。科名一事既已無望，亦自安命不談。中觀察已允爲弟覓保獎，亦是燮臣先生信來説過。有此一路，前程可爲。所祝大家清健，庶可奮足風塵。洪文卿師處可常通信問候。兄回時可由陸路南旋過兖州一叙否？同鄉汪唐生現署茌平，必由之路，即請其派勇護送。將來到清，即由兖州再護。亮可無虞，此請元安。

［附柬］

再者，小同之母，於今春二月間，大發崩症不休，轉爲虚熱骨蒸，各藥罔效。此地既無名醫，又無好藥，束手坐視，焦灼萬分。此次往沂州閲卷一月，兼以無人照料，以致病不可爲。羈旅之中，遇此厄劫，其可浩歎。現因病勢大重，署中不便，權移至左側民房，暫且調理，以冀略有轉機。仍一面製辦後事，花錢而無好貨，手中又無多錢，衹好聽天安排。兄與扶三弟能陸路出都，過此一談行止，免弟客居離群之苦，實爲至願。此後無論居官處館，家眷人口，切不可輕有搬移，耽心受累，

真不淺也。如不能治，丟下一子，又是無法之事，我更累中加累矣。（同年三月廿二日）

復大兄 光緒十六年庚寅十月卅日

前付到鎮江人，由信局寄上一函，想收到。頃於初十内外連接三信，具知一切。發審局差得之甚好，藉此練習案牘，揣察民情。且於上游大吏及幕友，亦能朝夕相見。異日有所訪求，雖不得薪水，不足病也。首府係同鄉讀書人，究可關照。薇柏兩處亦易嘘拂，不必遠求八行，祇勞無益。窮通有定，兄之命相俱勝於弟，將來厚禄唾手可致，目前窘況忍耐受之。能兼海運更好，如勢難兼，寧可在讞局爲妙。功名富貴，堅忍者自能有成。再參以與世周旋，勿露書生酸寒習氣，便是出色。人數箴弟之語，即以轉贈。

開來藥方俱收到，弟係夏秋受濕太重，夾以肝鬱而發，現在天寒，前病都愈。時服地黄丸，略調飲食，當無大害。惟年未四十，眼即發光，不能多寫小楷爲憾。家中有信來，小同到家頗好。靈柩暫厝村北花地，俟弟回後改葬，私心頗多安慰。河工保案未得優奬，聞中觀察云弟係選缺後以知縣用字樣，不能過班。此事係渠在工時辦理，不商之弟，故亦無從改正。木已成舟，聽之而已。明年現場一決勝負，再作道理。本班選缺無期，再需一二年纔有保舉。若在山東下游，又當别論。宫保處無人説項，孫燮師之信亦久望不到。以今年運氣合之，亦決非得意光景，祇得隨時安命。惟家事無人，放心不下。開春正月半後南旋，如本省有事更好，否則在家暫住數月，亦可養静作文，書生舊業，重新提起。尚可時至省垣，見香帥一面，或有意外之事，亦未可知。王子藩[①]處已去兩信，求爲藩司關説，未審如願否。此人結實不輕然諾，待人亦極熨貼，弟甚賴之。兄處書章自己難寫，即倩人代辦較爲得法。自己眼力漸老，

① 王子藩，湖北黄岡人，經心書院同學。光緒六年庚辰翰林，授編修。

那能爲此瑣細。書啓亦有款式，京信更宜留心。惠處回信已到，言必代向薇柏兩處吹噓，鹽務亦提。黄子壽①先生可再函賀任兼賀年，不可以其未回信而疏之。居津要者皆如此，不足爲怪。此公卻不同庸俗，得其賞識不易，再能有旁人説項更好。此外如孫燮翁、洪文翁、鄉試師友，年節均須照常函賀函候，謀事另用再函即可。杭省百物之貴，弟所素知。家眷服食器用，不比湖北易製，可減則減。如需何物，可寄信二哥在漢一辦。弟僻在東隅，水陸皆不便，亦無人來，年内再來一信即可。開年恐弟要走，正二月且不忙寄信。俟行止定局，再行函知可也。專此復請近安。嫂嫂姪兒均好。

復大兄　光緒二十年甲午十一月廿二日漢寓

接得十月望後信，知悉一是。弟本意於月初下游，奈二兄家爲伯母開弔行禮，不能它適。且年内無日，又爲卒歲之謀，衹好緩至明正二月，乘輪到浙一走。如兄能抽身回鄉更好，但須將靈櫬搬回安厝處所。並看時勢如何，若果不靖，須將眷口兒女等先行送回，並以從早爲妙。海氛不靖，京師戒嚴。旅順失守以來，徵調煩急，軍餉告匱。中外人心惶惑，不知所向。漢上連日過軍，生意大減。又抽房捐，閭閻大窘。閲電抄，知浙省亦辦團防，想是未雨之計。然倭奴出没不測，未見不突如其來。杭省瀕海處多，且爲明代倭寇屢到之地，不可不防。我省居中，除土匪會匪外，尚可不慮。兄眷屬在彼，又兼老六遠去，深不放心。以後老六就館，衹宜在省城左近，無事即飭先回，或將姪兒輩同回，亦無不可。庶兄一人便於安心辦公，且是減費之計，以爲何如。弟家屬全在鄉間，明年延師課讀，惟房屋太窄，幸天順上屋空著，可以暫住，姪等回鄉亦有住處。如時事平靖，不起風波，則不必爲此舉。萬一寇踪南竄，吴淞

---

① 黄子壽，號陶樓，貴州貴築人。道光二十七年翰林，授編修。時官湖北布政使，光緒十六年卒於任所。

堵口，則搬家甚覺不便矣。

浙省翰院住京者，大半南旋，殊不成事。我省唯周伯晋[①]一人，余亦送眷出京，然本人未動。京中回者，談及朝政及天津事，殊駭聽聞，大約以淮軍可慮爲言，一切多有不掉之患。且禍變潛伏，未知變於何時。我軍不戰而逃，間有能戰者，則又苦於無兵無餉無器械。一時大老，惟徒坐歎息，知不免爲城下之盟而已。時局如此，兼以兩宫不和，多相牽制。内有權奸，外有强寇，蕭墻之禍，甚於顓臾，可恨可恨。當此之時，不能及時發憤，振作有爲，書生大言之流，往往迄無成事。今人思曾、左、彭、楊不置，現在祇望劉峴帥晋京如何，不久必有舉動。兄遠隔數千里，當此之時，東西飄泊，不能聚處一室，相携相扶。祇冀天心默佑，化險爲夷，則百姓之幸也。

兄處光景如何，中丞處須時時到院挂號。惠署方伯，從前有信相求，可以趁此一謀。能署一缺則好，上司處，揔以常見爲要。姓名要時時列於轅抄，是露面之一法。小費勿惜，旗人更要殷勤，同寅處須常走動往來。讀書人之所以不能得意者，以上司心目中但有書生二字故也。務須脱去書獃氣，對人勿談八股科名，宜於公事留心，以爲談論應對，則才具亦因之而出，又是一様看待，不復以爲書生無用矣。州縣與佐離不同，總於不露才使氣之中，微示精明謹細。無論何事，以小心處之，以大力持之，不剛不柔，布之優優，措理裕如矣。察言觀色最爲緊要，極小處更宜留心，極小人更宜禮待。如此差事數年不動，亦無味也。劉仁豐開一生庚來，可將八字一合。馮姓尚未開來。倘外省有官家之親，酌量一議亦可。

---

① 周錫恩，字伯晋，湖北羅田人。經心書院同學，交誼最深（見《蘋園詩鈔》卷一《江淮同聲集》載兩人唱和詩）。光緒九年癸未翰林，授編修，歷充陝西、浙江、鄉試副主考。卒於光緒二十二年，著有《傳魯堂詩文集》。

與大兄二兄　光緒二十四年戊戌二月十四日都中邑館

弟於初四日由杭上船，初五日到滬，初六日搭招商安平新船出海，初七、初八均在海中遇風。而初八之夜尤甚，顛簸異常，險遭不測。同行者十餘船，惟此船先到。初九下午抵大沽口外卅里海濱，初十過民船，進口抵塘沽。北方大雪，冰尚未釋。風寒凛例，殊不可耐。十一日坐火車一逕到京，未過天津，即晚到會館解裝。同鄉公車到者無幾，均在後未來。一路之間，以此次海船爲苦，令人生畏。再出都時，不敢冒此險矣。

弟尚無恙，壬兒嘔吐，兼以火瘡，困憊不堪。所帶之人亦不中用，到館以後，休息數日即可。覆試聞已改至二月廿一日，更爲寬展。同鄉官均見面，都門無大新聞，惟洋務殊形棘手。東羅西掘，以備抵還鉅款之用。部議不久加房税、煙税。長江鹽厘及浙東百貨厘，均付洋人徵收以爲抵押，期以四五十年。不日通行各省，此諭一頒，則中國更不堪問，而宦途中人無噉飯處矣。又有昭信股票及大臣倡捐，多者萬餘，少者千餘不等，搜括無遺。民生困敝，至今而極。部臣焦爛，靡可措手。爲今之計，所謂"我躬不閲，遑恤我後"，此之謂矣。

弟來京洋蚨用去五六十元，所剩無幾，且不合用。望兄得信之後，即趕將銀兩匯兑至都，以爲場費及團拜雜用之貲。都中百物昂貴，即不濫用，每人亦需貳百餘金。父子兩人又携一僕，較之别人隻身赴試者有别。值此時勢，何得不格外撙節，會場一畢，赴津見夔帥①一面，再定

---

① 夔帥，即王文韶，字夔石，浙江仁和人。咸豐二年壬子進士，簽分户部主事，歷員外郎、郎中，同治四年授漢黄德道觀察（黄陂爲其屬縣，蘋園先生以童生課試屢蒙首選，受知最早）。左宗棠西征，以承辦後勤有功，擢湖北按察使，昇布政使，繼授湖南巡撫。政績輝煌，湘人頌德不已。光緒四年調兵部侍郎，光緒五年轉户部侍郎，入軍機兼軍機大臣，光緒十五年外放擢雲貴總督。甲午戰敗善後，調直隸總督北洋大臣。光緒二十四年五月内調户部尚書，再兼軍機大臣，另兼總署大臣。光緒二十五年入閣，累遷武英殿大學士。光緒三十四年卒，謚文勤，著有《湘撫奏議》、《滇督奏議》、《直督奏議》等書。總督例加兵部尚書銜，故以"帥"稱。

行止。此時料理筆硯，無暇遍謁公卿。湖北本科無被磨勘停科者，殊屬傳聞之誤。我縣新榜，尚無一人到京，殊不可解。海道之間突起颶風，同行十餘船東走西散，一望九重天，茫無津涯，何從查訪。奉天劉量濤病故在寓，迄未能歸，其子小滄已往奔喪。我縣運如此，恐不可不防也。耑此匆請近安。弟軾呵凍匆草並候回音。

與大兄 光緒二十七年辛丑二月初六日行在後王家巷寓

弟於去臘自漢啓程，年底到老河口度歲。晤余子博，曾託其轉達晋珊，旋亦加函相託。初三日動身，坐船到紫荆關，陸行過龍駒寨，抵西安計行十餘日。新春天氣晴和，未見風雪，不似去臘漢江舟中光景。惟過秦嶺，始稍見殘雪耳。陝省大荒三年，近仍少雨。飢民十餘萬待賑於此。游勇、回族出没往來，稍一嘯聚，不可名狀。兩宫在此，百官雖略具，而草率不堪。惟終日俯首乞和，以冀外人之早釋兵書約。東三省俄人佔據，迫我定議畫押。而五國阻之，又不與俄爲難。歸咎中國，畫否兩難。德法兩軍已至山西，前進尚未休師。恐大局益不可支，而虚喝迄於無已，四分五裂，禍不旋踵，此可危之最要者。南省兩督與李不和，樞廷三人有爲李者，有爲張、劉者。水火交訌，不能定策。以外則依違兩可，各顧身家性命耳。文叔師保薦洪峻儒、夏振武，猥蒙召見，語對失旨。又上書言事，請殺仁和以正誤國之罪，已遭批斥。旋復請爲説和洋兵之使，赴直報李，爲廷旨所罵，逐出不用，徒取笑辱。無用之理學，至今而猶思嘗試，尚不追罪舉主，亦屬從寬。此後無敢以人才進者。盈廷泄沓，待命而已。

此處米珠薪桂，異於往昔。部員來者不少，每日津貼一兩五錢，餵騾夫料數昇草數束，捐者寥寥，印結罕有。柯巽庵①以五千金分致行在，

① 柯逢時，字遜庵，一字巽庵，湖北武昌人，經心書院同學。光緒九年癸未翰林，授編修。辛丑年時官江西布政使，光緒二十九年署江西巡撫。光緒三十一年調户部侍郎，督辦各省土膏統税事宜，光緒三十二年授廣西巡撫。

本省外省一律分沾。同鄉每人卅金，緣衹論衙門，不分年世故也。弟來此衹得柯金，再湘帥公款二百金。路費用其半，餘存無幾，尚待各處接濟。時局日非，朝無定見，各國瓜分之舉，將見於旦夕間。此處終日惶惶，引領以望南北疆臣之電，而逐日警報迭至。山東膠州德兵，已佈置以待。吴淞口聞有兵船大隊，將以内犯，逼我割地求成，正不知何以排解而抵禦之。左右軍機談及國事，直堪痛哭傷心。四海困窮，人心離散，安得有桃源哉。現在内外，無一可恃以通緩急者，戰不可能，和亦不可得矣。三政府各爲一類，深宫仍以小李爲耳目。賢人正士，韜晦不出之時，非用世之時也。倘和議不成，則決裂不出十數日間，必有變局。彼時南北道梗，家室流離，土寇游勇乘機搶劫，禍何可言。本月初一日，陝省天氣忽放紅黄之光，大風揚沙竟日，占主刀兵之象，禍不遠矣。日與笏卿①、篠東②三數人撫膺歎息，欲説之事甚多，不及筆叙。聞警更覺無聊，草此奉告，衹冀幸而言之不中耳。現與笏卿同年夥居，伊入直樞廷。此信先付二兄一閲再寄。

復大兄　光緒三十年甲辰端午後十一日撫州

久未得書，前三月信郵寄杭省轉交，想未收到。頃接手示，備悉於四月下旬交卸回省，邇維天氣漸熱，杭城低濕異常，切宜葆養。擇高爽透風之地，卜居休息。如從前城隍山麓者，似覺稍宜。恐一受潮氣，又患痰喘癬疥，以致遍身不適，舊疾重生。不可不留意衛生，以除患苦。此乃西人所最重，而今世科學之一大本根也。交卸後尚有如許糧欠未徵，去後留派何人，能否得力？葆姪一人，亦不能出大力，定大疑，須以切實可靠親友一人佐之，亦不致虚懸無著。能由接任代收固好，惟宦途狡

① 左紹佐，字笏卿，湖北應山人。經心書院同學，交誼最深（民國十年辛酉爲《秀蕻園集》制序）。光緒六年庚辰翰林，授編修。歷官刑部郎中，累遷廣東南韶連道觀察，俗稱道臺。

② 王會釐，字篠東，湖北黄岡人，王丕釐之弟。光緒二十年甲午翰林，授編修。

險，人心難測。譚汝玉之案，家破名裂，至今尚未完結。報稱在監遠颺，四處購獲，下場如此，爲之慘然。做官至今日，祇期公事平順，亦不受人指摘，亦不願人憐拔，便是幸福。至事不可爲，則先見機而作，未爲不可。求人説話頗難，惟自立脚跟不敗。所見傳旨獎敘之員，大半以命運濟其才力，以聲氣助其機關。半人半天，成否不能自必。州縣固不易作，除此更無可爲。

弟悔不改官，如榮義廷，實缺已到手，年餘還債養家，綽有餘裕。視以道府候補到處乞憐，得百金即爲優差，次之四五十金亦不易得，爲何如耶。翁惠郛隨侍未來，一面交難以説話。叔枬[①]猶是恂恂書生，託其致函未爲不可，第恐不靈耳。弟以去年到撫辦厘，迄今年滿。除統捐各貨剔除比較外，通計一年短九百餘串。前月到省見中丞藩司，力求辭退，而摠局責令賠出。緣有江南採買數次，應歸厘錢一千餘串，又未曾剔出，以此相抵，尚覺有餘。一面奉辭，夾敘江南採買及統税估奪數月，摺報到省，尚未批下。而前欠已經賠出四百餘串，五月又長收，可至千餘。將來摠局見有贏餘，不肯放手。幸方伯尚能洞悉情形，無論如何，摠以趁早抽身爲善策。且荒江破屋，衣食日用節省萬分，仍不如昔日村居光景。耐忍年餘。誰能做到，所以認真督率，不至大虧。家用京用稍爲貼補，手中現已空空。交卸仍然徒手，上臺以爲何如，則聽之耳。幸家信常來，老幼均吉，兒輩不時看望，不異家中。

壬兒春初，函囑告假會試。二月回鄂，三月試畢返里十天，即來撫一見，正值榜發敗興之時。又聞學務斥責之謡，不能久住。因送到省趁輪赴滬，趕赴東京，於四月底到長崎，已得回信。雖耗多資，而人事尚好，可以告慰。弟切囑其專心歷練，一意向學，不沾留學習氣，不説矜張大話。此子志願頗高，血氣未定，近出洋入京多次，膽識頗佳，隻身遠游，不必顧慮。兼以東京居處飲食調養得宜，體操旅行，

---

① 范德權，字叔枬，湖北武昌人。經心書院同學（有唱和詩見《蘗園詩鈔》卷一《江淮同聲集》）。光緒十八年壬辰翰林，改江西銅梁縣知縣。歷任江西候補道、課吏館監督、江西法政學堂監督。

身體亦壯。將來不改本色，所造自然有成。現已買新出西學東文書籍不少，擄云如可得暇譯出，以餉中國士人，亦是一種著述。伊以東俗甚有秩序，意欲再勸諸兄弟多去幾人，以争先路。而私費每人年需三四百元，半皆無力及此。近日鄂中派往者又衆，合計數千人在彼，比到北京容易。上海天半到長崎，再搭火車到東京，不過二日耳。前聞椿姪有意東游，如可成行，則弟再將森、瑔、小同酌往一人。兄亦可叫葆姪、蔭姪前去，充私費生。將來儘可入大學堂、高等學校，較國内爲易。視其人之自爲耳。

弟以時局中局如斯，不得不爲後人計。自日本此次戰勝，全球敬重而仰慕之。同處亞洲，較歐美人聲氣爲近。失此不學，便貽後悔。上下君民，無不一心趨重，則子弟留學彼國，未爲不宜。以後舍舊謀新，當有才智出群之士，如伊藤、井上者出乎其間，則中國惟此是賴。

聞留學生在東，雖不安静，然均抱愛國、愛種族之念。如折賽會之用閩女，及争東三省之與俄密約，皆其犖犖可傳者。弟意擬將此差卸後，束裝浪游，一赴東洋，再往北京，搭火車而歸，以拓心眼而釋鬱悶。人生半百已過，兄弟尚能各食其力，各養其子孫。責備漸寬，云胡不樂，得過且過，以此等微官爲鴻毛，爲飯鉢而已。安足介意，俯仰隨人，伺候顔色，奔走津要爲耶？去年改出，牢騷至今。現作退一步想，祇仍是十年前一諸生耳，有何埋怨屈抑？子孫成敗亦祇聽之，並不戚戚也。

青田缺如可將就到任，亦未爲不可。倘實查要賠，即以别故先退，均請好自斟酌。至於過班不難，又須多費結費部費，不如暫擱，或别覓保案更妙。現今情形，公道毫無，直話誰説。要謀好處，先須費盡心機財力，方可望人吹嘘提拔，平白斷無無風之浪。而壬兒住京一次，頗知其故。似稍開展大方，惟無錢供其揮灑耳。以俄人謀中國，必先賄賂内監，貴胄例之。誠爲確論。此中國之病根也，一歎。餘不盡叙，手此敬請暑安。並候嫂嫂清福。

與大兄 光緒三十年甲辰冬月初七上海中和棧

數月來未通一信，殊切馳念。比想公館上下清吉，身體康健。月前聞自杭來者談及近況平安，並有牌委赴任之説，未知確否。青田雖不腴潤，較之賦閒旅食，終有不同。且以兄之節儉省費，又與别人重累者有别，果能政簡人和，將來揔有調動之望。

弟以一官需次，厘差不優，勉强不賠。吃苦頗甚，甘心辭去，以避指摘之加。七月半回省，於九月半藉委出省一行。就便入都，幸一路平安。沿途不無耗費，現已安旋滬上。洋面帖然。東俄無戰事，又常得壬兒信，亦尚粗適。惟學期太遠，卒業難望。且每年需接濟數百元，緣學費被扣，不能指用。又椿姪數人在彼，不無扯動。以致屢叫艱難，真屬重累。家中之生活尚落後著，弟即日回省見機而行。年底回鄉度歲，不欲爲鼓聲所聒。《逍遥游》一篇，决須定志東渡。惟時局縻敝，手無寸鐵，其奈之何。京中近政無聞，惟萬壽有祝嘏者數百人，不過博得虛銜而已。學務、兵政、財政數大端，如常敷衍，亦非實見維新氣象。通籌大局，絶無一可倚賴之人。天眷雖加北洋，常形驕蹇。樞廷大老，開年須有更换。仁和退，長沙進，壽州亦不久留。晤談頗及兄事，年下如可酬應，即用紅封夾手致仁和、壽州兩函，加以年敬數十金，不過二三之數。付兑到都，仁和似更可託。弟已將兄銜條面交，伊不便寫信，轉致中峰當易爲力。葆姪捐大使候選，壬兒在京代辦已妥，不勞挂念。伊並有花翎一支，弟帶回省，俟妥便奉上。刻下花翎不過百數十金，想兄已早辦。如有照此便宜者，亦祈代弟謀購一枝。旅中匆匆，言不及細。此信發後，即趁輪上駛，不便留聽復音。此請福安。

與大兄 光緒三十一年乙巳三月廿四南昌

前得春仲手函，具悉一是。日下春深氣暖，人事想必調和。山城雖僻，而地高塏，與杭城低濕不同，所染潮症諒可減愈，咳嗽痰喘亦不至發。不過缺分瘠苦，進款不敷。果能節省用費，督率勤儉，當作教官作法。終是實缺，於政治界上佔一部份，以視窮居賦閑，相隔懸殊。又非十分厚積，饒有退步，何可捨而不爲。我家素業寒儒，未知入官門逕，諸事落人後着，應酬不及别人，是以不免窮困。命運使然，抑何足怪？所願照常耐守，得寸則寸，勿作急退之思，祇求地方平靖，教案不多。安分任勞。上途賞識與否，聽之而已。

弟本無志居官，京曹正可養拙，以度餘年，乃爲兒輩誤信人言。又遇不在行之親友從旁慫恿，負重債，改虛官，再候十年永無補缺之望。否則京中將及十年漸次輪補，亦可望考軍機御史，京察截取，均意中事，豈非堂堂正正之師。失此一着，滿盤全錯。不惟難遇知己，抑且混入雜流。於今政府無主，疆臣各樹私人，賄賂公行，毫無畏忌。各報尚存公論，樞廷置之不聞。每换一撫藩，則其黨類競進。鄂運既壞，援引益孤。同鄉氣誼不堅，萬難得意。陳雖署任，不日退聽。仍無大力實心，虛與委蛇，祇知自保禄位，無論何事，付之浮雲。以爲天下事無可動氣者，此中外大臣居官尸位之秘竅也。

弟厘卡卸後將近一年，上臺冷眼相看，置之淡漠。雖欲矯然自異，而爲俗例所制，不得展其所欲言，寓次窮愁，藉經史雜説以供消遣。新撫快到，又不知是何用心。現在朝政如斯，時局如斯，欲求整飭吏治不落恒蹊之員，以爲挽救得乎？壬兒與椿姪在東，時通家信，雖係官派，仍資寄錢津貼。

日本現有速成師範女學校，主爲下田歌子，日本有學識女名士，章程頗善。學期一年卒業，兒等勸令芝女出洋，未得妥伴，又不便帶婢女，伊亦欣允。擬俟壬兒暑假後回省，携之東游，不知姪女姪媳中有此志向否？内地風氣漸開，湘省昨已報送廿人女子出洋矣，我邑亦有三四人在彼。將來學成歸來，定占優勝，似亦未爲不可。芝女意欲約蕙姪同行，尚望復知。伊母女均在此處，此女立志不字，亦可嘉也。所屬帶之花翎，因長過一尺，郵局不收，又未便折去布匣，祇得緩帶。尚有東洋參一包及女翎一支，統俟便再寄上不贅。此請近安。童扶三選甘省岷州，不佳，而究比教官好。以今視之，渠不如矣。

復大兄 光緒三十一年乙巳五月十六日南昌

接蒲節前寄手諭，具悉一是。縣試畢場，應試人數多寡。此時正收上忙，各鄉有無分櫃，錢折定價，應仍一律遵辦，不得隨意加增。聞浙撫前咨户部，以各屬折價細數臚列，似防私加苛取之弊，以寬民力而恤下情。不過地方官益形枯窘，絲毫無所濫取耳。上下兩忙，應解若干，抑或有丁無漕、正雜合計、自然之入該得多少，撙節用度，量入爲出。倘能兩抵不虧，不致疲玩費神，致貽賠累，則是幸事。友朋相論，以急萌退志爲非宜。不惟後顧茫茫，無可依賴，即爲目前計，已覺失宜。設能安常處順，一有機會，安見不調優缺，詎必眼底失意，遂短初心。

弟自顧以外改非策，舍實缺之州縣不爲，换此區區候補，益復敗興。當初弟在關中，未知兒輩輕妄如此，又未細加斟酌。到京後復爲捐局所催，急欲核准，遂成鑄錯，莫挽狂瀾。彼時兄若不助千金，弟斷不能便改。兒輩籌款不出，其事即停。至今思之，恨兒輩之草率糊塗。自己之顛倒困厄，可惜兄與親戚之枉湊多資，一無效果，命途舛蹇，夫何怪人？自改官起算，至今近四五年，都門交識漸多，資格漸老。再過三五年，可望提昇員外郎中。如截取京察，考差考御史，俱爲應享利益。正途之與捐班，相去便若天淵。渠等不問老人，不諳官例，視他人之改官外出，尤而效之。用是輕棄前程，淪入苦海。外人不知，以弟在部爲不能安身而出者，豈知初到長安，即得幫辦烏布，回京不改，可以照常添差。又况隨扈人員，到京例得保獎一次。如此之類，皆惟正途、分部則然。近改練兵處，同部同鄉大半多得意，將來優保尤在意中。

來此數載，僅辦下等厘差一年，又恐賠欠，不得不辭。當道者更猥鄙一流，不問是非功過，擱之省中。例差亦未安置，屢思遠引，旅費不充。坐此閑散，四顧無一可佔地步。新撫傳見一次，細問履歷，亦無轉移。外補之難，絶無可望。最優之差近亦無多，同寅百十人各有聲氣。我惟自立，不免勢孤。陳廉訪開缺另候簡用，月抄赴汴，與芝生同住石城，來此一次。隨回鄂寓，老翁殊淡視之。頗問兄事甚悉，託亦無能爲力。老翁此次署任，同鄉未引一人。忠厚失權，遂爲狡猾所傾軋。章省紊亂，新撫徒負清名。而大綱不克整飭，可爲一歎。余廉訪①人甚精明，又受香帥（即張之洞）之知，數年起家太守，將來封疆定望一席。惟其太夫人壽逾九秩，未能長久耳，七月前後可到。晴川書院講席一年，與之相交，幸爲和浹，平日常通問訊，似一綫光明，或可於此公放之。人事無憑，自問有愧，浮沈俗吏，亦不可期。其不如吴筱珊、徐鳳山之徒，尚能先署一缺，再謀實任爲快矣。壬兒月杪暑假，可回家一走。燈下匆此即請福安。

---

① 余廉訪爲余肇康，時官湖北按察使（臬臺），廉訪乃按察使之雅稱。前官漢陽府知府，曾聘蘋園先生主講晴川書院一年。

補　　遺

浪淘沙

老　儒

歌嘯舊槃阿，榆影婆娑。昇堂弟子半高科。衹爲投時花樣少，一世蹉跎。　　青簡費摩挲，墨國煙蘿。關心校訂豕魚訛。驚起燃藜天上客，相對情多。

老　將

三十習龍韜，譽擅英豪。家貧不肯賣弓刀。百戰功名餘汗馬，落盡星旄。　　拔槊怒奔濤，射虎風號。海門曾識陣雲高。莫笑廉頗徒健飯，試著征袍。

老　吏

刀筆寄餘生，巾幘身輕。任安惟戀衛家情。入被登車人太苦，不貫逢迎。　　案牘一燈檠，似水心清。九重天子亦知名。無事早衙花下坐，堂佐琴鳴。

老　農

生長緑楊村，短袴春温。田頭齊讓丈人尊。黄犢叱來雙赤脚，梅雨農昏。　　竹杖倚柴門，閒放雞豚。插禾刈麥課兒孫。但願官租無負欠，便沐天恩。

老　漁

來往掉扁舟，水固優游。輕簑弱箬幾春秋。稺乳滿船生計簡，風浪休愁。　　夜夜宿滄州，常伴沙鷗。長虹爲索月爲鈎。一笛晚煙山欲暝，荻絮盈頭。

老　樵

何處可爲家，半壁烟霞。藤蘿猿鳥共生涯。上山不憶下山苦，雲壓肩斜。　　飽餐烹野花，剩有槎枒。賣來沽酒路三叉。唤起白雲拚一醉，那惜年華。

老　僧

占得峨眉巔，石壁松泉。方袍破衲幾經年。馴虎咒龍都不弄，衹伴鶴眠。　　一杵午鐘天，香噴鑪煙。沙彌齊集小齋前。趺坐譚經忘歲月，無上神仙。

老　僕

劍影隻身寒，勤侍欄杆。科頭不裹長鬚蟠。種芋澆花渾是慣，怕説衰殘。　　喜得主人寬，賜酒分餐。一生忠信耿心肝。聞道蕭郎才出衆，便爾顔歡。

喜遷鶯　寄笏卿同年觀察之官嶺南

東華游倦，笑卅年塵土，素衣初澣。蓋篋釵魚，蒻縢牋蠹，惆悵鏡邊人遠。斗柄曙星孤，冷那更水程山館。望天末，有朱輪霞擁，乍開愁眼。　　蕭散，得意處，琴鶴翛然，似到江南岸。盧橘青圓，荔枝紅脆，消受録樽添滿。一樣聚觀仙吏，玉局前身差换。曲江近，試曹溪清滴，味迴秋晚。來信云，命下前三日喪耦，將以秋初到任。

三楚草木頌　效江文通《閩中草木頌》體

蘭

皋蘭被逕，實産蠻荒。託根磁斗，移植玉堂。襟披九畹，佩紉三湘。仁鋤智溉，十步留芳。

蕙

光風汜蘭，蕙亦幽客。蔭受玉池，珍宜綺石。宋艷穠熏，鄭香遠擷。一幹七華，都梁地闢。

桂

衡嶽之麓，松柏參天。團團紫桂，高蔭層巔。凌風馥郁，映月嬋娟。小山獨秀，櫂楫長川。

菊

煌煌丹菊，當秋滋繁。晚香耐冷，澹影無言。延齡酈谷，挺秀羅門。紫英遍插，佳友同敦。

楓

湛湛江水，玉露驚寒。珀脂凝赤，錦纈鋪丹。羽人駐蓋，游客停驂。夕陽鴉背，花簇林端。

梓

梓長百木，政應和平。觀鄉必敬，居位無争。光騰青階，才稱丹楹。渥培陰阪，鬱爲幹楨。

楖

謝傳豐腴，更饒姿澤。矧兹柯條，森如劍戟。煙岫排青，雲峰撐碧。

野屋高齊，雅宜詩格。

楠

樹有相思，木解交讓。厚軸根蟠，層霄枝向。榮悴因時，俯仰如量。端右之姿，斤揮哲匠。

杜　若

宣游瑶圃，容與芳洲。垂陰潭静，濯色巖幽。誤因謝朓，貢索坊州。滋榮茂悦，泉石相投。

芙　蓉

洞庭渺渺，四望秋波。花囊菡萏，衣被蘘荷。僊妃環珥，榜女櫂歌。緗簾晚映，靈躅晨過。

蘼　蕪

上山採蘼，古人所詠。堂下羅主，芳菲彌盛。緑葉葳蕤，素枝掩映。不有蛇牀，孰區忠佞。

國朝行省箴　仿楊子雲《州箴》體

盛京箴

煌煌盛京，王氣攸鍾。南回滄海，北注混同。長白插漢，巫閭摩空。塔標寧古，江枕黑龍。鬱盤奇秀，遂荒大東。神武受命，六合光宅。義旗首指，殄劉暴逆。遼瀋吉林，疆土是闢。邁漢置郡，超唐駐蹕。列祖列宗，創建不易。拔木省山，徐弭喙駾。無倚層關，而忘鍵閉。眈眈虎狼，實覬實覦。天子之守，遠在四裔。敢告宗臣，詰爾戎備。

直隸省箴

洋洋直隸，厥維邦畿。海涵嶽負，金湯之資。漁陽上谷，沃壄廣圻。飛狐喜峰，隔閡華彝。雄踞燕趙，俯睨晉齊。漢唐用兵，簡練勁旅。遼金升都，號爲天府。元明紹之，宅京攸處。聖清龍興，統一區宇。卜世卜年，延綏篤祜。永懷廟略，鞏固苞桑。亦思門闌，責在周防。聯指絡臂，扼咽搤吭。險不可恃，鑒不可忘。敢告重臣，慎固畿疆。

江蘇省箴

蕩蕩金陵，廣袤千里。山澤秀饒，人文縟美。北跨徐兖，南控越吴。六朝遞嬗，迄爲大都。明初定鼎，再世而遷。鍾峰鑿脈，氣奪幽燕。江南半壁，疇策萬全。財賦之區，海内莫先。緬維祖制，設險防駐。洎於中葉，盗兵竊據。潢池翻波，朽索失馭。十載經營，僅完故步。赤子瘡痍，以嫗以煦。番舶互市，海物維錯。撫輯懷柔，虎冰用懼。敢告職方，鑒兹前路。

安徽省箴

皖水泱泱，襟带江左。灊山巖巖，天柱硪砢。小峴之峰，大雷之戍。靈壁堅屯，採石飛渡。關截清流，磯回牛渚。控以廬鳳，阻以梁豫。吴越爲籬，荆楚爲户。曹魏鏖兵，舟藏别浦。符氏投鞭，畏晋如虎。出奇制勝，捷於風雨。大江之南，其風剽悍。一夫挺戈，萬族糜爛。世雖隆平，無忘多難。敢告守土，敬植風憲。

江西省箴

溶溶西江，章貢合流。瀦爲彭蠡，控以洪州。勝攬滕閣，秀聳吴樓。物華天寶，光燭斗牛。山川間氣，發皇遠猷。閩楚百粤，水陸四通。既堅壁壘，亦厚艨艟。咸同之際，蟊賊内訌。坐憑危城，克奏膚功。武備用飭，文教斯充。囏難締構，賴我元戎。撥亂以才，致治以德。叢箐之區，人多反側。優優撫字，去其掊克。敢告司牧，恪公奉職。

浙江省箴

茫茫淛江，負海倚山。太湖萬頃，壯厥波瀾。句踐霸越，棲兵會稽。宋室南渡，保兹一隅。魚鹽之利，農桑之區。南絲北枲，號爲膏腴。臺温僻瘠，逼近交廣。嶺岫輻輳，風氣勁莽。荷梃嘯聚，往往而然。浮艇出没，飈忽雲煙。去兹莠稗，安我甿編。敢告執政，濟時寶賢。

福建省箴

悠悠福建，遠阻南閩。古稱斷髮，亦號文身。鴃音久革，鴂舌今馴。爰及有宋，風教彌敦。考亭學派，涵負靡垠。莆田上蔡，奕世明禋。嗣是鉅儒，接踵輩出。雕琢璠璵，化爲瑩玉。臺彭一島，振險遐荒。天威震讋，海不波揚。基隆淡水，同綏羈繮。賈生建策，淮南奏對。石田懲荒，珠崖重費。國兵外彊，隱憂内奰。敢告宣撫，無然憒憒。

湖北省箴

滔滔江漢，南國之紀。荆沔上游，控遏千里。雲夢八九，淼無涯涘。春秋二四，楚極僭擬。蛇豕吞噬，七雄未已。孫劉鼎屹，晋宋因之。六朝五代，靡有寧時。貢絶菁匭，壤雜堇泥。耕耘失業，暑雨怨咨。吴麻蜀稻，利逐刀錐。島夷款市，目駴淫奇。元氣朘削，四體不支。老成謀慮，切塞漏巵。敬告當軸，無縱詭隨。

湖南省箴

渺渺洞庭，五湖最大。絡以三湘，維以九派。衡嶽炳靈，長江劃界。雲夢浸蒸，岳陽澎湃。黔蜀鈎連，雄稱楚塞。在昔三苗，負隅不庭。夏后格之，干羽三旬。文德誕敷，以變狉榛。時逢郅治，王道蕩平。降神毓哲，惟嶽生申。翊扶景運，光贊休明。民生在勤，勤則不匱。務樸黜華，前賢所貴。杞梓楩楠，實多嘉瑞。敢告秉鈞，靖共爾位。

山東省箴

奕奕山東，表海之望。岱宗有赫，屹爾拱向。齊魯鄒滕，羅紋在掌。青兖遼濶，散爲平壤。營邱賜履，曲阜策勛。沿及秦漢，舊德罔聞。齊淄既道，桑土既蠶。民用奠乂，俗用和甘。洙泗之間，莘莘鄉學。雖有咆烋，不癈禮樂。以煦以嬉，頌聲斯作。敢告方面，鎮撫無虐。

山西省箴

巍巍太行，中條所祖。表裏河山，屏蔽畿輔。南縻鞏雒，北遏胡虜。曰歸化城，曰殺虎口。唐虞夏殷，是都是邑。晋修霸業，唐基王迹。魏汾狹隘，儉嗇貽譏。園桃山樞，古俗之遺。趙括談兵，空學馬服。陳平解圍，白登計秘。良臣猛士，共逐失鹿。四塞爲固，長城是筑。險不可恢，武不可黷。敢告綏邊，爰究爰度。

河南省箴

畇畇河南，川澤廣衍。亘以大河，障以層巘。成皋洛陽，汝鄧陳蔡。四達之區，風雨攸會。敖庾轉粟，滎陽屯兵。攻守制勝，拱衛王城。汴泗交流，鴻溝割地。車書既同，罔有外内。中原戰伐，列國横縱。圃田大陸，畝洫南東。我疆我理，爾宅爾田。安其畊鑿，被以管絃。西門奏績，鄭國稱賢。垂聲布帛，至今賴焉。敢告守官，正直無偏。

陝西省箴

堂堂陝西，雍州之域。成周建都，卜年八百。爰逮秦漢，歷代相襲。隋唐仍之，長安是立。涇渭灞滻，帶以大河。崤函褒斜，棋布星羅。建瓴高屋，偃武止戈。明堂肅穆，石鼓嵯峨。終南王氣，沈閺至今。雞鳴陳寶，鳳翽岐亭。眷懷三輔，是經是程。望古感喟，杖杜榛苓。敢告京兆，勉樹芳型。

甘肅省箴

緜緜甘肅，蔓延龍右。積石蟠根，皋蘭戴首。榆谷之區，田畜廣有。祁連居延，土壤開剖。既庶且繁，殷報宅畝。車師王廷，分布前後。西羌種族，古也華離。今濡王化，受我縻羈。優游涵泳，不誡不知。文教肇興，駪駪景附。復穴之遺，蕩平之路。焉支顔色，隴雲秦樹。酒泉鹽池，隩區挹注。敢告開府，以貞百度。

四川省箴

浩浩四川，古曰梁州。禹導岷峨，黑水西流。蠶叢闢險，望帝嘑秋。公孫竊踞，井鼃與謀。炎漢之季，天心戴劉。城開官錦，戍置江油。如何不造，火德永衰。瞿塘夔萬，頽瀾莫回。陣圖人往，亂石遺堆。履行故蹟，馬陸低徊。五代争割，棼棼草萊。厥土墳埴，利擅天府。

更署土官，松潘石砫。相如馳檄，贊皇籌邊。安内攘外，卓哉名賢。敢告節度，謀審萬全。

廣東省箴

郁郁廣東，奄有百粤。貨襍象犀，市羅珠玉。秦置南海，始通天朝。尉佗據之，龐然而憍。陸生片語，據撤纛旄。遵漢約束，視民不佻。劉氏雄長，僭仿乘輿。肆其狂惽。終伏天誅，五嶺環錯，疊峙番禺。海客揚飄，賨舶争趨。昔爲偏埇，今爲衝要。虎門不守，潢池是盜。如失藩籬，窺我堂隩。敢告專閫，式遏兇暴。

廣西省箴

滁滁廣西，在荆之陽。南鄰交阯，北接衡湘。桂林象郡，隸服要荒。山刻水峭，古無文章。孟還浦珠，馬標銅柱。獷俗銘恩，瑶僮嚮義。世治后服，世亂先畔。驅彼豺貙，剷我郊甸。運篤下武，洗心革面。青青子衿，頽澆於變。官有禮度，民有廉隅。拔茅彙征，舒翹上都。匪才之特，緊道之濡。敢告大府，芻蕘無愚。

雲南省箴

迢迢雲南，山水娟秀。金馬騰驤，碧雞雕鏤。莊蹻通道，逶及滇池。秦漢置吏，唐始羈縻。初起蒙氏，西爨相持。段族并吞，奄有僰夷。孟獲古寨，諸葛殘碑。洱河瀾滄，一望淪漪。唐室之衰，實緣南詔。宋鑒其失，疆宇自保。玉斧畫江，慨焉不取。明擴版章，爰建官守。牂牁夜郎，昔澆今厚。敢告宣恩，慎固長久。

貴州省箴

矯矯貴州，人物英特。六詔五谿，八番九越。武功之盛，溯始唐蒙。龍標龍場，文教緦通。羅施鬼域，率土從風。錦屏映澈，銅鼓鏗淙。如以木鐸，牖彼朦聾。聖德覃被，汪濊靡涯。箐深嶺邃，萬峰周遮。九州踐土，六合爲家。散其瘴癘，蠲汝垢瘕。毋曰邊氓，而或縱肆。敢告撫民，俾知德意。

新疆省箴

濯濯新疆，斥地萬里。始自乾隆，平準噶爾。設堡建防，以屯禁旅。衛士遣戍，將軍綜理。如熊如羆，邊塵不起。雪山夏寒，伊河風勁。□兹□□，亂其天性。蜩螗羹沸，屢觸鈇威。揚我黄鉞，噍類靡遺。凱旋告廟，班爵陳師。中丞按轡，橐鞬先馳。揆文奮武，相土攸宜。可畏惟民，可敬惟天。皇猷允塞，跂喙生全。駸駸嚮化，泝㞮垓埏。敢告持節，率履無訾。

蘋園戊申日記

正月初一日

元旦。五更祀天地神祇，向大門外面南行禮畢，入堂祀祖先。賀年。天氣沉陰，昨日始下雪一陣，旋化，路泥滓不便行，自回漢後至今未晴，半月餘矣。村中子姪來拜年者數人，亦未出門。昨夜守歲，久坐成七律二首。晚行香即睡。家中老妻率子婦三人孫女二口，以次行禮，未見别客。夜仍陰暗，各村爆竹之聲如故，惟人聲稀寂耳。

正月初二日

天氣陰寒，微小雨，一次即住。亦未出門。討食者以盃飯予之。晚行香即睡，子姪輩有爲葉子戲者，姪女及子婦三四人亦爲此戲，聽之而已。夜有風，漸覺開朗。

正月初三日

晨起瓦上有霜，紅日曈曈射入窗内，以爲大晴。乃風起雲浮，又變爲陰沉世界，終日不雨亦不晴。午刻謝神祀祖，一席而散。燈下寫祭墓各祖考妣以次具包袱共四十餘件，擬天晴掃墓。亦無來客，附近村中數人耳。

燈下看傳奇及小説數本而睡。吃豆絲湯元一小碗，酒一盃。

正月初四日

晨起有薄冰，朝日東昇，展然晴暖竟日。又值立春新節，恰合農人之望，今年豐成可慶。草木禽鳥俱含生趣。午刻剃髮沐面，衣冠迎春，望空叩祝，以祈利福。路上泥濘，明日再晴，即可行也。步至各家門首，一遍而回。村落蕭條，人煙不多，加以連年疲症，大半凋零，不免今昔之感。

晚，滿生來，至煙榻邊敘坐片刻去，星斗燦然，光芒四映。

正月初五日

寒氣過重，早晴午陰，路上冰結泥深，仍不便走，老矣。晨來知夏姓初二日夜半失慎，火燒其二三及大房、細分兩房之住宅，約焚去新屋數重，財貨合計數千金。榮卿一門無恙。

夜色陰寒尤重。收小同及琭兒來信，均前月發。

正月初六日

天陰風冷，欲雪未雪。早約村中及外客羅姓、萬姓飯一席。午初，鳳女乘轎來此拜年，并叙及正初受慌之事，當日回去，送糍粑、米團及點心數件。榮卿不能來也，飯後始去。

恐日内必有風雪，不得晴矣。

正月初七日

天氣仍寒未散，風亦不止，擬以路略乾，即上附近祖墳一帶。因有客在家，未及行。嚴姓叔姪三人來此拜年，飯後一人去，二人留。夜色仍寒，田水結冰，早晚踏冰，乃可步出。

家事窘甚，兒輩無一人助力，媳等均視如他人，日見愁迫。燈下提及，與老妻一歎而已，四五六三弟婦來坐。姪女已嫁，回寧。

正月初八日

晨起日光射窗户，展然放晴。初四立春晴，至此兩日晴矣。飯後步至周田及彭嘴蕃對面，先祖父母高曾考妣之墳，一並祭掃。雖不能健步，卻往返約十五六里。未到店上，由殤田緩步而回。挈孫女□娟，及櫸蔭松姪、權鶱兩姪孫同往。肩挑酒飯肴蔬及包袱香燭，共三人。午後回，倦極少睡，晚始吃飯，飲酒一盃。

正月初九日

昨晚烏雲接日，未見落土，例不能晴，且四處陰雲如幕。先故童老太之棺已倒塌，蟻吃殆盡，李老太亦新葬，浮土未築，爲之心痛不置。

玉皇聖誕，早起，焚香叩拜。午後寫羅姓屏對二件與姪女。余瑞廷、顔輯舟、宗敦五之子全來小坐，款以茗果，不一時去。

夜風更大，有雨意，恐難晴也。

正月初十日

天氣陰冷，午後微雨，晚忽下雪一寸許，大地皆白。是日，松姪請義田七際兩處，首人援例索穀，客三席，到者甚重，而未定多少之實數。炳皆來叙片刻去。

燈下看書。寫羅姓雲浦對屏、中堂各二套，成功。

正月十一日

晨起雪化，點滴不絶，路上水泥難行，晚又大雨，天氣尚甚寒。子香姪請午飯，屬與立廷訟事中人説解前仇，至此凡數十次，恐難了也。立廷之内弟劉姓秀亭來作調人，其兄號賓臣者亦在内。燈下看《水滸》三卷。

正月十二日

天陰小雨，先淑人、重太淑人忌辰，早起拈香。午刻一席敬祀，惟以墳未遷移，土多坍塌爲恨。晚得壬兒北京信及大兄信一件，談京中事。

燈下看小説。

正月十三日

天晴無風，路泥難行。飯後步至余瑞廷、顔吉舟處小坐。早在蔭姪處飯。收拾行李，明日出漢。

晚收東洋森兒信二封，知兑款已到，今三四月可畢業也。燈下看小説訖。

正月十四日

天氣陰晴各半，午刻子香叔姪再約劉姓寶臣、秀臣兄弟，及秋門官大爹、燈籠四爹、鹿鳴、朗仙七八人至我處小聚，再仝到志賓處談退屋基事，略有成局。而立亭不見面亦不得實話，空徒勞也，飯後散。

大兄於是日搭火車回到家，午飯後，晚談至二更始歸。

正月十五日

有晴意，然陰仍重，午後大兄來此少坐，同至南首二房吃飯，飯後同至前後少步，同觀屋地，在少仲處留片刻。收拾，明日定出漢口。宏生以及上院子蘭賓請早飯，擬不去。夜見月光，各處有鬧元宵燈者，然不及往年遠甚。

大兄在此同飲，吃湯一碗，丏少許，談五六兩房屋基讓與大房架造，得錢千餘緡，分作資補之本，有成局。

正月十六日

晨起陰而大風，再與大兄談昨事，空議。宏生請吃早飯，飯後上轎出漢。二點鐘到祁灣，四點一刻火車到，人甚擁擠，無坐處。□同長林至漢下車，步至董家巷福太煙袋口店住下。二兄來談行事，與大兄争分夥合夥事，至三更始去。由祁畈到大智，二人共洋一元，付抬轎、酒錢四十文，工錢在外。

正月十七日

晨起長林回鄉，左復太錢拾竿，仿回家用，另給百文，渡河而去。飯後同明鑾姪至鹽行，再坐久之，剃須吃飯，天晴無風。午飯後步至馮宅拜年，硯生、墨生均在家，老太甚殷殷，元甥女亦好，留消夜，吃酒及煙，二更回行住下，腹氣脹，欲解不解，因吃明鑾之紅丸三粒而就即愈。

正月十八日

早晴，東南風，步至集標嘴，雇划渡江至營坊口，登岸，小轎入城。九點鐘付錢一百六十文，少衡出。飯後寫南昌一信，着林祥渡江發去。取小皮衣包來，昨在行寫北京信，由分送信處發往，錢廿四文。渡江划，錢六十文付林祥，在漢換英洋一元，約錢一千二百四十文。

二月十五日

辰後風起，由東而北，至吴城漸大。船不能行，水淺，不及廿里，改駁赴省，船主不爲招待，人多亂搶。三人同坐一艙，竟夕不寐，幸風甚大，一夜挂帆，西上不停，甫交次日，已到王家渡矣。無水無茶，行路之難，可以想見。

二月十六日

天陰大風，到岸起行李入城，坐小轎到寓，則有大不堪者，芝女業於前日三更交十五寅刻，無大病而竟逝矣。乍見大駭，問知始末，大哭不止。張氏、小同料理衣衾、棺木，同居韓姓、易姓出力代購，業於昨夕入棺，待我大殮耳。痛極不堪，一夜淚如雨下，實可悲也。大風雨。

二月十七日

芝女以庚辰冬月生，忘其日時，素珍愛之。亦有志節，以劉姓緣失不再字。茹素唸經，久有死志。此雖氣血之病，不肯延醫吃藥，亦不喜人問。臨終閉室趺坐，合掌而殁，不發一呻吟聲，亦不見痛苦狀。心實有隱恨，至今始了，甚可哀矣。擬寫信報家中，恐加其母之憂，書之未發。大風雨。

二月十八日

早晴，九點出門，見林學使。至藩署，未見。各處挂號。至優級師範到差，晤監學林秉衡、雜務林□、会計蔣洪鈞。回寓。午飯後再拜學務公所黄君湘總務課長，未見松柏巷歐、王兩觀督而歸。發漢口武昌信，又寄東洋、岷州信兩件，又寄信與張子蔚、陳伯群、徐性存、范叔枬四處。夜三更睡，憂後事，困極。

二月十九日

晨起，晴無風。是日觀音大士誕，燒香拜佛者，男女不絶。早發岷州、東洋兩信。買好漆三斤，錢五串一百文，付錢三串文，欠二串一百。会計薄君送十天薪水來，計庫厘銀十六兩六錢，月底止，昨日到差故也。燈下坐談家事，念我愛女，不能無淚痕耳。

未知家中老妻如何，心甚念之憂之。

二月二十日

晴。昨晚買漆三斤，錢五串弍百文。擬於每七加漆，以夏布和磁灰塗過一次，再刮再漆，以無餘斤爲度。竟日未出門一步。劉用梅與厚坤來咭，少坐一刻而去，談及封殮宜早，趁未出七天，不須選擇，又五台庵可以停柩，不過租錢略大，且每柩單一房方合位置耳。

看《讀禮通考》及《望溪文集》。

二月廿一日

晴。侵晨叫漆工兩人帶磁灰三斤半，無名灰兩桶，以夏布帳裂條依次敷上。午初延僧誦《心經》一遍，啓棺蓋，小女面色如生，惟雙眸及口未全閉，知有心事未了，又兩親未見爲恨也。哭之盡哀，張氏哭於内，亦慟，小同在側含涕。急以生前玉珮及髪一绺安放胸前，仍用漆及磁灰和四周蓋上。燒紙唸經訖，封後督工加漆一天，至晚而畢，底亦夏布包之。

二月廿二日

晴，天氣頗燥，日色帶紅，不久必有風雨。飯後與小同至五台庵晤小僧。堃者空一間房，每月一千九百文，先付宅錢一串一百文，寫租摺與之，步回，諏吉出殯。有武昌人程端臣爲涂观詧椿年唸經，在寺内。因往後殿一看，屋尚新整，板壁周圍密不透天光。餘無空屋，只此一房耳。是日，延齋婆五人誦經起手，以三日爲度，尚須再加好漆兩次耳。

二月廿三日

晨起剛晴，昨夜雷電風雨不已，三更起，呼亡女之魂，無畏無怖。以油傘撐蓋棺上，良久乃已。

齋婆五人唸第二日，至晚而散。

二月廿四日

唸第三日畢，款以素飯一頓而去，代開車錢五十文。

天氣爲燥，晚見星。

胸氣似疼，有塊未消，張亦異常板鬱，繼之飲食，不能下咽。買漆二斤，擬經完加一二次，惟嫌漆灰尚濕耳。同住韓姓送紙箱四件、素菜六碗，以祭亡女，付齋婆吃盡。

二月廿五日

天晴，日光帶紅，又將大變，不勝棉衣矣。漆工加漆半斤餘，俟乾透再上，買洋布及紙寫哀詞一首、對聯一付，用障靈前，須至廟安放。午後伯群便衣來坐少刻，吃點心去，送至門外。

又送邵蓮溪太守循名呢挽幛一軸、香盤一具。

二月廿六日

雇抬重工人十二名，用雙杠，加扶者二人，共錢三串四百文。又用布籠棺，以毡條搭上，禳重喪。另紮紙棺一具，用雄雞血滴之，送至門外燒去。是晚有數人來寓守送，夜四更，即料理發引。

二月廿七日

五更發引，黎明卯正出門，至五台庵，寅刻矣，少待，巳刻安位。予以亥命與小同、張氏均略避之，用齋婆二人唸經，安位完事而散，付工錢及雜用錢約四五串文云。譜久放寓中，生歿均不安也。

收鹽行信，壬尚未回，亦未寄信到鄉及漢口。

二月廿八日

假滿，可入學堂，擬到學堂一日，前此不便分心也，聊以度日，亦解愁，無可如何耳。

晨起，上院謁沈方伯，不見。昨楊幼倬談並別差，不知如何，方伯短衣突出，一見而返。再吊邵蓮溪循名太守之喪。五台庵燒香，看小姐靈柩，一房終不放心，

旋至行台。在學中午飯、晚飯，並與同人及教習、學生一天。過張子蔚處，□允挪以百金。

二月廿九口

昨夜中街失火，燒十餘家。

早起到學中，至晚始歸寓。漢口亦無來信，壬兒未回，不可解也。

三月初一日

早陰涼，入學，随監督歐陽述（號律齋）及各員行香，各學生三揖而去。傍晚坐小轎子到叔枬處一坐，又赴首府晤性臣，談一切公私，代傷小女者久之，回後三更餘矣，當夜有雨。

三月初二日

早晴乍陰，入學，早飯，十二點以前大雷雨一陣，旋住。路泥不便，

沿湖可行。回時收漢口及大兄信，又得岷州信一件，提亡女一病不起之由，劉氏殊有恨言也。當以信復之，寄范復太轉交，壬兒尚未歸漢，不解所由，真焦灼也。

三月初三日

早起入學，晚回。

天雨而雷電大作，終日不止。首府燈下來函，請明日到署閲卷。

三月初四日

入學一天，天晚回，天雨。

早至府署，閲洪都中學堂招考卷，計百餘本，與陳伯群同校，約一百五十五名。晚在花園同吃燒鴨、薄餅，又招袁幼詮太守入座，性臣及伊表親張小莊陪飲，二更後歸。

三月初五日

是日禮拜，學中自監督以下約以九人同請至百花洲共飲，予及魏堃仲、魯燕世、經究儒、周克家爲客。二席計用錢四十餘串文，二更後散。

午前至五台庵爲芝女報三七，薦素菜及飯，燒衣包三個，視厝屋及靈前漏雨之痕，以指按漆灰，未盡乾也，棺罩揭去，囑守者勤視之。

三月初六日

晨起入學，又派來新班六十人，學選科十人，學專修五十人，不日可入堂也。晚飯後上燈步歸。收大兄來信，知鄂省存古延爲協教，每月八十元，心不能決，以信支展之。又寄柯中丞一賀電，並求派差，去錢三串四百餘文。發大兄信。

三月初七日

晨起小雨，午後到晚不止，至學署未見沈、林，均到沈文肅村、楊公業，同鄉百餘人助祭，計十三席，晚始散。

冒雨燈下回寓，爲張氏延醫診病，夜雨不止。

三月初八日

風未息，早八點沿湖步至學中，一日閲方望溪及《湖海文》、《詩》各一卷，燈下至張教習亞明房中，學彈風琴。歐陽观謍述以詩集兩本奉贈。八點半點名畢，回寓。李榮摟行李去，另雇一人照料，學中王貴，新建人，每月一千文。收森兒信。

三月初九日

陰雨，早步至學，晚二更坐小轎回寓。與林叔珪同至自修室閲學生點名册畢，賀昇平號顯廷來坐，談政學堂代庖事，一刻去。

三月初十日

晨八鐘，坐轎至學堂。一天閲《朱文端集》及《望溪集》。午後收柯中丞復電及漢口范復太煙袋來信。

王文波坐談刻許，韓祖德晨來坐，論事。與林、張、陳等手下象棋兩盤及風琴，一晌而散。二更後散，回寓。何兩生來寓，旋去。夜雨不止。

三月十一日

早入學堂，寫柯信，飯後各學教員及監督歐陽客學、杜翰，藩前輔員龔家榮、藍伯行、楊□[1]來坐一次，旋即午飯。燈下寫北丞信。小同到學，初見張亞明，學音樂。更餘，小轎回寓。

三月十二日

晨，大雷電而雨，八點起發柯、蕭兩信。是日爲芝女四七之期，出門至庵中，一掃生殯，燒紙供飯，並看可加漆不漏雨否，悵然而返。上院見護撫沈及提學林，拜各處客。

三月十三日

大雨，晨起，上院見沈方伯，林學司未見。午後至學，飯畢，二更點名始歸。收壬兒京信一件，森兒前天有信與小同。夜大雨，水五寸餘，繞路而回。

三月十四日

晨起，步至學中，有晴意，未大晴，午後陰，晚小雨，不大，沿湖而歸。牙疼大發，吃方藥。存本日小同發漢口信，收三月薪水庫厘五十兩。燈下吃自方四五味而睡，覺受風寒不減也。

六月廿三日

晴，大熱，夜三更始凉，無風，曬書一天，有爲雨沾透不堪者，可惜之至。

堂姪女由羅姓來看，留吃飯，當日歸去。夜不能寐。

六月廿四日

晴，天熱無風。山内本姓三子來此做工，砍樹伐草，作一切雜事。羅姓送肉八斤來，四娘豬肚一個，蔭姪一個，又腰一對。爲昨日鄉例吃葷，逢卯日也。屠户賣出豬肉七八頭，年不如年，世界可見。水至南坡一二條田塍耳，斗芙糯穀已淹。

六月廿五日

是日吃卯，肉於昨已吃完，照例祀土神穀神一次。

連日大熱，曬書甚多，殊形疲勞。

六月廿六日

中伏，大熱。午後風起，作暴雷電，有欲雨之勢而未下，預備半夜方止。

是日，鳳女自夏姓歸省到家。午飯後，言芝女病歿後，託夢數次及在店警告四嬸，在家示象與伊母，又附顏氏女奴兩人，説一切身後事，自言已轉二劫，再生陝西劉家，一度即上天界，不落人間。

六月廿七日

大熱無風，曬書極苦，想不能支，至晚收入。又收壬兒由上海來信，云以前日東渡，不知成行否耳。

夜涼，於後門外樹下與鳳女及芝女母談家事。

六月廿八日

大熱，仍曬書，森兒松兒同搬至院中，擬曬至晚方收，天陰北方欲雨而不成，頃刻四合，旋散，解涼而已。夜談夏姓事，以洋百元付之，俾其生放以解危耳。

六月廿九日

大熱，店上來接鳳女，留至晚涼始去，略以湯水啜之，依依不捨。而行至宗灣，尚回望四次也。夜北風解涼，曬書不少，一次收撿入箱，未能即妥。

九月初七日

晴。晨往臬署見陳少石廉訪，談不便寫信與高提學事。旋至學署見林學台，大廳同坐三人，語以法政改章，欲以我充監督一事，姑應之。旋至藩署見沈方伯及楊幼卓，求其關説換委一差，再往沈仲盤观訾處託税局一席。

回學午飯，收壬兒來信，旋住學中，未歸。

九月初八日

早晴午陰，夜月有光。文德送“三通”共四箱來學中，計錢四十八吊，尚未付出。又嚴姓以毛刻廿二史及各書、《皇清經解》一部來，需錢一百四十六串，又有首本在此，付錢一串文定下。晚回寓，付張手工一吊。發東洋西京信與壬兒。文翰送書八本來看。

九月初九日

是日佳節，公請同人二席，在本堂一办，自監督以下凡廿二人，予與王文波、董希同、楊胡翹、彭竹朋共東，計錢廿二串。令譜，各公所均不空也。晚席散，同丁竹怡、董希同、葉研北、張亞明小舟划出百花洲，繫纜，小步至亭上，坐看湖景，燈火在望，月爲雲掩。二更回，至蕭大屋，竹怡、亞明女學堂，茗話片刻回。

九月初十日

未出門，清理各項書本，鈐印半日。晚坐小轎訪耀肅於射步亭，陳憲侯同往，談一刻。至首府及林守祚藩處，不遇。回入學堂，同人漸集。八點半點名而罷，即睡。晚燥甚。

九月十一日

晴，早起，仍燥熱，度至八十五分，尚未退凉。晨檢所置十七史及《弘簡録元史類編》、《明史稿》、《舊唐書》、《舊五代》共廿四史全部五百四十本，爲蘇中丞虞廷故物，有桂撫官印，尚完好也。又阮刻《皇清經解》一百六十本全部卅六函，共錢一百四十六吊文二元。

九月十二日

晴燥，至八十九度。午後接李鉅廷片，談學台有委辦法政學堂之説，急託林叔珪入署，求委一差，答以未見，旋出至寓，更餘回學住宿。

付買文翰《文録》一部，洋二元，算結前後，另欠一十九串二百文未訖，付張手洋五元家用。

付賣書嚴姓洋二元、錢一串文。

九月十三日

晴，早仍燥，午後大風。至藩署晤徐性臣、張至叔，託向林學司一説，未知行否。晚到首府，性臣談及已經面求，有可望也。留夜飯，吸勃蘭酒二杯，罄談前後一切，二更回寓。

左賬房八平至卅兩，連前共八十五兩七錢矣，换好錢五十五串□七十五文，寿和票每兩□。

九月十四日

五更大風，早雨，坐轎到學，付廿四史書錢五十串文，又收本月薪水庫厘銀五十兩，又月□錢一串八百卅文，欠款在外未扣，再退還劉姓帖一部，付欠書錢一串八百文，當交一串文。

午後天凉，易單而袷矣。

九月十五日

在學早飯，付嚴姓書錢共九十五串文，連前付錢五十一串，共一百四十六串文，又洋二元在外。扯債買書，殊怪事也。晚住學中，點名而睡。

李□青來學，談一刻去。梁心甫、劉用梅昨來話法政事，明日到差。監學一崔祥鳩、一文景潞，萍鄉紳也。會計高荷沅、文案高卓爲，俱閩人。

九月十六日

天陰，大風，袷衣尚凉，早入法政學堂到差，學使及同人後至，共十數人在學，與庶長賀占元（號爾翊[2]）郵部主事（甲午舉人）共食，餘人另吃。飯後出外拜客，回寓，大風不止，夜三更睡。

夏姓代左好票六十張，收之。燈下賀顯亭、藍伯行來談片刻。

九月十七日

晨至學署及客處旁，知見中丞晤朱伯平太守，由建昌來，即朱其煊之子，前官湖北安襄道，朱風標之孫也。

午後徧拜各處，到學，午飯已畢，加菜二簋，申刻回寓，小雨。買《清國行政法》一部，付龍洋二元，找回錢六百六十五文，價一元五角。

九月十八日

早陰午晴，八點一刻到藩臬兩司，見沈方伯，旋至法政學堂。午後一點上堂講説一點之久而退，各學員散去，計正班四十五人，佐班廿三人，客籍四人，地方廿八人，旁聽四人。上午三堂，下午二堂，每堂以一點爲度。晚陰回寓，七點小划赴師範，點名而回，晤林叔圭、董□兩教員，三更始睡。

附　人名錄

法政學堂新員（梁心甫、劉用梅不計外）

姓名	號	住址	職業
賀贊元	尔翊	小都司巷前	庶務長 郵部主事
文景潞	蓬仙	于家前巷	萍鄉人 監學兼教員
崔祥鳩	臣五	知縣	安徽人 監學兼教員
高冠傑	卓爲	福建人	知縣 文案兼教員 學務專門課
高孝煒	荷沅	福建人	丁憂 会計
涂步瀛	花農	江蘇人	知縣 教員 六眼井
蔡公時	誠一	德化人	東文教員兼編譯
蘇人傑	伯洵	福建人	雜物收發委員
			均舊人
朱騮成	龍雛	太平人	收發雜物
唐際虞	讓卿	廣西人	管圖書各報
沈亮棨	戟儀	上海人	私□改良會、天足會 江南來

孔憲章　　斌建　　峽江人　　法政出版 孔平仲之孫 □□□

十二月十五日

大風，仍陰寒。早至學中，午飯，收會計支正月銀庫厘六十兩，留八平卅兩，核卅一兩八錢，合□龍洋四十六元二角，共昨核收湖洋九十一元，找洋九元，以足百元之數，另付川貲洋十元，天晴可走也。下存龍洋十九元耳。

找二角合錢一百七十二文訖。

十二月十六日

陰，大風，冷，未出門，烘火。午後飲酒少許，以燒肉及薄餅下之，看書至二更後睡。

學台到學，未去。

料理小同，明日回漢。

十二月十七日

陰，風小，午後放晴而寒止。擬代學台作畢業録序。小同約伴同行，以洋百元付之，另付川貲龍洋十元，又湖北龍洋票四元，又好錢五串文、銅元錢一串文，付張手錢五串文。叫林祥定船，付錢一串文，餘物不計。

十二月十八日

風雨大作，小同在路遇之，不知泊舟何處。晨入學，午飯回寓，買書十一部，錢十一串。當收書，宅中多壞者，付錢十串文去。夜寒。

十二月十九日

風未息，雨不止。擬學台序乙丙畢業學員齒録，未成。晨入學，飯後回寓，仍冷。書店天禄再送書來，不要。

十二月二十日

風雨如故，天氣加冷。晨在寓，午後入學，擬文稿成。到長盛換銀廿兩□，扣錢四十一串三百文，另存十兩不用，擬付屋租而已。夜仍寒，點唐詩十選半本。張病，吃藥一付，用錢百文。

十二月廿一日

陰，大風不止。午飯回寓，未到店處，書店再送書來，卻之。林祥送少爺到九江，不知如何，風寒甚大，恐受凍也。

十二月廿二日

晨八點到堂，學台十一點到，徧傳地方員來堂見畢。學台同吃飯畢始去，旋即回寓，代擬序稿已成，學台閱後付吕五手，交與乙、丙兩班學員。周繼昌昨送豬肉卅斤來，以百文賞之。

十二月廿三日

陰，未出門，風不止，大寒甚，須火爐。手不能提筆，雨水未緩，殊不耐也。燈下周生繼昌來坐即去。

付張手錢廿串文，以十串文與老鄧作十天之用，以十串留小開消。昨付一串文在外。

十二月廿四日

晨起吃點心，坐小轎到丁竹怡、張亞明處，約董希同三人到普香吃燒鴨、薄餅，又燒酒，共錢三串又二百卅六文，付錢三串文。同上街看書，一走分去。林叔圭來談一刻而去。

十二月廿五日

陰，仍寒風不止，寫張君立信，未成，擬由郵局發去。到學中一走，飯後回寓。林祥回寓，收小同到漢信，收花布、水煙鋼槍一套，發送魯花生、板鴨各一件。午後到學台□，上燈回。

十二月廿六日

早陰，小雨不止，似雪未成。吴仲孫琦由河北寄來米果、柚子、冬笋、香茗，付錢二百文。午後丁、張約至酒館，有董、劉在坐，至晚方散。酒後被風，回寓，一吐而已。森來信，本月十六發壬兒，在東京□過年。

十二月廿七日

陰雨竟日，夜又大風，寒甚。付《綱目三編》、《胡銓文集》共錢二串一百文，又付□錢一串四百文，又付公會孫、謝二處錢二串文，交余澤如手。吴仲孫來。燈下點《三昧集》，夏姓送四包年糕、米糖、香饉、白菜，賞錢百文。

十二月廿八日

陰雨，仍寒。付紫瀾軒《綱目三編》及《胡銓集》二部錢二串百文訖。文翰羅姓來議，以《淵鑒類函》二百本一部押洋一元。又《元明八家文》世餘本索洋二元，又《張閏榻文》十六本錢一串，《圭齋文》六本四百文，均未付也。各賬有開有否。付漆店錢一串文，又付燈籠紙錢百七十文。

夜風更緊，三更大作。

十二月廿九日

五更大雪，晨起，簷前已深數寸，風不止，雪仍下，寒不解。年底如此，想及家中子弟與諸子在外苦況，又愍女兒之不永年。檢衣箱，爲之淚下。午後文翰來，付洋三元訖，此洋乃女兒存之箱中，無法挪用，不得已耳。又付買肉五斤錢一串文。學中張福送肉五斤、鴨一對，收之。

賞剃工錢，嚴姓不受，去。

十二月三十日

年内只此一日，各處因天寒大雪，亦未往見，見亦無益也。收李心樵訃，知丁内艱，本月初九日事。

年下一物未備，百債不聞，惟點訂各書本而已。行年五十九矣，不學不可，學亦不可。

仍雪，大寒。飯後遣林祥到五台庵祭亡女，并點除夕燈一夜，付照料人錢百文。用名片各處挂號，亦未出門。

【校記】

〔1〕“楊”下原缺一字，故以缺文符號標示。

〔2〕“爾”下原缺一字，依後文當爲“翊”字，據補。

附　　録

范眉生先生傳

傅嶽棻

先生諱軾，字亦坡，號眉生，亦號麋蓀，别號蕻園居士，湖北黄陂人也。家世習儒業，潛修隱微，不求聞達，至先生而始以文學政事顯名當世。

祖彝舟先生，德性淳固。篤嗜宋學，於明儒薛文清之説最所服膺，行規言矩，須臾不離。其平日讀書教人，則以臨桂龍翰臣先生《讀書舉要》爲法。博文約禮，非空談性理者比也。師事麻城袁金溪先生銑，與江夏彭先生漁帆、興國萬先生斛泉、漢陽劉先生椒雲相友善。砥厲觀摩，轉移風尚。著有《周易述義》，手寫先儒語録，纍數十册藏於家。考淑臣先生以學教授鄉里，生徒成名者衆。性狷介，淡於榮利。有司察舉孝廉方正，意不屑也，僅以諸生終生。丈夫子五：長曰衡甫先生軝、次仲珊先生輅、次即先生、再其次則鹿幡先生軥、小由先生轍，皆早卒。

先生生而穎異，三歲時，受彝舟先生授讀十三經，及髫齡而畢，人皆以神童目之。年十六，補博士弟子員，受知壽州孫文正公家鼐。閱二年，南皮張文襄公以高才生拔取經心書院，肆習經史有用之學，先生由是專心一志，肆力於古。清中葉以還，楚學之衰久矣。自文襄來督學，下車觀風，手爲條教，提倡實學，風氣一變。先生少承家業，根底深厚。焠厲甄匋，愈益孟晋，故成就獨多。無錫薛先生應圻、寶應劉先生恭冕皆經學大師，雅相推許，以爲高業。時長公衡甫與先生齊名，人一時有坡穎之稱。同治癸酉，洪文卿學使以衡甫先生陪舉優選，擢先生爲拔貢。次年廷試，以微疵見擯。乃考取八旗官學教習，旋輒棄去。回鄂與武昌柯巽庵、范叔枏，黄岡王子蕃，麻城吴心階，江夏張次山，應山左笏卿，羅田周伯晋，嘉魚劉幼丹，漢陽黄小魯，襄陽吴文麓諸先生周旋講學，以文行互相切磋，而與周、左結契尤深。不數年，同學儕輩多以捷春官，入詞館。而先生顧屢舉不第，又丁外憂，授徒漢口，以詩古文爲教。漢陽田文烈有文武才，卒爲名宦稱，蓋先生所栽成也。先生家計清寒，以館穀爲活。先後主講枝江、東湖、長陽各縣書院。循循善誘，成才衆多。歷居文武幕府，好謀能畫，所至有聲。張勤果公曜巡撫山東，治河功最，其擘畫多出自先生手中。間再入京師，充正白旗官學教習，門人以豫太史泰最有名。其時周伯晋先生在翰林，與余侍御聯沅、陳修撰冕、丁太史仁長、張太史亨嘉輩結雪初吟社。而先生詩才高亮，群相推服。鄧鴻臚承修重先生名，延課其子，因與研討金石碑版之學。已復歸鄂，孔裴軒觀察聘掌書記室，暇則兼課子及女。嗣君任卿，天資英敏。髫年游黌舍，考入兩湖書院。丁酉同舉於鄉，士林榮之。先生聯捷中戊戌進士，朝殿皆高等，以主事第一名簽分兵部。名士晚達，又弗獲館選，意頗鬱鬱。

先生夙負經世之才，其時中日戰後，清德宗欲奮發圖强，變法自新，而重用南海康有爲以主其謀。同鄉高給諫理臣、張通政次山皆曾疏薦康者。先生與高、張雅故，又盱衡時勢，以爲可行。趨曹之日，即條陳十事。一曰保薦期核實，宜平日訪求。二曰團練務擴充，宜城鄉遍置。三曰仕途既寬，宜永停捐例。四曰學堂既設，宜精選教師。五曰昭信股票，宜專派官捐。六曰失業游民，宜移墾荒地。七曰制錢短絀，京師宜開銀元局。八曰華洋雜處，商埠宜建交涉學。九曰策論經濟，宜合不宜分。十曰武科營伍，宜分不宜合。皆切中時弊，書奏不審。其年德意志以即墨教案，要索割膠州灣，開置軍港。先生命任卿與侯官林中翰旭等，結合鄂閩兩省公車，上書力争，亦不得允。蓋其時新舊軋轢，烈於水火。無何，而變法禍作。六君子皆駢戮於市，海内冤之。先生知事不可爲，請假歸鄂。余太守堯衢承張文襄命，聘主講漢陽晴川書院。嶽菉藉名應課，與周子貞亮迭爲首選。且訪知其名，揄揚於余太守之前，雖未投謁，而心感深矣。庚子黨禁稍弛，先生携任卿東游錢塘，擬從海道入京。值拳亂起，清廷西幸，改由鄂西趨赴行在，復條陳四事於本兵，深得嘉許。重要疏奏，必待先生屬草。辛丑回鑾，便道旋里。復由揚州、清江，直趨保定，隨蹕入京。白首郎潛，志意無俚。柯巽庵先生方巡撫西江，睠懷故人，乃以知府改外。檄榷撫州黄江口統税，提調課吏館，旋改創法政學堂。以餘事了之，幹辦裕如也。

己酉署撫州府事，屬縣辦理選舉。地僻民錮，群相疑沮，訛言四起。宜黄令以縣民聚衆抗撓，竟至請兵。先生馳往撫慰，具告其實，皆驩然散走，謂使君真父母也。甫卸事，復調榷饒州鄱陽統税，宋范文正榷酒税故處也。鄱税素號繁膴，先生恤商病而自取廉。謂吾嘗以文正之憂樂爲憂樂，豈可稍負此心哉。居饒二年，濱湖卑濕，時發腳氣。頻請瓜代，商旅輒電省乞留，其愛戴之誠可見矣。辛亥武昌事起，士民將建民政府，推先生爲率。欲以綏靖地方，先生避之若浼。立辦交替，買舟回鄂。自是寓居漢上，鍵户著書，不問世事，時人鮮有得見者。癸丑年六十三，以疾薨於漢口寓廬。彌留時，神明湛然。惟以《蕻園詩文集》稿付任卿，屬求老友左笏卿先生作序刊行，語不及他。

先生爲學治經，不專守漢宋門户之見。微言大義，並指其精要，而以致用爲歸。生平於《説文》及選學，致力最深。故其爲文，硼中彪外，華實相宜。曾著《黄陂縣志》，體例精當，考證翔實，聞篇帙尚有未竟。任卿博聞通方，能世其家學，異日當可續成也。先生有志用世，垂老始得爲郎。趨蹌外吏，又遭時末造，不得攄其胸臆，以竟厥施。嗚呼，是可慨已。

江夏門人傅嶽棻頓首拜撰

范眉生先生其人其詩[①]

徐世昌

其　一

范軾，字亦坡，號眉生，黄陂人。光緒戊戌進士，授兵部主事。歷

① 據《晚晴簃詩匯》卷一百八十二，題目爲整理者所加。

官撫州知府，有《秀蘖園集》。

其　二

眉生與子熙壬，同舉於鄉。戊戌榜後分部，乞郡非其志也。平生於詞章致力甚深，其鄉人左笏卿觀察，稱其詩根據《騷》、《選》，出入於放翁、遺山間。以硬語强韻，步武昌黎，古、近體皆有獨到之處。又云眉生才足以副其學，學足以昌其詩與文。大抵得於坡集者爲多，足以傳後無疑。

題《秀蘖園集》並序

讀黄陂范眉生先生詩文遺集敬題，即次先生《送伯晋歸羅田席上同賦得題字》韻。伯晋先生吾族人也，早年與眉生先生同爲經心書院高才生。後官翰林院編修，兩典秋試，著有《傳魯堂詩文集》。

葩詩起南國，江與漢之湄。厥篇曰風雅，伊古留雪泥。涵濡吾楚才，餘韻步以躋。代有斐然作，誰信今古睽。先生繼世雄，新軍振鼓鼙。彩鳳鳴朝陽，一洗寒蟬嘶。巨製若决川，雜什等割雞。逸唐薄晋魏，皇漢京東西。元音發正軌，寧爲歧路歧。吾家太史公，並時相掖携。遺集傳魯堂，高文猶可稽。鄒枚魯衛儔，聲價難昂低。異曲而同工，妙竅抉天倪。唱酬重期許，意氣諧雲霓。清廟明堂間，瑩然雙白圭。人琴詎云杳，著作堪品題。鄉賢是宗仰，因之懷故棲。

公元一九五五年乙未秋日

鄉後學羅田周國瑞拜題

［附］

延中謹案：周仲煌（國瑞）世丈步韻詩一篇，上起“詩的源頭”，順流而下，入扣本題，章法謹嚴，風骨遒勁。篇末詞鋒一轉，以“鄉賢是宗仰，因之懷故棲”作結，凝練深厚，頗得杜工部老成精髓。時當亂離，播遷以來，同客臺灣高雄左營，不時聚談詩文與桑梓舊事。一日，世丈來訪，借去先祖詩文遺稿五册。閱讀數月，撰成此篇，年已七十二矣。所作頌揚，固爲“宗仰鄉賢”之見，但就詩言詩，所製體大思密，粲然可觀。要當爲斲輪老手、步韻傑出之作，足以垂範後學無疑。

歲丁酉夏，余客居澎湖，得知世丈整理舊作，以“仲煊吟草”爲名結集。有感於世丈兩度枉顧，借還先祖遺稿，書贈題詩往事，爲賦《題仲煊吟草》七律一章以報之。遽蒙見重，函覆“賜題八句，可以概括老人生平”，其後並爲之手書於吟草開卷首頁。兹録附相關詩文，用誌兩代之間題詩一段文字因緣。

先祖《送伯晋歸羅田席上同賦得題字》一詩與伯晋先生和作，皆載於先祖《蘖園詩鈔》卷一《江淮同聲集》。其時約在光緒六年庚辰春日，先祖歸自淮南（安徽學政孫萊山先生幕中）。伯晋先生周錫恩，湖北羅田人，清光緒九年癸未進士，授翰林院編修，前後出典陝西、浙江兩省鄉試，伯晋其字也。

荊楚文庫

敬勝閣集

范熙壬 著

目　　録

敬勝閣詩鈔 …… 249

敬勝閣詩鈔卷上 …… 251

辛丑初渡黄河 …… 251

甲辰再渡黄河 …… 251

登黄鶴樓　並序 …… 251

登淺間山觀噴火口　並序 …… 252

贈夏口李星樵太史哲明　並序 …… 253

壽南皮張宫保七十生日二首 …… 253

柬月霞法師　並序 …… 254

丁未正月十五夜坐環翠樓有感 …… 254

戊申元旦 …… 254

贈人 …… 254

謝張子蔚觀察招飲 …… 255

贈謝石欽 …… 255

詠柳 …… 255

金陵過明故宫 …… 255

登雨花臺 …… 256

謝溧陽尚書招飲署中 …… 256

胥門 …… 256

貞娘墓 …… 257

題擁翠山莊 …… 257

留園 …… 257

東湖晚棹 …… 257

憶親上海旅次 …… 257
上海奉家大人手書賦呈 …… 258
湯濟武比部化龍畢業歸國時製詩六章留別次韻和之 …… 258
程子蔭庶常叔琳游學東京鐵路學堂畢業歸國次濟武原韻贈之 …… 260
環翠樓紀遇 …… 260
小華清紀遇四十韻 …… 261
題人小照 …… 262
寄意 …… 262
環翠樓晚眺 …… 262
環翠樓紀事 …… 262
秋感 …… 262
憶舊 …… 263
詠懷 …… 263
喜田伏侯參贊吴焆至 …… 263
四憶詩 …… 263
題人寫真 …… 264
慰彭逵丞養病平塚 …… 264
留別壽珩逵丞靈希 …… 265
哭潘理堂先生 …… 265
宣統元年孟陬考察日本帝國議會識寺島伯爵於東京賦此贈之 …… 265
己酉春興和王韜庵次杜工部《秋興》原韻 …… 265
同王韜庵王鐵公游嵐山 …… 267
送韜庵鐵公回東京賦別 …… 267
游嵐山詩 …… 267
同韜庵鐵公游疏水洞 …… 267
次韻答朱醒室兼柬韜庵鐵公 …… 268
懷沈子培方伯曾植 …… 268

題通城葛女士《雙清閣詩集》 …… 268
天寒 …… 269
次韻酬玉方雪樵二弟 …… 269
將之北京次韻賦呈家大人 …… 269
曉發饒州 …… 269
晚泊珠寶山 …… 269
老爺廟 …… 270
大孤山 …… 270
曉宿湖口 …… 270
武勝關 …… 270
五憶詩 …… 270
敬勝閣詩鈔卷下 …… 272
癸丑九月十七日蕭氏奉琴來歸紀之以詩 …… 272
壽王鐵公運孚四十生日　並序 …… 272
四十生日自警 …… 273
題周養庵肇祥之母陳太夫人《篝燈紡讀圖》 …… 273
題馮若飛《少年集》 …… 273
詠物四絶 …… 273
輓黎劭平之母蔣太夫人 …… 274
哭孔少沾夫子祥麟 …… 274
寄稚眉四弟 …… 275
朔風 …… 275
十一月望夜玩月 …… 275
賞月再賦 …… 275
賞月又作 …… 276
輓陳蔡評先生宣愷 …… 276
題葉洪雅農生《憶辭》 …… 276
民國六年除夕 …… 276

電燈四首 …………………………………………………………… 276
送湯濟武化龍訪問日本 …………………………………………… 277
賀梁節庵夫子爲公子思孝授室 …………………………………… 277
輓月霞法師 ……………………………………………………… 277
題汪鶼翁《趣園雅集圖》並次原韻 ……………………………… 277
讀《圓覺經》 ……………………………………………………… 278
聽諦閑法師講《圓覺經》 ………………………………………… 278
柬馮若飛游學日本 ……………………………………………… 278
感時 ……………………………………………………………… 279
白蝶 ……………………………………………………………… 279
覺後語 …………………………………………………………… 279
天地 ……………………………………………………………… 279
秋蟲 ……………………………………………………………… 279
中秋望月 ………………………………………………………… 279
因地口訣 ………………………………………………………… 280
大雪偕鄭叔進吴康伯梅裴漪王覺三王澂齋至圓廣寺謁達法禪師
……………………………………………………………… 280
汪仲篪柬約至趣園賞藤花次前韻答之 …………………………… 280
哭長女孟維 ……………………………………………………… 281
次韻和汪鶼翁《立夏日小集賞藤》 附原作 ……………………… 281
張乾若海若昆仲爲其母舅熊蔚如重游泮水徵詩時年八十有八作此
應之 ………………………………………………………… 282
蔣晋英評事邦彦出任兩浙鹽運使半載旋京李訪漁評事讌之於濟南
春戲贈一律 ………………………………………………… 282
雨後有感柬呈周少樸先生 ………………………………………… 282
壽周少樸先生六十生日 …………………………………………… 282
市聲 ……………………………………………………………… 283
民國八年九月一日湯濟武周年祭有感 …………………………… 283

長子應中彌月作湯餅會親友多以衣物見贈賦此誌謝 …………… 283
酬太虛上人偈賀長子應中彌月 附原作 ……………………… 284
壽黄岡程書田先生八十生日 ……………………………… 284
先農壇改作城南游藝園 …………………………………… 284
憶亡女孟維 ………………………………………………… 285
西山 ………………………………………………………… 285
雙十節感賦 ………………………………………………… 286
呈徐菊老 …………………………………………………… 286
次周沈觀先生韻偶賦 ……………………………………… 286
樊樊老有《緑菊詩》十章戲仿其體兼詠時事 …………… 286
賀楊潛庵完婚 ……………………………………………… 288
感時 ………………………………………………………… 288
讀周樸老試院酬唱詩賦呈 ………………………………… 289
次周樸老《病中答薑齋》韻奉和 ………………………… 289
壽田焕廷總長文烈六旬晋二生日 ………………………… 289
壽王佛孫六十 ……………………………………………… 290
奉和周沈觀先生《西苑典試》並次原韻 ………………… 290
次韻奉和周樸老《夜中不寐》 …………………………… 291
賀王鐵公爲其公子哲齋娶婦 ……………………………… 291
書王韜庵詩稿後 …………………………………………… 291
題莊思緘所藏《王上宫十八羅漢禮佛圖》 ……………… 292
次韻和沈觀先生《除夕》 ………………………………… 292
次韻和樊樊老《庚申元旦》 ……………………………… 292
三日雪中觀月 ……………………………………………… 292
水仙花 盆中土栽 …………………………………………… 292
題劉驤逵道尹邦驥《會稽感舊録》 ……………………… 293
題劉薦之先生卻金帖 ……………………………………… 293
壽紹興余崧齡先生及唐太夫人六十 ……………………… 293

楊花 …… 293
題素食會同人合照 並序 …… 294
送陳士可鎮撫赴外蒙庫倫 …… 294
雨中看夾竹桃 …… 294
夾竹桃 …… 295
哭應中兒 …… 295
壽余樾園之母補太夫人六十 …… 295
清晨觀李星樵贈詩次原韻答之 附原作 …… 295
壬戌春覺隨大師密授《觀自在咒》偶成一律 …… 296
贈日本覺隨大瑜伽師 …… 296
賦贈日本高僧梅谷孝永 …… 296
戊辰秋日賀盧子嘉上將永祥六旬有二生子 …… 297
賀朱蘭蓀參謀長綬光新居落成 …… 297
王育生爲警官高等學校盡瘁病故醫院次王靈希韻哀之 …… 297
蜘蛛 …… 298
顧總 庚午 …… 298
登樓 …… 298
輓樊樊山世丈增祥 …… 298
雨中眺遠 …… 299
中山公園觀牡丹 …… 299
贈道階上人游緬甸 …… 299
人生 …… 299
壽紹仲兄六十生日 …… 300
四月十五夜觀月 …… 300
《隨園詩話》中有新婚詩以階乖骸埋四字爲韻戲作一律 …… 300
送蔣雨岩作賓出使日本 …… 301
輓王書衡年丈式通 …… 301
輓周芷航教授兆沅 …… 301

次韻和王靈希《春日感懷》兼呈常甫 …… 301
輓紹陔弟婦白夫人 …… 302
敬勝閣詞存 …… 305
水龍吟　壽梁節庵夫子五十生日用張叔夏《白蓮》韻 …… 305
離亭燕　登安慶大觀亭用張炎《懷古》韻並序 …… 305
沁園春　孝陵用陸放翁《有感》韻 …… 305
念奴嬌　秦淮河用薩都剌《石頭城》韻 …… 306
憶舊游　孝陵用張叔夏《登蓬萊閣》韻 …… 306
敬勝閣文鈔 …… 307
敬勝閣文鈔卷一 …… 309
龍舟競渡賦　以“果然奪得錦標歸”爲韻 …… 309
唐平高麗百濟水陸用兵考 …… 310
孫承宗熊廷弼袁崇焕合論 …… 311
張浚論 …… 313
《金史》立《交聘表》説 …… 314
書《元史·食貨志》後 …… 315
讀《後漢書·獨行傳》 …… 316
廿二史校勘記略例 …… 318
科場變法議 …… 320
漢侯國考 …… 322
屈子生年與遷謫時地考 …… 328
畢氏《續通鑒》體例得失論 …… 332
東晉、南宋之兵何以能强説 …… 333
敬勝閣文鈔卷二 …… 335
張居正畢士馬克優劣論 …… 335
黄陂留東學生同鄉會叙言 …… 336
重九雅集小啓 …… 339
《新譯界》發刊詞 …… 339

富順王氏私立樹人學堂序 …… 354
祭大行皇帝文 …… 355
上南皮張相國書 …… 357
敬勝閣文鈔卷三 …… 360
《春秋報》序例 …… 360
速應南京黄留守發起國民捐通電　代黎元洪 …… 370
審計處采用事前監督理由書 …… 371
宜興蔣母岳太夫人七旬壽序 …… 373
衆議院質問善後大借款合同事宜書 …… 374
大總統選舉法修正案 …… 384
政治學社發起辭 …… 385
蘖園府君行述 …… 388
敬勝閣文鈔卷四 …… 394
紹興沈母高太夫人七旬壽序 …… 394
伯父佩葱府君行述 …… 396
祭伯父佩葱府君文 …… 398
致周沈觀院長書　民國五年七月 …… 399
致譚組庵督軍學長書　民國五年十月 …… 400
上徐菊人總統夫子書　民國八年十月十一日 …… 400
亡妹熙芝行述 …… 401
仁和邵伯絅庭長五十雙壽序 …… 407
祭黄岡程母李太夫人文 …… 409
致吴蓮伯議長書　民國十二年九月 …… 410
致顏駿人總理書　民國十三年九月二十五日 …… 412
敬勝閣文鈔卷五 …… 417
祭前大總統孫中山先生文 …… 417
先母劉太夫人行述 …… 422
主張恢復法統速定國是以塞亂源通電 …… 429

致楊鄰葛督軍書　民國十六年四月九日 …… 430
祭黎前大總統宋卿先生文 …… 431
先妣嚴太夫人傳 …… 432
嗣母萬太夫人傳 …… 434
節孝汪太夫人傳 …… 437
劉生人鏡金蘭譜小引 …… 440
祭金生樹漢文 …… 440
中華民國憲法草案意見書 …… 441
敬勝閣文鈔卷六 …… 446
范氏族譜序 …… 446
嫡堂兄紹仲先生行述 …… 449
補遺 …… 453
論立憲國之教育 …… 455
質問財政部委託交通銀行代理金庫書 …… 456
憲法第八十六條修正案及理由 …… 457
1924 年直奉戰爭後通電 …… 462
中華民國新憲法草案 …… 462
附録 …… 495
輓于晦若先生式枚 …… 497
輓蔡松坡先生鍔 …… 498
范熙壬先生傳 …… 498

敬勝閣詩鈔

敬勝閣詩鈔卷上

黄陂　任卿　范熙壬

辛丑初渡黄河

翠輦初東返，麻鞋始北征。河流冰欲合，沙積岸俱平。有素難通鯉，無拳枉捕鯨。同舟有嚴父，敢自詡澄清。

甲辰再渡黄河

偃武修文教，朝廷重舉賢。孝廉征列郡，車馬塞前川。下筆匡劉手，同舟李郭仙。中原秦鹿在，努力著先鞭。

登黄鶴樓　並序

李太白賦黄鶴樓，有曰一拳打碎、兩脚踢翻之語，吾不知太白置身何地而從而碎之翻之也。永王之變，厥去不就，疏狂大抵類此歟。詩之卒章，推崇崔顥原詩甚至。其後作鳳皇臺詩，竟字摹而句擬之，殆猶未免文人錮習。嗚呼，萬方多難，無暇登臨。四夷交侵，小雅盡廢。爰抉崔李微旨，糾以數言云爾。

甲辰五月月初一，我初登樓樓初立。鶴自飛去人自來，何事空爲樓太息。謂是今人非昔人，人今人昔人無分。謂是今樓異昔樓，一樓毁絶一樓修。白雲片片銜鸚鵡，萬年常護蛇山頭。謂是昔人有鶴今人無，有人無鶴樓不孤。安識今時再來鶴，保爲當年鶴之雛。吁嗟，吁嗟。我語崔君，君誠愛鶴，不知愛人，鄉關縱非汝，齊楚天地一家主。日暮大可愁，煙波不掃愁不止。何如朝朝暮暮崇樓址，崇樓去天纔尺咫。一時之我，樓頭獨倚。九州萬國，羅拜樓底。豈惟勝於乘我之鶴而已。

登淺間山觀噴火口 並序

甲辰東曆八月二十四日午後九時，偕脇山、八木、金井三先生，三好長暉君暨同學十三人，游淺間山，觀噴火口。秉燭上途，翊晨日出，始達絶頂。疲勞萬狀，匪可言喻。適脇山先生命作詩記之，返校二日，回憶前事粗述一二。至於下山歸館，飢渴困乏，更有什伯於登山者，容俟他日補賦，兹不贅焉。

燭龍煽炎驅人北，跋山濬棲輕井澤。三十三人共一團，晨起攻書夜分撤。局促轅下罔自厭，雷池一步無敢越。騫然推軒面高峰，峰頭煙湧萬千色。墨翻濃霧朱飛霞，絲絲隱挾地心熱。詢之土人曰淺間，拔海八千二百尺。樺太南趨渡陸奥，蜿蜒結集中央脈。建瓴高屋氣獨雄，横斷上野信濃國。虬髯碧眼歐美客，聯騎紛來山之側。下馬一呼奮臂前，絶頂斯須望中得。無男無女無老少，探奇鑿險力不輟。鑽研奥窔析纖毫，心胸從此開茅塞。吾黨聞風砰砰動，克期日入漏三刻。師友鳩合十九人，芒鞋徒步同時發。别尋健兒作前導，一車一馬相追攝。安排囊索裹衣裳，檢點壺簞貯漿食。桑榆夾道陰歷歷，犬聲不住隔谿逆。前前卻卻荷長梃，軟塵踏破蟾蜍月。坦夷度盡險巇迫，馬道紆回一綫窄。崩壑十丈劃垠崖，松濤捲風泉戛石。嵐光突兀匝四圍，羊腸乍轉躧叢闢。游絲横路蛩亂啼，珠露溥溥砭肌骨。偶覓深林恣偃卧，遑論天幕與地席。田仲咽李果枵腹，相如抱甕消渴疾。精疲力竭慧有餘，競争初不避涓滴。小憩移時復前進，峻坂嵯峨天梯設。砂礫層疊健步滑，翻憾茀道少荆棘。倒持玉杖立鼇背，俯視坤輿蟻封穴。白雲盪漾點青峰，有似群島屹溟渤。巉巖倏忽露平掌，怪石斑爛小大植。傲然箕踞睨星辰，一局殘棋鬥吳越。北斗漸墜朝陽昇，豪光倒射虹霓赤。波心一躍出天表，奇彩掩映富士雪。寒沙莽莽垂戈壁，失勢一落俊鶻急。千金生命輕鴻毛，齋[1]粉何能宙合益。吁嗟乎，萬里原從跬步積，得尺得寸宜自惜。艱危莫仗他人扶，百折不撓乃豪傑。男兒有志事竟成，第一蓬萊終可達。亶州火山以百數，此山圓錐尤奇絶。窪然一竅通地底，烈焰萬古無消滅。遥憶天明白鳳年，洞口砰訇自爆裂。揚灰走石飛屋瓦，人禽草木同一擲。十里百里俱雷動，菑害至今稱最烈。君不見碓冰東西分水脊，田原彌望連阡陌。熔汁磅礴磽確迸，磊落縱橫多遺蹟。安得伯翳工圖畫，殊形一一禹鼎列。吁嗟乎，天地好生生更殺，滄海桑田變一夕。高岸爲谷深谷陵，福倚禍伏誰臆測。不如納履下山去，精研物理來歲重推察。

贈夏口李星樵太史哲明　並序

星樵太史别號曇花道人，道人滯翰林十六年，鬱鬱不得遷。癸卯一充貴州主試，號得士。道人夙工古文辭，尤長於詩，得韋蘇州、蘇東坡二家神韻。品之高潔、學之淹博亦儷之，獨磊落抑塞以迄今日。冠蓋滿京華，斯人獨憔悴。三復斯句，無任惘然。

錦衣持節指牂牁，櫟社偏逢匠石過。好把珊瑚收碧網，莫教燕雀誤朱羅。陽明心學龍場驛，諸葛勛名銅鼓歌。願更别開文字界，齊將凡眼洗天河。

壽南皮張宫保七十生日二首　丙午八月初三日

坐鎮荆衡十五年，陶公旄鉞祖公鞭。撫循厚養三軍力，風氣獨開一國先。歷歷晴川儲武庫，煌煌大府鑄周錢。書生不解匡時策，井底呶呶説小天。

湖學規模開大學，元豐變法盡希文。公孫令甲長懸漢，傅説嘉謨總告殷。百國寶書宏魯譯，六經文字訪秦焚。龍門聲價荆州重，竊喜香花一瓣分。

柬月霞法師 並序

法師本湖北黄岡人，初入常州天寧寺爲僧。歷游五臺山、太白山，研求佛法。晚居金陵，與楊仁山居士往還極密。丙午冬，桂君伯華至日本，組織佛學研究會，特聘法師教授《觀楞伽經義記》。余厠其列，聽講數月，心中豁然頓有所悟。重悲中國佛學式微，無人振起，作此自勵云。

一水横生犍闥煙，黑風莽莽競張帆。無人肯證波羅蜜，有教皆宗自在天。不信孔門傳禮樂，可憐徐市説神仙。梅花數點扶桑夜，一撥孤燈一惘然。

丁未正月十五夜坐環翠樓有感

辜負春華廿九年，樓頭又見月輪圓。泉飛箭影先穿石，山聳刀鋒欲剪天。故國黄粱新夢覺，一爐丹火寸心煎。青鞋踏玻神仙渺，不怨秦皇怨史遷。

戊申元旦

甲子新開花半紀，期頤約占壽三分。青春畢竟天珍惜，莫信人間重晚曛。

贈　人

燕臺雲影夢痕牽，恍到桃源第一天。密語依稀人已遠，相思衹解卜金錢。

尚憶臨歧握手時，偷彎十指數歸期。黯然怕遣魂銷盡，衹説相逢不説離。

辛苦陳吴留後約，安排劉阮待重來。青青柳色渾如昨，日望章臺幾百回。

謝張子蔚觀察招飲

戊申五月十五日，張子蔚觀察招飲百花洲。同坐有俞恪士、林貽書、慶筱峰、楊小麓諸公，賦詩誌之。

名勝南昌第一推，百花洲上有樓台。湖光三面緑飛入，山色四圍青送來。日向後庭移玉樹，風争前席勸金杯。敦槃賓主紛酬酢，衹數浩然是不才。

贈謝石欽

仲夏游安慶，遇謝子石欽於沈子培方伯署中。暢談十日，别而賦此。

縱談剛旬日，相别已五年。南北紛轅轍，東西各地天。造車期閉户，調瑟重更絃。此意無人解，知心一謝玄。

詠　　柳

曲影摇風瘦不禁，腰支照水碧沈沈。離愁牽縷防人覺，密意交柯畏鳥驚。淡掃峨眉横遠黛，低隨蓮步换輕陰。可憐一片秦樓月，挂在枝頭攪夜心。

金陵過明故宫

天雨淚、人淚雨，雨淚相和爲一縷。縷縷下穿金陵土。夕陽一片飛滿城，銅駝低首埋榛荆。五橋流水聲嗚咽，似訴天公太不平。孝陵帝業今何在，錦繡江山圖未改。玄武芙蕖葉接天，秦淮燈火光摇海。鼎湖一去弓劍空，雨花臺畔馬嘶風。漁陽鐵騎横江渡，五步衣濺大王紅。春秋一字特書篡，佳名僞託周公旦。湘東滅督在吞梁，吴濞誅鼂實窺漢。萬世芳流血胤碑，三公祠傍方公祠。錢選青銅磨冷石，丹心一點照吴兒。左侯好古建亭閣，身碎節完四字灼。不意當年紫殿前，祇爲忠臣奠毅魄。午門樓高飛五雲，鈴語叩天天不聞。石頭半夜降旛出，咸陽三月阿房焚。建文孺子宏光弱，半壁江南餘瓦礫。天險從來不足憑，聚鐵難鑄九州錯。馬阮逆案枉推翻，四鎮魂銜精衛冤。道鄰書生空袖手，夜聽江上啼哀猿。龍虎生來自蟠踞，犧和敲日聲不住。蒼生霖雨歌謝安，草澤英雄笑劉裕。我來過此心茫然，但開白眼望青天。明季去今數百載，今人猶爲昔人憐。不知後日視今代，懷抱何如今慷慨。地墜莫徒憂杞人，怕聞桀犬張牙吠。

登雨花臺

故國河山盡劫灰，凄凉無奈雨花臺。江波東挾蛟龍去，雲影北銜鴻雁來。俯視人家十萬户，狂斟美酒三百杯。莫教兀术行空馬，又向斜陽立幾回。

謝涇陽尚書招飲署中

涇陽端午橋尚書招飲江寧督署，各國領事及領事夫人咸集。觥籌交錯，盛極一時。初擬攝影留紀念，因雨不果，誌之兼以爲謝。

督鎮江南壯老謀，五洲人物一時收。筵開夷夏雙全會，語雜東西兩半球。上蔡春風新入坐，庾公秋月舊登樓。九天鱗爪雲中影，祇爲傾盆雨未留。

胥　門

雉堞回環遶四周，東門畏説子胥頭。捨身甘爲勾吴死，抉眼難忘於越仇。屬鏤劍前應有恨，甬東江上已無謀。英雄到底成何用，贏得虛名動九州。

貞娘墓

三尺殘碑表道旁，吴中樂妓古貞娘。煙絲密鎖千叢草，樹杪斜鉤一片陽。桃葉西施遲范蠡，梅花蘇小隔錢塘。嬌魂綰住東風未，青塚年年衹自傷。

題擁翠山莊

前門拒蒼獅，後户伏白虎。黑雲四面來，壓此一片土。危塔鎖荒煙，孤桐滴疏雨。寄語擁翠人，勿忘樂中苦。

留　園

十萬臨淄一炬紅，天留池館壯吴中。三山舊認亡爲有，四大今知色是空。漫對金樽銷永晝，難禁翠袖遶清風。樂憂先後何須較，畢竟希文志不同。

東湖晚棹

荷風吹送碧錢香，閒向湖陰盪晚凉。雙槳聲聲摇水緑，重簾面面捲天蒼。鳥貪鏡裹窺新月，魚怕竿頭釣夕陽。珍重青衫莫輕濕，露痕已躍十分光。

憶親上海旅次

又作東西南北人，十年九别兩衰親。鏡中白雪高堂髪，夢裹黄粱客捨身。采藥三山難已疾，擁書萬卷總憂貧。國家人我都無濟，何苦天涯遍問津。

上海奉家大人手書賦呈

一紙書傳萬里音，讀來雙淚墮涔涔。竹當烈日清含骨，蓮出污泥苦在心。九轉那堪腸是鐵，三緘難得口如金。孤燈挑盡威眠未，怕有閒愁夢裏尋。

莽莽乾坤似劇場，盡隨冬夏變炎凉。何曾面目廬山睹，争説塵埃渤海颺。蝶化莊周元幻幻，麟傷孔叟故皇皇。兒今一語爺須紀，築室從無聽道旁。

馬因空北譏良驥，蜩以圖南笑大鵬。衹見夏雲蒙皎月，誰知春水泮堅冰。樗蒲十萬揮劉毅，玉斗一雙碎范增。寄語江東諸父老，休令白璧怨青蝇。

到處漁陽鼓自撾，年年芳草踏天涯。百金枉鬻不龜手，隻字嚴除拾慧牙。亞美歐非翻九譯，儒回耶釋萃諸家。莫悲日暮前途遠，指點蓬萊路未賒。

湯濟武比部化龍畢業歸國時製詩六章留別次韻和之

長風紛逐海波來，顛倒神州幾許才。鐵網虛懸三面闊，銅琶高撥四絃哀。圍棋天閟東山雨，失箸人驚孟德雷。妾婦漸多烈士少，肝腸誰更守提孩。

牟尼生後已無天，衣缽分明努力傳。莊列菁英都似佛，宋元性理本參禪。青牛函谷書藏尹，丹鼎扶桑草鍊仙。最怪祖龍迷帝德，三千童女載徐船。

冰生寒水火生鑪，儒道相衡道絀儒。三尺法尊天漢令，百年名付武梁圖。巢雖毀盡泥猶結，井到眢時土不枯。此志與君聊共矢，莫教木石笑人孤。

斜陽故國天同慨，勃海狂瀾地欲流。不信螳螂終捕雀，誰知巨象竟吞牛。驪山暫避唐皇暑，巫峽深悲宋玉秋。從古二南繫文化，澄清勉擊祖生舟。

天涯相望幾青衿，鳶自高飛鳥自沈。珊樹拂來枝比玉，流沙淘得滓成金。喜開蓮社傳香火，怕上琴臺話客心。珍重王孫芳草路，行行試讀子雲箴。

光芒萬丈赤城霞，宙合人才眼角斜。舜水芳留三島石，張騫功紀七星槎。右文争見臣捫虱，尚武不聞君式蛙。予亦中原痛哭者，挑燈爲訊紫薇花。

［附］

光緒戊申畢業歸國留别

湯化龍

片帆東指島雲來，北贐南金盡異才。奎井德星天末聚，崦嵫落日國魂哀。禽心癡絶填冤海，獅夢驚回仗法雷。壯志未酬頭漸白，憐予猶自倒綳孩。

混沌雕鑱别有天，西來薪火待人傳。好奇成癖三生業，索解無端一笑禪。日影苦隨蛇赴壑，書叢容得蠹成仙。年來頗識鹹酸味，又促歸裝趁晚船。

收盡球琳冶一鑪，並時賈董盡通儒。敖嘈滿座鈞天樂，辛苦三年立雪圖。舊雨相看人半老，新亭同上淚雙枯。離群莫漫傷寥落，風虎雲龍德不孤。

江漢滔滔南國紀，奇英遁足入東流。怕聞時事心撞鹿，狎主齊盟耳執牛。枌燕影沈荒島夢，蒓鱸風起武昌秋。今來莫也思鄉味，煙水漫漫送客舟。

佻達城邊悲子衿，辟雍鼉鼓久沈沈。文明許藉它攻石，橐籥先開汝礪金。喝棒當頭猶大夢，移山到老此孤心。别筵猶記諄諄囑，合作龍谿座右箴。

三島峥峥擁暮霞，吟囊西去夕陽斜。國醫求盡神仙藥，漢使初回星海槎。暗慘中原悲失鹿，官私兩部競鳴蛙。屠龍技熟歸何用，閒向船頭拂劍花。

程子蔭庶常叔琳游學東京鐵路學堂畢業歸國次濟武原韻贈之

銅琶高唱逐雲來，風骨翩翩太史才。鵬化久思醒蝶夢，烏瞻專爲哺鴻哀。泱泱東海瀾觀水，隱隱南山蟄起雷。試趁歸舫載靈藥，呻吟滿道盡嬰孩。

冰洋探遍北南天，地縮長房術有傳。老手斫開輪孔竅，機心參破箇中禪。專官金木謀通鬼，馳道縱横望若仙。不意西方人起聖，陸行翻捷火龍船。

陰陽爲炭地爲鑪，名論由來創大儒。水火唐虞分置府，海山禹益舊呈圖。金牛道闢蒼龍斷，烏鵲橋通銀漢枯。閉户造車終合轍，奇功漫笑五丁孤。

掌上白雲翻大夢，眼中滄海竟横流。高才迅逐中原鹿，嚴罰狂牽鄰舍牛。但見家鄉收五穀，空聞功狗黜千秋。長城自壞何須説，敵國紛紛聚一舟。

乘風來往盡青衿，施手摩天刃忽沈。幾見一飛成健翮，都緣百鍊出精金。楚才誰奮當車臂，趙璧須懷睨柱心。片語贈君君記取，神州十二有州箴。

扶桑出日燦紅霞，回顧長安日又斜。五色補天偷鍊石，十年鑿空慣浮槎。强弓三害難除虎，簧鼓群儒亂擊蛙。何日西河歸士季，聯牀同舞劍鋩花。

環翠樓紀遇

山圍翡翠水流銀，福地從來住福人。不意蓬萊仙可遇，果然幻幻變真真。

重門半掩半迎風，月到中庭萬象空。惆悵廬山真面少，螺鬟乍現又朦朧。

探到桃源第幾天，勝驪山下有温泉。田田何幸蓮花浴，容得游魚戲葉邊。

萬里長風繫彩繩，相思如豆比紅燈。迢迢牛女何時渡，會見天河夜結冰。

小華清紀遇四十韻

乍見驪殊遇，同游證夙緣。緇衣分授飯，華燭别開筵。户外迎風入，樓頭伴月眠。錦衾春浪疊，紗帳夏雲懸。小玉催頻急，丫鬟笑最嫣。徘徊松繡帶，寂寞卸珠鈿。席隔陽臺薦，牀辭雨夜聯。雞聲雌劍泣，雁字素書傳。蟲語紛追電，松濤競撼天。泥曾封谷口，鐵久鎖江邊。桃葉中流楫，銀河七夕船。嫌宜瓜李避，勢比斗牛堅。蝶夢驚俄覺，鶯隣怯屢遷。推窗鉦挂樹，捲幔鏡飛泉。早起陰疇惜，孤行影自憐。薄裾排闥縐，半鬢下堂偏。蟾闕剛攀桂，魚池忽戲蓮。雪膚花散女，金掌露承仙。髻洗蒼螺曲，胎含紫蚌圓。潮平新浴日，田暖慣生煙。焰怪山靈吐，源疑地軸穿。熱争騰混混，清獨出漣漣。沫爲唐妃幻，渦隨漢后漩。腰支飄更細，肌理鬥愈妍。真面匡廬覩，深情渤海填。櫻唇紅欲破，貝齒白如編。狎受眸凝注，偷看步折旋。大癡誰似我，至美彼無前。失畏人交臂，摩欣水及肩。微波知有託，密意恐難宣。絮舞楊輕重，絲牽藕斷連。梅筐嗟已摽，榴火喜初然。圖版歧吴越，姻親約趙燕。導愁先路杳，寵待後庭專。燦燦文通筆，珊珊士雅鞭。芍欄迷萬里，蓬島秘千年。渴慕長卿解，期嗔季隗愆。落陰猶未掃，碎璧詎能全。枉向蕉求鹿，何妨瑟改弦。此身多慧福，到眼盡嬋娟。

題人小照

纔入天池便出群，真疑是幻幻疑真。江湖多少知名士，不逮傾城一美人。

寄　　意

螺黛蛾青兩岫横，秋波凝注碧盈盈。華清脂洗楊妃膩，太液裾飄飛燕輕。斜月半簾迷桂影，長虹雙屐狎濤聲。瀟湘三日蘋花散，惆悵東風無限情。

環翠樓晚眺

履巒疊翠擁高樓，暝色漫空大可愁。花影拾殘歸晚照，人聲搗碎付清流。百年勝蹟桑生海，一世雄心芥作舟。四顧茫茫天欲醉，夜來倚劍訊牽牛。

環翠樓即事

雙峰龍遶壑盤蛇，樓閣間推第一家。月影倒懸天上鏡，濤聲碎入水中花。衣冠優孟侏儒舞，羯鼓漁陽慷慨撾。更有温泉流玉屑，夜來翻雨浸桃華。

秋　　感

離人萬里是青山，無斧能將峻嶺删。負重如天鵬易墜，銜愁滿地鳥難還。樽前歌袖波摇緑，檻外花冠辦落殷。莫怪秋風變蕭瑟，壯年庚信到江關。

憶　舊

萬縷離愁疊似螺，落陰難掃舊時蘿。癡逢極處翻疑慧，仙不修成總是魔。辛苦天邊紛墜絮，丁當月下悄鳴珂。相思一例層巒隔，欲遣豐隆跨紫駝。

詠　懷

鏡裏芙蓉草上塵，誰云是幻竟非真。不才漫自誇名士，有學方能利世人。三日瓊樓周化蝶，千年漆簡孔傷麟。劫來怕見西風起，張翰鄉心總繫蓴。

喜田伏侯參贊吴焒至

建業曾推入幕賓，新陪使節到東隣。神仙慣識三山藥，轍跡重揚八駿塵。夢遶地球九萬里，化行君子六千人。少年同學難回憶，祭酒群推稷下荀。

四憶詩

梁節庵夫子

立雪程門已十年，曉風楊柳故依然。夷陵洞訪三賢跡，京口舟回萬里天。自分蕲黄家玉局，更無臺閣位伊川。秋來雲漢凉如水，一度昭回眼一穿。

袁伯夔郎中

翩翩濁世佳公子，犖犖藏書第一家。爲出青天撥雲霧，思扶大陸起龍蛇。清談曾把竹林臂，香瓣新分蓮社花。眼底横流滄海隔，何時博望賦歸槎。

陳士可參事

十年曾摅今非古，萬卷俄從舊闢新。金石横搜球半地，語言高壓筆千人。矯時故效陳同甫，博物端推王應麟。知我一君君一我。海天明月證前身。

王盱衡推事

弇州文采半山心，天末遐思金玉音。三尺法勘蕭相律，一門樹庇狄公陰。璧雍挹注桓榮水，蓬島回翔阮籍林。如此大才仍小用，蒼生何以慰甘霖。

題人寫真

紅塵十丈爛神京，五色花從炫海生。不惜千金争買笑，可憐一顧便傾城。季桓受樂寧知魯，吕韋居奇竟誤嬴。自古娥眉俱禍水，悔無延壽畫卿卿。

慰彭逵丞養病平塚

相見天涯一病身，憐君不禁語頻頻。潮聲夜撼秋雲薄，花影朝迷海市新。夢醒蓬萊徐市藥，愁生桑梓季鷹蓴。污人富貴何庸羡，怕有西風漲庾塵。

留别壽珩逵丞靈希

逗留七晝夜，啖菊更烹茶。癢倩麻姑爪，笑拈玉女花。霞裳裁錦繡，珠淚灑琵琶。來去何聞見，旗亭唱晚笳。

哭潘理堂先生

滇雲如墨唱天雞，鴻爪十年認舊泥。入幕蕭何刀筆健，乘槎徐市海雲低。探囊藥滿神仙貯，擇木枝新鸞鳳棲。不意漆園成大覺，吴門秋草路凄迷。

宣統元年孟陬考察日本帝國議會識寺島伯爵於東京賦此贈之

萬石門凡重，三槐世澤長。父爲典屬國，子作秘書郎。鄭伯錙衣燦，君房玉齒香。何緣一攜手，莫逆訂扶桑。

己酉春興和王韜庵次杜工部《秋興》原韻

總　　叙

空青神籟中商林，春滿蓬萊氣鬱森。世界三千球大小，月宫十二管陽陰。粧摹壽主梅花額，曲和巴人白雪心。聞道玻黎敲太急，一聲霹靂動山砧。

西　　京

黄圖雒邑玉鈎斜，鞲錦聯翩照路華。鷲嶺迴環雲作障，鴨川清淺水通槎。樓台歌舞喧都踴，楊柳旌旗静塞笳。莽莽大和魂有託，朱櫻燦發國中花。

北　京

幄開金牓道瓊暉，緑意東皇寸草微。入水身騎長鯉去，垂天翼逐大鵬飛。三桃王母瑶池迴，百藥巫姑寶路違。懸解瀛洲新學士，康衢曉策紫騮肥。

東　京

祥雲糺縵帝臺棋，五色誰知煉石悲。馬季絳帷經好古，叔孫緜蕞禮從時。荆山美玉昆刀琢，滄海神珠明月馳。萬里清流容濯足，璧雝江户最相思。

南　京

秦淮王氣韞鍾山，半壁東南鎖鑰間。塔影花明禪窟寺，潮聲月湧海門關。畫船閃爍金蓮步，天馬飈馳紫電顔。釃酒臨江横槊賦，英雄佳話總斑斑。

江　西

廬岳峯回五老頭，瓣香蓮社撰陽秋。滕王高閣弦歌沸，彭蠡孤舟水戰愁。門巷烏衣歸舊燕，江湖白雨浴輕鷗。德星何日天官奏，刮目東京月旦州。

湖　北

筆補乾坤造化功，《離騷》文字日方中。陳良北學周公道，虞舜南巡楚國風。九畹芝蘭凝露白，一江燈火燭天紅。漢皋麕集諸蕃舶，驚倒田間百歲翁。

黄　陂

龍接崑崙地軸迤，荆揚分野繫黄陂。柳傳程灝祠邊樹，杏折徐熙畫裏枝。七德將軍巾幗壯，六師司馬夜郎移。童顏難駐扶桑景，珍重功名竹帛垂。

同王韜庵王鐵公游嵐山

芙蓉雙劍插西東，一點嵐光大鏡空。雲影初銜飛鳥上，人聲半在畫橋中。淘清砂白滄浪水，吹墮天青薜荔風。縛住雨絲開霽色，輕舟欸乃夕陽紅。

送韜庵鐵公回東京賦别

離魂幾縷黯然銷，獨立旗亭折柳條。千里月中雙璧去，九回腸裏一杯澆。看花走馬顏如錦，鑿空乘槎腹太枵。瞬息神龍形已變，東西鱗爪各雲霄。

游嵐山詩

瀛洲春色碧無邊，剪取中山一角天。流水聲隨船上下，飛虹影與月周旋。紛傳珠履三千集，幾見金鈴十萬懸。片片落紅花滿地，題詩裁作野王箋。

同韜庵鐵公游疏水洞

山東鑿穴出山西，湖水分來注幾谿。坐井横觀天小大，懸衡隱測地高低。電光錦漲桃花浪，雲影丸封函谷泥。泛得神仙舟一芥，瀛洲料與李膺齊。

次韻答朱醒室兼柬韜庵鐵公

轉眼都如夢，看花復幾時。餞春一斗酒，還債五言詩。隙過白駒急，書來青鳥遲。火榴何日放，先寄兩三枝。

懷沈子培方伯曾植

吏部文章播邇遐，山經地志一時誇。書繙安息旁行字，筆借景淳五色花。湖學分齋羅弟子，李門投刺託通家。大觀亭上清輝月，應照清流到海涯。

題通城葛女士《雙清閣詩集》

神山踏遍草迷離，靈藥無根孰主持。五色鍊成心似石，三年泣盡淚如絲。銀河皎潔天難問，漆室悲吟世豈知。珍重陽春莫輕唱，隔墻怕有拊缶兒。

草木離騷删舊注，歲時荆楚報新年。落霞思入江城畫，流水情移海國船。腕底大家紛著作，眼中勝鬘獨神仙。南風本是娥皇曲，譜作雎鱗意更傳。

大喬姓氏彪三國，小妹文章擅一家。咳唾隨風團作玉，聰明著雪凈爲花。從軍夙買木蘭駿，問字新乘馮嫽車。太息神州巾幗苦，井中閣閣亂鳴蛙。

十年一夢感飄萍，東北支離兩帝京。蘇蕙回文心織錦，班超投筆腹羅兵。愧無長策追三傑，空有虚名動九卿。坐對春風倍惆悵，怕摇金柳入閨情。

天　寒

天寒慵早起，庭樹鳥聲催。雪意無人解，梅花衹自開。爐紅茶煮就，尊白酒沽回。此地堪中隱，何須託草萊。《梁書・江淹傳》："臣然後歸身草萊。"

次韻酬玉方雪樵二弟

萬頃湖光一葉過，龍圖遺愛此州多。范文正公曾爲龍圖閣學士。學遵家法毛生鳳，書讀今文體變蝌。門内壎篪聯謝朏，案頭刀筆重蕭何。分陰須爲朝廷惜，莫效三閭怨芰荷。

將之北京次韻賦呈家大人[2]

駒隙匆匆匝月過，團欒家慶苦無多。珊瑚釣海珠分蚌，詩禮趨庭字識蝌。得父膏腴洵不少，致君堯舜究如何。明年休沐歸來日，應許萊衣獻芰荷。

曉發饒州

初日射曈曈，帆墻兩岸中。霜融鴛瓦白，風漾鯉波紅。行色三聲笛，離愁一夜鐘。芝山仍在望，游子意無窮。

晚泊珠寶山

流水聲潺緩，停舟珠寶山。雁隨風北至，月遶地東還。湖影微茫闊，雲心澹蕩閑。夜深重入夢，仍在七星間。饒州有七星井。

老爺廟

有廟傳千古，紛紛祀老爺。天空雲陣雁，日暮樹巢鴉。金鼓魚寒膽，山川犬錯牙。何緣神設教，此意問羲媧。

大孤山

洪流吞九派，砥柱此孤山。氣接三江外，名高五老間。波澄星斗活，霜冷月弓彎。徐覓肩舟去，芒鞋絶頂攀。

曉宿湖口

江漢同流後，東來匯此湖。縱横三楚濶，大小兩山孤。鐵鎖關山壯，金城戰鬥餘。更深嚴擊柝，隔岸夜頻呼。

武勝關

豫州城盡接荆州，山勢逶迤一望收。南北從來天有限，暖寒豈必地相侔。瞻烏遶屋關難越，歸雁排空字不留。最是行人腸斷處，故鄉回首白雲浮。

五憶詩

長沙張冶秋先生百熙

衡嶽蓮花峰，降靈張尚書。文章照日月，聲價超璠璵。太學漢京宏，五教敬敷虞。珊瑚羅鐵網，東井星聯珠。方冀雲漢昭，壽考周王俱。追琢盡金玉，勳伐爛天衢。那期梁木壞，風慘三年廬。賈生文漫弔，且鑄傳巖圖。

桐城吴摯甫先生汝綸

望溪大涅槃，距今已百年。衣缽無人付，諸公盡昇天。桐城吴先生，慷慨追前賢。文選家百三，經著言五千。北上黄金臺，悲歌凌幽燕。精舍建安定，君子花開蓮。乘風渡黄海，蓬萊求神仙。丹成尸解去，撫鼎空潸然。

瑞安黄仲弢先生紹箕

永康劃學派，辟自趙宋初。同甫與水心，皎皎千里駒。積薪七百年，上推瑞安居。黄孫兩大家，世耀君子儒。經學向及歆，器識亮兼瑜。江湖知名士，泰半下風趨。我初拜先生，龍門雙鯉魚。魚今化鵬飛，龍去鵬安歸。

蓮華熊餘波先生亦奇

紫氣燭斗牛，云是豐城劍。雷焕今不作，光芒何時斂。奇書萬卷擁，卓犖窮鉛槧。英聲霏翰林，文采天庭剡。持節來武昌，眼光秋波瀲。剖玉太璞中，一世服精鑒。慟哉歸道山，赤貧無以殮。老親與稚子，救死有誰贍。

陽湖張小浦先生鶴齡

祖龍壹天下，尊荀絀百家。聚訟二千年，漢宋徒紛拏。疇人散四裔，絶學大秦誇。珠還不自辨，罪反卞和加。吁嗟張夫子，識與衆人差。關弓故不發，一發穿五靶。射日既亡羿，補天誰作媧。黯淡遼東雲，孤鶩飛落霞。

【校記】

〔1〕“齋”，疑爲“齏”字之誤。

〔2〕“人”下原有“附原作”三字，因《秀蕻園集》已收《己酉冬壬兒來自京師侍疾月餘》一詩，此處從略。

敬勝閣詩鈔卷下

黄陂　任卿　范熙壬

癸丑九月十七日蕭氏奉琴來歸紀之以詩

盈盈一水望秋河，桃葉分明此夕過。天遣黄姑迎織女，月教丹桂護嫦娥。百年信誓山成礪，千里恩情海不波。人比菊花容更淡，夜深高燭照如何。

壽王鐵公運孚四十生日　並序

鐵公以光緒丙子年閏五月七日生，訖今年甲寅閏五月七日爲三十九歲，舊例每於整數之前一年稱觴上壽，謂爲望壽。而鐵公尤以本年閏五月七日自喜爲難遇，於是招其往來最契者數十人置酒私第，且屬熙壬賦詩誌之。

三歲輸君啖朮羹，荷花生日祝君生。蘭湯重浴天中節，梓里交推月旦評。强仕剛符左雄格，動心蚤達孟軻程。銅山東望扶桑在，回想芝園無限情。鐵公長余三歲，本年始釋褐爲參政院秘書。閏五月七日，洽爲覲見袁大總統之期，可謂巧矣。鐵公與其從兄韜庵於光緒戊申年在日本東京芝公園與余交換蘭譜，認爲異姓昆仲焉。

［附］

己酉六月偕十二弟與任卿老弟聯譜江户，同攝小影附題一律以誌不忘

王運嘉

玉樹亭亭立，臨風愧弗如。肩隨吾獨長，眼底子無餘。交已成金石，

盟還陋笠車。歲寒三友在，盤錯不彫疏。

四十生日自警

秋團新露作璸珠，鏡對華顏比舊殊。眼底滄桑餘百戰，胸中壘塊付千觚。偷閒獨愛雲眠鶴，撫壯全如隙騁駒。惑重宣尼年與並，素衣安得一塵無。

題周養庵肇祥之母陳太夫人《篝燈紡讀圖》

一穗燈寒四壁空，機聲徹曉督群蒙。望夫淚盡衛共伯，教子才如蘇長公。心事獨鳴天半鶴，爪痕殘印雪中鴻。遍嘗冰蘗難窮繪，留與輶軒補國風。

題馮若飛《少年集》

珠璣無數下璇宫，筆底江聲腕運風。蚤辦奚囊隨李賀，遑虞醬瓿覆陽雄。白眉譽播三川外，青眼春回一坐中。慢羨祥麟張獨角，斯人頭地已穹隆。

詠物四絶

蜘　蛛

營生無計贍餐饔，盤踞方隅氣尚雄。密網横牽風不定，可憐搜括到微蟲。

蟋蟀

爲貪飲啄入樊籠，夜半蜷吟續遠鐘。到底雌雄憑一決，千金都擲戰場中。

蝙蝠

煮海爲鹽大國風，無端社鼠竄其中。象形合製東洋傘，赤日初斜技便窮。

蜥蜴

四壁縱横焰莫當，小名偏假獸中王。何須喋血塗宫女，一片貞情永不忘。

輓黎劭平之母蔣太夫人

雲旗天半掣秋風，小謫仍歸兜率宫。母教不曾寬孟博，婦儀真合伴梁鴻。經馱白馬心如佛，劫睹紅羊眼乍蒙。覺夢何勞修短校，萱花百歲總成空。

哭孔少霑夫子祥麟

崑崙蜿蜒趨泰岳，孔氏蔚爲儒林宗。暴以秋陽濯江漢，扶植入紀開鴻濛。梁木瓌奇不世覯，七十二傳逮我公。頭角嶄然與衆異，龍種千載仍生龍。玉堂翔步富文藻，雷硠巨刃摩蒼穹。爾雅蟲魚輩海外，尚書蝌蚪搜壁中。家學淵源光四被，直窺安國躋孔叢。南行持節莅鄂渚，雲夢八九羅心胸。真僞别裁和氏玉，得失詳定楚人弓。賤子是年纔十五，弟佗初效儒生容。登門價比荆州重，入室文慚司馬工。所賴大匠有繩墨，粃糠塵垢受陶鎔。海波軒起蓬萊水，負笈東訪乘桴蹤。不料九夷非陋國，遲公半歲上崆峒。靈藥滿囊壓歸棹，時雨汎灑失神功。勸學力矯中州弊，稷下祭酒聲隆隆。須臾天傾地後陷，文武道盡梁炬紅。五裂四分魚已爛，揭竿斬木多於蠭。吾師此心不稍懈，獨挽狂瀾障川東。漢幟特張爲翼聖，徂徠崛起魯龜蒙。學杜紛紛遍天下，影響所至如雒鐘。方期著作懸日月，變夷用夏尊軻雄。那知少微星忽墜，音塵萎絶琴書空。嗚呼，斯文天喪吾道窮，渾沌七日倏忽鑿未終。

寄稚眉四弟

鎮日無消息，憂時獨掩門。沙蟲填澤國，風鶴動山村。念亂誰無母，離群我自昆。可能效沅甫，文論續鳴原。

朔　　風

風力猶長夏，天威變酷寒。日緣南至短，山爲此冰寬。書手呵新凍，琴心結古歡。蕭蕭多壯士，何以報燕丹。

十一月望夜玩月

月月清輝滿，今宵照獨長。林枝摇瘦影，星斗斂寒芒。海蜃銀爲闕，河魴冰作梁。誰將不龜手，洗甲靖池潢。

賞月再賦

世人共賞中秋月，吾愛仲冬輝更清。一色水天無塵滓，四時城郭獨光明。西鄰思婦揮珠淚，南國征夫動綺情。兵氣蔓延銷未得，試披肝膽伏流星。

賞月又作

寒風吹不落，千里此光輝。北嚮雁何在，南征人未歸。銀河倒地瀉，海水插天飛。一著休輕布，枰中星影稀。

輓陳蔡評先生宣愷

口授《尚書》秦博士，指陳《鹽鐵》漢議郎。滄桑閲盡七十載，桃李種成千百行。木蘭一夜頹天半，黄鶴高舉雲悠揚。鄉先生歿宜祭社，敢誦清芬備樂章。

題葉洪稚農生《憶辭》

濃點櫻唇淡掃眉，美人心事鏡中窺。牧之對燕題桐葉，夢得緣波賦竹枝。日飲白虹天蚤醉，雲成蒼狗雨難施。洞簫吹徹王郎月，弄玉今年卻嫁誰。

民國六年除夕

忽忽悠悠四十年，人間半誤有情天。許多絲髮牽煩惱，絶少關津渡聖賢。燈火萬家紅不斷，月華一朵皓無邊。潛移斗柄仍回子，新歷明朝换彩箋。

電燈四首

倒擎連炬徹宵紅，一綫光明四遠通。不事雷聲平地起，已教倦眼豁朦朧。

似火榴花爛漫開，銀爲燈盞玉爲臺。何須深夜燒高燭，照起紅妝進酒杯。

玻璃聲急下金烏，閃爍光涵不夜珠。若使蔽更無禁律，幾疑白晝在通衢。

雪花六出滿天飛，玉宇瓊樓吐紫輝。風力縱橫光不改，人人身著錦衣歸。

送湯濟武化龍訪問日本

出海扶桑望了然，塵緣官守未能前。權因伏櫪思千里，回想乘桴已十年。蜃氣結樓繁市景，櫻花如雪舞歌筵。蓬萊仙子真相覯，乞寫延齡術一篇。

賀梁節庵夫子爲公子思孝授室

多謝冰霜護此躬，春來桃李一庭紅。家藏詩禮新傳子，天與癡聾好作翁。骨鍊藍田煙萬玉，眉開京兆月雙弓。德門久有修齊法，五噫歸來饌進鴻。

輓月霞法師

本自虛空來，還向虛空去。虛空本不空，來去皆無住。

題汪鵜龕《趣園雅集圖》並次原韵

客歲游趣園，洽遇雙星節。螢燈闇忽明，蛙鼓震還歇。榴齒貝初編，蓮胎珠蚤結。纂纂棗實垂，矯矯蘿陰逸。主人壽鵬飛、汪曾武。壽暨汪，飛觴竟一日。殽品羅八珍，醪味擅三絶。歡飲雜諧談，逡巡離故列。球琳壁上搜，彝鼎掌中詰。盛會不重逢，庭花君幾折。天意眷餘春，人情悵遠别。餞春復餞人，花片飛如雪。海棠呈艷妝，丁香標麗質。東風密護持，嘉賓召滿室。我是書衍文，一筆遭主乙。畫餅不充飢，望梅寧止渴。高文雖爛陳，疑衷究未豁。昨聞藤花開，催詩再擊缽。泱泱齊晉吴，夏盟迭主率。區區類西秦，屏氣偷一刹。閉關不敢窺，盤馬待時發。才本愧曹富，思尤謝杖疾。徒耽韓孟吟，那曉陰何律。操刀學製錦，巧向天孫乞。瓊玖受已多，桃李報無一。舊德世所欽，良工圖罕匹。題此答鵝龕，並與壽侯説。

讀《圓覺經》

我在我心中，無方去求我。我不能自求，所求更非我。不如廓此心，圓遍十方裹。心寂我亦忘，憑誰與印可。

聽諦閑法師講《圓覺經》

舌敝脣焦月二周，法門辛苦爲誰流。我人衆壽元無相，住異滅生各有由。刹土寂光心内現，空華幻化眼前浮。覺於無覺稱真覺，一顆摩尼莫浪投。

柬馮若飛游學日本

渺渺滄波一粟微，君渡如飛夢亦飛。上到蓬萊無可上，歸於渾沌更何歸。墨三儒八門成鬩，蘇從張衡策盡非。不若洗心藏密處，十年面壁契禪機。

感　時

蚩尤旗遍四天下，后羿矢窮十日中。如此衆生誰復憫，空前浩劫我偏逢。伯夷避居北海北，安石高卧東山東。刹土今無方寸净，何如一洗萬緣空。

白　蝶

白蝶戲紅花，飛來旋飛去。不管秋色深，乘興時一覦。

覺後語

全世界一我，全世界一性。世界由我生，不隨世界盡。

天　地

天地一嬰兒，誰生誰長養。愚者葬其腹，智者玩諸掌。

秋　蟲

聲妙滿乾坤，不引時不發。秋蟲鳴雖小，響徹天上月。

中秋望月

我生四十一中秋，昔月無如今月好。無雲無霧無纖塵，萬里長空同浩浩。人中心鏡亦如此，衆生與佛無殊理。刹那刹那果不生，遍體光明平地起。六根全寂四大空。如如不動無明風。阿黎耶識成聖智，二十五法皆圓通。心境有覺復有迷，月體有白忽有黑。月本無光隨日轉，中參地影遭虧蝕。吾心之明過月明，自覺不假外力成。古賢以月相譬喻，誰知月白光不駐。

因地口訣

因正果正，因果不二。以果爲因，無因不果。

大雪偕鄭叔進吴康伯梅裴漪王覺三王澂齋至圓廣寺謁達法禪師

紛紛天雨曼陀羅，玉殿晶宫訪達摩。自笑此身同慧可，門前雪比立時多。

不須風伯爲清塵，大地居然變白銀。更喜人俱諸上善，蓮華葉葉轉車輪。

汪仲篪柬約至趣園賞藤花次前韻答之

廿四氣分十二節，律中仲吕姑洗歇。趣園主人約看花，裊裊藤陰篆籀結。官閑無事興未冷，攀條探蓓情殊逸。西南玄黄競血戰，矢窮后羿愁十日。宋藩杯酒兵不銷，祭軍雅歌絃久絶。吾儕蜷棲輦轂下，斗米太倉溷朝列。官聯偶典虞芮成，簿對每徵田竇詰。法令牛毛治益棼，心肝鐵石堅不折。五人合議張三庭，彼是此非勤剖别。歡聲暗起萬家雷，冤情細與千夫雪。素絲退食各委蛇，彬彬好古文兼質。有時痛飲過曹門，或者悲吟囿漆室。郊居别闢萬柳榭，花譜禽經排甲乙。煙壺妙足塞鼻鼽，茶鼎香能療口渴。米藏書畫目最娱，歐集金石胸頓豁。鯫生積癖别有在，篤嗜釋迦掌中缽。未能學圃品群芳，尤愧登壇壓衆率。静坐潛觀虚生白，一朵光輝照十剎。盛筵兩度雖弗預，讀君佳什矇皆發。清如沐浴著新衣，快似箴砭蘇舊疾。群公衮衮盡人龍，咳唾珠玉精詩律。况有陳生善圖畫，妙手疑自天宫乞。長房縮地到江南，風景百分下失一。舊國喬木世罕存，高曾規矩誰堪匹。秀水朱與新城王，斜街前事爲君説。

哭長女孟維

前生定屬女中仙，小謫塵寰四五年。是甚因緣成父女，無端睽絶各人天。壁中蝌蚪書能識，池底蛟龍化可憐。不斷愛根如再植，此身不轉莫來前。

次韻和汪鷃龕《立夏日小集賞藤》附原作

耽静習禪那，杜門謝萬擾。色空兩相忘，所見無一好。春來花爛放，微香起樹杪。對此獨怡情，默吟搜腹稿。緑剪翡翠林，紅映珊瑚島。莊嚴牡丹王，日被狂蜂遶。趣園境最幽，佳卉羅非少。藤陰匝地垂，條柔蟠幹老。記從蠻觸鬥，十室九不保。臺傾禾自蕃，徑荒松漸槁。蒲葦觸目是，危巢炫鷦巧。安得城清凉，解纓消煩惱。隔歲鄰舍災，主人心悄悄。倘非神力持，架久酴醾倒。兹游屬有緣，把盞須及早。我歌君且飲，無事戀吴醥。

［附］

立夏日小集賞藤以此代柬

汪曾武

蟄伏居斜街，囂塵門外擾。消愁慣養花，興來集朋好。去年爲賞藤，清讌三月杪。裙屐會蜚英，新詩競脱稿。敦槃附滕薛，寒瘦愧郊島。槐堂爲寫圖，夢逐鄉關遶。瞬息又一年，寂寞歡愉少。春事已闌珊，鶯花猶未老。睠焉兹古藤，鄰火幾不保。一春爲風蕩，老幹若枯槁。疏枝偶看花，參差尚纖巧。亟將詩侶招，爲花除煩惱。人亦世事忘，不用憂心悄。諏吉立夏日，掃徑屐爲倒。重諳趣園春，有約來須早。斟酒載賡詩，香氣入清醥。

張乾若海若昆仲爲其母舅熊蔚如重游泮水徵詩時年八十有八作此應之

瞻依仍對舊宫墻，六十年如過睫虻。博士經猶傳泮藻，把人憂已慣滄桑。園橘有杖扶靈壽，乘馬何時贈渭陽。算到期頤剛一紀，此身努力卧羲皇。

蔣晋英評事邦彦出任兩浙鹽運使半載旋京李訪漁評事讌之於濟南春戲贈一律

衣錦還鄉去復來，旗亭今日午筵開。錢塘帆挂潮頭月，津浦車騰地下雷。暑路飛霜鹽賦就，睛窗話雨酒籌催。相期一别重逢處，畫舫西湖泛幾回。

雨後有感柬呈周少樸先生

塵沙滿眼空中過，轂擊聲如流水多。一雨洗開叢木翠，半雲微露晚峰駝。休憑五兩占舟楫，寧解三方祝網羅。八表同皆平路阻，願公重試魯陽戈。

壽周少樸先生六十生日

雨緑雲紅豁老眸，泊園今日得新秋。手疲種木都成蔭，心入飛泉不競流。城市幾經蓂歷换，乾坤獨有草廬留。陶然天遣詩人醉，况伴荆釵到白頭。

田成滄海海生桑，六十年如睫過虻。國啓北門勞鎖鑰，人開東閣待平章。軍屯鮮水疏傳趙，官制元豐議創王。牖户綢繆心最苦，鄭侯功比灌曹强。

幅員萬里命維新，天下爲公豈一人。諸葛馳驅元許漢，仲連捭闔竟摇秦。豸冠重整邪交辟，麈柄徐揮利溥仁。不是庭堅能贊禹，誰窺海外九州神。

陝分周召號共和，千古南音播楚多。争賦離騷陳悱惻，誰頒約法去煩苛。希文久以先憂著，安石其如不出何。敢祝康强更逢吉，與民同慶此皤皤。

市　聲

市聲喧雜鳥聲清，馬曳輕車緩緩行。赤曜横衝天軸轉，緑陰闇蝕地球平。錐刀攘攘頭如鯽，冠蓋堂堂角比騂。那識陳東書一獻，六街屏息四夷驚。

民國八年九月一日湯濟武周年祭有感

秋暴桐棺盡一年，蒼波回首益悽然。白龍魚服真奇困，黄雀彈丸豈宿緣。支厦忍看梁木壞，衝天獨有羽毛鮮。那知慟哭同聲處，新月斜鈎徑寸憐。

長子應中彌月作湯餅會
親友多以衣物見贈賦此誌謝

六年雌鶴五飛來，今見熊羆第一胎。嘉穀感分三斛賜，威弧留向四方開。露香神女頒湯浴，雲錦天孫費翦裁。自笑無功偏受賞，犀錢玉果十千枚。

酬太虚上人偈賀長子應中彌月 附原作

未能事父爲人父，每欲忘家卻在家。果是石麒天上降，定從智者乞蓮華。

生同地藏日真奇，滿月歡逢誕藥師。拜謝延年多美意，千聲佛號一章詩。應中以閏七月三十日生，彌月恰值藥師佛誕。

［附］

賀任卿先生長子滿月

釋太虚

昨聞日間爲新得少君，設滿月湯餅會。無以爲祝，特持念消災延壽藥師佛千聲。並以一偈，借表微意。

善心真實善男子，與地藏王同日生。摩頂未能梁寶志，消災延壽佛千聲。

壽黄岡程書田先生八十生日

先生爲子端評事明超之父。其母李太夫人年七十三，子端亦於本年四十。李太夫人每日恒廢晚餐，先生手諭子端，生日不得以葷腥讌客。

光覺元爲無量壽，行年八十袛須臾。家於江漢環流處，人是乾坤不老圖。過午餐惟鴻案舉，同庚今半鯉庭趨。淵明近受東林戒，敢獻醍醐佐酒觚。

先農壇改作城南游藝園

秋色天然占一城，鳥聲鳴罷續蟲鳴。月從東海持圓鏡，雪與西山换畫屏。草木香隨珠露轉，樓台燈共緯星明。那知黄幄躬耕地，歌舞年年到燕鶯。

憶亡女孟維

焚香叩天天何爲，奪我長女心酸悲。得日一千有三百，人間所享福誠虧。回憶乙卯孟秋月，二十六日早餐時。冉冉紅雲九霄降，砉然一聲墮地遲。身手夷猶幻作女，胎苦十月腹中時。是時我方禮諸佛，求護兒母産麒兒。不圖大人占祥夢，非熊非羆兆虺蛇。乾坤一索卦得巽，所願殊與初背馳。既已如斯復何疑，弄璋弄瓦視等夷。但求聰明更長壽，經傳伏氏張門楣。口未能言意有識，芸編一覽之無知。兒髮纔總學作語，聲如雛鳳清以怡。南鳥北鳴北相似，楚咻齊傅齊無差。齒長漸識屏風字，體形一一八書窺。古文默識蝌蚪義，草法笑解蛟龍姿。曰頭即悟花可插，曰鞭便對馬可馳。天生兒慧竟若此，雖在巾幗仍鬚眉。客歲携之赴學校，體操妙契兒童嬉。盤旋臂類猿猴捷，競走足驚雷電隨。歸來喜學邯鄲步，四座拍掌咸稱奇。慈母珍如玉握掌，生母秘若珠在頤。兒之王母尤憐惜，疾則晝夜禱神祇。我年四十未有子，初育此女特愛之。况復寧馨過諸女，自二以下無能追。吁嗟昊蒼竟不祐，並此女身不憖遺。正月六日劇病作，輾轉牀蓐乏良醫。求仙求佛皆不應，華陀扁鵲術空施。既苦以藥復用刺，針針若貫吾心脾。本草嘗盡神農品，湯窮二十有五伊。冬傷於温春必疹，錯認驚風真謬治。人生修短原有定，兒病無乃自所貽。果能無尤復無怨，神壽亦可傲皇羲。願誦彌陀三萬遍，祝兒往生八寶池。否則轉男仍詒我，春秋長比大椿枝。世世生生作喬梓，如啓啓姒昌昌姬。

西　　山

秋來霜葉滿山紅，簌簌鳴泉答遠鐘。萬壑煙雲浮腳底，一樽星月納胸中。久無薇蕨餐高士，數有樓台起相公。莫謂元規塵不到，污人處處有西風。

雙十節感賦

八年國慶成今日，多少風波起復平。天許萬民存直道，人嗔一姓獨衡行。蝸牛故現蠻兼觸，蝴蝶何居夢不醒。所願纖雲秋盡捲，衆星齊拱北辰明。

呈徐菊老

知我平生感二張，南推文達北文襄。並公鼎足爲三老，顧我筌蹄無一長。海内風雲徒自擾，人中魚鳥久相忘。毛生本是平原客，何不如錐試出囊。

次周沈觀先生韻偶賦

仰矚晴霄日已中，塵摇窗隙故忽忽。觀風幾國能更始，學禮無人解大同。夜静雲涵虚室白，秋深霜鍛滿林紅。未能離世先忘世，如鳥經行不礙空。

樊樊老有《緑菊詩》十章戲仿其體兼詠時事

議　和

籬雲嬌養碧油油，花欲回春不作秋。妝鏡晚堆螺半髻，畫屏聯寫鴨千頭。容顔羞與燕支並，消息疑從翡翠求。聽説靈山開佛會，拈來一字未曾留。

組　閣

青剪珊瑚樹幾株，樓台蜃影認模糊。雲裁鱗外窺龍爪，月剖胎中吐蚌珠。雨過一庭嵐氣襲，風摇三徑浪紋鋪。落英本適調羹用，試續今年櫻筍廚。

試　士

簇簇群芳譜一時，嶄然頭角露清奇。錢憑萬選開青面，弓合雙彎掃黛眉。園綴金鈴嫌護左，門盈珠履悔來遲。倘非胡廣心如鏡，谷水延年那得知。

籌　邊

不逐芳菲鬥紫紅，天留萬緑炫秋叢。胸懸與國勳章影，頭插參軍落帽風。翠幕層層羈客燕，滄波疊疊引歸鴻。懸知樽俎成功夕，拓殺虬髯碧眼翁。

制　憲

鶴林舊夢費追尋，翠拾簪餘感不禁。雨急全翻天作蓋，風横乍掩霧爲襟。黄花隔葉緘金口，青女通波洗赤心。但祝年年重九日，登高會有德輿臨。

借　款

裊裊原非太瘦身，枝描鬢影畏霜侵。聽松折節迎萬士，倚竹傾心待美人。柳眼回看春已渡，梅妝遥對水爲神。定知轉緑回黄後，屋仰司農不厭貧。

裁　兵

細柳牙旗建緑營，紅黄藍白黯無聲。雲屯十萬誇兵壯，潮射三千笑弩平。咫尺天顔枝更傲，揣摩風色影先横。幸逢霜雪加淘汰，介胄瓜期尚可更。

賑　災

誰疏草木證離騷，緑影茫茫壓水高。苦味萬家嘗薏苡，穠顔十載蓄葡萄。青從故匣窺萍劍，碧與坳堂泛芥刀。衹恨充飢無紫色，日精難得背明遭。

編　詩

禁苑人羅蕚緑華，雲裘檢點繡紋斜。江淹染筆傳青穎，陸羽烹茶選翠芽。爲養芳根留細草，獨標清節汰餘花。秋來多少觚稜夢，莫遣飛塵浣碧紗。

講　經

曇花片片散諸天，化作茱萸色更鮮。一坐春涵人影淡，滿城秋占雨聲先。甲沈銀漢銷金氣，種傍藍田長玉煙。還喜瀛洲多學士，車輪妙喻契青蓮。

賀楊潛庵完婚

幾年鶴夢滯精藍，玳瑁雙棲興自酣。豸角近依天尺五，峨嵋新畫月初三。捲簾妝罷花當鏡，卻扇詩成玉作函。蚤解頻伽生命共，料應並蒂結連龕。

感　時

人以不事尊，物以無用貴。帝王與匹夫，顱趾原一彙。彼則高以拱，此乃卑而戴。金銀暨銅鐵，處礦齊深閉。一則陟宫廷，珍藏若珠貝。一則棄閭閻，役使到奴隸。問金有何長，庖不能充膾。器苟闕銅鐵，飢寒束手斃。近世理財家，顛倒談經濟。賤銅如糞土，以金鑄國幣。乏則代以楮，盤剥便市儈。武吏尤專横，日靡億千計。公帑據爲己，民怨願不畏。利重欲日叢，法窮變益鋭。馬融傷刎喉，陳涉奮輟耒。冠冕既毁裂，衡斗亦破碎。爛陳無政府，智愚同一類。甚者削私權，惰進勤反退。輿論激若斯，天道無乃背。平等佛口宣，大同孔親誨。平謂平心地，大非馳域外。等言陛下踰，同示疆有界。鳶天而魚淵，飛躍皆自在。茫茫宇宙間，此志何時逮。

讀周樸老試院酬唱詩賦呈

前搜令長俊郎官，兩度花從日下看。地讓蘇曾頭一出，軍聞韓范膽雙寒。松陵詩卷留珠玉，棘院人才鎖鳳鸞。聽説秋來淮橘美，不曾化枳上金盤。

次周樸老《病中答薑齋》韻奉和

乘槎自天下，新得石支機。手筆如公少，胸襟覺古稀。三人明月對，一坐惠風依。不睹維摩病，争知世盡非。

壽田焕廷總長文烈六旬晋二生日

黄花晚共早梅香，旋轉天爲壽者芳。已見治行魁洛下，重聞機務贊汾陽。井田耕鑿虞民樂，布帛衣冠衛女忙。幸值鯨波環海息，珍奇市舶滿東方。

東西劉項劃鴻溝，水土權平禹六州。忍看魚龍重曼衍，不教蟪蛄異春秋。弭兵趙武持和議，銷印張良運老謀。安得車書還一統，全銷金甲事田疇。

銅山四百鐵三千。地寶今推萬國先。十策計倪餘殖貨，六官外府重藏泉。金堤蟻穴防川潰，玉斧蟾宫護月圓。不是文饒能馭遠，吐蕃牧馬蚤窺邊。

前參戎幕後雲臺，手筆天生許國才。兩世通家如北海，廿年契我若東萊。愧彈貢禹峨冠進，喜擁張騫竹杖回。萬石門凡天尺五，餐霞敢獻夜光杯。

壽王佛孫六十

眠江西來會漢水，東過黄州一百里。赤壁東坡前後游，羽衣翩翩鶴自比。故人家住城南郊，良田千頃伐蓬蒿。天雨真珠十萬斛，如實生秀秀生苗。松竹滿林梅放嶺，歲寒三友芳晝永。架插芸編課子讀，瓶貯麥酒邀朋飲。歲星盤轉六十冬，北來幽燕訪故宫。共和政染龍門管，太平夢斷尼山鍾。蝸牛生角鬥蠻觸，沐猴而冠真碌碌。大冶銅鐵付東流，人爲刀俎我魚肉。梁鴻避世隱山林，乘傳歸爲五噫吟。舉案眉齊夢德曜，壎箎音協明光琴。仲弟甘棠察獄訟，一官秋曹分鶴俸。篆書筆染墨池衣，青葉蓮從浄土種。季弟學律入國庠，羅馬法典恣斟量。三年不鳴畜毛羽，一舉衝天作鸞翔。三槐門第古所貴，難弟難兄一庭蔚。白眉遠追衮西馬，青眼新對寧都魏。長公秉性尤肫誠，慈祥孝友飛鄉評。孝暐易錢不私已，退之數卷皆由兄。我聞事行三歎息，一家仁讓興一國。况與仲子結周齊，兒女穠比桃李色。慶老堂開醇醪香，雙珠遶膝捧萊觴。安得歸預浴佛會，七寶粥隨百福嘗。

奉和周沈觀先生《西苑典試》並次原韻

班書表人物，九品核天淵。魏晋遵遺法，黜愚而與賢。科舉盛隋唐，取士窮八埏。一擊偶不中，百憂尋相煎。湖學創積分，由趾算至顛。歲月深磨涅，自顯其白堅。明鏡無遁形，西施有餘妍。歐人攻一藝，動踰數十年。用不負所學，進身絶攀緣。國待士誠優，士頗能自全。流傳到震旦，起滅隨風煙。教誨術已疏，輕重迷後先。一朝試以事，噤若霜林蟬。邇來鋭改革，粱夢破春眠。延公知貢舉，萬珠一綫穿。李幸識韓早，楊慶在盧前。不失駱賓王，寧棄孟浩然。俯仰物自致，中心平如權。禄利若陷阱，四肢苦綿攣。青雲高置身，才豈一格懸。貴鍊五色石，補此已缺天。同心張暨夏，張國淦、夏壽康。宏願矢無邊。

次韻奉和周樸老《夜中不寐》

瑜伽十七契無心，灑落端推茂叔襟。縛者爲誰誰解脱，衆生不病病呻吟。滿階紅葉驚秋晚，一卷青燈對夜深。最是惱人魚子急，聲聲相報去來今。

賀王鐵公爲其公子哲齋娶婦

天上瑶光星，散爲雙紫燕。雌稱黄氏珍，雄號王門彦。雌飛不離雄，堂前喜相見。銜泥共結巢，乳兒求其健。兒長羽漸豐，五采文章絢。斂翅未肯翔，依依膝下戀。舊居闢新棲，大可張十絹。更延别家女，來作神仙眷。玳瑁雕綺梁，真珠炊香飯。車馭月雙輪，橋填漢一半。儷此牽牛星，催行下馬宴。炬引步生蓮，鏡對蓉如面。眉黛鬥春蛾，翼輕比秋雁。别開雀月屏，遂麾稚尾扇。歡合夜光杯，夢酣昭陽殿。三日入瓊廚，羹湯調玉腕。先獻舅及姑，次擎伯鸞案。瑞氣靄一庭，梅花紅燦燦。

書王韜庵詩稿後

蓬萊仙夢付浮漚，樹釣珊瑚月一鈎。碧海雲沈龍爪現，藍關雪盡馬蹄留。九天咳唾聯珠集，十郡弦歌借箸籌。最惜昌黎銷鱷患，碑無墮淚勒潮州。

題莊思緘所藏《王上宫十八羅漢禮佛圖》

儼然法會預靈山，筆妙龍眠未可攀。面面神傳微笑外，心心道契不言間。千年衣缽歸迦葉，一座香花捧勝鬘。果證觀音同佛好，圓通何必强分班。

次韻和沈觀先生《除夕》

堂堂歲月隨星轉，轉到今宵算一終。甲子下須疑絳老，江湖常欲比涪翁。羲和敲日玻璃急，倏忽鑿天渾沌通。滿眼芬陀頭漸著，八公安得盡還童。

次韻和樊樊老《庚申元旦》

家家門帖繪金神，天喜從來驗在人。馬齒暗驚年漸老，猴頭初見曆翻新。園蔬帶雪開符甲，庭樹和煙嫁吕申。賴有丹田薰未變，姑隨彌勒慶長春。

三日雪中觀月

蛾眉第一月初三，春色先從雪夜探。日隱地中明地上，雲横天北過天南。是誰援筆書飛白，真欲磨刀割蔚藍。點點梅花消更息，願開圓鏡與同參。

水仙花　盆中土栽

乾净分來土一盆，無言獨自長深根。鏡中劍舞青龍影，杯底釵歌白燕痕。澧水蘭猶慚秀骨，羅浮梅合伴香魂。不須枕石迎流漱，頂灌甘泉已足尊。

題劉驤逵道尹邦驥《會稽感舊録》

巡行飽閲會稽山，投效歸來思不閑。洶湧潮生天地外，光芒劍鍊斗牛間。謳歌東浙人千里，酬唱西湖月一灣。最是漁洋工感舊，陳詩字字手親删。

題劉薦芝先生卻金帖

大别山望大别水，湘漢距離一千里。四時江山生春風，以洞庭終雲夢始。楚有高人劉薦芝，丹心白髮黄鬚眉。儒珍有價待席上，不爲良相爲良醫。生死肉骨人無算，枕中鴻秘施未半。華陀密授普濟方，扁鵲前知秦晋亂。初舉孝廉作廣文，縱横筆陣掃千軍。生徒盛比文中子，賓客恥列孟嘗君。

壽紹興余崧齡先生及唐太夫人六十

鹿車同是鮑桓儔，家法韶州《宋史》：余靖爲韶州曲江人。與并州。《舊唐書》：唐儉，并州人。坦腹人宜三虎佐，《後漢書・賈彪傳》：賈氏三虎，偉節最怒。齊眉天以四龍酬。《後漢書》：李膺妹嫁鍾瑾生四子，亮、叔、訓、秀，號四龍。大雷書札邀明遠，小妹文章敵少游。深喜階蓂知甲子，合榮一百廿春秋。

楊　花

長楊十里路漫漫，風捲銀花滿地團。料汝飛難天上去，憑誰解向雪中看。散來摩詰渾身著，妝得徐妃半面殘。綿薄祇慚非大受，蒼生衣被幾顔歡。

題素食會同人合照 並序

素食會同人，莊院長思緘、夏院長仲膺、陳將軍士可、潘次長星航、鄭秘書叔進、吴秘書康柏、程評事子端、張參議賓吾、夏廳長用卿、梅議員裴漪、王議員覺三、黄君桐笙、張君漢澂及熙壬等，同讌於蔡總長志賡宅。計十五人，共拍小照，口占一絶識之。志賡宅有小花園，園内有池。池中疊石爲臺，上植青松如蓋，余即立石臺之上留影。

蒼松爲蓋石爲臺，無量佛光一鏡開。面目本來誰解得，月明三五夜中猜。

送陳士可鎮撫赴外蒙庫倫

笳鼓歸來更北征，路雖就熟駕非輕。攻心諸葛操成算，斷臂匈奴懾令名。唐驛重開都護府，漢廷特建受降城。翻雲覆雨十年事，西北天教莫再傾。

晚節黄花照眼香，折枝爲别九回腸。北門鎖鑰添新管，南面書城失假王。游牧誰繙平定紀，職官待補至元章。菱湖舊學如君少，況復奇碑訪八荒。

朝局紛更似奕棋。禪中蝨處我真癡。官刑有位何曾儆，習俗雖賢不免移。願以佛心回世濁，恕無楊淚灑途歧。眼青眼白隨人對，一點晶瑩衹自怡。

雨中看夾竹桃

非竹非桃品最高，花紅葉緑雨如膏。花藏葉底雖輸竹，葉在花前卻勝桃。

夾竹桃

非桃非竹，似桃似竹。爲竹夾桃，爲桃夾竹。

哭應中兒

哭兒一字不成聲，情到真無勝有情。虛我昔年求子夢，待誰來日降神生。童身儼現輪王相，佛種空持地藏名。到底是夭還是壽，蒼蒼天豈貳殤彭。

壽余樾園之母褚太夫人六十

卅年無復案齊眉，介壽新斟酒一巵。十指纖能團十弟，雙瞳老尚督雙兒。官覘好惡辛元馭，獄喜平反雋下疑。三競已除三寶在，金剛般若寫烏絲。

清晨覲李星樵贈詩次原韻答之 附原作

瞳瞳初日射，昨夕樹梢殘。無疾復無暇，不悲仍不歡。書林求尚友，禪室輟朝餐。後獲談何易，先期仁者難。

［附］

小市遇任卿小談歸得一詩

李哲明

日西過小市，古癖捃荒殘。違俗從吾好，逢君共此歡。休尋糟粕跡，長飽苾蒭餐。君言近食常素。諸念須他日，齋心政恐難。

壬戌春覺隨大師密授《觀自在咒》偶成一律

四十五年一夢中，洪爐點雪有何功。衝天金翅無行處，照水靈犀祇半通。離世便非離世意，在家還守在家風。不然觸境皆人我，誰證蓮華八葉紅。

贈日本覺隨大瑜珈師

東瀛第一阿闍梨，手扶錫杖來海西。年逾七十未爲老，説法聲若金狻猊。那爛陀寺教已廢，屋壁下陷埋塵堅。普魯社人工掘發，殿堂一一形能稽。玄奘文字收奇效，佛像果獲金日磾。憶昔有唐開天際，金剛無畏名相齊。甘棄國王游震旦，瑜伽梵本萬千齎。胎金兩界在輪轉，道場一掃前人迷。次得不空最矯拔，重返身毒燃神犀。親禮普賢受五部，歸譯無量陀羅尼。弟子惠果稱高足，東傳日本弘法師。葉葉相承世弗替，千載至今盛軌儀。神州密教久淪棄，宋元以後傳尤稀。梵音盡失無所考，琅誦咒語終何裨。心月輪中觀謬字，十指法印徒兒嬉。雕塑爲佛虚供養，晨夕膜拜木與泥。男紅女緑戀浄土，那知徑捷足不移。吾師怦然下高野，四十六年心所期。一報惠祖罔極恩，一闡如來平等慈。此願弗酬力弗懈，至三至再臨京畿。賤子何緣親履舄，聞所未聞知未知。聚處不逾六十日，持念已越阿僧祇。真言密自口中授，甘露頻從頂上施。八葉蓮華觀自在，心心相印私非私。所慮塵根未盡斬，如蠶在繭難出離。長房信有縮地術，龍象蹴踏無由追。

賦贈日本高僧梅谷孝永

日本高僧梅谷孝永等二十二人來京考察佛教，法源寺住持道階、廣濟寺住持現明二上人設宴款賓，柬招陪燕，即席賦此。

杖錫如雲踏海來，法筵新對鞠華開。書從震旦搜天竺，人似文殊誘善財。獅座莊嚴分半坐，龍珠圓轉認同胎。明朝南指普陀去，廣大潮音吼若雷。

戊辰秋日賀盧子嘉上將永祥六旬有二生子

新摘茱萸插滿頭，天留老眼看神州。蚌珠剖出初三月，蓂甲重開第二秋。酒在杯中兵已釋，潮回海上矢曾抽。荆榛到處瘡痕現，廉頗還能善飯不。

賀朱蘭蓀參謀長綬光新居落成

幕府同居滿一年，著鞭甘讓祖生先。功人不愧推三傑，流寓猶能聚七賢。城裏杜韋新宅第，舟中李郭舊神仙。楚才晋用何須慨，指點白雲到眼前。

王育生爲警官高等學校盡瘁病故醫院次王靈希韻哀之

神理茫茫苦未知，天年夭閼最堪悲。春來鶗鴂鳴何急，樹遶鵂鶹悵所之。精力半緣都講盡，膏肓全誤下鍼遲。白雲一片黄州月，烏鵲南飛繫我思。

傳經心事少人知，説到無家則更悲。聲出石金貧下減，魂歸湖海去安之。齊眉難得梁鴻匹，把臂真嫌阮籍遲。萍水他鄉生萬感，首邱應慰九泉思。

蜘　蛛

蜘蛛啖微蟲，一日盡數十。懸網張樹林，縱橫獨出入。一鳥穿林來，蛛行突蹩躄。身葬鳥腹中，網更不能結。明月挂樹梢，影落方池中。游魚畏而避，蛛網尚蟠空。蛛智能食蟲，不能抗一鳥。强中更有强，小者莫欺小。蜘蛛尊女王，王夫伺於外。不召不敢入，一生惟婦賴。不勞而獲者，雖稱一世雄。忍死屈於婦，如彼寄生蟲。

顧　總 庚午

江淹夢郭璞，授以五色筆。顧總遇王徐，王粲、徐幹。袖出劉楨集。云是君前生，五軸書歷歷。覽之了然悟，藻思若泉溢。足徵釋迦教，因果有定律。赫然魏侍中，納賄滋可惜。小謫爲縣吏，捶楚經旦夕。不值二黄衣，孰能憶疇昔。阿賴耶不没，宿命固可識。福慧非偶然，努力善薰習。

登　樓

萬家桃李成花圃，何必心馳域外觀。高自置身高著眼，滿城春色到闌干。

輓樊樊山世丈增祥

江漢之間一老人，百年頭角獨嶙峋。離騷屈宋文心綺，制藝熊劉法眼新。身後詩傳三萬首，掌中圖握八千春。甘棠分陝垂遺愛，愁染錙毫論過秦。

雨中眺遠

萬木回春盡吐青，雨中樓閣獨亭亭。鳥聲細膩如私語，花影矇朧似半醒。雲腳四垂軍幟暗，雷音一吼寺鐘停。清明已過寒颸減，鎮日繙書户不扃。

中山公園觀牡丹

顏色無分白與紅，亭亭獨立占東風。飛來蜂蝶相攀附，剪取雲霞自染烘。艷畏塵污歡雨洗，香防人覺許天通。從今謝卻花王貴，收拾群芳進大同。

贈道階上人游緬甸

兩游印緬一高僧，探險搜奇不自矜。西域見聞勞秉筆，南山宗派仗傳燈。千間廣厦叢林啓，五色祥雲舍利興。黄雀螳螂徒擾擾，楚弓得失又何曾。上人住持法源寺，因息争而退居，又因退居而遠游。

人　生

人生宇宙間，蔚爲萬物靈。用心不正大，徒自損其形。天高張吾蓋，地廣充吾庭。芸芸品類繁，孳乳刻不停。各保其性命，各延其壽齡。各循其軌道，各守其畦町。奈何强凌弱，奈何巧欺冥。奈何朱奪紫，雅樂鄭聲熒。奈何淫破戒，縱慾敗典型。天下本一家，蜾蠃負螟蛉。生兒盡寧馨，生女皆娉婷。奈何秦越視，清濁渭與涇。刹那一念公，四海慶安寧。好惡拂人性，原燎起星星。惠吉惟影響，民聽即天聽。感應雙自然，遑論鐘與莛。

壽紹仲兄六十生日

一林春樹生新緑，圍遶門庭色倍濃。耕釣故鄉歸老手，宦游殊域憶前蹤。桑田滄海天難測，布韈青鞋步未封。願更婆娑添晚興，劍華重拂淬芙蓉。少年徵逐幾名場，匹馬相隨弟更狂。錐處囊中先脱穎，刀藏鞘底後騰鋩。人將魁首推張説，天以狀頭厄宋庠。獨秀木蘭良匪易，青襟四世擅書香。蓬萊藥草富神仙，萬里相求志亦堅。宗慤乘風争破浪，張騫鑿空在籌邊。歸田不許開三徑，樹木難期到十年。漢口夕陽何所戀，桓寬鹽鐵腹便便。遶地煌煌六十周，天年人與歲星侔。向平婚嫁今皆了，原憲弦歌夜不休。九族鴻圖開萬禩，三間定律炳千秋。楚燕雲樹相懸隔，南望遥酬酒一甌。

四月十五夜觀月

舊曆四月半，新曆五月杪。新曆重日不重月，望弦晦朔都無考。春月月色娟娟妍，秋月月容皓皓姣。冬月雪窗窺樹影，階前落葉凍未掃。獨此夏月熱中清，一輪如鏡懸天表。人人沐浴月光裏，願假清明去煩擾。北方多風沙飛揚，黄塵撲面顔加老。衣冠峨峨坐塗炭，形神兀兀增枯槁。素化爲緇難返素，巧極成拙安能巧。何如握手出肺肝，凛凛照人懾群小。素輝流天插銀漢，晶光結露潤瑶草。一洗十洲萬象空，動植飛潛月皓皓。

《隨園詩話》中有新婚詩以階乖骸埋四字爲韻戲作一律

好風迤邐開珠幕，明月團欒照玉階。譜到梅花神更喜，詩成桃葉禮無乖。和鳴調協陰陽律，得意形忘内外骸。紫氣夜從牛斗見，雌雄不許劍光埋。

送蔣雨岩作賓出使日本

漫天蜃氣結樓臺，鱷浪鯨波次第來。不有鉛刀供大用，安能樽俎折群才。囊儲海上三山藥，驛載江南十月梅。仁智交鄰雙未易，莫將清淺視蓬萊。

輓王書衡年丈式通

大學周旋隔世秋，論文舉世更無儔。斜街風月歸詩卷，上野櫻花當酒籌。知我深真如鮑叔，逢人説豈讓荆州。年來無限觚稜感，惆悵人琴兩不留。

輓周芷航教授兆沅

芷航同在國會列席憲法會議，星散以後從事著述，兼任大學教授。玆聞溘逝，感賦一章，匪但人亡之痛而已。

絶學千秋接漢師，芸窗寒苦幾人知。便便經笥邊韶腹，嶽嶽辭鋒馬季眉。桃李一門高業盛，棘槐三事外詢遲。年來梁木相隨壞，大厦支持更仗誰。

次韻和王靈希《春日感懷》兼呈常甫

耦耕人笑我知津，愛接春來卻畏春。樂聖杯中賢蚤逝，題詩筆底畫非真。柳同梅渡披先甲，地與天齊祭上辛。聞道瀛洲全解凍，南風新譜變睢麟。有涯生逐智無涯，明鏡窺人髮漸華。神禹不妨游裸國，老萊所樂在貧家。竹裁青簡千秋業，蓮轉朱輪八葉花。天下若能無事取，歸田且種故侯瓜。

輓紹陔弟婦白夫人

小調塵寰現女身，天排壽算不關人。懷中明月珠成淚，錦上桃花夢亦春。福比彭劉仙作眷，貧非梁孟敬如賓。十年錦瑟絃偏折，再轉蓮輪莫染塵。

敬勝閣詞存

敬勝閣詞存

黄陂 任卿 范熙王

水龍吟 壽梁節庵夫子五十生日用張叔夏《白蓮》韻

開門一笑江横，江帆來往暄新露。先生五柳，種移彭澤，江干獨舞。鷹翮凌風，何曾學步，九天鵝鷺。但前頭鸚鵡，輕調簧舌，疑人到，無言處。　從古蛾眉多妬。好春光儘教春誤。冰心一片，玉壺長在，盈盈不語。蘭珮飄香，桃笙疊浪，相安如素。願年年歲歲，芙蓉鏡里，破空飛去。

離亭燕 登安慶大觀亭用張炎《懷古》韻並序

亭舊燬於兵燹，李文忠等捐資建之，沈子培方伯後於其側起一樓。

亭是天生圖畫，樓更出塵瀟灑。兩岸青山排仗送，江水東流如射。隔水一洲横，上有數村田舍。　樹杪夕陽斜挂，墻角花枝低亞。爲問昔年鏖戰地，衹剩中興佳話。四顧獨愴然，多少英雄涕下[1]。

沁園春 孝陵用陸放翁《有感》韻

雨灑荒郊，帶淚含愁，似泣古人。念孝陵當日，劍提三尺，威稜萬里，轉瞬成塵。翁仲神寒，宮娥骨朽，青塚曾埋五百春。堪憐處，是碑陰蝕舊，廟額題新。　周親密若屯雲。期臂指千年使一身。奈龍飛天上，駝埋徑裏，玉盆金碗，赤洗如貧。王氣銷沈，霸圖黯淡，坐對秋風空憶尊，難回首，想士誠北面，友諒西鄰。

念奴嬌　秦淮河用薩都剌《石頭城》韻

畫船春水載不盡，千古江東人物。金粉六朝成往事，賸有斷垣頽壁。旛颺城頭，馬嘶臺上，遺恨何年雪。羞來河畔，評點兒女英傑。　落寞玉樹歌殘，桃花扇渺，羌管横空發。天暝夕陽燈在水，兩岸樓台明滅。紅粉銷魂，青衫墮淚，愁緒多如髮。茫茫千里一錢買取明月。

憶舊游　孝陵用張叔夏《登蓬萊閣》韻

望煙荒牽草，雲低壓樹，一片凄清。往事休重問，怕黄鸝驚醒，惹起愁人。紫殿於今幾易，苔蘚濕碑陰。便熱淚傾盆，衹隨流水遶澗沈吟。

王氣渾如舊，歎霸圖盡改，天險無憑。曾記騎龍去，挾朝天萬户，同上蒼冥。更有旌旗翠葆，鼓吹遏行雲。誰意五百年，蕭蕭暮雨哀孝陵。

【校記】

〔1〕“下”下原有《悼亡妹用朱竹垞記恨韻》詞，因本書《敬勝閣文鈔》卷四《亡妹熙芝行述》引用，故此處從略。

敬勝閣文鈔

敬勝閣文鈔卷一

黄陂　任卿　范熙壬

龍舟競渡賦　以“果然奪得錦標歸”爲韻

岸擁金城，江横鐵鎖。雲開王母之旗，日射隋皇之舸。船宜藻繪，點睛則振振欲飛。人似榴花，作氣則烈烈如火。過比宋都六鷁，五居後，一居前。翩加彭蠡雙鴻，雌鳴右，雄鳴左。飛將軍從天而下，望之若仙。奇男子蹈水以行，毅能致果。

爰考競渡之戲，肇自楚襄之年。憤孱王之去國，哀烈士之沈淵。吹律知南風不競，銜石恨東海難填。玉笛落梅，處處奏大招之曲；竹筒貯米，家家張望祭之筵。賈誼爲弔屈原文，痛定思痛；揚雄作反離騷賦，然乎不然。

降訖近今，遺風未沫。選五月五日之良辰，討一彼一此之生活。其韻事，遠勝於列坐流觴；其豪情，不減於催詩擊鉢。譬昆明池之習水戰，軍號樓船；方錢塘江之射怒潮，神來海若。楚將士一當十，十當百，鋒莫與争；唐藩鎮熊生貙，貙生羆，氣爲之奪。

爾其磨厲以須，乘機相逼。折中矩，而周中規。陽爲開，而陰爲塞。萬橈齊下，首尾應長蛇之軍；一縣平分，蠻觸鬥蝸牛之國。批亢，則引齊兵衝魏兵；擣虚，則拔趙幟立漢幟。百戰百勝，不妨詠伊人在水中央；七縱七擒，何敢稱乃公從馬上得。

河上翱翔，樽前痛飲。千頃之陂汪汪，七尺之軀凛凛。玉爲骨而水爲神，石可漱而流可枕。一聲欸乃，惜祖逖之擊楫無功；百脈僨張，嗤苻堅之投鞭不審。慎勿愆六步或七步，前徒倒戈。幸能發後人至先人，還家衣錦。

進進倐倐，刁刁調調。鳥斜飛而動影，風長嘯以鳴條。猛進兮，靈犀劈水；暫倚兮，絳雲在霄。失勢兮，下落千丈；得機兮，直入一超。東爪西鱗，飛行固神不可測；五牙三翼，戰勝尤功難幸邀。無須斷髮文身，金鐃震地；信是高才捷足，銀碗傳標。

已而晚霞散綺，新月流暉。棹謳發於遠浦，帆影集乎空磯。臨水殿前，懸彩之竿盡撤。弄潮船上，排行之槳停揮。惟有□乎鼓，軒乎舞，高歌未已。方且醉以酒，飽以肉，逸興遄飛。在古人寓武事於水嬉，當仁不讓。願志士鞏長江之天塹，以勝而歸。

唐平高麗百濟水陸用兵考

高麗本扶餘別種。漢末有高氏，據朝鮮之地，居平壤，即古樂浪郡也，號曰高句驪。已而爲唐所破，改置安東都護府，其國東徒。五代時，王建代高氏，遂併新羅、百濟而爲一。遷都松岳，以平壤爲西京。百濟即後漢扶餘王仇台之後，初以百家濟，因而名焉。後浸强大，與高句驪一略遼東，一略遼西。兼有馬韓故地，西限大海，接新羅，北踞高麗千餘里。唐初尚存，龍朔中始平之，地爲新羅、渤海、靺鞨所分。海東三國，不祀者二。高麗五部，百七十六城，剖爲都督府者九。百濟五部，三十七郡，析置都督府者五。此其在唐初興廢之大較也。

至唐用兵高麗，以太宗之英武而不能下，而庸闇如高宗則又下之。用兵百濟，以蘇定方之宿將而不克殲，而白衣如劉仁軌則又殲之。其故何哉？奇正之術異，而强弱之勢殊也。太宗自克白巖，將舍安市不攻，徑取建安，策之善者也，而李世勣不從。高延壽、高惠真請拔烏骨城，收其資糧，鼓行以攻平壤而長孫無忌不可。乃致困於安市城下，而狼狽班師。集兵萬里，致命一城，二臣固不敢以萬乘嘗試。即太宗亦豈能忘魚服豫且之戒乎？嚮令命將以行，則韓信之度井陘、劉裕之清河渭，不待昭陵獻俘，尚煩六師之再整矣。百濟恃高麗爲援，絶新羅入貢之路。今歲取四十餘城，明歲取三十餘城。小國見削，告急秦廷。定方引兵渡海，水陸齊進。義慈父子勢迫請降，非心誠悦服也。果而道琛、福信，兇燄復張，勾結倭寇，拒守任存。幸其君臣猜疑，自相屠戮，堅守觀變。機會可乘。白江口敵艦之焚，黑齒常糧仗之助，除惡務本，巢穴盡焉。

要而言之，其水路之進兵，則有若張亮之萊州泛海，蘇定方之成山濟海，皆由熊津江口而趨平壤，此一道也。其陸路進兵，則有李世勣之渡遼水趨建安，李道宗之通新城攻蓋牟，皆由鴨緑而抵安市，此又一道也。高麗、百濟三面瀕海，獨西北一面近山，叢崖峭嶺，北接女直契丹。其餘東西南環以大海，島嶼層疊，港汊紛歧。熊津、涸水、漢城、清川，以及釜山、皮島、江華、開山等處，皆稱險要，防不勝防。而王京之北，如咸鏡、安平二道，摩天、鐵嶺諸關，羊腸逶曲。壘址尚存，亦守有可守。至於忠清、慶上、全羅之間，地廣物奥，風土殷沃，人俗富庶，尤爲外夷所垂涎者。方今國家以登旅爲門户，遼瀋爲藩屏。枕席之旁，豈容覬覦。版章之厚，亟賴帡幪。於以申命疆臣，悉心籌畫，從容措置，寓固圉於字小之中，則所以斟酌於水陸要衝，指授夫戰守方略者，必不容緩矣。

孫承宗熊廷弼袁崇焕合論

治兵之權過專，無勇繼之必敗。敢戰之勇過猛，無才輔之必危。制事之才過傲，無識充之必僨。料敵之識過審，無忠主之必誤。報國之忠過烈，無度養之必傷。夫至於敗且危、且僨、且誤、且傷，兵已不能治，戰已不敢决，事已不及制，敵已不可料，國已不克報。而况以孤孑之身，膺閫外之寄，强敵乘勝，東侵西軼，土地之隘要盡失，糧餉之饋運難贍。人守一區，將各爲戰。言官、樞部陰掣其肘腋，權奸、閹黨横恣其爪牙。天子始信而終疑，虎符昨授而今代。措施未久，兇隙頓開。擘劃方殷，誹謗四起。不爲李陵之困，必爲張浚之潰。不爲廉頗之廢，必爲岳飛之誅。而欲成功速建效遠，敵國外患自我而消，内地籬藩自我而固，是猶螳螂怒目，振臂當千鈞之車，而不計其身之碎也。雖然，人臣當萬不得已之會、存亡危急之秋，必上爲主保邦，下爲民請命。不欲庸庸碌碌，全身備位，安敢惜於一死？顧其死之有正有不正耳。

明孫承宗、熊廷弼、袁崇焕三人，前後督師薊遼，均以主守關外爲策。屯田、養兵，治機械、築城堡，擇形勢之要害，全力衛之。此可以援彼，彼可以救此，呼吸相通。極懲楊鎬、袁應泰、高第、王之臣輕戰妄舉、誤國喪師之弊，静養蓄民，徐圖攻取，使敵難進，示敵叵測。而遼土千里十餘年相持未失，洵可謂擅管樂之長，忠勇才識各足者矣。然廷弼與巡撫王化貞不協，廣寧一潰，下獄論死。崇焕殺總兵毛文龍，反間被誅。“彼譖人者，亦已太甚。”誦巷伯之詩，不能不爲魏忠賢、粱夢環、史堇刺。而擁兵閭陽之驛，馳救未聞，伏甲雙島之山，專殺不避，自貽伊戚者，究猶昧於協恭和衷之義，而度之不能宏也。嗚呼，身幽桎梏，體受棰楚，對獄吏而自憐，籍家貲而難贖。白刃可蹈，黄壤含冤。以視孤城拒敵，北面殉身，忠義萃一門，魂魄依故土，義迺從容之就，名獲没世之稱者，同日可語耶？君子曰：承宗得道死也，廷弼、崇焕不得道死也。

獨是承宗之得君，較廷弼、崇焕最久。廷弼、崇焕位止至尚書，承宗則曾爲閣臣。廷弼、崇焕經略僅歲餘，承宗則在遼四載。承宗之勢似易，廷弼、崇焕之勢似難。而不知承宗視師之時，正熹宗在位之日。魏忠賢、崔呈秀熒惑聖聽，煽亂朝廷。羅織株連，天下之士胥蒙其禍。承宗猶能秣馬厲兵，恢復遼河以西域堡。忠賢諸輩撤其兵權，不敢置之死地。迨崇禎復起，移鎮通州，復關内四城，理關外舊宇，招祖大壽、何可剛斂兵待命，京師稍安。蓋至忠大度，休休有容，不矯激以鳴高，亦不依附以植黨。足懾群小之心，能得士卒之力，故戰無不克，攻無不勝。非若廷弼駐瀋陽，崇焕守寧遠，僅足備御完固，不能有尺地寸土之得也。區區凌河之敗，烏足爲承宗咎乎。吁，帥臣難得，將臣易爲。將兵之將，有勇、有才、有識、有忠皆能之。將將之帥，非有度不可用人。人不助則萬事廢，而一己先受其害矣。然則人之爲帥，宜師承宗之和，無師廷弼之剛，宜效承宗之寬，無效崇焕之褊也。

張浚論

余讀《宋史》至張魏公傳，未嘗不歎濟時之不可無才，而輔才之不可無志也。宋南渡之時，二帝北狩，皇族繫虜，生民塗炭，王室陵夷。建炎三年，張浚治兵興元，首倡大義，率諸將誅傅正彦，乘輿返正。及身任陝蜀，置司秦川，以形勢牽制東南，江淮賴以乂安。紹興初年，浚任劉子羽、吴玠、吴璘等力距金人，一捷於和尚原，再捷於仙人關。蜀中無恙，境内粗安。數年以來，屯田養兵。西人再造，厥功偉焉。迨秦檜秉政，士大夫倡爲和議，其賢者不過爲保守江南之計，而浚獨毅然以虜未滅爲己責。凡有關宗社大計者無不言也，凡可以扞御戎敵者無不爲也。事有危疑，人方畏避，則毅然以身任之。不以死生動其心，不以貶黜變其節。必欲振紀綱，雪讎恥，復土宇，安黎民，舉大義以清中原，正人心以立國法。顛沛百罹，志踰金石，枕戈待旦，忠義貫天，經德不回。豈出諸葛忠武、韓忠獻下哉？而或者譏其被命宣撫不能成功，一挫富平，再潰符離，輕師失律，爲國大辱。至引其始劾李綱，晚惎趙鼎，信王庶而曲端死，用吕祉而酈瓊叛，以爲闇愚之人昧於料事，與夫世之負虚名而誤大事者比。事大不然，夫劾浚之人，未必即勝浚之人也。而勝浚之人，未必皆助浚之人也。一則廟堂之上牽於和説而不行，一則草澤之夫動有所求而不得。於是交章投牒，醜詆垢污，甚者及其母妻。又甚者指爲跋扈，豈知一腔熱血，徒憤激於腥羶。讀《中興備覽》四十一篇，以及在連州《四德銘》，餘干吩付家事數語，其立身存心之大端，已可想見。又况首任樞筦即達邊情，一舉勤王，共慶復辟，殺范瓊而色不動，任趙開而財以充，爲水運以給西軍，辟學舍以館北士，以誠信撫楊麼之降寇，以忠勁激兩淮之義兵，築江上之弩營，募海道之戰艦，爲堅壁清野之計，操擣虚扼吭之謀。以云其才，抑豈韓、劉、宗、岳輩所堪匹敵。徒以闇主當陽，賊相接踵，中原未復，地下含冤。然而萬里之外，深山窮谷之中，裔夷絶域，悍卒小兒聞其風仰其節畏其威懷其德者，比比然也。嗚呼，詎非志爲之哉。孔子曰：“三軍可奪帥，匹夫不可奪志。”蓋帥可能也，志不可能也。論帥臣於安順處常之日，觀其志而必舉其才。論帥臣於危疑震撼之時，取其才不得没其志。余故特表而著之，以儆夫有才無志如桓温、殷浩其人者。

《金史》立《交聘表》説

聖人制禮，有經以守常，不可無權以通變。帝王交鄰，有戰以壯威，不可無和以救敝。太王之事獯鬻、句踐之屈夫差、漢高祖之結匈奴、唐太宗之連突厥，胥是道也。然皆以和自危，而非以和偷安，以和自强，而非以和積弱。卧薪嘗膽，内盡其生衆教訓之功。歲幣納親，外示以羈縻勿絶之義。和之於暫，而不和之於久。和之於迫，而不和之於緩。故其始結之以和，終必服之以戰。初不若南宋之君臣隱忍苟安，忘祖宗之讎、社稷之恥，稱臣稱姪於一百五十年中也。嗚呼，此吾所以讀《金史·交聘表》，歎南宋無人，且出西夏下矣。

《交聘表》之叙曰：“宋之失計有三。撤三關故塞，不能固燕山塞。汴京城下之盟，竭公私之帑以約質。立梁楚而不立戰，而江左稱臣。”上失險要，中乏財用，下屈國體。有宗澤、韓世忠、劉琦、岳飛、吴玠、吴璘諸將而不假以兵權，有李綱、趙鼎、張浚、范成大、真德秀諸臣而不久其相位。奸邪宵小盤踞朝廷，黄潛善、汪伯彦終而秦檜、湯思退起，万俟卨、韓侂胄退而丁大全、賈似道進。宜乎愈和愈敝，愈不足以戰，愈不足以守也。《表》備載宋之事者，慨其擁中國之名，受金人之制，紀宋之實，即所以罪宋也。兼列夏、高麗之事者，嘉高麗始以敵國通好，西夏終以兄弟自帝；揚西夏、高麗之美，益所以愧宋也。

至若入西夏、高麗於外國傳，而不以宋參之，則去魏收《魏書》之失。書宋，曰主曰殂，書夏、高麗，曰名曰薨，祖陳壽《三國志》之例。載筆繫詞，隱寓尊宋之意。安得譏其與西夏、高麗並列，絶無區别正僞之意哉。吁，宋本不可屈而金屈之者，宋自屈也；宋本有可强而金弱之者，宋自弱也。後之讀者究其盛衰，鑒其得失，袪虚矯之氣，振茶靡之習，勿自屈而尊人，勿自弱而强敵，則托克托史法之良，亦因之稍著矣。

書《元史·食貨志》後

天下無一法不有利，患在立法之前不能據法之利而杜法之弊，行法之後不能革法之弊而保法之利。斯即有至利之法，而法之利終不著。《元史·食貨志》所載諸政凡十九目，大都沿襲唐、宋、遼、金遺制。而其紓百姓之力，省朝庭之費者，莫如海運。濟國帑之竭、權一時之宜者，莫如鈔法。雖獨開生面，河運不行，金銀有禁，惓惓二者之中，意非不專，法非不密。然大利之中，大弊即伏。受後人指摘者，當更不少矣。

按世祖至元十九年用巴延之言，歲漕東南粟，命羅璧、朱清、張瑄由海道運京師，由四萬石以上，增至三百萬石以上。當舟行風信，有時自浙西達直沽，不過旬日，其所以爲利者博矣。然歷歲既久，水旱相仍，公私具困。疲三省之力，以充歲運之數。而押運監臨之官，與夫司出納之吏，恣爲貪横，腳價不給，收支不平，船户貧乏，損耗滋甚。兼以風濤不測，糧船漂溺，無歲無之。至元二十八年，棄米二十四萬五千六百有奇。至大三年，棄米二十萬九千六百有奇。後始責償運官，人船俱溺者乃免。此則行海運不善之不能無弊也。

世祖中統元年，造中統元寶交鈔，以絲爲本。每銀五十兩易絲鈔一千兩，諸物之直並從絲例。至元二十四年改造至元鈔，與中統鈔並行，每一貫抵中統鈔五貫。武宗時又造至大銀鈔，後廢不行。終元之代，常用中統至元二鈔，每年印造，自數十萬至數百萬不等。其所以能行用者，各路立平準行用庫，貿易金銀，平準鈔法。民之有金銀者，可赴庫換鈔，有鈔者亦可赴庫换金銀。又立回易庫，凡鈔之昏爛者，許就庫倒换新鈔，昏鈔則解部焚燒。隸行省者，行省委官監燒之。至元四年詔諸路民間包銀，聽以鈔輸納。惟絲料入本色，非産絲之地亦以鈔輸。中書省又奏流通鈔法。凡賞賜宜多發幣帛，課程宜多收鈔。而凡丁、錢、田賦、雜課，皆可以鈔輸納。此所以通行天下，而無往不利也。然考之列傳《盧世榮傳》云："世榮以鈔虚，閉回易庫，民間昏鈔不可行。"《許有壬傳》云："苗好謙監焚昏鈔，檢視鈔者日至百餘人。好謙恐其有弊，痛鞭之。人畏罪，率剔真爲僞，以迎其意。管庫吏而下，拷掠無全膚，迄莫能償。"《張養浩傳》云："時斗米直十三緡。民持鈔出糴，稍昏即不用。詣庫换易，則豪猾黨蔽，易十與五，累日不可得。《林興祖傳》云："鉛山素多僞造鈔者，豪民吴友文爲之魁。遠至江淮燕薊，莫不行使。"《黄溍傳》云："奸民以僞鈔勾結黨與，脅攘人財。官差吏聽其謀，挾住新昌、天臺、寧海、東陽諸縣，株連所及數百家。民受禍至慘。"此又行鈔法不善之不能無弊也。

以利如彼，以弊如此。利不能盡，弊不能絶，不得不爲元咎。然必力詆法不可行，如潘季馴言海運作俑於秦，效尤於元，顧炎武言鈔法爲罔民一事，則不免過激。何者？元代建都燕京，去江南極遠。百官、庶府、衛士、編民，無不取給江南。漕運則由浙西至京，俱行河道。土徙沙壅，扞格不通。而杭、吴、明、越、揚、楚、幽、薊、萊、密，俱濱大海，舟行可達。海運之利，什倍於河，故元舍河運而專海運。自唐行飛錢，宋立交子、會子，金造交鈔，與銅錢並行，爲貿通之用。迄至元時，銅錢益寡，交鈔愈衆。流落民間者，遂不可廢。蓋鈔法之行，利操自上，可以平錢重之患，救銀乏之急。而後世納銀捐官，仕途冗雜之弊，胥可以免。此元所以禁用銀錢，而專行鈔法。而初非好爲新異，悖古先哲王之道，專用刑威，迫當代士民從之。蓋勢之所積，不得不然，時之所宜，不可不變。獨惜其未能推行盡利，臻可久可大之域耳。安得因末季用人失當，奉法不謹，而遂譏祖宗創始之多疏闊也哉。

讀《後漢書·獨行傳》

古今一代之風俗，不起於衆而起於一，不成於上而成於下。一人矯異，衆競慕之。下所不爲，上難强之。自春秋戰國柳下惠、豫讓、田蠲、荆軻之徒矜尚氣節，獨立絶世。厥後貫高、田叔、朱家、郭解輩徇人忘己，湯鑊不避。誦義千里之外，盟心爾室之中，踽踽硜硜，言必信，行必果。沿及東漢，其風益熾。一百九十餘年忠義節烈，傳之於世者，車載斗量，不容以更僕數。蓋當是之時，去唐虞三代差近，鄉舉里選之遺意猶未盡没，士之令聞廣譽，籍籍於天下者，無不以薦舉辟召，致身通顯。故天下之人深恐己之所爲刻薄不道，得罪聖賢名教，不齒士類。凡苟可以獲大名者，必全力赴之，爲人之所不敢爲，忍人之所萬難忍，輕生負氣，務欲超出流輩，以成卓絶、奇特之行。舉一世之人，水歸壑，獸走壙，而不自知其爲非也。孟子曰："好名之人，能讓千乘之國。"司馬遷曰："匹夫慕義。何處不勉。"生今之世，爲今之世，中行之士不可必得。然則偏行一介之夫，能成名立方者，曷可少也。

范蔚宗撰《後漢書》，於列傳、儒林、文苑、方術、逸民之外，立《獨行傳》網羅一代，囊括畸人。明晰詳盡，補前史所未備，而實爲史家不可無。體大思精，自嘻者蓋在此也。然傳中所編次論列，守志全節，砥行立身，卓卓然可稱頌於天下，而足爲後世取法者，不過譙玄、李業、温序、彭脩、范汜、陸續、范丹、劉翊、王烈數人而已。

若夫陳重、雷義善交久敬，讓爵位，共患難，鄉里稱之。然《袁敞傳》言，張俊欲舉奏朱濟、丁盛二人，因陳重、雷義往請俊，俊不聽。共私賂侍史，使求俊短，得其私書封上之。僉憸明從，私行請託，難免比匪之傷。向栩位官侍中，朝廷大事，侃然正色，百官畏憚。及張角作亂，建議不必興兵，但遣將北向讀《孝經》，賊自消滅。迂闊不當事情，宜其死於讒慝。趙苞職守遼西，鮮卑劫其妻母，質載以擊郡。苞不顧[1]私恩，即時破賊。妻母遂皆遇害。雖功暫立之一時，悔思續於末路，而乖情立異，補救毫無。心之險忍，不堪問已。任永、馮信不受公孫述徵聘，託爲青盲以避世禍。妻婢奸淫，置若不見。然門庭之内，穢濁已極。權高守節，有如是哉。此蓋採擇不得其精，記述有過於雜者也。

至於李充爲國三老，面折將軍鄧隲，不避貴戚，宜與朱暉、樂恢、何敞同傳。范丹違時絶俗，好爲激詭之行，漢中李固與之尤親善。遭黨人禁錮，推鹿車，載妻子，捃拾自資，絶粒窮居，不慕勢利，宜與周燮、黄憲、徐孺、姜肱、申屠蟠同傳。而乃取諸偏至，略其大端，降就小郑之列，稱爲一介之士。此奪彼予，庸盡當乎。然此不過史例之不合也。

若夫朱遵不肯仕公孫述，見危授命。建武初贈官，吴漢爲其置祠。《新津縣圖》載之。兒子明歲敗之時，兄爲饑人所食，自縛叩頭代兄爲食。孟英爲郡决曹掾，郡將撾殺非辜，事至覆考，英引罪自予，卒代將死。孟章爲郡功曹，從役討賊，兵卒敗北，爲賊所射。以身代，將死不去。《論衡》載之。汝南戴幼起讓財與兄，出妻子客舍，住官池田以耕種。太原郭子廉饑不得食，寒不得衣。常過姊飯，留十五錢默置席下。每行飲水，必擲一錢井中。《風俗通義》載之。段恭爲上計掾，太尉龐參被劾。以恚發病，遠近稱冤。恭抗疏表參忠直，不當以讒佞傷毁忠正。韓揆爲主簿，黄巾入境，令錡裒爲賊所害。揆殯殮葬埋，詣從事賈龍，求兵討賊。賊破遂自殺。張鉗、師犍爲謝裒。裒死，負土成墳。裒子爲人所殺，鉗復其讎，自拘武陽獄。《華陽國志》載之。若此之類，剛烈凛然，守節蹈義，窮天地而不顧，齊日星以争輝。獨行其志，志在是矣；獨行其道，道無過之。而蔚宗則概從芟削，當傳者不得而傳，不可闕者妄爲之闕，疏漏迭見，乖謬相因。其可譏者，當不僅一二也。

葉水心曰："蔚宗類次齊整，用律精深。但見識有限，體致局弱爲可恨耳。"吾謂蔚宗之病，不在於才弱，而在於識闇。自東漢以訖劉宋，三百餘年，諸家舊説汗牛充棟，綴而輯之，不知裁簡，斟酌未能盡善。此所以不及司馬遷、班固之詳贍精密，爲一成不可易也歟。

廿二史校勘記略例

一、《史記》、《漢書》、《後漢書》、《三國志》、《晋書》、《宋書》、《齊書》、《梁書》、《陳書》、《隋書》、《北魏書》、《北齊書》、《北周書》、《新唐書》、《新五代史》，南宋之前，雕板已流布天下。厥後明嘉靖有南宋國子監校刻本，萬曆有北監重刻本，崇禎有海虞毛晋汲古閣别刻本。皆從宋板翻出，頗多訛舛之處。今以國朝乾隆四年武英殿刊本惟據，凡字之多寡、文之同異，胥詳載之。

一、《舊唐書》、《宋史》、《遼史》、《金史》、《元史》，行世之本絶少。明嘉靖中聞人詮重刊《舊唐書》於吴郡，張邦奇、江汝璧校刻《宋》、《遼》、《金》、《元》史於南國子監。《舊唐書》出自宋模板，《宋史》取廣東板校補《遼史》、《金史》，購吴下善本翻刻。帝虎魯魚，謬誤百見。常熟錢逸所藏至樂樓抄本《舊唐書》，與聞人本不同。近日浙江重刻《宋史》，江蘇重刻《遼》、《金》、《元》三史，譌字更倍。今以武英殿本訂諸史之失，其錯失特甚者必爲之舉正。

一、此校胥據武英殿本。《史記》考之宋元槧本、淳熙辛丑官本、蔡夢弼刊本、元中統刊本、明震澤王氏本，及《集解》、《索隱》、《正義》單行本。《漢書》考之梁世所行古本、北宋景祐本、慶元劉之同本。《宋》、《齊》、《梁》、《陳》、《魏》、《北齊》、《周》七書，考之嘉祐校定本、井憲孟蜀郡刊行本。《宋史》考之明朱英廣州刻本。余若吴武陵《十三史駁議》、李安上《十史類要》、吴縝《五代史纂誤》、王鳴盛《十七史商榷》、錢大昕《廿二史考異》、趙翼《廿二史劄記》，並爲讎校，不敢臆鑿一語。

一、《晋書》、《魏書》、《舊唐書》俱有校勘記。《晋書》周家禄撰。《魏書》王先謙撰。《舊唐書》羅士琳、陳立、劉文淇、劉毓崧同撰。糾謬正誤，大較可觀。但周家禄孜孜研核，祇以己之是非爲去取，古來善本全不考究。王先謙據宋監本互相校對，精細不可幾及，然祇據一書，稍嫌未盡。羅士琳等所校衆稽博考，實能爲劉史功臣。岑建功附刻《舊唐書》卷末，於義盛當。第所拾摭諸書，不能斟酌盡善。記中於此三書取資甚鉅，其可疑者必慎爲揀擇。

一、武英殿本附載諸臣考證數條，於原史大有裨益。兹採其鑿鑿可據者載入記中，其不關校勘者靡敢濫列，姑從删削，以昭限制。

一、阮元《十三經校勘記》以宋本爲據，此記以武英殿本爲據。以近日古本散失不全，不若殿本之有徵可信也。至若諸記次第，則遵阮刻校勘記例，用夾行附載諸史卷末。其殿本與諸史不合者，用一圈旁記，以便讀者檢閲。

科場變法議

治今日之天下，不患法之不可變，而患變法之後一如不變，而且不若不變之爲愈。則日變其法，而適以自敝其法也。

隋唐以來，變三代兩漢之制，而以言試士。科第曰明經、曰秀才、曰舉人、曰進士。制藝曰經義、曰策論、曰詩賦。損益不常，沿革迭見。及我朝承明代舊制，秋則聚各行省而鄉試之，春則解在京師而會試之。首場四子、五經文，二場論表判，三場策五道。後則去論表判，而置五經文於二場。而三百餘年名臣碩輔鴻博之士、清正之吏胥出其中，得人可謂盛矣，求士可謂全矣。

然相傳歷久，弊竇百出。主持文柄者，不皆博學鉅儒。士之僥幸獲售者日衆，四子義則蔓衍支離，五經文則雷同剿襲，策問則空疏無所發明，迂闊不當事理。天下之人惟知工此，即可以弋取科名，獲享富貴。迨叩以朝廷禮樂、刑政、兵馬、財賦、河渠、邊防、時務利病，一切不知。及一旦析爵擔圭，謀一政，任一事，則袖手裹足，瞻顧徬皇，而如失所措。嗚呼，人才如此，又奚賴哉。

夫今日天下一統之大、士人之多，先之四子以研其義理，繼之五經以考其治法，終之策問以博其幹濟。以此求士，豈不足以盡士之才？以此得士，豈不足以當公卿之任，佐國家之政？而顧有不能者，蓋天下人之心思、才力衹可專攻，而不可兼營廣騖。營之兼，則實得者少；騖之廣，則荒棄必速。今必合此四子、五經、策問而惟全之求，事之應所求者必全而後可也。稍不能全，即不免僥幸嘗試耳。況取之既多其端，校士者不能無所輕重。重四子、五經而輕策問，則通達實務之士見屏；重策問而輕四子、五經，則精研義理之士必黜。是立制欲取人以全，而實已萬不能全也。顧亭林曰："科場之法欲其難，不欲其易。使更其法而予之以難，則覬倖之人少。少一覬倖之人則少一營求患得之人，而士類可漸以清。抑士子之知其難也，而攻苦之日多。多一攻苦之人，則少一群居終日、言不及義之人，而士習可漸以正。”噫，斯言也，可以杜末世士子之弊矣。而以論古先哲王裁成天下之道，造就人才之意，則未盡也。何者？國家興賢之教，設科取士，原欲養天下之不才而進爲才，全天下之無用以歸有用，而非苦人以所難者，阻天下進取之志也。信如亭林之言，則朝廷心腹干城之寄、兵刑錢穀之任，一官一邑必盡得天下之大仁、大智、大勇，而後乃可勝任愉快。天地鍾毓，安得此得極勝哉。

《商書》曰："任官惟賢才。"周公曰："無求備於一人。"處今之時，變今之道，斟酌唐宋之善，折衷元明之失，法不貴於嚴而貴於精，才不貴其全而貴其實。貴精則弊者當革，利者當增，責實則取者其長，棄者其短。而深其至要，絜其大綱，則在改三場爲一場，分諸科爲四科。

四科者何？一曰經義。堯、舜、禹、湯、文、武、周公、孔孟之道，藉經以傳。治經之法，宜以注疏爲主，而雜取諸家之説，以求得其精意。體兼論斷，不專執一説，引據經傳如近日訓詁帖括之類。朱子所謂通貫經文、條舉衆説而斷以己意也，則所言者皆其當行，而大有益德行矣。外王内聖，不在是乎？此經義當立一科。二曰史學。自三皇以迄近代君臣治亂之政，禮樂兵刑之制，天文、律歷、山川沿革之要，胥載之史，剴切詳明，尤有裨於政治，典試皆可命題。但臨事盡言，不宜忌諱。必使直抒己見而止，則通今達古之儒多出矣。此則史學當立一科。三曰文辭。詩賦、詔表，唐宋以之取士。蘇頲、張説、陸贄、韓愈、歐陽修、蘇軾之倫，文章彬彬，皆堪華國。若乃鎔鑄經史、包羅百氏，尤非瘁力終身不能，則真可杜不學倖進之弊，而真才拔矣。此文辭一科之當立也。四曰時務。泰西各國之制度，中國仿行，格致、算學，講求之人不下千百。天津、廣東、湖北、上海等處創立學堂，士之肄業其中者日新月異。然朝廷未嘗專設一科，舉奇能卓異之士，故致力西學者仍未能駕乎其上。况近日修鐵路、興炮廠，立銀錢、織布、繅絲各局，互市通商，開關納税。富國强兵之謀，固圉交鄰之道，尤須得人。以維持其間，安可度外置之也。此又時務之當立一科者也。

或曰四科之立，既聞命矣。一場之制如何？曰舊制三場，蓋以科目繁多，人難猝辨。故寬之時日，俾得竭其才力，盡學識之長也。今既析爲四科，則人占一科。每科定作三藝，一場即可以畢事也。至若童子之試，衹限之經義一科。即欲兼取史學、文辭、時務，則亦如近日經古之類，不得視爲正場。蓋幼年之時智慧初開，不可不先通諸經明義理。經義不明則史學、文辭、時務之學皆在所棄，而一無可用也。

嗟嗟，八股盛而六經微，十八房興而廿一史廢。明制之弊，蓋已然矣。然國初猶因仍之而不知變者，非其時則不可也。今既得其時矣，而烏可不圖一變，以永收得人之效哉。君子曰：是在勵精爲治之君，與救時濟國之臣。武舉一科，今日本屬無用。沈文肅公久議廢之，兹概置而不論焉。

漢侯國考

封建之繁，莫劇於漢。班固撰志，兼立三表。一曰王子侯，二曰功臣侯，三曰外戚恩澤侯。綜而計之，無慮數百。然當時所封諸侯，或以一鄉一亭而詔遣歸國者，或本無實地、因虚名而食邑某方者。細微瑣碎，《地理志》亦不能載其詳焉。兹爰採諸史傳注，及國朝人之考證可信者，爲分録之。

王子侯國

羹頡　屬上谷郡

班《表》：高祖七年，封兄子信。按《括地志》，羹頡山在嬀州懷柔縣東南十五里。高祖取其山名，以爲侯號。今在直隸宣化府懷來縣。

德　屬平原郡

班《表》：高租十二年，封兄子廣。《漢書辨疑》：德，功臣表屬濟南。此注泰山疑是平源安惠縣。按安惠即今濟南府陵縣。

上邳　屬魯國

班《表》：高后二年，封楚元王子郢客。按《乾隆府州廳縣考》，上邳即古邳邑。在今滕縣南。

《通鑒》胡注：班《志》東海下邳縣，應劭曰邳在薛。其後徒此，故曰下邳。臣瓚曰：有上邳，故曰下邳也。師古曰：瓚説是。《漢書辨疑》：《説文》："邳，奚仲之後，湯左相，仲虺所封。在魯薛縣。"與《地理志》同。是上邳即薛縣。東海有下邳，故此言上。

管　屬河南郡

班《表》：孝文四年，封齊悼惠王子罷軍。《史記索隱》：管，古國。今爲縣屬滎陽。按《乾隆府州廳縣考》，唐武德四年置管州，天寶初改曰滎陽。即今河南鄭州。《漢書辨疑》引《水經注》作菅，誤。

營平　屬濟南郡

班《表》：孝文四年，封齊悼惠王子信都。按《水經注》：澠水出營城東，西北流逕營城北。文帝封劉信都者在是。愚按澠水在臨淄西，西北流遶鄒平，合時水注海。臨淄一名爲營邱，當即今臨淄、鄒平二縣界。

楊虚　屬平原郡

班《表》：文帝四年，封齊悼惠王子將閭。按《乾隆府州廳縣考》，故楊虚城，在金山東濟南府禹城縣西南。

《通鑒》胡注曰：據《水經注》，河水過楊虚縣。注引《地理志》曰："楊虗，平原之隸縣也。城在高唐，即今禹城縣之西南。"而班《志》無此，不知酈道元所謂志者何志也。

安都　屬琢郡

班《表》：孝文四年，封齊悼惠王子志。按《乾隆府州廳縣考》，安都城在今保定府高陽縣西南三十八里。

《史記正義》，安都故城在瀛州高陽縣西南三十九里。

武城　屬平原郡

班《表》：孝文四年，封齊悼惠王子賢。按《史記索隱》，武城屬平原郡正義、貝州縣。當即今山東臨清州武成縣。

陽周　屬上郡

班《表》：孝文八年，封淮南厲王子。按《乾隆府州廳縣考》，陽周故城，在今延安府安定縣北。

《漢書辨疑》上郡縣，《括地志》寧州羅川縣，在州東南七十里。

棘樂　屬九江郡

班《表》：孝景三年，封楚元王子調。按《漢書辨疑》，《左傳·昭公四年》，吴伐楚，入棘。杜預曰："譙國酇縣東北有棘亭。"當即今安徽滁州全椒縣西南。

杏山　屬江夏郡

班《表》：元光六年，封楚安王子成。按《漢書辨疑》，錢坫曰：《後漢書·岑彭傳》："許邯起杏。"注，南陽復陽縣有杏聚。《郡國志》同。《太平寰宇記》："光州仙居縣有杏山。"仙居於漢爲軑縣。在今光州光山縣西北。

益都　屬北海郡

班《表》：元朔二年，封淄川懿王子敬。按《漢書辨疑》，北海有益縣。《水經注》，巨洋水東北逕益都故城東，其枝津西北流逕益都故城。即在今貴州府壽光縣西北。

雷　屬瑯琊郡

班《表》：元朔二年，封城陽共王子豨。按《讀書雜志》，雷當爲盧。《水經注》沂水注盧川，水東南流逕城陽盧縣，故蓋縣盧上里也。元朔二年，封劉豨爲侯，在今沂州府沂水縣西北。

將梁　屬中山國

班《表》：元朔二年，封中山靖王子朝平。《漢書辨疑》：《水經注》博水又北逕清凉城東，即將梁也。應與中山之望都近。按清凉城在今樂苑縣西南望都。即今保定府望都縣。

蔞安　屬涿郡

班《表》：元朔三年，封河間獻王子邈。《漢書辨疑》：《後漢書·馮異傳》有蕪蔞亭。注云，"在今饒陽縣東北，即其地矣"。按《乾隆府州廳縣考》，蕪蔞故城在今深州饒陽縣東北。

陪　屬平原郡

班《表》：元朔三年，封濟北貞王子則。按《史記索隱表》，在平原。《地理韻編》，唐置陪州。當在今四川境，與此不合。平原郡即今山東濟南平原郡。

富　屬泰山郡

班《表》：元朔三年，封濟北式王子龍。《漢書辨疑》，泰山有富陽縣。按今在泰安府肥城縣。

辟土　屬信都國

班《表》：元朔二年，封城陽共王子壯。按《漢書辨疑》，《水經注》葛陂水出三柱山，西南逕辟土城南，世謂之辟陽城。武帝封劉壯爲侯國。按辟陽城在今直隸冀州東南三十里，見《辟陽志》信都國。兹爲辟土辨，故録。

攸輿　屬長沙國

班《表》：元朔四年，封長沙定王子則。按《漢書辨疑》，《水經注》攸水逕攸縣北，縣北帶攸溪，蓋即溪以名縣也。武帝封長沙定王子劉則爲侯國，則攸輿即長沙國攸縣。此亦爲攸輿縣。

運平　屬東郡

班《表》：元朔四年，封城陽共王子訢。《漢書辨疑》，《左氏傳》成十六年，公還待於鄆。京相璠曰：《公羊》作運字。今東郡廩邱縣八十里有故運城，即此城。按廩邱城今在曹州府范縣東南。

乘邱　屬中山國

班《表》：元朔五年，封中山靖王子將夜。《漢書辨疑》，《史記》作桑邱。中山王子封地，不能遠至泰山郡之乘邱。《史記·趙世家》，“趙肅侯二十三年與齊魏戰於桑邱”。《括地志》，“桑邱故城在易州遂城縣界”。今在保定府安肅縣西南。

柳宿　屬中山國

班《表》：元朔五年，封中山靖王子蓋。《漢書辨疑》，《索隱》曰：《漢表》“在涿郡”。今脱。《外戚傳》，“嘗[2]之柳宿”。蘇林曰：聚邑名也，在中山盧奴縣東北三十里。今爲直隸定州。

安郭　屬涿郡

班《表》：元朔五年，封中山靖王子博。按《水經注》，滱水東南逕安郭東。疑即在今保定府安州境内。

彭　屬東海郡後屬泰山郡

班《表》：元狩元年，封城陽頃王子强。《漢書辨疑》，錢坫曰：彭即祊。《郡國志》泰山費縣有祊亭者，是費前屬東海，後改屬泰山。《説文》祊亦作鬃。按本表劉屈釐封澎侯，澎即鬃字之誤，然則彭即鬃也。《功臣表》彭簡侯秦同，其元孫壽王爲費公士，正在其處。謹按，今山東沂州府費縣，劉宋時移理祊城，即古祊邑。

參鬷　屬濟陰郡

班《表》：孝武時，封廣川惠王子則。《漢書辨疑》：《郡國志》濟陰定陶有三鬷亭。即今曹州府定陶縣境。

祝兹　屬琅琊郡

班《表》：孝武時，封膠東康王子延年。按《漢書辨疑》，《水經注》膠水逕祝兹縣故城東。疑即在今膠州境。

南利　屬汝南郡

班《表》：本始元年，封廣陵厲王子昌。按《水經注》，汝水别溝東逕西門城，即南利也，縣北三十里有孰城。謹按，當即在今河南汝寧府境内。

遽鄉　屬常山郡

班《表》：元康四年，封真定列王子宣。《漢書辨疑》，錢坫曰：《後漢書·杜茂傳》茂封脩侯，坐事削户邑，定封遽鄉侯。考茂歷封樂鄉、苦陘、廣武、脩等地，並近常山，然則遽鄉即蘧鄉歟？

重鄉

班《表》：元始元年，封東平思王孫少柏。按《水經注》，荷水東逕重鄉城南。

湘鄉　屬零陵郡

班《表》：建平四年，封長沙孝王子昌。按《郡國志》，湘鄉屬零陵。班《志》無此縣。《文獻通考》作長沙孝王子，此脱孝字。今爲湖南長沙府湘鄉縣。

昭陽　屬零陵郡

班《表》：元始五年，封長沙剌王子賞。《漢書辨疑》：《郡國志》屬零陵。

功臣侯國

户牖　屬陳留郡

班《表》：高祖六年，封陳平。按《通鑒》胡注，徐廣曰：户牖今爲東昏縣，屬陳留，《索隱》曰：徐廣云户牖今爲東昏縣，屬陳留，與班書《地理志》同。按是秦時户牖，屬陽武。至漢以户牖鄉爲東昏縣，隸陳留郡也。今在河南開封府蘭儀縣境内。

棘蒲　屬常山郡

班《表》：高阻時封柴武。胡注應劭曰：棘蒲即長山平棘縣。師古非之。余據《靳歙傳》，則棘蒲趙地也，在安陽以東。按今在直隸趙州南。

寧　屬河内郡

班《表》：孝文時封魏遫。胡三省曰：寧，侯國，在河内修武縣界。

南窌

班《表》：孝武時封公孫賀。《史記索隱》韋昭云：縣名或作窖。按《水經注》，漳水東至武安縣南黍窖邑，入於濁漳。

翕　屬魏郡

班《表》：元光四年，封趙信。在魏郡内黄界。

御兒　越中地

班《表》：元封元年，封轅終古。孟康曰：御兒，越中地，今吴南亭是也。宋祁注云：御兒，越北鄙，今嘉興。

荻苴　屬勃海郡

班《表》：元封三年，封韓陶食邑於勃海郡信陽縣地。按今在直隸天津府慶雲縣東。

外戚恩澤侯國

周陽　屬河東郡

班《表》：孝景三年封田蚡。《史記正義》：絳州聞喜縣東二十九里，有周陽故城。

平津　屬勃海郡

班《表》：元朔五年，封公孫弘。按《通鑒》胡注，勃海郡高成縣，有平津鄉。宋白曰：滄州鹽山縣，勃海高成縣也，有平津鄉。

海常　屬東萊郡

班《表》：元鼎六年，封蘇弘。胡注徐廣曰：海常在東萊。余合《王子侯表》參考，則海常侯當食邑琅琊。

彭　屬東海郡

征和二年，封劉屈氂。晋灼曰：澎，東海縣。齊召南曰：《地理志》東海無澎縣。按澎即前彭。

安陽　屬河内郡

班《表》：始元六年，封上官桀食邑河内蕩陰。《水經注》：陜縣有安陽城，武帝對上官桀。

博陸　屬東郡

班《表》：始元元年，封霍光。文穎曰：博大陸平，取其嘉名，無此縣也。食邑北海河間東郡。師古曰：蓋亦鄉聚之名，非必縣也。

氾鄉　屬琅琊郡

班《表》：鴻嘉元年，封何武。胡注：武封氾鄉侯，在琅琊縣。按今在萊州府，即墨西南二十七里。

屈子生年與遷謫時地考

屈原之事所可見者，不過今日相傳《楚詞》之二十五篇耳。自劉向編集，王逸校注，始尊《離騷》爲經，而以原别撰《九歌》、《天問》、

《九章》、《遠游》、《卜居》、《漁父》等章爲傳，以《招魂》屬宋玉，而稱《大招》一篇，或爲屈原所做。今考《史記》傳贊明言“余讀《離騷》、《天問》、《招魂》、《哀郢》，哀其志”，則《招魂》之爲原作，無疑也。茲本《離騷》、《九歌》、《天問》、《九章》、《招魂》、《卜居》、《漁父》二十五篇，而黜《遠游》、《大招》焉。至屈平所生何年，悉據周魯憲術推定。如其不及，以俟君子。

著雍攝提格，周顯王二十六年、楚宣王二十七年。正月庚寅，二十二日。屈平生。朱子《集注》：屈原生於夔峽。

《楚辭·離騷》曰：“攝提貞於孟陬兮，惟庚寅吾以降。”《漢書·律歷志》：魯釐公五年丙寅。周惠王二十二年。正月辛亥朔旦冬至，下距康公四年。周顯王十八年。庚午正月丁亥朔旦冬至，三百四歲。十六章上距上元十四萬二千五百七十七歲，得孟統五十三章首。越八年，至魯景公三年。顯王二十六年。戊寅正月朔旦己巳。以全日三百六十五日乘之，已得十一萬三千八百八十日。每年有四分日之一，是四年而成一日。以四除三百十二歲，復得七十八日。並全日爲十一萬三千九百五十八日。計抵此年正月庚寅，盡有十一萬三千九百八十日。周辛亥一千八百九十九又四十日。確知其爲二十二日無疑也。殷歷以爲二十一日。乃王逸注云：正月始奉庚寅之日。洪興祖、錢杲之皆以爲寅年寅月寅日生。朱子駁之謂：“攝提貞於孟陬，正指寅位之月，非太歲在寅之名。必爲歲名，則其下少一格字。而貞於二字，亦爲衍文。不知貞者正也，攝提星恒在北斗之首。言斗杓正此指子也。周之孟春，故稱孟陬。”今以陬月爲寅，則斗已斜建東北，不得言貞。本孔廣森《經學卮言》。三家皆不足信。

强圉協洽，周赧王元年、楚懷王十五年。屈平爲三閭大夫。上官大夫靳尚讒之，楚王怒而疏屈平。年三十歲。

《楚辭·惜往日》曰：“心純龐而下泄兮，遭讒人而嫉之。君含怒以待臣兮，不清徵其然否。”王逸《離騷序》：屈原仕懷王，爲三閭大夫，掌王族三姓，曰昭屈景。屈原叙其譜屬，率其賢良，以厲國士。入則與王圖議政事，决定嫌疑。出則監察群下，應對諸侯。謀行職修，王甚珍之。同列大夫上官靳尚妒害其能，共譖毁之。王乃疏屈原。考《戰國策》，懷王時，靳尚之讎張旄使人要刺靳尚。《史記·列傳》：令尹子蘭卒使上官大夫短屈原於頃襄王，則是上官大夫、靳尚明明爲兩人也。王氏云上官靳尚非是。案《史記》屈平既詘，其後張儀乃説王絶齊，在懷王十六年。王疏屈原，當在十五年也。

玄默閹茂，周赧王十年、楚懷王三年。屈平諫楚王入秦，王不聽。放屈原江南。年四十五歲。

《楚辭·惜往日》曰："弗參驗以考實兮，遠遷臣而弗思。"胡濬源增注：平使齊反時，王惑張儀，絶齊，誤失地喪師。惑鄭袖、子蘭，誤受欺會秦。諫而不聽，遂晟怒而放之。謹案《卜居》云：三年不得復見。是距被放之時，已三年也。作《九歌》，賦《離騷》，當在此三年内。

《楚辭·招魂》曰："路貫廬江兮左長薄。"姚姬傳云：懷王時放屈子於江南，在今江西饒信地。處郢之東，作《哀郢》時是也。頃襄再遷之，乃在辰湘之間，處郢之南。作《涉江》時是也。廬江古即彭蠡之水，故山曰廬山，出陵陽東。漢初廬江郡，猶在江南。後乃移郡江北。地志云：廬江出陵陽東南，北入江。蓋彭蠡東源出今饒州東界者，古陵陽界及此。按屈原作《哀郢》，乃頃襄王更遷江潭時。其曰："當陵陽之焉至兮，淼南渡之焉如。"蓋原由陵陽南入洞庭追而記之者也。朱子《集注》：長薄在江北，時東行，故曰左。

旃蒙赤奮若，周赧王十九年、頃襄王三年。楚王更遷屈平江潭。年四十八歲。

《楚辭·哀郢》曰："忽若去而不信兮，至今九年而不復。"洪興祖補注：考原初被放，在懷王十六年。至十八年復召用之。三十年，秦約懷王與會。屈原諫止之。不從，懷王遂死於秦。頃襄王立，復放屈原。此云九年不復，不知的在何時。謹案《太史公自序》，屈原放逐，著《離騷》。《報任安書》：屈原放逐，乃賦《離騷》。如放逐在懷王十六年，則《離騷》必作於是時。今核《離騷》篇中。一則曰："依彭咸遺則。"再則曰："從彭咸所居。"是汨羅之志已先定矣。豈以屈原明智之士，頗受懷王寵任，一旦讒口去國，便輕身一死，決無此理。況《史記列傳》明曰：楚人咎子蘭勸懷王入秦，不反。屈平既嫉之，雖放流，睠顧楚國，繫心懷王，不忘欲反。一篇之中三致志。下繼云：令尹子蘭聞之大怒，卒使上官大夫短屈原於頃襄王，頃襄王怒而遷之。安得言十八年復召用？既不復用，安得使於齊？而凡諫殺張儀，諫止王入秦，皆不足信也。蓋洪氏誤據《卜居》屈原既放三年，不得復見云云，遂以爲十六年被放，十八年復召用使齊顧反，恰爲三年，不知乃懷王三十年及頃襄王元年二年也。至所云九年乃被放三年之後，頃襄王更遷江南，又歷九年，非合三年而爲九年也。

《楚辭·涉江》曰："朝發枉陼兮，夕宿辰陽。入溆浦余儃佪兮，迷不知吾所如。"朱子《集注》：《水經注》云：沅水東逕辰陽縣，合辰水沅水，又東歷小灣，謂之枉阿。溆浦即今辰州府洞溆縣。案此皆放逐江潭諸地。

昭陽作噩，周赧王二十七年、楚頃襄王十一年。屈平字[3]投汨羅江死。

《續齊諧記》：屈原五月五日投汨羅而死。楚人哀之，每於此日以竹筒貯米，投水祭之。《隋地理志》：屈原以五月望日赴汨羅。土人追至洞庭不見，湖大舟小，莫得濟者。乃歌曰：何由得渡湖。因爾鼓櫂争歸，競會亭上。習以相傳，爲競渡之戲。他書記皆云五月五日投汨羅。《隋志》獨云望日，亦不言爲何年。《史記》本傳惟云：自原沈汨羅百有餘年後，賈生爲長沙王太傅。過湘水，投書弔屈原。今核懷王三十年放原江南，越三年，頃襄王又遷原江潭九年。約至頃襄王十一年，乃懷沙自沈。距漢文帝四年，賈誼爲長沙王傅，凡一百十三年，恰合百餘之數。至所云五月五日，據周憲爲丙寅，十五日則爲丙子。未敢深信，故附著於此。

《楚辭·九歎》曰："九年之中不吾反兮，思彭咸之水游。惜師延之浮渚，今赴汨羅之長流"。《水經注》：汨水西經羅縣北，本羅子國也。故在襄陽宜城縣西，楚文王移之於此。秦立長沙郡以爲縣。謂之羅水。汨水又西逕玉笥山。《湘中記》云：屈潭之左有玉笥山，此福地也。一曰地腳山。汨水又西爲屈潭，即羅淵也。屈原懷沙自沈於此，故淵潭以屈爲名。按在今湘陰縣北七十魯里。《異苑》曰：長沙羅縣有屈原自投之川。山水明净，異於常處，民爲立祠。在汨潭之西岸側，盤石馬跡尚存。相傳原投川之日，乘白驥而來。

右所列屈平年譜，胥以周魯憲術爲據。其遷謫時地，兼考諸家《楚辭》箋注。其不合者，必爲之校正焉。

畢氏《續通鑒》體例得失論

編年之書，莫善《通鑒》。司馬而後，各有續修，宋則李燾，元則陳桱，明則王宗沐、薛應旂，國朝則徐乾學、畢沅。紀事繫年，皆與《通鑒》相接，而畢氏《續資治通鑒》尤高出焉。書凡二百二十卷。上自宋太祖建隆元年，下訖元順帝至正二十八年。以宋、遼、金、元四朝正史爲經，而佐以《契丹國志》、《通鑒長編》、《通鑒後編》等書，以及各家説部文集，約百餘種。網羅放失，芟剪繁蕪，誤者正之，疑者存之。雖紀四百年事，較司馬公數千百年，卷帙已逾太半。然其叙事詳贍，載言縝密。體例之善，亦有司馬所不及者矣。

試僂指之，《通鑒》列國正朔，必專一國。以魏承漢，而蜀吴紀年不書。以宋承晋，而北魏紀年不書。畢氏則於宋建隆元年，分注遼應曆十年；建炎元年，分注金天會五年。地齊德醜，不與南唐北漢。僭竊同觀。書國之善一。

《通鑒》年號，皆以後來爲定。漢建安二十五年，即稱魏黄初元年；隋義寧三年，便稱唐武德元年。畢氏則於宋太宗十二月，改稱太平興國元年，屬太宗紀。十一月以前，稱開寳九年，屬太祖紀。有始有終，年月兩不相雜。紀年之善二。

《通鑒》篡竊，每爲寛宥。曹丕篡漢，而大書曰即位；司馬炎篡魏，而特書曰禪位。畢氏則於宋太祖，書周歸德軍節度使、檢校太尉、殿前都檢點趙匡胤稱帝。據事直言，不稍含隱。黜僞之善三。

《通鑒》載歷代文人，十削七八。屈原以直諫被讒，而《離騷》之經不録。杜甫以忠愛從王，而《出師》之詩不録。畢氏則述文信國《過零丁洋詩》“人生自古誰無死，留取丹心照汗青”二句，言當諷勸人爲忠烈。雖牽連并及，而不敢闕漏。存真之善四。

此皆異乎温公，有得而無失者也。至若上文已言某事則書是日，一事不知何日則書是月，追前事而書本事則曰初，因本事而書前事則曰先是。正統書帝書崩，分據書主書殂，折衷左氏之《傳》，襲取陳壽之《志》。無一不同於温公，即無一遠遜於温公也。

蓋畢氏此書當四庫告成明備之餘，又有王西莊、錢辛楣、邵二雲、孫淵如諸人爲之質證往復，校定再三。精益求精，實事求是。若夫宋太祖燭影斧聲之譌、文天祥黄冠故鄉之語、馮衍牛舌之判、元世祖龍爪之夢，事涉恍惚，詞多附會，則附載考異，備存一格。書不敢盡信，文亦必爲闕疑也。莫友芝曰：在二代編年家，固未能或之先。嘻，信足以續温公之書，而補數百年之罅漏歟。

東晋、南宋之兵何以能强説

天下國家之患，非必人民寡少之爲患也，財用匱乏之爲患也，土宇日削之爲患也。所可患者，在君無發憤爲雄之志，人民無盡忠致死之心，瓦散土崩，上下解體，斯真可弱而不可强耳。

晋之東遷，宋之南渡，皆百亡而僅一存之國。然晋得所以控御之道，則兵日以强，失其强則叛亂内興。宋得所以訓練之法，則兵日以强，失其强則淪亡莫救。取當日事勢，絜而論之，東晋似易，而南宋似難。以内言之，東晋立國以揚州爲京畿，以荆州、江州爲重鎮，而三州户口實居江南之半，根本已立，不若宋之遠竄臨安，絶無倚恃也。永嘉之亂，江東未擾，陶侃、劉宏勤慎謹密，生聚數十年，財賦殷盛。芻糧、舟車、器械朝求之而暮給，不若宋之國計空虚，民皆貧乏也。祖逖、劉琨、紀瞻、温嶠戮力勦賊，士卒鼓舞。敦、峻雖逆，而部曲卒爲晋用，不若宋之收合降賊，見敵而潰也。王導、謝安歷相數君，練達老成，綜理周密，不若李綱、趙鼎、張浚忽進忽退，受制僉佞之手也。則東晋保國之謨，裕於南宋矣。以外言之，五胡肇亂，兇悍已極，而角逐中原，互相吞噬，滅晋之情不果。而宋則女直、蒙古奮全力以相争，則東晋强敵乏逼，輕於南宋矣。

然而南宋用兵，其强猶得與東晋並者，何也？東晋無發憤爲雄之政。孫綽、蔡謨、王羲之皆當代名流，反創畏縮退阻之議，坐困江左。宋則汪伯彦、黄潛善、秦檜、湯思退諸姦之外，無一人言和，無一人不欲戰。即下至五尺童子、閨房幼婦，莫不欲持挺荷戟，以與金人從事而雪我中原之恥，復我祖宗君父之讎。忠憤之氣，百倍東晋，故張浚、韓世忠、劉琦、岳飛、吴玠、吴璘諸人屢出戰而屢勝，其强也初非樞密院教閲之善，各州軍檢選之精，而後得及此也。不然，采石之戰，虞允文一介書生，率不教之卒，折逆虜數十萬人，成功何其易哉。蓋東晋之兵强在國勢。國勢之强，扶之而易植。南宋之兵强在士氣。士氣之强，持之而難久。是故王導、庾亮、謝安即不在位，而滅蜀、滅南燕、滅後秦，桓温、劉裕諸人猶得藉手。而宋則自李綱、宗澤、張浚、岳飛一死之後，中原遂不可再問也。吾故曰。南宋難，而東晋易也。

嗚呼，千古以來，中國夷狄之禍莫甚於東晋、南宋，而中國人民之弱、土地之蹙，亦莫過於東晋、南宋。而東晋、南宋猶能易危爲安，得與夏少康、周宣王、漢光武同齒中興之績，則知有天下國家者，不懼其弱，而懼積弱之後終不能自振於强也。則夫後世乘可强之勢，而反出東晋、南宋下者，不重可慨耶。爲人國者，苟革東晋、南宋之弊而收其利，知人以任將，任將以練兵，庶可强不可弱，而不至蹈覆轍矣。

【校記】

〔1〕“顛”，疑當作“巔”。

〔2〕“當”字原作“嘗”，現改正。

〔3〕“字”，疑當作“自”。

敬勝閣文鈔卷二

黄陂　任卿　范熙壬

張居正畢士馬克優劣論

天下何以治？政權歸於一則治。政權何以一？上有樞輔大臣以綜其綱，下有閫帥疆吏以分其寄。用命者獎之、勵之，違命者罰之、斥之，國勢之涣者聯之、固之，民質之弱者保之、强之，而後政權乃可一，而後天下乃可治。

非然，若明隆慶以前之宗杜，德威廉未立之土宇，其危若千鈞引髮，其棼若散沙在盤。外則有也先、拿破侖之憑陵，内則有苗蠻、日耳曼之背叛，倭夷騷擾，而沿海之兵備皆虚，奥帝争雄，而列邦之民情胥解。以云不治，則不治極矣；以云不一，則不一甚矣。乃明有張居正，而明祚再昌。德有畢士馬克，而德基一統。東西先後，若合符節。斯何以故？則一言以斷之，曰尊君權而已。

夫明者，同族郡縣之國也；德者，異種封建之國也。同族則甲乙有相推相戴之心，其心易合；異種彼此有互猜互忌之勢，其勢難聯。郡縣則萬幾决於中央政府，中央定則四方不得而撓之。封建則百度由於地方自治，地方散則朝廷不得而制之。張居正似居其易，畢士馬克似處其難。然張居正出一身以輔少主，畢士馬克運全力以合群侯。同寅之傾軋不顧，異黨之排擊不顧，言官之參劾不顧，報館之誹謗不顧，以其身爲簟褥，以其身爲犧牲，以其身爲吴起、商鞅，以其身爲該撒、梅特涅。卒能選任戚繼光、俞大猷、王崇古、方逢時諸人，以摧寇而御邊；信用郡王子欒、將軍毛奇士、顛蔑士諸人，以定霸而威敵。南指而倭患平，北面而諳達懼；一舉而奥師殲，再戰而巴黎破。運籌帷幄，定計廟堂。其外交政策之高，其帝國主義之雄。二子究有閉户造車，出門合轍之妙也。

吁嗟乎，英雄不易生，時勢不多得。使張居正而生十九世紀之歐洲，吾知必建强德之偉績。使畢士馬克而處三百年前之中國，吾知必奏救明之奇功。雖一則主張復祖制，一則主張變新法，方針所向，外觀甚殊，然其遇事核實，隨時改良，不膠柱鼓瑟，不刻舟求劍。行省則書札往還，議院則演説詳盡。集思廣益，救敝補偏。虚懷妙算，譬猶伊吕伯仲而已，惡可得而優劣哉。抑亞洲之有張居正，歐洲之有畢士馬克，要皆爲千載下第一人也。

李德裕有張居正之胸襟，而其執權之久不及張居正。王安石有張居正之位置，而其行政之捷不及張居正。爹亞有畢士馬克之智識，而手段則爹亞後而畢士馬克先。格蘭斯頓有畢士馬克之機能，而眼光則格蘭斯頓近而畢士馬克遠。夫二子既爲李德裕、王安石、爹亞、格蘭斯頓諸人所不能及。則二子地步，直占至優無劣之地步也。其國相業，既占至優無劣地步，則其國主權政體亦必占至優無劣之地步也。吁嗟乎，滄海横流，亭亭島嶼。風雨如晦，嘐嘐雞鳴。吾中國今日，安得而有張居正、畢士馬克其人者。

黄陂留東學生同鄉會叙言

世界文明之昇降曷繫乎？曰：繫於人類之交通而已。交通復則文明之度昇，交通阻則文明之度降。此古今之定例也。雖然，同處一交通之時，而世界文明之所發軔孳乳，長綰於一二人之手、之足、之耳、之目、之筆、之舌、之鐵、之血，摧世界之順而逆，廓世界之闔而闢，導世界之退而進，統世界之殊而一。世界樸而增以華，世界貧而劑以富，世界柔而矯以强，世界陂而剷以平。鬱鬱彬彬，日牽月引，凡有血氣，並受其福。於戲，吾飲文明之流，不得不溯其源；吾披文明之枝，不得不掘其根。蓄之於念，幽之於情，蓋更數十百千日於兹矣。乃今始得之於東西各國歷史，曰六大動力。

六大動力者何也？曰游士之動力，曰行人之動力，曰邊帥之動力，曰隊商之動力，曰教徒之動力，曰學生之動力。游士者，若徐市之於日本，馬可保羅之於蒙古是也。行人者，若張騫之於大宛，哥倫布之於美利堅是也。邊帥者，若班超之於康居，愷撒之於英吉利是也。隊商者，若吴元盛之於戴燕，克萊武之於印度是也。教徒者，若法顯之於天竺，利瑪竇之於明是也。學生者，若吉備真備之於唐，大彼得之於荷蘭是也。此其人類能排艱難，冒險阻，奮死不顧一身。出其手、其足、其耳、其目、其筆、其舌、其鐵、其血之力，以吸世界之文明於己國，以輸己國之文明於世界。如桔槔然，無土不資其灌溉。如管鑰然，無户不賴其鈐鍵。蓋世界所以啓今日之文明，文明所以成今日之世界，實由此六大動力爲之母焉。在吾中國，游士、行人、邊帥、隊商、教徒之蹟彪炳簡册，實繁有徒，而學生寥寥，不少概見。歐美諸國則異是，其通一絶域，其闢一新地，權輿之以游士、行人、邊帥、隊商、教徒，必有懷鉛握槧之學生踵接其後。研其文字語言，考其政治宗教，察其風俗習慣，辨其物產土宜。或勒爲專書，或録爲日記，或形諸書牘，或登之報章。長則取之，短則棄之，利則興之，弊則除之。内以開拓一國之見聞，外以周諮四方之虚實。逮乎其後，游士假其力以探奥區，行人假其力以交鄰國，邊帥假其力以征不庭，隊商假其力以逐錐刀，教徒假其力以敷文德。於事前之五大動力，莫不奉學生之一大動力以爲太陽系焉。於戲，可謂盛矣。

午未之際，吾國士夫目擊時變，知吾國之人僅爲世界之微塵。吾國之外，復有無數國之人如吾國焉。吾國之學，僅爲世界之爝火。吾國之外，復有無數國之學如吾國焉。更知吾國以外，世界各國，各人其人，各學其學，甲國之人可學乙國之學，乙國之學可教甲國之人，以其所羡，補所不足。更知吾國之人不足抗各國之人，吾國之學不足敵各國之學，吾國之人將危，吾國之學將微。於是不得不求保吾國人，興吾國之方法，遂紛紛然負笈於東西，爾來蓋十有餘年矣。雖然其創之也不鉅，則其痛之也不深，其感之也不迫，則其應之也不速。自庚子有聯軍入京之變，甲辰有日俄交戰之役。而後吾國之人心之輿論，始奮然起矣。比年以來，吾國留學東西之士萬有餘人，而日本總額已超八千。湖北據揚子江上游，緯以漢瀆，輪舟往返，旬日而至，故湖北之人冠諸行省。而黄陂位湖北中心，毗連夏口，京漢鐵路縱貫南北，交通尤稱便利。丙午四月，黄陂留日學生八十餘人，會議於江户牛込區之清風亭，組織一會，顔其名曰黄陂留東學生同鄉會。雖然同鄉會云者，非徒離縣於府，離府於省，離省於國，規規然持疆界之論，自害其群也。又非徒步京官團拜之後塵，循商賈集會之故轍，適適然徵逐於酒食游戲，自紊其群也。必也相督以自治，相勵以同德，相勉以勸學，相期以愛國。庶幾由一鄉善士，以進爲一國善士、天下善士，而有左右世界文明之實力焉。而不然者，群居則言不及義，好行小惠，休戚則越人視秦，漠不相關。一旦有小利害，不一引手救，反下石者，此其人，鄉黨自好之匹夫猶羞爲之，而謂佛時仔肩、示我顯德之學生蹈其覆軌者，我決其必無是矣。

英儒斯賓塞爾有言曰：群之爲演，有二極焉，遇之則天演之功皆廢，而其群不可終日。其一曰梤，其二曰渝。梤者，槁老不可以變進也。渝者，涣散不可以立形也。去梤與渝，能柔而附，則生之徒而可語於久大之化矣。黄陂故爲明道、伊川讀書地。明嘉靖中，陽明弟子王畿、羅洪先游學黄陂，受息心訣於方山人與時。事詳《明儒學案》卷十八。於是黄陂遂爲程朱、陸王兩派之相交點，深根固蒂，牢不可拔。夜郎自大之習，蓋不免焉。浸淫至於今日，一邑之人，怵於國亡與亡之禍，捐其疇昔文辭無用之業，遠航萬里，簡世界最新之學術而鑽研之。其志尤苦，而詣尤孤者，更能不藉官家津貼之力，鬻其先人田宅，脱其妻子簪珥，有所不贍，又稱貸於族黨戚友，乃僅以償其好學之夙願。於戲，斯誠不可謂之梤矣。抵東以後，邂逅同邑之人友助扶持，敦尚親睦，來則倒屣相迎，去則握手話别。學校則審其最良者，居處則擇期最適者，告以入國之禁使勿犯，語以致疾之源使勿生，有無緩急，相助爲理。其尤難能可貴者，則對於内地公共事業，必竭群力之所能致以興之，不濟則寧割爲親爲故之私愛，以求逞其大志。雖不能至，九死未悔。於戲，斯誠不可謂之渝矣。雖然吾之所謂梤與渝者非以其鞟以其質也，非以其形以其神也，苟於中堋梈渝之惡，而於外彪不梈不渝之美，訑訑然自號於衆曰：我留學生也，我同鄉會也，我國文明之原動力也，其不齴然貽笑於東鄰之人者幾希矣。於戲，同鄉諸君子其敬之哉。

重九雅集小啓

楓葉飛丹，蘆花炫白。秋心瑟瑟，春夢沈沈。江關庾信，萍飄客子天涯。稷下鄒生，藥採神山海外。感蓬萊之日月，記荆楚之歲時。江上煙波，愁憶三千故國。城中風雨，欣逢重九佳期。曾聞處處蘭亭，禊修赤縣。信是人人靖節，酒送白衣。落帽龍山，爲問孟嘉安在。題詩廳幛，相傳商隱復生。今不異古所云，後可師前之事。爰諏吉日，用萃同人。地擇臨海湖山，酒購右軍故里。插萸房於頭上，進蓬餌在口中。延壽避邪，大厄同消陽九。玉盤銅鼎，嘉筵特薦珍奇。外極耳目視聽之娱，内聯桑梓恭敬之愛。伏冀玉趾親辱，彩旆遥臨。勿愆留侯圯上之期，罔干夏后釜山之罰。得於今日重覩漢官威儀，不使它人笑我沐猴冠帶。庶幾三楚草木，吐靈芝之奇英。一郡士人，奏霓裳之雅曲云爾。

《新譯界》發刊詞

宇宙之物，一而已矣。離之而爲二，二而二之，以至無窮。於是乎有人我，有内外，有同異，有是非。於是乎人其人，我其我，内其内，外其外，異其異，同其同，是其是，非其非。於是乎人其我，我其人，内其外，外其内，異其同，同其異，是其非，非其是。於是乎同我之我，異我之人，異人之人，同人之我，是内之内，非内之外，非外之外，是外之内。於是乎有血統，有籍貫，有學派，有教宗，有政黨，有國際。戚之若父昆，疏之若秦越，貴之若帝天，賤之若土芥，恩之若膠漆，仇之若水火。於個人爲愛情、爲暴力，於社會爲親睦、爲攻擊，於國家爲平和、爲戰争，於世界爲擄亂、爲太平。於戲，道之散在天地。人類得之，揚此炎炎光芒，留此悠悠聲浪，蘊此耿耿質點，不能使個人有愛情無暴力，不能使社會有親睦無攻擊，不能使國家有平和無戰争，不能使世界有太平無擄亂也。其故安在？曰惟不一，惟不一。

一之之術奈何？在交、在通、在合、在齊。人我交，則人即我、我即人；内外通，則外即内、内即外；同異合，則異即同、同即異；是非齊，則非即是，是即非。乃至無人非我、無我非人，無外非内、無内非外，無異非同、無同非異，無非非是、無是非非。乃至人亦猶我、我亦猶人，内亦猶外、外亦猶内，同亦猶異、異亦猶同，是亦猶非，非亦猶是。乃至無人我，無内外，無異同，無是非。乃至無思想，無慣習，無學術，無政治。乃至無個人，無社會，無國家，無世界。非果無也，一之之極，類似乎無。衹見爲無，不見爲一故。

雖然，吾輩今日所孳孳主張者，非以上甚深微妙之論也。吾輩今日所孳孳主張者，不過欲化人我、内外、同異、是非之界而已。化人我界説，在以人輔我，以我從人。化内外界説，在以外轉内，以内茹外。化同異界説，在以異勘同，以同包異。化是非界説，在以是靡非，以非衷是。而化之之第一方法、第一階段，則莫捷從事於思想界、於慣習界、於學術界、於政治界，而思想可達，慣習可觀，學術可傳，政治可舉。信而有徵，較然不欺者，莫如文字。

不通人之文字則不知人，不通外之文字則不知外。異之文字不通則不知異，是之文字不通則不知是。不知人則以人爲我，以我爲人。不知外則以爲内，以内爲外。不知異則以異爲同，以同爲異。不知是則以非爲是，以是爲非。不絶世獨立，即譁衆取寵；不畫虎類狗，即因噎廢食。於戲，以若所爲，求若所欲，於個人則爲自縛之蠶，於社會則爲害群之馬，於國家則爲潰堤之蟻，於世界則爲撲燭之蛾。塞生機，窒利孔，蔽文明之光綫，斷交通之航路。在今日不幸而覯此多數之人類也，豈惟任其淘汰於天演而已。必將鞭之，笞之，驅之，逐之，削之，絶之，殄之，滅之。

反乎是，而吾輩今日所孳孳主張者可知矣。郇卿曰："萬物爲道一偏，一物爲萬物一偏。愚者爲一物一偏，而自以爲知道，無知也。”莊周曰：“世俗之人皆喜人之同乎己，而惡人之異於己也。同於己而欲之，異於己而不欲者，以出乎衆爲心也。夫以出乎衆爲心者，曷常出乎衆哉。因衆以寧所聞，不如衆技衆矣。”六合之大，五洲之廣，民族之蕃，物質之富。寒暑燥濕之變，原陸島嶼之奇，衣食居住之差，喜怒悲樂之别。質文有不齊，愚智有不等，弱强有不類，崇卑有不符。風俗異宜，嗜好異尚，禮節異品，祭祀異神，政教異權，言語異調。而欲持一人之耳目心思，一方之歷史習慣，一時之國是輿論橐而括之，周而内之，多見其不知自量而已矣。

夫滄海之所以爲百谷王者，以其因百谷之流而容之也。嚮使滄海深閉固拒，倒波逆瀾，則滄海之不涸，不啻眢井。聖人之所以爲衆人師者，以其集衆人之智而用之也。向使聖人蓁谿利跂，崖岸自峻，則聖人之陋，不殊匹夫。學者亦然，方其治文字也，不通甲國，而求之於乙國而比例之；不通乙國，則索之於丙國而解釋之。嚮使學者夷然不屑，裹足不進，曰吾道自足，何事它求，則文字之障礙增矣。蓋人者，我之益友也，外者，内之明鏡也，異者，同之規矩也，是者，非之藥石也。絶益友，捐明鏡，破規矩，棄藥石，則我之爲我，内之爲内，同之爲同，非之爲非，不知所届。是故學者儆之，必尋益友，必攬明鏡，必取規矩，必采藥石。以人之思想助我之思想，以外之慣習補内之慣習，以異之學術正同之學術，以是之政治革非之政治。離之於形，合之以聲；離之於聲，合之以義。若夫義之扞格不相入、枘鑿不相納者，則取一國之文字位其中，以爲之介，所謂譯也。

《禮》曰：“東方曰寄，南方曰象，西方曰狄鞮，北方曰譯。”是譯者，北方之特别名詞也。然自周逮秦漢，玁狁、匈奴最爲强大，時時寇邊。北方用事，甲於東西南，故後之學者沿稱爲譯。考之字書，譯之聲諧言睪。睪者，函明遠二義。從水則爲澤，馭其流；從山則爲嶧，取其高；從金則爲鐸，取其震；從馬則爲驛，取其傳；從采則爲釋，取其劃；從系則爲繹，取其理；從手則爲擇，取其别；從心則爲懌，取其快。春秋列國崇尚言語，以《詩》三百篇當教科書。而十五國風，尤爲急務。故孔子曰："誦《詩》三百，授之以政，不達；使於四方，不能專對。雖多亦奚以爲?"又曰："不學《詩》，無以言。"又曰："人而不爲《周南》、《召南》，其猶正墻面而立也與?"故鄭國爲命，必經裨諶、世叔、子羽、子産四人草創之、討論之、修飾之、潤色之，其嚴如此。而季札、韓宣子、叔向諸人，奉使各國，必各賦詩言志，以考其國祚之短長，以察其家族之禍福，以判其風氣之邪正，以定其程度之文野。苟於《詩》素未肄習也者，必難勝專對之任。微論不能專對，即閉户潛修，偶欲瀏覽天下之大勢，迎合世界之潮流，明倫察物，譬猶瞽子持燭，目迷方向，蔑有濟者。昔劉歆求楊子雲《輶軒使者絶代語釋别國方言》，欲以驗考四方之事，不勞戎馬高車之使，坐知傜俗。子雲至以縊死自誓，拒而不與。蓋譯之爲功於文字也，甚鉅矣。

中國之隆譯學最著者，爲佛法東來時代。其時承老莊玄學之大行，屬六朝駢體之極盛，思想符合遠契前賢，文章天成偶得妙手。兼以弘利法師負笈千里，卓犖學子擁書百城。若竺法蘭之誦經百餘萬言，若竺法護之通語三十六種，若玄奘之周游百有餘國，若義净之問道出二十年。若鳩摩羅什之出言成章，得佛遺意。若永那跋摩之開悟明達，談盡天人。若智猛之精深佛法，西尋靈跡。若寶雲之備解梵書，受語羅漢。若曇摩讖之慮失經本，枕之而卧。若波剌密帝之剖臂寘經，潛持得出。其心之精，其力之果，其志之苦，其詣之孤，迥非後代懷鉛握槧者所能企及。但爾時著述專家多屬梵種，中國釋氏不過什之一二。今據宋紹興中法雲大師所集翻譯主表列於下。

氏名	生地	譯經年代
迦葉摩騰	中印度	後漢永平十年至洛陽
竺法蘭	中印度	同上
曼摩迦羅	印度	魏嘉平中至洛陽
康僧鎧	印度	魏嘉平四年至洛陽
支謙	月氏國	漢末游洛陽

維祇難	印　度	
康僧會	康居國	吴赤烏四年至建康
竺曇摩羅察	月氏國	晋太康七年居敦煌青門
尸利密多羅	西　域	晋元帝時游建康
瞿曇僧伽提婆	罽賓國	苻秦時代
卑摩羅義	罽賓國	
佛馱跋陀羅	大乘三果	東晋義熙十四年
法顯	平陽武陽	晋隆安三年游印度，義熙元年還揚都
曇摩耶舍	罽賓國	
鳩摩羅什	龜兹國	姚秦弘始三年至長安
佛陀耶舍	罽賓國	姚秦弘始至姑臧
曼摩讖	中印度	北凉玄始元年至姑臧
佛馱斯那	西　域	北凉時代
浮陀跋摩	西　域	
智猛	雍　州	北凉永和年中
曇摩密多	罽賓國	宋元嘉至建業
薑染耶舍	西　域	宋元嘉元年至鍾山
伊葉波羅	西　域	宋元嘉至彭城
智嚴	凉　州	航抵印度，宋元嘉還揚都
永那跋摩	罽賓國	宋元嘉至建業
竇雲	凉　州	晋隆安初游西方，後來長安，復至江左
永那跋陀羅	中印度	宋元嘉敕往祇洹
曇無竭	黄　龍	宋永初游西域二十餘年還揚都
功德直	西　域	宋大明至荆州
達摩摩提	西　域	齊永明
永那毘地	中印度	齊永明
曇摩流支	南印度	游魏洛陽
菩提流支	北印度	魏宣武帝時至洛陽

勒拿摩提	中印度	魏宣武帝時
曼陀羅	扶南國	梁武帝時至揚都
波羅末陀	西印度	梁太清至建康，後適豫章南康廣州
闍那崛多	北印度	周武帝時至
達摩笈多	南賢豆國	隋開皇十年至瓜州，後至長安、東都
波羅頗迦羅	中印度	唐貞觀至
玄奘	河南洛陽	唐貞觀三年游西域，十九年歸上京
伽梵達摩	西印度	
阿地瞿多	中印度	唐永徽至長安
那提	中印度	
地婆訶羅	中印度	
佛陀多羅	罽賓國	住白馬寺
佛陀波利	蜀賓國	唐儀鳳元年至五臺山
實乂難陀	于闐國	至洛陽
義净	齊　州	唐武後時游西域，後歸故里
達摩流支	南印度	唐武後時至長安
般刺密帝	中印度	唐武後時至廣州
釋迦彌多羅	師子國	唐高宗時
彌迦釋迦		不詳

以上甄録自漢迄唐佛經翻譯名家，都五十二人。中印度最夥，罽賓國次之，中國裁得法顯、智猛、智嚴、寶雲、曇無竭、玄奘、義净七子而已。蓋中國人之根性，濡染於宗法社會最深，由崇拜祖先之習移而崇拜古人，由崇拜古人之習變而鄙棄外人。於氏族則侈談世系，於歷史則喜治編年，於經學則恪守家法，於性理則表章道統，於詞章則推尊古文，於詩歌則昌言宗派，於書契則直下而不横行，於著作則専篇而少各論。出之、入之、主之、奴之、正之、閏之、后之、讎之，作始猶簡，將畢乃巨。説“粤若稽古”四字至三萬言，詁“春王正月”一章至數十解。持南郊北郊之議則矛盾鄭王，傳無極太極之書則蠻觸朱陸。同一宋學而

有濂、洛、關、閩之區分，等一唐詩而有初、盛、中、晚之流別。以我爲是即不憚以人爲非，以内爲同即不惜以外爲異。故四千年來學者聚訟，恒齗齗在門户畛域之見，而莫肯降以相從。皆此蔽也。

中國排外之鋒、觥觥而鋭者，首推孟子，其亞則爲韓愈。孟子之排許行曰："吾聞用夏變夷者，未聞變於夷者。"韓愈之排佛者曰："今也舉夷狄之法，而加之先王之教之上，幾何其不胥而爲夷。"夫使夷狄之法散而無紀，躐而無等，迂闊而遠於事情，果不可與中國絜長較大，比權量力。則雖用夏變之可也，不變於夷可也，不加之先王之教之上無不可也。而今顧翩然反之，中國則日愚一日，夷狄則日明一日，中國則日柔一日。夷狄則日强一日。於戲，以春秋諸侯用夷禮則夷之，夷進中國則中國之之例相繩，中國猶得自炫爲中國乎？而乃斥人爲夷狄乎？後世學者習讀孟子之書，寶愛韓愈之文，自束髮以至皓首，死守其定論而不悟，此何異匹夫匹婦閉户自經，而詡詡然號於衆曰："我亦欲正人心，息邪説，拒詖辭，以承先聖。"抑何顛也。且中國之學，采自外國者衆矣，如皇帝之問道廣成，築特室於崆峒，則道家長生之學出於外國。帝堯之往見四子藐姑射山，窅然喪其天下，則儒家執中之學出於外國。禹學於西王母，腓無胈，脛無毛，則墨家兼愛之學出於外國。啓得《九辯》、《九歌》於赤水之南，流沙之西，則樂家九招之學出於外國。以及文王學於鬻熊而贊易羑里，穆王學於化人而繕性祇宫，秦伯學於由余而養淳德忠信之美，壽夢學於巫臣而習乘車戰陣之規，孝公學於商鞅而開阡陌，武靈學於中山而改胡服，孔子學於老聃而述周禮，李斯學於荀況而法後王，若此類者，莫不棄我之短，取人之長，除内之弊，興外之利。微之洗滌個人之思想，大之改良社會之慣習，下之廓張國家之學術，上之建設世界之政治。而握其樞機，管其銓鍵者，則不外貫穿中外，馳驟東西，光明豁達之一二譯述家而已。

雖然，譯之爲任，有數難焉。有譯之才，無譯之學，不能任譯；有譯之學，無譯之識，不能任譯；有其識矣，而傳之不能信，不能任譯；有其信矣，而辭之不能達，不能任譯；有其達矣，而言之不能雅，不能任譯。昔彦琮法師論翻譯，有八備十條。一、誠心受法，志在益人。二、將踐勝場，先牢戒定。三、文詮三藏，義貫五乘。四、傍涉文史，工綴典詞，不過魯拙。五、襟抱平恕，器量虚融，不好專執。六、沈於道術，淡於名利，不欲高衒。七、要識梵言，不墜彼學。八、傳閱蒼雅，粗諳篆隸，不昧此文。十條者，一、句韻。二、問答。三、名義。四、經論。五、歌頌。六、咒功。七、品題。八、專業。九、字部。十、字聲。玄奘法師論五種不翻。一、秘密故，如陀羅尼。二、含多義故，如薄伽梵，具六義。三、此無故，如閻浮樹，中夏實無此木。四、順古故，如阿耨菩提非不可翻，而摩騰以來常存梵音。五、生善故，如般若尊重，智慧輕淺。而七迷之作，乃謂釋迦牟尼。此名能仁。能仁之義，位卑周孔。阿耨菩提，名正遍知，此土老子之教。先有無上正真之道，無以爲異。菩提薩埵名大道心衆生，其名下劣，皆掩而不翻。蓋譯之爲任至重，定例綦嚴，差之秒忽，謬以尋丈。昔賢之兢兢不苟如彼，是故譯場經館設官分職，有宗譯主，有筆受，有度語。有證梵本者，有立證梵義員，有立證禪義。有潤文，有證義，有梵唄，有校勘，有監護大使。各專其責，各奏其成，擇之不敢不精也，語之不敢不詳也。絜其辨而同焉者無不合，善其言而類焉者無不應。去僞而被之以真，去污而易之以脩。衿莊以涖，端誠以處。堅强以持，分别以喻，欣驩芬薌以送，寶之、珍之、貴之、神之以傳。故其書成數千萬卷，其員溢數千百人，其久垂千數百年，其廣行萬數千里。閩者無不讀，讀者無不愛。不病其繁重，不畏其浩博，不苦其奥衍，不疑其荒渺。吁嗟乎，古之譯者。吁嗟乎，古之譯者。何其造福於國人衆生乃爾。

近代泰西新學之輸入，抑無以異於佛法已。稽自後漢桓帝延熹九年，羅馬國王安敦（Anotius Marcus）遣使，由日南貢犀角、玳瑁，開東亞西歐交通之先路。至梁武帝天監五年，烈思脱鈕士（Nestrius）教徒，布教中國，齎蠶卵歸君士但丁。唐貞觀九年，大秦僧阿羅本持經像至長安。太宗命房玄齡郊迎，待以賓禮。使於内殿翻譯經典，復於義寧坊造大秦寺，度僧二十一人，呼曰景教。由是西方哲人敬天博愛之主旨，紹介震旦。延至武后聖曆，與佛教生大衝突。賴僧首羅含及列兩人，竭力維持，幸以不墜。天寶之初，明皇命高力士安置高祖、太宗、高宗、中宗、睿宗五帝畫像於寺中，賜絹百匹。天寶三年，大秦僧佶和東來，詔與羅含普論等十七人，修功德於興慶宫，並賜御書匾額。肅宗嗣位於靈武，五郡重建景寺，特授僧伊斯官爵爲金紫光禄大夫，同朔方節度副使、試殿中監，賜紫袈裟，俾從汾陽王郭子儀軍中。代宗更於耶穌生日，頒天香御饌以表彰之。德宗建中二年，僧景净立大秦景教流行中國碑，碑文都一千七百八十字。碑之左右下方，刻以西里亞文。未幾，此碑遂沈埋土中。經千百二十餘年，明崇禎時，始於長安府崇仁寺掘出。蓋爾時基督教之盛行於中國，可想見也。雖然，譯經之士俚而不文，奉教之徒信而未洽，帝王之尊寵雖榮，齊民之鄙夷如故。其勢力之不能彌張彪舉，蔓延全部。得毋基此。

至於蒙古興，而文字界之溝通乃軼出於前代矣。茫茫西域，盡隸版圖。總總回民，悉輸貢賦。樹藩及烏拉嶺，行軍至多瑙河。南北天山，鑿東西之孔道。福泉海港，闢世界之商場。而其時若羅馬法王因諾笙都四世則遣布蘭嘉爾炳至定宗王庭，法蘭西路易九世則使羅孛耳克見憲宗和林。馬哥波羅（Marco Polo）則被世祖寵任，充揚州都督。蒙特柯爾比洛（Montecorvino）則受世祖特許，設教會燕京。由是波斯、阿剌伯之學者、軍人，意大利、法蘭西之畫師、技手，咸抱其業，絡繹東來。而歐洲之天文學、火炮術輸進中國，而中國之羅盤針、活字版傳達西方。智識以交換而愈增，典籍以旁羅而益富。雷霆精鋭，冰雪聰明，固已焜耀一時，足以破千年夜郎自大之錮習已。惜乎末業失馭，四方解鈕，交通機關倏忽深閉，拉丁之文籍。不復口禹域之士夫。而學界遭一大打擊，斯則後世譯述家之厄也。

逮乎明武宗正德十三年，葡萄牙通商澳門，而東西文字之溝通乃大進化。蓋有明一代雖滅蒙古，而术赤、察罕臺、旭烈兀之子孫尚雄踞俄羅斯、波斯、印度各處，東西衢路爲之中梗。所恃以與西方列國交通者，海道而已。是故鄭和銜成祖命出使諸邦，皆屬南洋島國，以舟楫相往來，抵紅海而止。既不能穿紅海以入地中海，又不知遶好望角以達西歐。兩土之兩不相聞，兩人之兩不相覿，兩學之兩不相合。抑亦神州民智不開，國力不振貽之戚也。自葡萄牙雅爾布各兒格（Albuguerue）經營印度，取葛雅，據賀兒姆芝，滅馬納嘉，奪雅典，扼波斯咽喉，掌紅海鎖鑰，東西門户爲之洞開。而後方濟各以嘉靖三十一年至三洲，利瑪竇以萬曆九年至廣東。利瑪竇至，而後泰西天算、輿地、格物、致知之學灌注中國。中國之人始識地爲球體，遶日而動，數學名家一時勃起。於是中國之譯述界，峥峥然别樹一幟。然而耶教風行，成陵駕孔子、披靡釋迦之勢。愚民無知，群起反抗，宗教問題釀爲外交，甚至兵革緣之以動。此又宙合文明之劫，而極大幸中之一不幸而已。

兹據王韜所編《泰西著述考》，剌取其中關於譯述有書可徵者，列爲一表。譯有二類。一述前人之名作，易以華文是也。一抒自己之心得，遵用漢字是也。若夫規規然以傳教爲事，無書可舉及堙而不彰者，則從略焉。

姓　名	生　地	抵華年代	譯著種數
利瑪竇	意大理亞	萬曆九年	一五
羅明堅	同右	同右	一
郭居静	同右	同二十二年	一
蘇如漢	路西大尼亞	同二十三年	一
龍華民	西濟利亞	同二十五年	八
龐迪我	依西把西亞	同二十七年	七
費奇觀	路西大尼亞	同三十二年	四
高一志	意大理亞	同三十三年	一五
熊三拔	同　右	同三十四年	三
陽瑪諾	路西大尼亞	同三十八年	八
金尼各	拂覽第亞	同　右	三
畢方濟	納玻理	同四十一年	三
艾儒略	意大理亞	同　右	二五
曾德昭	路西大尼亞	同　右	一

鄧玉函	熱而瑪尼亞	天啓元年	六
傅汎濟	路西大尼亞	同　右	二
湯若望	熱而瑪尼亞	同二年	二四
費樂德	路西大尼亞	同　右	三
伏若望	同　右	同四年	三
羅雅各	意大理亞	同　右	一八
瞿西滿	路西大尼亞	崇禎二年	一
郭納爵	同　右	同七年	二
何大化	同　右	同九年	一
孟儒望	同　右	同十年	三
賈宜睦	西濟利亞	同　右	一
利類思	同　右	同　右	一八
潘國光	同　右	同　右	五
安文思	路西大尼亞	同十三年	一
衛匡國	意大利亞	同十六年	一
聶仲遷	法郎濟亞	順治十四年	一
柏應理	拂覽第亞	同十六年	六
魯日滿	同　右	同　右	二
殷鐸澤	西濟利亞	同　右	二
南懷仁	拂覽第亞	同　右	一四
陸安德	納玻理	同　右	一
鄭瑪諾	廣東香山	康熙十年	不詳

以上甄録自萬曆九年至康熙十年西學譯述名家，都三十六人。路西大尼亞最多，意大理亞次之，西濟利亞又次之，拂覽第亞又次之，熱而瑪尼亞、納玻理、法郎濟亞又次之。中國僅鄭瑪諾一人（鄭嗎諾自少留學羅馬，經研哲學、理科、音樂及西國語言文字，爲中國人游學泰西之鼻祖，惜當時學成歸國，未及數年齎志以没）。路西大尼亞者，即葡萄牙（Portugal）。意大理亞者，即意大利（Italy）。西濟利亞者，即西西利

(Sicili)。拂覽第亞者，即荷蘭（Holand)。熱而瑪尼亞者，即日耳曼(Germany)。納玻理者，即拿破里（Napoli)。法郎濟亞者，即法蘭西(France)。泰西之三十五人，大抵皆因傳教而至中國。其中尤以利瑪竇所譯《幾何原本》最爲博學界之歡迎。嗣至道、咸，偉烈亞力紹其遺志，纘成大業，由是希臘先哲《歐幾里得》十五卷之完書入於中國。雖然使利瑪竇非得徐文定公光啓爲之潤文，使偉烈亞利非得李善蘭爲之筆受，吾恐《幾何原本》之書將覆醬瓿，安得家傳户習如今日者。

總而論之，吾國之翻譯名家可分爲二大時代。其一曰佛經翻譯時代，即前表所録五十二人是也。其一曰西學翻譯時代，即後表所到三十六人是也。第一時代，專爲發揮佛教主義。第二時代，專爲流通耶教主義。第一時代之譯者，皆爲法師。第二時代之譯者，皆爲教士。蓋兩時代之思想、之慣習、之學術、之政治，皆視兩大宗教潮流之所向，與爲委蛇。宗教之所將則將之，宗教之所拒則拒之。而前者經六朝分割之餘，日增月益，終結成唐代統一之果。而後者抵明季疲敝之隙，左蕩右決，竟造出現世潰裂之因。於戲，學説之尨，影響政治，文章之謬，破壞國家。豈誠古今人不相及邪？毋亦因前之翻譯，遠逾於後之翻譯。樞機之發，有榮有不榮耳。

然則吾輩今日之所主張者，果安在乎？曰：吾輩今日所處之時代，乃出第二時代而入第三時代者也。第三時代之思想、之慣習、之學術、之政治，必不同於第二時代，即不同於第一時代。第三時代之個人、之社會、之國家、之世界，必不同於第二時代，即不同於第一時代。於此而徒取第一時代之佛教主義，是導今日而返六朝者也，是謂倒行。倒行者無異以我之幼稚敵人之壯健，必不勝。於此而專宗第二時代之西學主義，是指明季而爲今日者也，是謂株守。株守者，不啻以内之孤城悍外之强寇，必無幸。故吾審度今日之形勢，已決定吾輩之所主張，有兩方法。

一曰：維持吾國固有之文明，以求合於世界。爲世界所同認者則存之，否則去之。

一曰：揀擇世界最新之學理，以輸入於吾國。爲吾國所適宜者則取之，否則棄之。

由以上兩方法。而得以下之諸目的：一、變吾國政治界爲極良政法界；二、變吾國文學界爲絶妙文學界；三、變吾國理學界爲最精理學界；四、變吾國實業界爲至足實業界；五、變吾國教育界爲完美教育界；六、變吾國軍事界爲强大軍事界；七、變吾國外交界爲靈敏外交界；八、變吾國時事界爲光榮時事界。

吾故爲吾國政法界預作禱詞曰：維天生民，君爲民立。失衆失國，大同乃吉。民不可侮，天不可欺。犖犖東鄰，是我之師。

次爲吾國文學界預作禱詞曰：談論六家，班志九流。思想競争，文明之郵。教有迦基，書有梵馬。以田以漁，以胙諸夏。

次爲吾國理學界預作禱詞曰：商容算天，張衡測地。古胎其學，今斬其系。道錯陽陰，性别靈蠢。動專静直，盍闢其扃。

次爲吾國實業界預作禱詞曰：禹傳六府，姬闕一官。攻之錯之，石滿他山。舟資行陸，車資行水。龍門貨殖，求富之軌。

次爲吾國教育界預作禱詞曰：逸居無教，大道乃畔。泮水頌魯，辟雍歌漢。維英維德，育謀普及。智勇與仁，貫三以一。

次爲吾國軍事界預作禱詞曰：句踐卧薪，陶侃運甓。國恥未洗，天荆地棘。艨艟塞海，旌旗蔽空。我武堂堂，以霸大東。

次爲吾國外交界預作禱詞曰：交鄰有道，樂天畏天。自亡人侮，自弱人兼。運籌帷幄，折衝樽俎。萬邦協和，持之以久。

次爲吾國時事界預作禱詞曰：國家閒暇，時不再來。牖綢未雨，匕失迅雷。群虎磨牙，視眈欲逐。天演生存，貴捷而足。

以上所列八界，即本雜志所析之八門也。政治之目凡有三，曰政治、曰經濟、曰法律。文學之目凡有六，曰哲學、曰宗教、曰歷史、曰地理、曰美術、曰音樂。理學之目凡有六，曰天文、曰地質、曰人種、曰博物、曰理化、曰數學。實業之目凡有六，曰農業、曰工業、曰商業、曰鐵路、曰礦務、曰航運。教育之目凡有四，曰教育學、曰教育史、曰教育行政、曰女學。軍事之目凡有二，曰陸軍、曰海軍。外交之目凡有二，曰交涉、曰條約。時事之目凡有二，曰中國、曰外國。吁嗟乎，吾輩今日際此第三時代，抱此八大目的。將來之能達與否，我不敢知。然吾輩之意，不過欲集合群智群力，傾熱血，揮新淚，化我國人四千年來人我、内外、同異、非是之界而已。界之於思想，則化之於思想。界之於慣習，則化之於慣習。界之於學術，則化之於學術。界之於政治，則化之於政治。界之於個人，則化之於個人。界之於社會，則化之於社會。界之於國家，則化之於國家。界之於世界，則化之於世界。述爲文字，輯爲書册，月刊一編，用餉内地。内地學者，其諸讀之而予樂乎。吾輩之慶，中國之福。其諸讀之而予詬乎。吾輩之戚，中國之憂。於戲，黄海茫茫，黑雲墨墨。雄雞一聲，天下盡白。吾不禁提筆而立，爲之四顧，爲之躊躇滿志，奮筆而傳之。

［附］

新譯界社人員名録

（自公元一九〇六年十一月起依先後刊出次序）

職　員

總　理　范熙壬

編　輯　谷鍾秀　劉賡藻　席聘臣　范紹洛　周鍾嶽

收　發　劉懋昭　張耀曾　彭光祜

書　記　匡　一　汪　翔　董玉墀

會　計　楊汝梅　陳英才　祝長慶

庶　務　周家彦

校　對　王舜臣　彭光祜　陳治安　孫雲奎　陳英才

監　察　周鍾嶽　李宗藩　甘鵬雲

譯述員

范熙壬　張耀曾　劉賡藻　汪　翔　范紹洛　席聘臣　谷鍾秀　彭光祜

劉懋昭　陳英才　王舜臣　孫雲奎　陳治安　周鍾嶽　李宗藩　陳文哲

程鴻書　周家彦　匡　一　楊汝梅　陳發檀　朱　深　餘棨昌　胡濬濟

馮祖荀　蘇振潼　景定成　史錫綽　祝長慶　周　珍　熊崇煦　張慶蘋
陳映璜　黄梅芬　王亨澤　樊樹勳　湯化龍　傅長民　高國瑛　劉冕執
夏道炳　夏道輝　劉懋昭　王揚濱　胡存忠　金　昭　程鵬年　董玉墀
李錦沅

社　員

夏道炳　夏道輝　劉家俊　周賡慈　劉懋昕　劉懋昭　景定成　黄家鈺
匡　一　蘇振潼　胡漢藻　周英焯　白震鐸　周鍾嶽　楊汝梅　周　珍
唐重華　王曉東　湯化龍　王揚濱　胡存忠　孫雲奎　金　昭　陳映璜
黄梅芬　宋振新　李錦沅　范熙壬　范熙申　胡咸林　陳英才　陳文哲
祝長慶　彭光祜　楊　傑　蔡志超　俞登瀛　程鴻書　劉賡藻　王舜成
胡濬濟　黎子平　任　瀛　趙忠瑾　史錫綽　何志泉　何景新　汪　翔
高國瑛　張慶蘋　李宗藩　畢寅谷　馮裕芬　張耀曾　陳治安　劉錦雲
王亨澤　董玉墀　傅長民　席聘臣　谷鍾秀　金華祝　李良荃　鄧觀文
馮祖荀　陳發檀　陳夢飛　范熙績　程鵬年　周家彦　王慶豐　顧　皚
錢誦槃　陳　棿　鮑維新　鮑日新　樊樹勳　陳宣愷　朱　深　范紹洛
王蔭泰　王黻煒　徐焕斗　沈家彝　劉　熊　王道昌　張　軫　藍鼎中
蔡安邦　江孝璋　蔣曦明　甘鵬雲　張則川　王承楫　劉遠駒　王干城
張文烺　周之楨　彭守正　徐志繹　黄兆楨　袁嗣賢　萬家佑　羅輯五
金聘侯　劉鴻樞

名譽贊成員

楊　樞（星垣）　沈曾植（子培）　林灝深（朗西）　王儀通（盱衡）
彭紹宗（印根）　楊熊祥（儀曾）　余繩金（勵清）　李哲明（星樵）
陳宣愷（蔡平）　許世球（玉田）　雷德基（明九）　周泰瀛
程　英（鶴笙）　郭會霆（雲卿）　梁柏年（新甫）　汪肇澐（六笙）
胡壽金（幼雲）　李翥儀（奉青）　李鳳高（鉅廷）　程時忻（夢盧）

（范延中輯）

富順王氏私立樹人學堂序

宗教家之所謂學，與哲學家之所謂學，有以異乎？曰：亡以異也。哲學家之所謂學，與政治家之所謂學，有以異乎？曰：亡以異也。奚爲不異？曰：宗教家之學，學其三藏、五乘，尊信仰而已。哲學家之學，學其思想、論辯，啓智識而已。政治家之學，學其名物、度數，勵行爲而已。無信仰必不能富智識，無智識必不能善行爲，無行爲必不能巍然獨立，皦然自治而完成一磨不可磷、涅不可淄之人格。是故無宗教家、無哲學家、無政治家，莫不諄諄然奔走疾呼。曰修學，曰修學。

學必有群。群之不可涣，而無所以萃之也，則必爲之擇適宜之地以萃之。學必有用。用之不可絀，而無所以羸之也，則必爲之籌恒久之産已羸之。萃有其地矣，羸有其産矣。然使無法以爲之範圍，無人以爲之綱紀，則群之萃也有時而涣，涣而遂不可以復萃；用之羸也有時而絀，絀而遂不可以復羸。其究也，有群等於無群，有用等於無用，有學等於無學。必至喬詰卓鷙，涣漫摘僻，毀絶鈎繩，偭錯規矩，宗教不能廉其頑也，哲學不能昭其昏也，政治不能良其莠也，上蠹國家，下賊社會。於戲，此豈學之自性如是哉，勢則然也。

富順王氏栗栗然有憂之，憂其宗族子弟佚居無教也，爲之設家塾以匡之。憂其鄉黨少年貧窶廢學也，爲之設義塾以徠之。憂其宗族子弟、鄉黨少年學之止而不進，教之故而不新也，於是爲之籌基金焉，闢講舍焉，聘良師焉，增學課焉。憂其普通知識之缺乏，爲之設中學。憂其國民思想之幼稚，爲之設小學。憂其經濟能力之淺薄，爲之設實業。憂其尚武精神之頹喪，爲之設體育。憂其生齒蕃衍，蒙失其養，學額狹縮，力不能及，爲之設速成師範。憂其遠適異國，言語不通，展轉數年，貲斧徒竭，爲之設預備游學。中學設，則昔之缺乏者，今以完全矣。小學設，則昔之幼稚者，今以開通矣。實業設，則昔之淺薄者，今以雄厚矣。體育設，則昔之頹喪者，今以鼓舞矣。設速成師範，則後起之教員可以增多。設預備游學，則新創之學説可以輸入。於戲，其所主張、其所綱爲、其所注措、其所想望，雖綜全國之力，竭一時之財，慘淡經營，猶懼不給。而王氏乃規規然以一族任之，不及期年，規模大定。於戲，得不震其神速也哉！

抑中國學風之墜地，莫今爲甚矣。經典佚亡，戒律破壞，蘭若沙門，放蕩亡檢，則宗教之學廢也。漢宋交訌，兩敗俱傷，書院精舍，十不存一，則哲學之學廢也。科學新罷，幕吏大裁，文廟之官，僅奉祠祀，則政治之學廢也。夫學不徒以建宗教、研哲學、理政治而已。乃今也，並宗教、並哲學、並政治而亡之，則是昔不以興學爲名，而幾享興學之實。今惟以興學爲利，而反蒙興學之弊。責之興學者，興學者不任受也。此何以故？以學而限於官立故。限於官立故，地方之人不知公立，而但日日倚賴於官。限於官立故，家族之人不知私立，而但日日責望於官。不知官之力實藉地方之力，地方之力實合家族之力。未有地方不出其力，家族不出其力，而官能推解以開創之者也。借令有之，而官力之薄。以較地方之力之厚、家族之力之齊，其相去烏可以道里計哉。不佞是以不得不智王氏，並冀舉國之人步武王氏。族大者合家族以私立，族小者合地方以公立，則於吾國學界前途，庶有豸也。

爰作祝曰：

蜀之文明肇文翁，有其繼者相如雄。偃蹇頓挫二千祀，廓而闢之自今始。

富順之産氏曰王，以鹽起家貲雄鄉。名師萬里羅一堂，磨礱子弟生光芒。

閭里爲之百學昌，於戲，或哉。吾祝中國城鄉閭里，聞風興起，盡如富順王，百學爲之昌。

祭大行皇帝文

維光緒三十有四年孟冬之月戊寅，游學日本京都全體學生謹以牲牢，昭祭於皇清大行皇帝之神。

辭曰：

於穆皇帝，聰明天亶。冲齡踐祚，誕膺多難。上承聖母，下馭群臣。保世滋大，克寬克仁。回疆既平，遂撫伊犁。界畫甌脱，鴻溝東西。强俄震慴，天山鞏固。戰勝廟堂，四方無侮。南宅交趾，世作屏藩。狡焉思啓，厥維法蘭。干戈相見，言復於好。懷遠以方，德禮是蹈。親裁萬機，量書斗石。自朝至昃，不遑暇食。東瀛三島，同處亞洲。乘間抵隙，攫我琉球。視耽欲逐，如虎而翼。得隴望蜀，復窺高麗。帝赫斯怒，爰整其旅。水陸並進，遽臨險阻。漢縣朝鮮，唐平百濟。武功雖殊，義戰不異。艨艟十萬，棄於黄海。旅順威連，天險遂改。壤割台澎，金債億萬。忍辱求和，救民塗炭。國是既定，帝志愈昂。乙丙丁戊，變法自强。天危中國，倏傳帝病。聖母垂簾，重聽庶政。不下堂階，明燭萬里。大法小廉，師師泥泥。白蓮遺孽，幟張義和。藉口攘夷，術雜妖魔。臣僚一二，詫爲神奇。伏而事之，以兄以師。骿誅教民，環攻使館。蟻穴潰堤，養癰貽患。東西列邦，合縱連衡。以一服八，得魚不能。神京淪陷，兩宫蒙塵。西狩太原，駐蹕三秦。東南半壁，局外中立。行在貢賦，於焉取給。辛丑條約，款議告成。還我都邑，撤彼戎兵。納幣九億，鑾輿初回。痛哭國門，壯心未灰。廣興庠序，大蒐士卒。通商勸農，以煦以育。遼河左右，車鬩觸蠻。伏尸流血，地争渤韓。帝矜吾民，遣將壁觀。待其自息，徐挽利權。須臾戰罷，俄敗日勝。借鏡東鄰，人心大振。立憲政治，騰踔編氓。明詔海宇，刻期施行。不圖今日，注措伊始。天崩地坼，震動寰宇。帝騎龍去，聖母昇遐。彝倫慘變，萃此一家。昊天不吊，罔亟我民。大業未半，驟奪明君。睠觀祖國，浩劫頻仍。我爲魚肉，刀俎在人。非后何載，無主乃亂。先王成憲，殷鑒不遠。維帝降靈，佑我國家。億萬斯年，禔福無涯。羈旅異域，百禮莫備。赴節矯勵，薦觴掩淚。梓宫迢隔，雲旗渺茫。蒲伏陳爵，帝其鑒嘗。

上南皮張相國書

桴海以來，久思削竹裁蕉，奏記門下，請益聖證，折衷群言。屬以陰陽分乘，庠序少暇，畫革橫行之字，才盡江淹。聱牙詰屈之詞，簡遺伯魯。服膺謝國中之顔子，刮目羞吴下之阿蒙。何敢仰首伸眉，論列世事。邇者天降災難，兩宫登遐，人心洶洶，罔知所措。中堂以累朝元老，欽承顧命，協同攝政，夾輔冲主。上建周公召伯之勛，下振諸葛江陵之績。指揮若定，瞠視蕭曹。匕鬯不驚，超越王謝。鞏皇基於億載，布憲政以九年。率土士民，並受其福。匪獨熙壬引爲私幸，惟是下忱鰓鰓過慮，竊有不能已言者，敬爲中堂借箸籌之。

一曰尊主權。立憲制度，大權統於君主。君主命令，全國莫敢不遵。今則立一新法，各部或多方阻撓。行一新政，各省或藉詞延宕。甚至出一令則甲論乙駁，用一人則此疆彼界。權利所在，京外交争。責任攸關，上下互諉。循此不已，勢必大號涣汗，等若空文，百度更張，視同畫餅。欲除此弊，惟有守酇侯劃一之規，行魏相綜核之術，信賞必罰，激濁揚清而已。

二曰制國用。先帝遺詔，諄諄立憲。讀者感泣，無異唐之興元制書。然立憲銓楗，首在清釐財政、豫算、决算，昭示大公。今則官府都鄙之財，樛葛爲一，少府司農之費，涇渭不分。朝置官司，夕籌餼廩。朝廷責成户部，户部分賦行省，行省嚴催州縣，州縣苛斂商民。商民不勝其擾，肆口謗訕，聚蚊成雷，積霤穿石。邦本動摇，危若累卵。欲除此弊，惟有改正税則，明定歲會，準孟子五等六等以班禄，法周官賦出賦入以叙財而已。

三曰厚民生。勾踐沼吴，教訓必謀生聚。管仲霸齊，禮節不外倉廩。是故《洪範》八政，食貨居先，《中庸》九經，子來特重。悖入悖出，聚散不可不明。恒産恒心，有無在所必計。蓋國富藏之庶民，君足本於百姓。畢士馬克所謂國家社會主義者，此而已矣。海通以來，東西列邦藉口經商，薦食華夏。諸蕃市舶，奪舟子之生涯。安息銀錢，塞圜府之利孔。觀我好惡，故作新奇，權時重輕，競投資本。閭閻因而凋敝，闤闠爲之蕭條，泉涸魚枯，圖窮匕見。欲救此敝，則在獎勵實業，保護商民，效衛文之布衣帛冠，修夏后之六府三事而已。

四曰固邊防。安南之戰，釁啓法蘭。朝鮮之征，盟寒日本。前車已覆，悔不可追。今則英窺西藏，俄伺蒙古，西南西北殆哉岌岌。蓋二地語言、文字、風俗、習慣，方廿二省迥不相侔，徵逐水草，無城郭宫室之居，篤信喇嘛，缺禮樂詩書之教。世守藩服，來享來王，僻處荒陬，不侵不叛。可充國屯田之奏，徒病其迂；從鼂錯徙民之言，適滋其擾。欲救此敝，則在亟修鐵路，便其往來；多立學堂，牖其智識；設官以理訟獄，招商以阜貨財；遵漢代都護西域，仿英人總督印度而已。

五曰慎邦交。周綏南越，置大行人。漢屈匈奴，尊典屬國。鄭伯爲命，賴草創、討論、修飾、潤色之臣。文王質成，羅奔走、先後、疏附、禦侮之友。今則全權大使，輻輳京師。會審公堂，横布租界。説平時戰時之國際，弱肉食强。據屬人屬地之法文，變本加厲。商約則畫蛇添足，教案則爲虎作倀。合縱連横，人方協力以謀我。保全開放，我乃拱手以聽人。若不未雨綢繆，而惟厝火寢處，恐來日隱憂，有非今日所能逆料者。金甌無缺，可常恃耶。欲除此敝，則在精選使才，密聯與國，用李泌結大食攻吐蕃之計，師武侯和孫吴抗曹魏之謀而已。

以上五端，僅陳大略。細流土壤，何補海山？錐指管窺，惡知天地。顧惟中堂用心若鏡，從善如流。臃腫卷曲，不遺大匠之斧斤。癈疾膏肓，必受扁鵲之箴砭。罔揣弇陋，條舉以聞。伏冀詳賜省觀，曲施教誨，取先民蒭蕘之義，納下體葑菲之誠。論道經邦，邇言上資大智。訏謨定命，辰告別具遠猷。則千慮一得之愚，或可贊執兩用中之治矣。

熙壬夙蒙殊惠，游學東鄰。煮石紛紜，經年不爛。燒丹卒苦，累載無成。頃方於伏生授經之餘，作季札觀樂之舉，括百聞以歸一見，援實事以證空言。國會則上而貴族，下而衆議。官廳則内而閣省，外而府縣。其立法則詢謀僉同，其布政則有條不紊。其裁判則惟明克允，其會計則至公無私。朝考夕稽，耳濡目染。操端木賜之利器，居邦事賢。割班定遠之鉛刀，入穴探子。得美錦而學製，越樽俎以代庖。歲計不足，非敢詡求艾七年。日知所亡，竊比於聚糧千里。輯魏默深之《海國圖志》，自作象胥。著王伯厚之《困學紀聞》，甘爲獺祭。本年夏季，行將畢業西歸。博升斗以蘇涸鮒，江湖未忘。展尺寸以報宗工，斧柯誰假。洛陽賈誼，絳灌毁其少年。稷下郇卿，衍髡譏其儒效。倘非吴公愛士爲之先容，文帝禮賢召之前席，則鳳凰千仞之翔，必不許鷦鷯一枝之借。蛾眉謡諑，斯可畏矣。

側聞明詔。將開特科，辟房杜於館中，登柳劉於上第。《天人三策》，逢漢武登極之年。《鹽鐵》一書，採桓寬救時之議。得人之盛不下康乾，當可預決，但燕昭臺築黄金，先尊郭隗。毛遂錐出脱穎，自薦平原。熙壬不才，願循此例。伏冀中堂嘘以春風，沛以時雨。出劉公之一紙，説項情殷。錫吏部之三薰，識韓價重。則北溟鯤化，無非海力之所回旋；南嶺梅開，盡是陽曦之所臨照。銘肝刻骨，曷其有涯。熙壬少自志學，長迄今兹，無歲不禀師承，即無日不沐教澤。蓮社香火，緣深兩世。用敢披瀝誠悃，冒昧上言。

敬勝閣文鈔卷三

黄陂　任卿　范熙壬

《春秋報》序例

《春秋報》何爲而發刊也？曰：將以建大同之盛軌，塞小康之卮言。剷專主之淫威，闡素王之真理。大一統，掃封建之塵垢也。譏世卿，破階級之藩籬也。賢讓國，示爵位之一秉大公，發選舉之萌櫱也。許復讎，表國恥之不同私怨，懸戰争之標準也。什一而籍，不取桀貉，明税法之合乎中正也。家不藏甲，連墮郈費，昭兵權之有所會歸也。泌戰予楚，不予晋，進夷狄爲中國，宏無外也。澶淵褒趙，兼褒屈，易侵伐以會盟，重平和也。貴仁義而賤勇力，故以蒐於紅爲知禮。有文事必有武備，故以會夾谷爲致危。四民不同業，故以作丘甲爲可譏。一夫不再徵，故以用田賦爲非正。它若推通濫，所以彰善善之從長；賤佚獲，所以羞臨難以苟免；諱娶同姓，所以别人道之異於禽獸；禁用二名，所以戒君上之偪其子臣。於拒父命，而善之曰圍；於清君側，面寵之曰歸；於竊國寶，而惡之曰盗；於獲仁獸，而大之曰狩。其辭微，其旨隱，原始要終，無一非振共和之高風，究平等之極則，深有合於民國今日大道爲公之涂術。

昧者不察，執其偏端，横生逆億，以爲孔子之志，志在尊王而已，尊王以外無所謂民治也；志在攘夷而已，攘夷以外無所謂交鄰也。甚至詆《春秋》爲斷爛朝報，目《春秋》爲大相斫書，黜桓文，薄管晏，不以之爲踐霸，而以之爲扶君抑臣；降吴楚，擯秦趙，不以之爲憂時，而以之爲袒中排外。佗尉據粤，帝制自爲，夜郎自大，閉關弗納。煽義和團之餘焰，揚宗社黨之狂瀾。其弊不至驅中國之人爲王莽之謙恭，爲曹操之姦雄，爲石敬塘之洪涊，爲朱元璋之慘刻不止；不至變中國之地如七雄之犬牙，如三國之鼎足，如六朝之腥羶，如五代之奕棋不止。渾渾泡泡，刁刁調調。嘻嘻，以若所言，求若所學，匪惟不解《春秋》，並不識作《春秋》之孔子。

《孝經鈎命決》曰："孔子在庶，德無所施，功無所就。志在《春秋》，行在《孝經》。"莊周曰："道未始有封，言未始有常，爲是而有畛也。請言其畛，有左有右，有倫有義，有分有辨，有競有争，此之謂八德。六合之外，聖人存而不論；六合之内，聖人論而不議；《春秋》經世先王之志，聖人議而不辨。"《春秋》爲孔子撥亂反正之書，筆削之精，上參造化。其所以揭橥其名曰《春秋》者，蓋以春爲陽中，萬物以生，秋爲陰中，萬物以成，無過寒亦無過燠，允協於君子時中之義也。時乎衰亂，則以治衰亂之道治之。時乎昇平，則以治昇平之道治之。時乎太平，則以治太平之道治之。

孔子攝行魯相，胸所蘊積，什未一施，即爲三桓所齮齕，及身行道，勢已不能，於是特寄其志於《春秋》。以治衰亂之道治隱、桓、莊、閔、僖之世所傳聞世也，以治昇平之道治文、宣、成、襄之世所聞世也，以治太平之道治昭、定、哀之世所見世也。以其時之治化考之，所見世則較所聞世爲退，所聞世則較所傳聞世爲退，自宜以治衰亂之道治所見世，以治太平之道治所傳聞世。顧何以倒行逆施，孳孳汲汲，日以太平之道切礦所見世者？曰：以内政言之，隱、桓、莊、閔、僖之世，禮樂征伐自天子而下移諸侯，權在諸侯；文、宣、成、襄之世，禮樂征伐自諸侯而下移大夫，權在大夫；昭、定、哀之世，禮樂征伐自大夫而下移陪臣，權在陪臣。夫至於陪臣專國，則其距庶人也近。距庶人近，而孳孳汲汲日以太平之道相切礦，然則太平之道其爲謀及庶人也必矣。又以外交言之，隱、桓、莊、閔、僖之世，侵伐會盟，以其國而對抗諸夏，權在其國；文、宣、成、襄之世，侵伐會盟，以諸夏而對抗夷狄，權在諸夏；昭、定、哀之世，侵伐會盟，以夷狄而對抗夷狄，權在夷狄。夫至於夷狄亂華，則其囷天下也難。囷天下難，而孳孳汲汲日以太平之道相切礦，然則太平之道其爲天下爲公也審矣。此《春秋》主張大同之旨也。特孔子作《春秋》，所與贊襄文辭者，獨有子游、子夏二人。子夏齗齗於訓詁章句，篤信謹守，罕喻孔子言外之意。子游天資甚高，幽探默契，往往潛與孔子相合。觀《魯論》所載大人儒、小人儒，及《禮運》所記大同小康之言，實可證明大人儒者，大同之學也，即《春秋》治太平世之道，近世所謂共和政體者是也。小人儒者，小康之學也，即《春秋》治衰亂世、昇平世之道，近世所謂君主立憲專制政體者是也。孔子以小人儒戒子夏，而勉子游氏以大道之行與三代之英。孔子之志在是，孔子之作《春秋》正在是矣。

夫孔子之學，析爲大同、小康兩派，既於作《春秋》時徵之，何以上起周秦，下訖明清，二千餘年獨傳一小康派乎？曰：此其中有極大關鍵焉，即李斯之焚書坑儒、以吏爲師是也。小康派創自子夏，子夏傳之荀卿，荀卿傳之李斯及韓非。韓非之學勝於斯，因李斯、姚賈之譖而誅。然其所著《孤憤》、《五蠹》等書，則爲始皇、二世、李斯諸人之所傳誦。秦之一代制作，又皆出自李斯，是故小康學派於秦最爲盛行。今試以秦之制書奏議及諸刻石，與《禮運》小康之文互相比附，無一不若合符節。如《帝號議》云："昔者五帝地方千里，其外侯服夷服，諸侯或朝或否，天子不能制。今陛下興義兵，誅殘賊平定天下，海内爲郡縣，法令由一統。"《立諸子議》云："周文武子弟同姓甚衆，然後屬疏遠，相攻擊如仇讎，諸侯更相誅伐，周天子弗能禁止。今海内賴陛下神靈，一統皆爲郡縣。諸侯諸子功臣，以公賦税重賞賜之，甚足易制。天下無異意，則安寧之術。"即天下爲家，各親其親、各子其子之意也。如《始皇本紀》云："徙天下豪富於咸陽十二萬户。""收天下之兵，聚之咸陽，銷以爲鐘，鑄金人十二，重各千石，置廷宫中。"即貨力爲己之意也。《謚號制》云："自今以來，除謚法，朕爲始皇帝。後世以數計，二世三世至於萬世，傳之無窮。"《漢書·百官公卿表》云："爵一級曰公士。二、上造。三、簪裊。四、不更。五、大夫。六、官大夫。七、公大夫。八、公乘。九、五大夫。十、左庶長。十一、右庶長。十二、左更。十三、中更。十四、右更。十五、少上造。十六、大上造。十七、駟車庶長。十八、大庶長。十九、關内侯。二十、徹侯。皆秦制以賞功勞。”即大人世及以爲禮之意也。《蒙恬列傳》云：“秦已併天下，乃使蒙恬將三十萬衆，北逐匈奴，收河南，築長城，因地形用制險塞。”賈誼《過秦論》云：“斬華爲池，因河爲津，據億丈之城，臨不測之溪以爲固。”即城郭溝池以爲固之意也。如芝罘刻石云：“大聖作治，建立法度，顯著綱紀，外教諸侯，光施文惠，明以義禮。”即禮義以爲紀之意也。如東觀刻石云：“作立大義，昭設備器，咸有章旗，職臣遵分，各知所行，事無嫌疑。”瑯琊臺刻石云：“端乎法度，萬物之紀，以明人事，合同父子，聖智仁義，顯白道理。”即以正君臣以篤父子之意也。”《駁趙高議》云：“晋易太子，三世不安。魯桓兄弟争位，身死爲戮。紂殺親戚，不聽諫者，國爲邱墟，遂危社稷。三者逆天，宗廟不血食。”會稽刻石云：“飾省宣義，有子而嫁，倍死不貞。防隔内外，禁止淫泆，男女絜誠。夫爲寄豭，殺之無罪，男秉義程。妻爲逃嫁，子不得母，咸化廉清。”即以睦兄弟以和夫婦之意也。如泰山刻石云：“治道運行，諸産得宜，皆有法式，大義休明，垂於後世，順承勿革。”刻碣石門云：“男樂其疇，女修其業，事各有序，惠被諸産，久並來田，莫不安所。”即以設制度以立田里之意也。如周青臣頌云：“他時秦地不過千里，賴陛下神靈明聖，平定海内，放逐蠻夷。日月昕照，莫下賓服。以諸侯爲郡縣，人人自安樂，無戰争之患，傳之萬世。自古不及，陛下威德。”《侯生、盧生議》云：“天下之事事無大小，皆决於上。上至以衡石量書，日夜有程，不中程不得休息。”即以賢勇智以功爲己之意也。《李斯列傳》云：“秦王乃拜師爲長吏，聽其計謀。陰遣謀士齎持金玉，以游説諸侯。諸侯名士可下以財者，厚遺結之，不肯者利劍刺之，離其君臣之計。秦王乃以良將隨其後。”又《獄中上書》云：“臣盡薄才，謹奉法令，陰行謀臣，資之金玉。使游説諸侯，陰修甲兵，飭政教，官鬥士，尊功臣，盛其爵禄。故終以脅韓、弱魏、破燕趙、夷齊楚，卒兼六國，虜其王，立秦爲天子。”即謀用是作，兵由此起。禹、湯、文、武、成王、周公由此其選之意也。又瑯琊臺刻石云：“皇帝之明，臨察四方，尊卑貴賤，不踰次行。奸邪不容，皆務真良，大小盡力，莫敢怠荒。遠邇辟隱，專務肅莊，端直敦忠，事業有常。”即謹於禮，著其義，考其信，著其過，型仁講讓，示民有常之意也。如《駁淳于越議》云：“人聞令下，則各以其學議之，入則心非，出則巷議。夸主以爲名，異取以爲高，率群下以造謗。如此不禁，則主勢降乎上，黨與成乎下。”《諫逐客書》云：“棄黔首以資敵國，卻賓客以業諸侯。使天下之士退而不敢西向，裹足不入秦。此所謂借寇兵而齎盜糧。”即有不由此在勢者去衆以爲殃之意也。

蓋李斯之學，本與荀卿相爲表裏。荀卿之法後王，即《春秋》之託新王。而李斯奏議所舉“五帝不相復，三代不相襲，各以治非相反之”一語，實胎於此。是故變封建立郡縣者，肇土地國有之端也；罷侯王置守令者，除貴族擅政之習也；廢井田開阡陌者，創財産私襲之制也；黜世家用客卿者，啓布衣卿相之局也；於京朝設丞相、御史大夫、太尉統率九卿者，立中央集權之基也；於鄉官置三老、秩嗇夫、游徼、直轄亭長者，成地方自治之勢也；任博士七十員與守詩書者，定教育於一尊，不使私家紊國學也；築長城萬餘里，防禦匈奴者，耀軍威於絶塞，不使四裔惎中夏也；治馳道吴楚燕齊，堙谷塹山者，聿興交通之政策也；一法度衡石丈尺制器前用者，廓張商賈之利權也。凡此種種注措，莫非厲行專制政策，即用孔子治衰亂世以進昇平世之道，《禮運》所謂大道既隱，必以仁義禮讓信之常法治之。禹由此以格有苗，湯由此以放桀，文王由此以戡黎，武王由此以革殷，成王由此以平淮夷，周公由此以誅管蔡。而非然者，則兵無時弭，謀無時息，不至昇平復降爲衰亂不止。昧者不察，以爲秦始皇之取天下，與禹、湯、文、武、成王、周公異。據其滅亡以繩其開國，以爲有秦法制遠遜於夏、商、周，不足以稱爲小康之治。於戲，是知十不知二五，視禹、湯、文、武、成王、周公過尊，而視始皇、李斯過卑也。

夫李斯本爲私淑孔子之一人，又與韓非同爲荀卿之高足弟子。而荀卿者，固三爲稷下祭酒，與大同學派之孟軻兩相對峙。司馬遷序述戰國諸子百家，推尊孟、荀以名其所著之列傳，殆有卓見。李斯之焚書者，焚私家藏之書。其爲博士官所職者，固無與也。胡三省注《資治通鑒》已詳言之。蓋焚書者非李斯而爲項羽。咸陽一炬，蔓延三月，秦府圖籍盪然無存。後世之書闕詩佚，不得不太息蕭何收有未盡。坑儒者，坑妖言之方士，如韓終、侯公、石生、盧生之屬。至於治《古文尚書》之伏生，起朝儀之叔孫通，方且寵之尊之，任爲學官，與議國家大政。固不在四百六十餘人之列。以吏爲師者，廢私塾而立官學，如劉歆《七略》所奏儒家出於司徒之官，道家出於史官，陰陽家出於羲和之官，法家出於理官，名家出於禮官，墨家出於清廟之官，縱横家出於行人之官，雜家出於議官，農家出於農稷之官，小説家出於裨官。皆是蓋懲戰國群言淆亂，伐異黨同，儒分爲三、墨分爲八之弊。使天下之治方術、學法令者，壹折衷於孔子，使孔子以外無有儒家、道家、陰陽家、法家、名家、墨家、縱横家、雜家、農家、小説家之可指目。漢公孫弘之罷黜百家，表章六經，即踵行李斯政策變其本而加厲者也。於戲，後儒所傳誦之六經，皆荀卿之所手定，後世所通用之文字，皆李斯之所意造，而學者日日方詆毁荀卿、李斯未已。荀卿、李斯誠可詆諆，緣荀卿、李斯而詆諆及子夏，復緣子夏而詆諆及孔子，復緣孔子而詆諆及《春秋》，是舉一隅不以三隅反也。烏乎可哉，烏乎可哉！

抑孔子作《春秋》，復有大同一派。其可巍然號爲上首者，不外三人。曰顔子，曰曾子，曰子游。顔子少孔子三十歲，子游少孔子四十五歲，曾子少孔子四十六歲。孔子之作《春秋》，在魯哀公十四年，顔子已歿，故孔子有“天喪予”之慟。然孔子未作《春秋》以前，與聞大同之旨者，僅有顔子一人。如答爲仁之問，則舉“非禮勿視、非禮勿聽、非禮勿言、非禮勿動”四目，而天下歸仁之道得也。答爲邦之問，則言“行夏之時、乘殷之輅、服周之冕，樂則韶舞”四政，而無爲而治之象見也。以及明心齋坐忘之辨，則語“勿聽以耳而聽以心，勿聽以心而聽以氣”，而吉祥止止，遂爲伏羲几蘧之行。終贊博文約禮之功，則陳“仰之彌高，鑽之彌堅，瞻之在前，忽焉在後”，而善誘循循，不異黄帝堯舜之神化。蓋大同之異於小康者，大同之學重在道德仁義，而小康之學重在禮。然離禮則道德仁義之跡無所附麗以明，故大同之學仍不外乎《禮運》。道德仁義者，禮之源也，本也；禮者，道德仁義之流也，末也。《老子》曰："失道而後德，失德而後仁，失仁而後義，失義而後禮。"五帝大同之道鬱塞不通，故禹、湯、文、武、成王、周公之治化。乃翹然以特起老子者，孔學所從出之大師也。其講明《道德》之上下二經五千言中，無一非闡揚天下爲公之旨，特老子所主張之大同，舍仁義而專取道德，卑堯舜而獨尊黃帝，與孔子之祖述堯舜，好語仁義微有不同。故老子之學流及後世，轉爲小康學派之韓非所假借，而知雄守雌，知白守墨。兵家之尚權謀、尚形勢、尚陰陽、尚技巧者，往往竊取其義，以逞其殺人盈野，殺人盈城之戰争。蓋陰行道德，而不以仁義節之，其禍天下蒼生者，必至如此。

孔子删《書》斷自堯始，不以黃帝垂教，殆以百家争言黃帝，其文多不雅馴，且與其揭櫫之道德，不足爲大同學派之正鵠也。曾子者確守孔子一貫之傳，於其門人所記之《大學》，則云明明德，於天下必先治國、齊家、修身、正心、誠意、致知，而致知以格物爲主。格物者，格物之本末也。天下之本在國，國之本在家，家之本在身。自天子以至庶人，壹是皆以修身爲本。本治則末治，身修則天下平也。本亂則末亂，身不修則天下不平也。天子之責，在修其身。庶人之責，亦在修其身。天子之權可平天下，庶人之權亦可平天下。修其身者，慎獨而已矣。平天下者，絜矩而已矣。慎獨者，即孔子一貫之道之忠。絜矩者，即孔子一貫之道之恕。能忠且恕，則一貫之理得，而大同之效不期著而自著矣。蓋曾子本與顔子爲友，而其所生長居處之武城，又爲子游弦歌布化之地。一則爲武城施治之邑宰，一則爲武城被治之住民。二人之交際親密相與，上下議論，實可想見。况曾子生年纔少子游一歲，齡既相若，復共受業於孔子之門，則曾子所得聞於孔子者，必與子游所得聞於孔子者自無二致。不過孔子對於曾子則曰"吾道一貫"，對於子游則曰"大道之行，有志未逮"。辭氣之間，微有詳略不同而已。且曾子之與子游同爲一派，尤大彰明較著之處，即荀卿《非十二子》一篇，力攻子思、孟軻，謂其

“僻違無類，幽隱無説，閉約無解，世俗之溝猶瞀儒嚾然不知其所非，受而傳之，以爲仲尼子游爲滋厚於斯世”。夫子思爲曾子之弟子，孟軻爲子思之弟子，攻子思、孟軻而牽及子游，復以子游與仲尼相提並論。且謂傳子思、孟軻之學説，即爲傳仲尼、子游之學説。然則子游之與子思、孟軻所授之學説必同，即子游之與曾子所授之學説必同，毫無疑也。子游可考見者有《禮運》，曾子可考見者有《大學》，子思所考見者有《中庸》，孟軻可考見者有《孟子》七篇。然孟軻之學，長於《春秋》。而其所言，又視曾子、子思尤爲軒豁呈露。

今試取《禮運》大同之文，以與《孟子》相較。如天下爲公，即《孟子》“天與賢，則與賢；天與子，則與子”，“民爲貴，社稷次之，君爲輕”之義。選賢與能，即《孟子》“左右皆曰賢，諸大夫皆曰賢，國人皆曰賢，見賢然後用”之義。講信修睦，即《孟子》“唯仁者爲能以大事小，爲智者唯能以小事大”之義。人不獨親其親，不獨子其子，即《孟子》“老吾老以及人之老，幼吾幼以及人之幼”之義。老有所終，即《孟子》“老者衣帛食肉，頒白者不負載於道路”之義。壯有所用，即《孟子》“天下之士皆悦而願立於其朝，天下之旅皆悦而願出於其塗，天下之商皆悦而願藏於其市，天下之農皆悦而願耕於其野”之義。幼有所長，即《孟子》“今人乍見孺子將入於井，皆有怵惕側隱之心”之義。矜寡孤獨廢疾者皆有所養，即《孟子》“老而無妻曰鰥，老而無夫曰寡，老而無子曰獨，幼而無父曰孤，文王發政施仁，必先四者”之義。男有分，女有歸，即《孟子》“内無怨女，外無曠夫，夫婦有别”之義。貨惡其棄於地也，不必藏於己。即《孟子》“居者有積倉，行者有裹糧，未有仁而遺其親，未有義而後其君”之義。力惡其不出於身也，不必爲己，即《孟子》“文王以民力爲臺爲沼，而民歡樂之，謂其臺曰靈臺，謂其沼曰靈沼，以佚道使民，雖勞不怨”之義。謀閉而不興，即《孟子》“國君好仁，天下無敵，以力服人者非心服，以德服人者中心悦而誠服”之義。盜竊亂賊而不作，外户不閉，即《孟子》“人能充無欲害人之心，人能充無穿窬之心，昏夜叩人之門户，求水火無弗與者，聖人治天下，使有菽粟如水火”之義。凡此皆《禮運》大同之文，與《孟子》“所持之故、所言之理，訴合無間者也。獨是孟軻没後，樂正子、公孫丑、萬章之徒迷離惝怳，弗得真傳，大同學派至於中絶。故上自秦漢，下逮明清，二千餘年治《春秋》者，衹爲小康學派之所專有。於是孔子治太平世之至德要道晦而不顯，闇而不明，鬱而不發。而專制時代之君相，遂利用治昇平世、治據亂世之微言，文過飾奸，以濟其狹隘酷烈之政策。名曰尊孔，實則蹈襲李斯一人而已矣。

方今五洲交通，法蘭西、美利堅、瑞士之民主立憲政體，日孳乳於全世界。而中華民國遂乘之以顛覆有清，此爲小康道消、大同道長之一大轉機。而《春秋》治太平世之良法美意，正宜急起直追，弸中彪外者也。昧者不察，第執子夏、荀卿、李斯之小康派，排斥《春秋》。而顔子、曾子、子游、子思、孟軻之大同派，棄置不顧，不以《春秋》爲黜周而以《春秋》爲尊周，不以《春秋》爲變夷而以《春秋》爲攘夷。無惑乎中國之治化不進，而孔子之學術政治，未有一人優游饜飫，涣然冰釋者也。

夫《春秋》之旨一日不明，則孔子之教一日不行。言道者流爲破碎，言德者流爲支離，言仁者流爲踶跂，言義者流爲蹩躠，言禮者流爲塗飾破碎之不已。而至於空虚支離之不已，而至於淪喪踶跂之不已，而至於戕賊蹩躠之不已，而至於剽竊塗飾之不已，而至於放浪。上以之害朝政，下以之傷國風。大以之菑侯門，小以之禍比户。微論太平之治不可建，即昇平之治亦不可致，微論升平之治不可致，即據亂之世亦不可保。於戲，是殆率中國之人民爲無學術之人民，是殆驅中國之國家爲無政治之國家。顧亭林曰："天下興亡，匹夫匹婦與有責焉。"范文正曰："既作秀才，便當以天下爲已任。"風雨如晦，晨雞不已。霜雪既降，松柏後凋。同心之利斷金，嚶鳴之聲求友。世有推見至隱以明《春秋》，文致太平之業者乎？此則本報所宵旦禱祀而引爲干城者也。

《春秋報》發刊之例，其類有十。小雅盡廢，四夷交侵。聖人不能違時，爰正桓而譎文。吕覽備古今之事，陸語述存亡之徵。龍門紹之而謗漢，雒陽放之而弔秦。

録論説第一

禮失而求諸野，官失則學在夷。由余以能晋言，重鄭吉以習外事奇。漢置譯長，達志通慾。周屬象胥，諭語協辭。

録譯述第二

李悝教魏，六法肇興。蕭何佐漢，九章用成。司馬遷記兵刑於律書，叔孫通藏禮儀於理官。洋洋乎損益因革，萃一代之鉅觀。

録法制第三

唐堯咨四嶽，漢武策三王。典曰俞而制曰可，垂綸綍以輝煌。溯周厲之流彘，欝共和其特起。分東西陜而握樞機，實維周召二公之綱紀。

録命令第四

秦書去不中用，漢吏重文毋害。上馬殺賊，下馬露布，炳刀筆之模楷。或如龍而辭勝理，或如衍而理勝辭。判馬遲與枚速，咸退食以委蛇。

録公牘第五

識時務者爲俊傑，明數度者多世傳。羌記事與纂言，貴提要而鈎玄。知彼知己，百戰百勝。他山之石以攻玉，苦口之藥以利病。

録中外大事記第六

夏禹拜昌言，晋文聽輿誦。廣益集思，兩執中用。鄭僑不毁鄉校，召虎諫防民口。毋廢言以人，毋亂苗以莠。

録時評第七

張華《博物》，干寶《搜神》。苟兼綜而條貫，雖小技亦可名。法劉子政之讀秘書，效元遺山之藏野史。期集腋以成裘，懍削足而適履。

録叢録第八

荀勗創立四部，王儉别撰《七志》。文翰止爲一端，珠玉燦乎篇次。疏注蕭梁，選學大興。屏華尚實，去故取新。

録文苑第九

唇亡齒寒，虞卿旁徵古諺。鵬飛鯤化，蒙叟博採齊諧。庇寒士於夏屋，登衆人於春臺。不有虞初九百，何由察群治之根荄。

録小説第十

速應南京黄留守發起國民捐通電 代黎元洪

民國初建，需款浩繁。權害取輕，治標救急。發抒己力，勢不得不仰給外資。無論操何政綱，諒表同意。惟是吾國自在滿清時代，財政信用疊經損傷，日已落而戈無可揮，圖屢窮而匕則盡見。司農仰屋，至今爲梗。此次商借國外公債，數逾億萬。在資本團爲利孳孳，自不欲以有用金錢一擲孤注，在吾政府將事翼翼，尤未敢以全部收入倒持太阿，兩點相持。齗齗不下，談判破裂即現目前。試思吾國今日各路軍隊，其號如林，多者師以十數，少者旅亦二三。屯屯列戊巳之名，處處聞庚癸之諾。資糧芻茭，動輒需銀給予。偶一愆期，禍機立時四發。縱令統兵大將暨我愛國健兒曲體時艱，深明大義，然無米治炊，不能備求巧婦畫地爲餅，豈可虚啖衆人枵腹相從。推心難置。况乎民國要政萬緒千端，非教育無以進民德，非司法無以束民身，非實業無以養民命，非外交無以伸民氣，非交通無以利民行，非理財無以足民用。種種注措，刻不容緩。否則，開明國將以野蠻目我，先進國將以劣種遇我。其於共和前途，關係甚鉅。每一籌及，徒喚奈何。

夫政府者，萬事之所匯也。中央者，四方之所瞻也。今人民不欲以寸柄假政府，而日日責政府以施行。各省不肯以一物供中央，而時時望中央之補助。中央非能聚米爲谷，政府非能點石成金。卻行求前，蓋亦難矣。元洪愚見，以爲吾儕含辛茹苦，締造民國，所以得至今日者，無一非我國民熱血之所噴薄，義聲之所鼓盪，群策群力，相與有成。果能急起直追，再接再厲，法子文之毁家紓難，效弦高之犒師卻秦，腋以集而裘成，擎以衆而舉易。微論全國士女盈四萬萬人，出一圓，數已不貲。即去其貧苦而以素封代，捨其老弱而以蒼頭充，計算平均，决不止於所借外債之數。然則我從父昆弟諸姑姊妹，亦何忍坐視神州之陸沉，不一手援耶？

昔法蘭西爲普魯士所破，要求賠款五億佛郎。經其行政長官梯耳奔走呼號，勸誘國民解囊捐助，不出三歲，一律償清，普國駐兵爲之撤退。此事聳動歐人耳目，至今弗諠。吾國共和政治繼法而興，推翻客帝，建立民主，又較法之戰敗情形萬萬有勝。惟冀全國上下，以梯耳之心爲心，以法國之民爲法，視國事如家事，出私財濟公財。速應黄留守所發起之國民捐，踴躍輸將。則鉅款不難立致，外債自可就商。凡百經費，綽有餘裕。聲名洋溢，震耀寰球。我黄祖在天之靈，實嘉祐之。電行飆疾，魂與交馳。

審計處采用事前監督理由書

謹按審計院之設立，介在政府國會之間，以施行財政上之監督。而其監督方法，不外三種。一曰計算監督。令國庫呈出各種計算書簿及其證據，於監督官廳逐一審查，判斷其出納之當否。二曰行政監督，調查支付命令官行使其命令權是否恪守職務，其發支付命令是否溢出於定額以上，或在用途以外。三曰國家監督。政府遇有超過預算之支出，必求國會之事後承認，以免除其責任。而調查超過預算之有無，並其必要與否，則非國會之所能自爲，須由審計院之特别機關預行準備。此爲東西各國之通則。

吾國於審計院未經成立以前，創議審計處。能否適用三種監督方法，尚屬疑問。惟是審計處之職權，專在監督會計，而監督會計又有事前監督及事後監督之别。主張事前監督者，非必就全體支出行之，又非既行事前監督，即不再行事後監督。其施行之方法，不過指定支付命令之有效條件，必受監督者之審查而已。主張事後監督者，謂從國庫徵求業經支付之支付命令嚴加審查。若有超過預算及任意挪用之支出，即發文書審問經手官吏。其屬於中級、下級之官廳，所管者報告之於最高行政官廳。其屬於最高行政官廳，所管者報告之於國會及行政元首。事前監督之利，在於防患未然，款不虛耗。事後監督之利，在於懲創既往，人有戒心。究之採用事前監督者，未嘗不藉事後監督。施行事後監督者，未嘗盡廢事前監督。二者相依，如車有輔。而揆之吾國現狀，自以實行事前監督爲最宜。何以故？以吾國此時設審計處之重要原因，一在確立財政上之信用，一在防止外國人之干涉。若不實行事前監督，將銀行團所要求稽核墊款之條件，櫽而括之於會計法規，則外人干涉財政之氣焰，勢必潛滋暗長，日劇一曰，永遠不能消弭。是故吾國不於此時設審計處則已，若於此時設審計處，則不可不於行政支付命令事前嚴爲監督。將實行事前監督之時，不可不詳考各國制度，折衷盡善，以求今日事勢上之所能行者而已。

試以各國之現制言之。其在英國，則特設所稱艾克司茄誇(Exchequer)一職，俾掌國庫金之出納。凡各官廳之支付命令官欲支出預算所議定之經費，不得逕向存儲國庫金之銀行撥用，必先請求於艾克司茄誇之長官，受其檢查，如果金額用途與國會所議定之預算科目一一符合，即發命令於銀行，照數撥交。并發通知書於請求國庫金之支付命令官，而後支付命令始可發出。此英國實行事前監督之制。又比國審計院法第十四條第一項云，支付命令非經審計院簽字，概不得在國庫中支付。第二項云，審計院認爲不能簽字之支付命令，得將不能承認之理由咨請國務院會議或調查之。第三項云，各國務員議決自負責任時，審計院記明事由，簽字於其命令。第四項云，審計院應將前項事由記明於審查報告書内，提出於國會。此比國實行事前監督之制。意、荷兩國，大致與英、比相同。日本會計法雖采用事後監督，然其會計規則第十一條云，各省大臣據每年度決定之預算定額，定支付命令官所需要之用款，編製支付預算，須送付於大藏大臣及會計檢查院。第十二條云，更定支付預算時，須送其計算書於大藏大臣及會計檢查院。又會計檢查院法第十七條云，會計檢查院對於各部發布關於金庫出納及簿記上之命令前受通知時，得陳述其意見。是日本之立法例未嘗無事前干涉之規定。特其職權不逮英、比、意、荷之强大耳。日本之會計法規原起算於德之浩爾馬液特，故德與日本最爲相近。法國舊採事後監督，馴至近年，漸有改歸事前監督之趨嚮。是故事前監督於學理上、於事實上，均有風靡世界之勢。

第實行事前監督，伏有二弊，不可不於立法之前預爲防範。二弊者何？一曰妨礙行政機關之活動。如各項支付命令，無論事之緩急、地之遠近、款之大小，必一一受審計院事前之檢查，勢必使行政官吏之精神徒爲踐履監督上之形式而銷耗，所有一切事務必至濡滯下舉。二曰減輕各部總長之責任。各部總長遇有支出款項，必先受審計院之承認。設與審計院之意見不合，必至彼此互相爭執。各部總長勝而審計院負，固於行政之責任無傷；若審計院勝而各部總長負，則行政上之責任勢必不能完全負擔，事後監督决無效力。如欲力除二弊，則非於會計法規之中，妥定事前監督方法，並多設例外，以爲行政活動之餘地不爲功。是故爲今之計，惟有酌採英、比、日本三國制度，凡各行政官廳支出款項，必先編製支付概算，於事前交審計處，受審計處之審查。若經審計處認爲不當支出，即可通知國庫停止支付。其有事關緊急不及編入支付概算，或各部總長自行負擔責任，認爲必須支出者，在此例。如此則取英國之監督國庫，而去其繁難；仿比國之承認命令，而乏其拘泥；用日本之檢查支付預算，而比較更爲精嚴。此前次擬具暫行審計規則之微意，實於此。果能由此實行會計監督，循序漸進，以蕲至完全施行種種監督之域，則財政之信用必可依次確立，而外人之干涉亦可預爲消弭矣。

宜興蔣母岳太夫人七旬壽序

諺云“不識厥母，視厥子”。宙合之推爲賢母者，於周則有孟母，於漢則有范母，於宋則有歐母、蘇母。孟母之賢以斷杼，范母之賢以黨錮，歐母之賢以畫荻，蘇母之賢以訓子瞻讀《范滂傳》。孟母、范母距今寥遠，行事不詳方策，歐母懿範，覽永叔全書而可尋，蘇母令儀，閲東坡七集而如睹。蓋歐陽文忠及蘇文忠，均繫一代名臣，而表章先德，自述其家學淵源，又屬爲人子者萬無可逃之公例。故歐母、蘇母之顯名，其勢自較孟母、范母爲易。

同學宜興蔣君砥齋，有母岳太夫人。生年二十八而歸世伯濟群先生。於時太平天國方以種族革命號召東南，烽火連天，瘡痍滿地。而常州管下之宜荆尤苦雲擾，邑城既破，盡室他遷。始而徙居泰興，已而復歸故里。草間偷活，恨八公風鶴驚人。捲土重來，喜三徑菊松對我。姜後脱簪珥不御，纖縫裳。孟光操井臼而前，齊眉舉案。曲憐季子，釜不撩劉嫂之羹。厚遇王孫，孟尚進漂母之飯。圖窮匕見，生計蕭然。太夫人於是出其累年所獲，盡獻濟群先生作營業資。前後十年，家産漸裕。陶朱貨殖，屢致千金。鮑叔分財，罔私一己。然以積勞過甚，目翳空華。甫感卜商之喪明，旋效蘇秦之棄賈。太夫人於是延醫療夫，杜門課子。酷暑嚴寒，孜孜弗倦。雖哲人中萎，琴瑟失調，抱曹大家之殘編，撰柳下惠之私謚。登山徒呼庚癸，避世不問甲子。然積善餘慶，天道好還。今日門閭，足容高車駟馬。而砥齋父子游學日本，次第回國，從事於覺世牖民之術者，太夫人閫教之力爲多。追琢金玉，壽考作人，其功當不在周王下。遐齡克享，固其宜也。

頌曰：

九疇五福，壽居第一。天寵仁人，勇失其力。猗歟賢母，孟范歐蘇。躋堂稱觥，與古爲徒。

中華民國元年歲次壬子十二月

世愚侄章宗祥、吴景濂、曾彝進、靳　志、范熙壬拜祝

衆議院質問善後大借款合同事宜書

此次中國政府善後借款，爲數至二千五百萬金鎊，利息五厘，折扣八四。而又監督財政，干涉鹽務。條件之嚴酷，爲從來所未有。亡國之慘，即在目睫。識時之彦，奔走呼號，痛哭流涕。或以違背約法，藐視國會責難政府。熙壬等以爲政府即無違法問題，而但即合同之條件研究之，已足爲亡國之徵。吾人不可不深長思之也。此次借款正名曰善後，

借款果能善其後，雖借庸何傷。是吾人當先研究善後之法何如，而後能決借款之左計與否。今列舉數端，應請政府限期答覆，以備研究。

一、政府須於一星期内提出甲乙丙三號附件之明細單也。甲乙丙三號均係備償外債之款，附單内雖有約估數目，而債本若干，利息若干，有無復利在内，均未聲叙。應由政府提出實在應還之明細單，不得絲毫含混。至債票發售之後先，以抵給此項舊欠耶，抑先儘丁戊己三項之用耶。或如何先後分配，數目若干，合同内均未明叙。政府已否與銀行團酌定。應請政府明白答覆。

一、政府須於一星期内提出裁遣軍隊預算明細表也。丁號所載某省裁兵需若干萬，均係約估之辭。應請政府將各省實在兵數若干，擬裁兵數若干，每兵給以幾月之餉，每官給以幾月之俸，每月之俸餉若干，另需裁遣費若干，編一明細特别預算，如期提出，再開秘密會議研究。至將來陸軍編制及現在裁遣期限及著手次第，均應一併聲明。

一、政府須於一星期内提出整頓鹽務明細預算也。己項四項，均係約估之數。究竟政府整理場産用何方法，整理某場需費若干，其理由安在，政府擬買何項機器以爲製鹽之資，需用經費若干，銀行如何組織，基本金如何分配，收鹽應需若干，運鹽應需若干，應編一明細預算整理之後。每年可增收入若干，是否另編一預計表連同鹽務官制及鹽税法案并鹽務計劃書一併交議。

一、政府須於一星期内提出六個月行政款明細預算也。戊號附件所用某某所管若干，特别用款若干各項，均未明細開列。特别用款如各項機器各項建築，尤須擬具説明書一併提出。

一、政府須於一星期内提出會計法審計院法也。查合同第十四款，載中國政府允將一千九百一十二年十一月十六號公報所載十五號之大總統令所公布審計處暫行規則立即實行。該規則之照録，並其所譯之洋文，均作本合同之庚號附件。定明以後，如須將此項規則更改，不得與本合同有所窒礙等情事。又第二項載凡關於借款款項之領款憑單，均須由審計處所屬稽核外債室華洋稽核員會同簽押等語（其餘兩項略之）。稽核外債室如何權限，在於審計處中立於何等之位置，頃閱各報，財政部又有外債綜核處，北京英文報遂有北京兩個審計處之譏評。此中權限如何，關係如何，應請政府明白答覆。一面如期將會計法審計院法從速提出，連同洋稽核員簽押之領款憑單格式及其他附屬各件一併提出，以供參考。

一、政府須於一星期内提出二百萬磅之分配表也。查墊款合同第一款，載銀行承認於簽押本合同之日，立即墊付中國政府二百萬金磅等語。第二款載此項墊款，按周年百分之七行息，自簽押之日起算，無論如何十二個月内償還於銀行等語。立即墊付云者，簽字之日立即可墊付也。自簽押之日起行息，是現在即在付息中也。此款照付之後，按照墊款合同第四款所載，衹限於丁戊兩號之用途。丁即裁遣軍隊，戊即行政費也。究竟此二百萬金磅撥用於裁遣軍隊者若干，撥用於行政費者若干，應由政府提出分配表以供研究。至行政費本係供給六個月之用款，不按期交付，自簽押之日起一律行息，是何理由。應請政府一併答覆。

以上各項皆與借款有最要之關係，熙壬等所亟欲研究者也。擬請政府備文答覆，公同討論。是否有當，伏候公決。

民國二年五月十九日

提出者　范熙壬

連署者　孫光圻、劉景烈、陳廷策、牟　琳、劉澤龍

張大昕、馮振驥、周樹標、張伯烈、林輅存

［附］

衆議院質問大借款用途及財政善後計畫書

此次大借款成立，多數民意雖皆曲諒政府勢處萬難，要自有其不得已之苦衷。然款目如此其鉅，條件如此其嚴，民國財政實已陷於至險極危之境。設能慎重用途，力崇節省，並速定財政上善後之計畫，則國家喘息餘生，或藉此時機以爲根本整理之計。中央如何而可以撙節，行省如何而不至困窮，税則若何而改良，鹽務若何而振頓，一一妥定辦法，

兼程並進。財政之基礎既定，國家之根本自固。否則鉅款轉瞬即罄，九月以後，試問政府豈常此繼續借款以飲酖而止渴耶，抑以臨時政府不久期滿，坐待破産以貽後人之禍耶？本員深爲國家危之，用特提出質問案質問政府。善後借款合同第二款第四項各省遣散兵隊，其支出款目之細數若干，並軍師旅團等名目，及裁遣之兵數。又第二款第六項整頓鹽政從何著手，期以何年，其詳細計畫若何。又第二款第七項所謂他項行政費係何種性質。又六個月以後政府對於整理財政有無確定政策，如何著手進行。以上各節，事關國家財政大計。本員僅依據臨時約法十九條第九項，及國會組織法十四條第二項，並依據本院五月十九日大會議決議員提出質問書，暫時適用臨時參議院法第六十二條，有議員十人以上連署即咨送政府案，提出質問書。請政府於五日内以書面答復，不勝企盼之至。

民國二年六月一日

提出者　蔣鳳梧

連署者　姚文枬、劉顯治、牟　琳、凌文淵、陳　義
董繼昌、吴　涑、朱繼之、孫光圻、孟　森
王紹鏊、徐蘭墅、孫熾昌、陳經鎔

本案與五月十九日范熙壬所提質問並案答覆

［附］

國務院答覆書

爲咨覆事，奉大總統發下：

貴院咨送蔣議員鳳梧等、范議員熙壬等提出質問書各一份，當經緘交財政部答覆。兹準復稱前於六月四日準貴院函送衆議院議員蔣鳳梧等提出關於善後借款質問書一件。查質問各條，一係各省遣散軍隊事，一係整頓鹽務事，一係六月後整理財政政策事。六月九日又準送范議員熙壬等質問書一件，查質問各條，一係善後借款合同甲乙丙三號附件應有

之明細數目，一係整頓鹽務明細預算，一係六個月行政費細數，一係會計法審計院法，一係二百萬磅墊款之分配數目。當經按照質問各條，分別函請各處確切擬復。兹已據各處將應復各節先後鈔送到部，應即依照前兩項質問次序，除條件相同者無庸重復開列以免繁瑣外，合將其餘應行答覆各條，分別彙擬編具總答復稿，函送貴院，以便轉咨。相應鈔録答復書一件，暨附件十二件，一併函送貴院查照，以便核辦。再此項答覆稿，因與各處往返復查，是以擬復稍遲。合併聲明等語，兹將該部總答復稿照鈔一分，暨附件十二件，一併咨送。

貴院查照。此咨

衆議院

附件十二件

民國二年八月一日

附件説明書

（一）范議員等質問甲乙丙三號附件之明細數目一節

（二）范議員、蔣議員等質問遣裁軍隊之明細數目一節

（三）蔣議員質問整頓鹽務范議員質問鹽務之明細預算一節

（四）蔣議員質問第二款第七項所謂他項政費係何種性質，又六個月後整理財政政策如何一節

（五）范議員質問六個月行政費明細預算一節

（六）范議員質問會計法審計院法一節

（七）范議員質問二百萬鎊之分配數目一節

一、范議員等質問甲乙丙三號附件之明細數目一節

查甲乙丙三號備償外債之款，除乙號附件所列各數僅以各銀行爲序不復分列款項，及甲號内第二款六國銀行零星墊款另有細單，丙號内第四款屬於特別款項外，其餘各款本利數目暨有無複利之處，調查合同附件所載，大致均已詳明。兹再照衆議院質問辦法，一併開列明細單附請查照。又查債票發售以後，交付數目，按銀行團所定招帖，凡購債票一

百鎊者，於五月二十七日應交二十鎊，七月三日交三十五鎊，八月五日交三十五鎊。綜計五月二十七日交中國政府五百萬鎊（以後即稱頭批進項），七月三日八百七十五萬鎊（以後即稱二批進項），八月五日八百七十五萬鎊（以後即稱三批進項）。頭批進項扣除銀行六厘年數料，即照票面每百鎊扣除六鎊，合計共扣一百五十萬鎊。又撥交首半年所應付之利息七十七萬八百三十餘鎊。又銀行所應得之經手費一千九百二十七鎊餘。又撥還合同内甲號附件第三第四兩款、丙號附件第一第二第三三款。上年六國銀行團零星墊前款前列各項，則頭批進項僅餘九十餘萬鎊，以供政府丁戊附件之用。二批進項清還此次五國銀行團二百萬鎊墊款之本息，又撥交庚子賠款之欠項二百萬鎊（按截至民國元年十二月底，積欠之賠款，查除由海關收入項下撥交外，仍欠二百萬鎊，由此次借款項下撥清）。又清還從前整頓幣制四國借款之墊款本息四十三萬三千一百三十九鎊餘。又清還比國借款一百二十五萬鎊之本息。又清還乙號附件所列各省借款之本息二百八十七萬餘鎊。又清還丙號附件第五第六兩款日本正金銀行借款之本息合計二十三萬九千四百五十三餘鎊。除前列各項，則第二批進項已無餘賸，行政經費因之無著，擬向五銀行先墊規銀一千萬兩，由第三批進項内扣還。其餘附件内所訂各款，亦均在第三批進項内撥付。

二、范蔣議員等質問裁遣軍隊之明細數目一節

查準陸軍部函稱，全國兵額，經前參議院通過五十萬人。按現擬編制約，可編練五十師之八成。除此額定之兵數，餘悉在應裁之列。各省現有之實數，迭據文電報部，統共約八十五萬餘人。特新舊不齊，編制互異。建制名目，概不一致，現在實在之兵數斷難核算。儘惟其名，反失其實。至裁遣期限及著手次第，應視交款之情形，分别籌辦。惟現時邊疆不靖，内匪披猖，不便同時著手。至裁兵交出之款目細數及俸餉等項，前因各省餉章互有不同，丁號所擬數目及參照江鄂等省裁兵案假定爲每裁兵一名，給與遣餉平均每名二十元，另給旅費每名平均四元。又

以各省承改革之後，財政奇絀，兵餉率多積欠，復定欠餉一項以備裁遣時酌量補發，免生枝節。此外尚有被裁官佐應給恩薪等項，通盤核計，均需丁號所開之數。此當時估擬裁遣經費之大概情形也。現在因本年度預算不敷，擬就五十師减爲八成編練裁留之數，較訂立合同時稍有變動。而各省軍隊亦復時有變遷，俟日後實行裁遣時即可得其確數。而支用裁兵借款，則經財政部會同審計處訂有妥密之章程，届時必有明確之報告。再兵額及各省裁留之數，均係秘密計畫，事前梢有洩漏，恐别有滯礙，務希嚴守秘密爲要。附表一件，附件二。

三、蔣議員質問整頓鹽務范議員質問鹽務明細預算一節

查中國從前鹽務税，名目繁多。有屬於國税性質者，有屬於地方性質者，有屬於商捐商用者，其取之也愈多，其漏私也亦愈甚。而究其弊源之所在，不外兩端。一由於場産漫無稽考，二由於引地之强爲分配是也。故本部計畫以官收商運爲過渡之程序，以實行專賣爲最終之目的。而著手方法則擬先就一二處試辦官收，以祛民疑而紓財力。就向無一定引商之地，充擴官運以期增加收入而爲專賣之道源。就向有一定引商之地，改組公司以期平均鹽價而去引界之積弊。此合同己號附件整頓鹽務用款概算所以列有收鹽運鹽基本金之原因也。至第二項所以設機器製鹽廠者，其故有三。一在重人民之衛生，二在杜外鹽之輸入，三在便私鹽之巡緝。本部前經派員赴德、奥等國考查製鹽方法，並在著名鹽廠就地實習，一俟回國即擬擇地設廠。精製改良，仍視民情之向背，以爲推行之廣狹。此又改良鹽質之計畫也。第三項爲整理場産者。私鹽之多，原因雖極複雜，其根本則在場灘。此項計畫又有三端，一曰劃定産鹽區域，使有一定之灘井與一定之民竈。庶産數銷數可以推求，不致如前此致漫無稽考。二曰限制産額時期，使全國供求足以相劑。官收之後，不致壅滯，場無餘鹽，可免私鬻。三曰歉産各場酌量裁併。查歉産之區，成本必重。課以重税，則銷滯而迫於漏私。課以輕税，則損上而未必益下。然一旦裁禁，人民失業，勢必群起反抗。似應將所有池灶、井礦、亭蕩、廬舍各項不動産及一切屬於製鹽之必需品，酌量由官買收。此又整理需

費之原因也。第四項按照將來與銀行商允之銀行辦法備墊資本與鹽商云者。鹽法改定之後，所有從前課釐帑利加價雜捐各項名目，自應一律刪除，統名爲鹽税。而在未行專賣之前，鹽税須由商認繳。公家就鹽徵税，而商必須預繳，力量或有不及，自不得不借銀行以資周轉。惟現在銀行辦法尚未商定，且附注内稱，倘本借款净交全數，不敷甲號至乙號附件用途，即於乙號第四項内減撥等語。則將來此項能否作爲的款，尚未可定。此關於鹽務用款之情形與政良進行之計畫，已大略具是矣。至於改良畫一之年限，以吾國幅員之廣，習慣之殊，經費之支絀，倘考察未詳，驟繩以法律，或籌備未密，遽語施行，無論利害相權，得不償失。即實行之際，障礙滋多。是以官收爲根本改革之第一階級。而全國通行之日，當期以四年。專賣爲增加收入之唯一方法，而預計實行之日，或需以十年。總之行政之道，固貴預定方針，而難易遲速，實隨時勢爲轉移，有未敢言之太易者。再查整理場産，爲改良鹽務根本問題。舉凡私鹽，弊皆由於産鹽之數未清，儲鹽之法未備，故私販劣商得以藉手。今欲杜絶此弊，必首先調查産地，限制産區，建築倉庫垣坨，以便儲鹽有所歸來，售鹽有所稽考，而後税收之數可以預計而知。此整理場産之理由及其方法也。至某場需費若干，則場地有大小，場産有豐歉，各處情形不同。在改革鹽務計畫未經議會通過以前，政府尚未著手，礙難憑虛估計。又稱政府擬買何項機器，以爲製鹽之資，需用經費若干。查機器製鹽，原備擇地建廠，專爲精製鹽之用，並非隨地設置。前已派員赴德、奥等國考查製鹽方法，並在著名鹽廠就地實習，將來究用何項機器，應俟該員等回國得有確實報告，並製成後人民是否歡迎，方能計推行之廣狹。又稱銀行如何組織，基本金如何分配。查銀行以資本爲重，組織與分配方法均應視集資多寡以爲標準。本部籌辦鹽業銀行，原擬官商合辦，按照股分公司組織。現擬歸入中國銀行或交通銀行辦理，以免駢枝。又稱收鹽應須若干，運鹽應須若干。查本部前定計畫，揆度目前情形，非官收商運不足以救鹽政之窮。而實行官收又必在整理場産完竣以後方能著手，現在産額未準，産區未定，憑虛臆造，恐難見諸施行。若運鹽一層，除吉林黑龍江二省及福建現係純粹官運官銷外，其餘各處率皆屬諸商人，無庸公家籌給資本。其借款附件所指，係專爲現辦官運各處及他運道不便或因特種情形而商運不行者言之。以上各事皆須著手布置，始能提出明細預算之理由也。且已號附件指定各款，通計亦衹二千萬元。若將改革諸端同時並舉，斷難敷用。計惟有就要著手地方先行試辦，徐圖擴充，庶幾轤轆周轉，不致竭蹶。至謂整理之後，每年可增收若干。查前法宣統四年預算，鹽課稅釐加價雜捐官運及商款雜款等項，共四千七百萬兩有奇，計合銀幣七千萬元。光復以後，舊法多所變更，新制亦未經決定。梟販恣横，税收鋭減。上年各省收入，致有不及往年十成之五者。現經竭力恢復，而各省意見參差，困難實甚。所冀正式政府成立，鹽務行政實行統一。而本部計畫又得議會贊同，則順序設施，當有起色之一日。所有本部前定之鹽税等項收入，概算已詳計畫書中。此項計畫書已由本部咨送臨時參議院參考，並將鹽專賣法規暨運鹽公司條例一併咨送院議。未經議決，自應另文專案再行交議。並送參考，合併聲明。

四、蔣議員質問第二款第七項所謂他項政費係何種性質又六個月後整理財政政策如何一節

查合同内所稱他項行政費，係指合同附件總單之外臨時必須支出款項，及合同附件所列原數因不敷用必須增支款項二者而言。惟現在此項政費尚未由借款支出，但將來必不可少。至於整理財政計畫，範圍至廣，頭緒繁多。自當將所擬各項辦法陸續提交國會，分别議决，待公布以後逐漸施行。此時惟以實行預算以收支適合爲最急要務，合先將本部所擬各整頓財政説帖一併附送，以備查核（附件三、四、五）。

五、范議員質問六個月行政費明細預算一節

查合同戊號附件所列二年四月至九月行政費一項，均係當時約略預算之數。其明細數目，自四月至六月者即在本部，前經提出二年分正月至六月臨時預算案之内。自七月至九月者，本部現在正事編製，自當趕緊提出。惟統計數目，核與戊號附件所列者超過甚鉅。蓋此項借款僅爲補充歲出行政費一部分預算之不足，其歲出行政費全部分之預算，固不

止戊號所列之數也。前項預算，不日提交院議，自可按照款項目節詳細審核，得其底藴。至特别用款各項之説明書，亦當一并附列册内，以俟參考。

六、范議員質問會計法審計院法一節

查據審計處函稱，查本處以現行規則言之，有稽核支出，審查决算檢查國庫，檢查簿記，檢查官有財産，檢查國債，處分出納官吏之權。而稽核支出之中，若係由國債項下開支者，照暫行審計國債用途規則，本處對於發款命令，有簽字之權。此本處權限之大略也。若稽核外債室，乃本處附屬之機關，其權限衹及於審查國債。而其他本處之權限，固不相干也。且其權限衹及於此次善後借款之用途，而其他國債又與該室無關也。兹將本處外債室辦事細則另抄一分，便可知該室之權限如何。至於地位問題，該室既爲本處之附屬機關，華洋室長當然受本處總辦之指揮監督。此足證外債室地位之所在也。查質問書内，稱外債綜核處，即財政部現設之借款綜核處。從前因譯英文者對於綜核二字及審計二字均譯爲稽核之意義，故爾彼此混同。洋文報不免有誤會之處。後經登報聲明，疑團已釋。至謂權限如何，關系如何。本處之權限既如前之所述，而借款綜核處，係爲開發支票，核算利息整理國債，收支機關與本處權限固有區别。至於彼此關系，唯常有交换領款憑單，核對數目之事而後已。又該質問書内稱，一面如期將會計法審計院法從速提出，連同洋稽核外債室簽押之領款憑單格式或及其他附屬各件一併提出，以供參考等語。兹應將會計法草案一件，審計院法草案一件，領款憑單及其他各附件訂成二本，一併提出，請即分别查照（附件六、七、八、九、十、十一、十二）。

七、范議員質問二百萬鎊之分配數目一節

查此項墊款，銀行於四月十六日簽字後，即按照合同第一款墊付二百萬鎊，財政部於五月十三號至六月六號陸續如數收足。其間懸空多日之故，緣各機關到部領款，應照審計處所定審計規則造送領款憑單，由部核轉審計處，再由處按照合同附件察查相符，承認簽字後，財政部始得向銀行收款也。現計收到數目，分配於各項用途者，五月分之支出業已發刊公報。六月分之支出俟各機關到部領訖亦即公佈。所有二百萬鎊之分配明細數目，均當列出，應請查核。又合同第二款訂明此次墊款行息，自簽押之日起算一節。查此項借款銀既經墊付二百萬鎊，政府自應即日起息。其款政府雖未全數取用，而存於各國或中國之各該匯寄銀行者，均應按照合同第十三款第六條，由各國或中國之各該匯寄銀行算還政府利息以昭平允。

大總統選舉法修正案

第五條　大總統缺位或精神喪失不能執行職務時，由副總統繼任。其任期以補足前大總統未滿期間爲限。

大總統、副總統均缺位，或精神喪失不能執行職務時，由國務總理攝行職務。民國議會議員須於三個月内自行集會，組織大總統選舉會，選舉次任大總統。

第六條　副總統之選舉，依選舉大總統之規定，與大總統之選舉同時行之。但大總統在位，而副總統缺位時，得適用第五條之規定，選舉繼任副總統。

理由　本法案係采用副總統制。然第五章對於副總統之規定，主代理不主繼承。而其代理期限，僅爲三個月，是與採用副總統制之真意全然相反。案美國憲法第二條第一節關於副總統之規定，載有大總統免職、死亡、辭職之時，或失使行其職權職務之能力時，副總統可代理其職等語。法文上雖曰代理其職，然考其開國以來迄於今日之歷史，因大總統缺位而以副總統繼任者共有四人。哈利孫及林肯二人，尤爲世界著名有數之大總統。而其繼任之期限，則以補足前大總統殘餘之期間爲止。是美國制度名爲代理，而其實則採用繼承主義也。

故本修正案遵照美國制度，將原文酌加修改。採用繼承制有數利。選舉大總統有定期，五年一行，毫不改易，於國務上有相當之準備，不至時時惹起内亂，牽動大局。其利一。副總統得繼任爲大總統，則全國人民對於副總統，即隱然以未來之大總統相屬，名望隆重，不啻爲養成大總統之一階級。將來選舉大總統之競争力，自可減少，政治中心不至時時動摇。其利二。大總統爲行政元首，執行職務必難一一悉合全國人民之心理。稍不遂意，怨謗隨之。有副總統以維持其間，仰承俯注，左斡右旋，於政治統一上大有裨助。設不幸而大總統因事出缺，有副總統以當然繼承之資格臨之，全國視綫已有集中目標，决無敢覬覦非分，共和國體加一層之鞏固。其利三。有此三利，故本員主張用繼承制，不採代理制。

政治學社發起辭

政者，全國家之所有事也。學者，一個人之所有事也。挈全國家之所有事，畀於個人，責其化裁，責其推行，責其舉措，微論事難獨任，即任亦螳臂當車而已。挾一個人之所有事，施於國家，妄爲論思，妄爲獻納，妄爲揄揚，微論出位不謀，即謀亦道旁築室而已。周成王曰："學古入官，議事以制，政乃弗迷。"鄭子産曰："吾聞學而後入政，未聞以政學者也。"由表面測之，幾疑政爲一事，學别爲一事；入政爲一時，成學更爲一時。不知政無他途可入，惟學可入；學非異時可成，惟弗迷於政始成。一個人學之，個人無愧爲國家中之個人，而學與政尚難驟合。各個人學之，則國家遂積爲個人上之國家，而政與學乃可並行不悖。

夫國家至大，個人之數至繁。個人對於國家之感想，亦至不一。有不知有政、不知有學而具頑固性者，有知有政、不知有學而具保守性者，有知有學、不知有政而具急激性者，有知有學、兼知有政而具改進性者。四者性各不同，當其獨具一性，而占國家人口比例之多數時，均足以左右政治。特其對於政治上所發生之效力，則未可同日語耳。

何以明之？具頑固性者，慣憶以往，昧察方來。事變猝投，輒以個人之往事繩之，毫不知乘時變化。其思則鬱而不靈，其力則萎而不振。

其對於國家無所謂政，無所謂學，止見其蹈常襲故，鋪張門面而已。苟國中多數個人畢呈此象，則其國政之衰敝，可立而待也。具保守性者，歷練既富，思慮亦周。舉其生平政治上之所獲，類能始終堅持，或次第加以擴充。范睢所云得尺則尺，得寸則寸，是其所長。然僅諳本國之歷史，而昧於世界趨勢，可與立，未可與權。圖其近而忽其遠，往往專狃成見，坐失機宜。苟國中多數個人畢呈此象，則其國政故步自封，一籌莫展，不至陷國家於進退維谷不止矣。具急激性者，救國之心甚熱，自信之力甚堅，於全世界趨勢感覺亦甚敏，然欲速見小，毿毿喜事，對於國家一切現象，無正確之辨別力。其意識半屬幻想，其舉動多近兒戲，其所希望皆非實力之所能副。病症之寒熱未審而方劑亂投，徑途之南北不分而輪輻已轉。苟國中多數個人畢呈此象，則其國政求進反退，有終於覆敗相尋而已。

若具改進性者則不然。有頑固者之凝静，而無其腐敗；有保守者之謹嚴，而無其固執；有急激者之剛健，而無其輕率。其品性中立不倚，其造詣自强不息。退而在下則隱居求志而百折不撓，進而在上則行義達道而萬端就理。未入政前，以學爲政之種子。既入政後，即以政爲學之現行。無操刀傷指之虞，有駕輕就熟之樂。果國中多數個人畢呈此象，則其政治自必活潑潑地日進無疆。治績之所表者，斷非偏於頑固、偏於保守、偏於急激者所可跂及。

顧改進之與頑固、保守、急激，有别異乎，抑無别異乎？曰亦有别異，亦無别異。何謂有别異？以頑固、保守、急激皆不可與語改進故。何謂無别異？以頑固、保守、急激皆可與語改進。何爲皆不可與語改進？以政與學離，現妄境界故。何爲皆可與語改進？以政與學合，即脱離妄境界、放大智慧光明故。不觀之一家乎？衰朽者鄰於頑固、保守，幼稚者鄰於急激。其富於改進性者，惟在成年以上、智力俱全之健夫。彼成年者毅然以家督自任，奮發其所爲雄，則衰朽、幼稚濯磨砥礪，皆具有改進之一體，而家政日修。倘成年者踶跂蹩躠，規規自守，不謀所以倡導之、團結之，則成年者之自身已與衰朽幼稚無異，絶無改良進步之希望，而家道日替矣。

一國之政，何莫不然？吾國自政體改革以來，始則惟見頑固保守之食古不化，類於衰朽者所爲。繼則惟見急激之躐等求進，類於幼稚者所爲。國本動摇，舟流靡届。少數憂時之士，確具有政治常識，往往囁嚅趦趄，退居於消極地位，徒太息於“其何能淑，載胥及溺”而已。不知共和政體，個人對於國家前途同負有持危扶顛之責。政治之軼出常軌也，其咎寧專在頑固，與保守、急激。凡具有政治常識者，實不能不爲之分任。顧具有政治常識者在全國家中，比較頑固、保守、急激各派之總額，究占少數，宜如何而後其咎乃可免除耶？是必變更其平日退處於消極地位之態度，而鍛鍊其改進性，以一二人之改進性吸合百十人之改進性，復以十百人之改進性吸合千萬億兆人之改進性。俾全國家中但見爲各個人之改進，不更見誰爲頑固、誰爲保守、誰爲急激而後可也。誠如是，則少數個人之健全知識漸與多數個人密相接觸，多數個人之健全知識漸與全國家之政治密相接觸。其論思、其獻納、其揄揚，無一不聲應氣求，上下符合。其化裁、其推行、其舉措、無一不變通盡利，鼓舞盡神。演繹之爲各個人之良現象，歸納之即全國家之良現象也。

雖然，千萬億兆人之改進性之互相吸合，賴有十百人或一二人之改進性，先有以自相吸合。而十百人或一二人之改進性之能自相吸合與否，不於從政後驗之，當於講學時驗之。蓋講學者，吸合改進性之自動機也。同人等管見及此，用特創設政治學社，冀唤起全國家中具有政治常識之個人，由最少數之吸合以爲之導，而日求改進政治之實現。其科則析爲政治、財政、經濟、法律、外交、交通、農業、工業、商業、教育、軍事、警務，其事則分爲定期講演與發刊雜志。内考吾國現狀，外察世界潮流。不侈書生空談，不襲策士詭辯。言則唯取其正而不偏，人則惟取其群而不黨。非不偏也，偏於吾國多數個人所抱之公理也。非不黨也，黨於吾國多數個人所渴望最適宜最完美之改進政治也。以交换智識爲學之初步，以製造輿論爲政之中堅。在個人，不過竭其一指一臂之勞。而在國家，則實獲群策群力之效。海内賢達，有聞風而興起者乎？此則本社同人所延頸企踵，禱祀以求者也。

蕻園府君行述

府君諱軾，字亦坡，號眉生，别號蕻園居士。明洪武時，始祖國公以名孝廉從軍，由南昌遷居湖廣黄州府屬之麻城，旋遷黄陂河口。傳至一世祖鑒公，被推爲里長，因避讎南徙，卜居於禮教鄉永寧堡之高家田，自是世世爲黄陂人。正德十四年，寧王宸濠叛國，王文成公守仁奉命討逆。二世祖石潭公文紀捐銀四十萬兩助軍糈，武宗親書匾額一方賜之，並給一品封典。樂善好施，設義渡於石潭河，建石橋於范四橋，鄉人即以公之字及排行名之。公家資素饒，至今子孫所棲息之廬舍，所耕種之田畝，大抵屬公遺業。太高祖素存公大文，劬學篤行，創修范氏支譜，族人奉爲準繩。高祖月巖公光霽，繼志述事，中年殂落。曾祖彝舟公承祖，幼稟節母馮太夫人之訓，就傅舅家。勤攻文史，篤嗜宋、元、明性理之學，手鈔先儒語録數十册。精研《周易》，著有《周易述義》等書。師事麻城袁金溪先生銑，友事江夏彭先生毓嵩，興國萬先生斛泉，陳先生光亨、光達昆仲，漢陽劉先生傳瑩。講學江漢，一時風習爲之丕變。晚年以歲貢待詮訓導。祖淑臣公崇德，天性耿介，砥礪廉隅。以縣試第一人補博士弟子，教授鄉里，不屑於仕進。光緒乙亥，有司舉孝廉方正，辭不赴試。公生五子，長爲伯父衡甫公軝，後更名澤溥。乙亥順天鄉試舉人。己丑大挑一等，歷任浙江、浦江、仙居、青田等縣知縣。次爲仲珊公轄，邑庠生，究心鹽務。在漢口經商十數年，資産稍裕。不幸爲辛亥革命戰役所燹，鬱鬱以殁。三即府君。皆先祖妣童太夫人出。次爲叔父鹿皤公軜，業儒早逝。次爲叔父小由公轍，潛研邵康節《皇極經世》之學，頗有心得，惜享年不永，賫志以殁。皆繼祖妣李太夫人出。

府君生而天資聰穎，年甫三齡，即從彝舟公口受十三經，琅琅成誦，其後識字以千計。淑臣公居家講授，府君隨伯父衡甫、仲珊兩公附班受業，督責極嚴，夜必聞雞三鳴方許就寢。年十六，孫文正公家鼐督學湖北，録入縣庠。年十八，張文襄公之洞按部漢陽，取列一等，補廩膳生，挑入經心書院肄業。府君由是殫精竭慮，研今稽古，經史百家，靡不淹貫。每試輒膺首選，江都薛介伯先生、寶應劉叔俛先生最爲器重，僉以傳經相期許。同治癸酉，年二十二，洪文卿學政鈞甄别諸生，見伯父衡甫公及府君特加賞異，以衡甫公陪舉優貢，而擢府君爲選拔貢生。次年赴京廷試，以試卷挖補一字，擯列三等。旋考取八旗教習，已而棄去，仍回湖北與武昌柯巽庵先生逢時、黄岡王子藩先生丕釐、麻城吴心階先生兆泰、江夏張次珊先生仲炘、應山左笏卿先生紹佐、羅田周伯晋先生錫恩、嘉魚劉幼丹先生心源、武昌范叔枬先生德權、漢陽黄小魯先生嗣東、襄陽吴文鹿先生慶寬等周旋講學。於時江夏張粤卿先生凱嵩致仕家居，府君暨諸先生相從問制舉業，尚書許府君以五年必成進士。自是以後，吴、張、王、左、柯、周、劉、范八先生相繼捷南宫，入詞館。而府君困頓場屋，累應南北鄉試不第。

府君年二十七，丁本生祖淑臣公艱，授徒漢口。漢陽田文烈等十數人入館，學詩古文及四書義。年三十，主講枝江丹陽書院。旋以陸鳳石先生潤庠薦，入安徽學政孫文慤公毓汶幕，襄閲試卷。詩酒酬酢，唱和無虚日，賓主極形浹洽。年三十三，游太平，入長江水師提督李勇慤公成謀幕，辦理文牘。年三十四，宜昌存寬甫太守厚聘主東湖六一書院及長陽九峰書院，造就人士甚衆。年三十七，再游京師，充正白旗官學教習，滿州豫太史泰等數十人及門受業。時周伯晋先生在京，與余晋珊侍御聯沅、陳冠生殿撰冕、丁伯厚太史仁長、張燮鈞太史亨嘉、崔磐石太史永安、文仲雲太史焕等結雪初吟社，府君被邀入社。歸善鄧鴻臚承修延府君教其子作文，暇則共研金石碑版。年四十，府君隨中伯權觀察恒游魯，以孫文正公家鼐薦，入山東巡撫張勤果公曜幕，充黄河堤工總文案。賑災捍患，地方譽張公不置，其中規劃多出自府君手。年四十一，府君再歸湖北，入漢黄德道孔斐軒觀察慶輔幕，掌管書記。並課熙壬等在漢讀書，於是始得以髫齡游泮，考入兩湖書院肄業。弟熙申、熙琭、堂兄熙椿等，亦相繼考入武備學堂第一班肄業。年四十七，府君携熙壬應湖北省試，同膺鄉薦。府君中式第四十五名，熙壬中式第五十九名。父子同榜，士林以爲繼道光甲辰科武昌吴傑、吴澍霖二先生之後而媲美焉。次年戊戌，府君聯捷成進士。殿試二甲第十六名，朝考二等第六名，至是始信張粤卿尚書之言而有徵。然不預館選，以主事第一名簽分兵部，胸中頗爲抑鬱。府君嘗引同邑王先生之斌故事語熙壬曰："王先生出自吾家，與曾祖彝舟公爲中表昆弟。曾因二甲分部第一，刻一印章，篆'二甲分曹第一人'七字，我此後可仿用之。"

先是常熟翁相國同龢屢充殿試讀卷大臣，歷科狀元皆出其門下。相國舊從孫文愨公毓汶耳府君名，此次聞府君捷春官，告其僚屬户部郎中武昌范子蔭世丈德鎔曰："今科湖北范某寫作俱佳，係一老名士，必可得鼎甲矣。"世丈退直，即以告府君，且以爲賀。不料殿試前一日，相國忽以帝黨關係，罷官歸蘇，而政潮起矣。當此之時，工部主事南海康有爲及其門人梁啓超在京師組織强學會，主張變法自强，以日本明治維新爲法，朝中卿士大夫紛紛加入。孝感高理臣給諫燮曾、江夏張次珊京卿仲炘上疏，薦康可大用。府君交高、張二先生甚久，意見相同。故莅兵部視事，即上書條陳時政。一曰保薦期求核實，宜平日訪求。二曰團練務在擴充，宜城鄉遍置。三曰仕進既寬，宜永停捐例。四曰學堂既設，宜責成教官。五曰昭信股票，宜專派官捐。六曰失業游民，宜移墾荒地。七曰制錢短絀，京師宜開銀元局。八曰華洋雜處，商埠宜建交涉學。九曰策論經濟，宜合不宜分。十曰武科營伍，宜分不宜合。皆按切當時事勢立言，書奏，不報。是歲，德意志國藉口山東即墨縣民焚毁教堂，要求割膠州灣闢軍港。府君命熙壬同侯官林中翰旭、孝感李姻丈家璧、夏姻丈光鼎等代表湖北，福建兩省公車六七百人，赴都察院上書力争。以丁酉鄉試主考，湖北爲黄仲弢學士紹箕，福建爲黄叔庸太史紹第。兩省新舉人密承兩公意旨，易聯合也。方冀中樞采納，國家領土主權不至損失。不料新舊黨水火交訌，舊黨倚慈禧太后爲護符，新黨恃德宗爲背景。逮至秋八月二十六日，太后突由頤和園還京，推翻德宗所行新政。逮捕譚嗣同、楊鋭、林旭、劉光第、楊深秀、康廣仁六君子，駢誅菜市。康、梁間道亡命日本，政局驟爲一變。府君遂携熙壬由海道歸鄂矣。

年四十九，漢陽余堯衢太守肇康奉張文襄公命，聘府君主講晴川書院。府君得漢陽周君貞亮、江夏傅君岳棻、黄陂童君序壎、沔陽石君紐等課卷，輒愉快異常，譽不絶口，迭置堂課第一。其獎掖後進如此。年五十，府君携熙壬東游錢塘，擬由海道入都。嗣聞義和團肇事，八國聯軍攻陷京津，兩宫避往西安。乃復返鄂，取道襄陽老河口，循荆紫關入陝。及抵行在，條陳四事於部堂官。一肅紀綱以勵廉恥，一久職業以植人才，一嚴簡閲以重部權，一裁冒濫以慎名器。堂官頗以青眼視之，重要文件往往屬府君起草。年五十一，兩宫回鑾。府君還鄂，再携熙壬至揚州，由王家營十八站直趨保定，扈隨兩宫入都，供職兵部武選司。年五十三，改官江西知府。朝廷録奔赴行在勞績，賞加鹽運使銜。值柯巽庵中丞撫贛，檄筦撫州黄江口統税。剔除司巡積弊，商民稱便。年五十六，調充課吏館提調。旋改設江西法政學堂，協同監督范叔枬觀察審訂章程，延聘教習，生徒極一時之盛。年五十七，丁繼祖妣李太夫人憂，回鄂，充存古學堂協教。年五十八，復返南昌，充江西優級師範學堂監學。時林貽書學使開謩兼任法政學堂監督，調府君籌辦法政改章事宜，許以監督一席委之。而護撫沈愛蒼方伯瑜慶奏以府君署理撫州知府，翌年蒞任接事。時張文襄公秉政樞府，主張九年籌備立憲，於中央設資政院，於各省設諮議局。詔各省調查選舉人、被選舉人趕辦選舉。府君被委爲復選監督，所屬六邑距省會較遠，士民耳目錮蔽，方編製選民名册，訛言繁興，謂爲省府擬按口抽税，或謂係受外國人唆使，騙百姓加入洋教。宜黄縣民竟至聚衆包圍縣署，聲勢洶洶。縣令駭極，飛禀府君請速派兵彈壓。府君大不謂然，乃賁夜馳往宜黄，出示曉諭，編爲六字白話即發詳告，以國家辦選舉之意嚮，在人民有參預政權之利，毫無絲毫負擔之害，汝輩勿受奸民煽動，否則國家法不汝貸。於是四鄉之民始恍然純屬誤會，紛紛散去。不刑一人而禍亂以弭，大吏頗以府君爲能。至卸任時，撫州各縣人民争製萬民傘，焚香跪送，以賢太守相目。

府君治撫州數月，即調筦饒州鄱陽統税。饒州本宋范文正公仲淹權酒故地。府君涖饒，一以文正公之心爲心。釐訂税章，務以利民而無損於國爲職志。饒州府治濱湖地卑濕，府君居饒二年，時發腳氣病。四弟熙楨幫辦税務，初尚不覺勞苦。久之則病况加劇，以商民愛戴，電省攀留，屢辭不獲。年六十一，武昌軍人擁黎公元洪起義，建立中華民國。族弟福增練新軍於九江，充陸軍第五十三標第一營管帶，與標統馬毓寶舉兵響應，組成軍政府。鄱陽士民以黎公爲府君同鄉，福增爲府君堂姪，欲在饒州建民政府，共推府君爲民政長，以綏靖地方。府君久蓄歸志，亟思退藏，將局務交司事史某代辨。已則購一輕舸，挈熙壬之母劉太夫人出彭澤，泝長江而歸漢口。

民國元年，府君年六十二。熙壬適充副總統黎公總務秘書，往來京漢，得與府君團聚。二弟熙申隨關東都督藍君天蔚駐煙臺，供職海容軍艦。三弟熙琭留漢侍養，經營商業。四弟熙楨隨宜昌關監督劉君道仁襄辦關税。人人各有職業，粗能自給。府君由是閉門謝客，以著述自娱。年六十三，熙壬當選國會衆議院議員。府君諭熙壬曰："時局表面雖號統一，然驟易君主爲民主，此後政治糾紛尚多，不願汝側身議會。汝其慎之。"未幾，疾又大漸。唤熙壬至牀前，以蘖園詩文集稿十數册授之，囑爲選擇付刊。並命求生平至好如左笏卿先生等製序。臨易簀時，未嘗一語及家事，以癸丑歲仲春二月十一日丑時壽終漢口碧秀里寓廬。次年正月，卜葬於縣西楊家砦大夏灣前平原，距李然山太史金臺墓數武。府君有四子。長即熙壬，次熙申、熙琭、熙楨。一女熙芝，未嫁守貞，歿於光緒戊申，宣統己酉經禮部奏請旌表。一孫辛望，熙琭出。三女孫，巽娟、阿撫，熙申出，引孫，熙楨出。

述曰：府君性嗜誦讀，於學無所不窺。自少至老，鉛槧未嘗去手，評點經史子集及新譯東西圖書，以萬卷計。工駢散文及詩詞，散文宗唐宋八家，上溯賈長沙、司馬遷。駢文上規《昭明文選》，下接李義山、杜樊川。詩效杜少陵、韓昌黎、蘇東坡、黄山谷。詞則摹吴夢窗、辛稼軒、姜白石、周草窗。書法初學柳誠懸，繼學褚河南、顔平原，以遠追蔡中郎，爲時人寫楹聯屏條極衆，終不肯以書名。工鐵筆，購藏名人石章印譜甚富，搜羅漢魏六朝及唐宋碑帖尤夥。官江西時，所得俸銀十之七八購書。至今藏於黄陂鄉宅者，其數在十萬卷以上。服官志在救國匡時，尤諄諄以解除人民困苦爲念。惜釋褐太晚，國家復構多難。斧柯莫假，徒歎歲不我與。一腔熱血隨以俱盡，慟哉，慟哉。

敬勝閣文鈔卷四

黄陂　任卿　范熙壬

紹興沈母高太夫人七旬壽序

昔者宣聖彖《易》，至家人“利女貞”，則曰：“女正位乎内，男正位乎外。父父、子子、兄兄、弟弟、夫夫、婦婦，而家道正。正家而天下定。”並稱母爲家人嚴君之一。蓋一家猶一國然。家之政有内外，故君之位亦有内外。女正乎内，故位在内，而母爲治内之君。男正乎外，故位在外，而父爲治外之君。内外嚴，則家法立而其政舉。内外不嚴，或外嚴而内不嚴，則家教缺而其政廢。伊古以來，此例彰彰甚著，若影隨表，無或稍忒。

雖然，父道以嚴爲主，人所同認。若石奮之於石建、石慶，禹鈞之於竇儀、竇儼。一則門凡萬石，以恭謹而絀諸儒；一則丹桂五枝，以義方而標望族。家以嚴立，嚴以父行，正名爲君，固非過當。若夫母在家内，其威既弱於父，其意獨鍾於子。幼則股掌玩弄，情以暱而狎生；長則門閭倚望，形以疏而憐結。思浮於義，義不勝思；愛克厥勞，勞爲愛蔽。求其始終以嚴相繩，不少寬假者，戛戛乎難。夫何得以君稱，更何能與父並。不知母也者，外佐父，而内秉一家之政者也。對於父，則夫父而自婦。對於子，而子子而自母母。不一子，有伯、有仲、有叔、有季，即其子之自爲兄弟也。子各有婦，有家、有少、有娣、有姒，即其子之自爲夫婦也。母既能本一身以繫一家之全，即能萃諸子，而爲一家之主。母嚴則其子受教而子賢，母不嚴則子方命而子不肖，是故善觀人母者，必先觀其子之成德達才與否以爲衡。如是者，百不失一。

紹興沈母高太夫人系出名門，夙嫻禮教。年二十一於歸資政沈公，以孝孝姑，以敬敬夫。勤儉持躬，博施濟衆。其自修也，一矩於嚴。所毓四子，長曰冕士，即今内務次長。次曰懷仲，現任直隸高等檢察長。次曰蘊石，現任江蘇上海縣知事。次曰季宣，現任江蘇銀行監理官。玉樹亭亭，頭角嶄嶄，印累綬若，譽擅一時。推厥由來，僉曰非太夫人之教不及此。何以言之？蓋資政公自娶太夫人後，久事宦游，家中之政無鉅無細、無艱無易，盡畀太夫人獨力綱維，仰事俯畜，經營慘淡。晝則調羹進姑，夜則挑燈課女。對於諸郎修學，督責尤爲殷摯。有輟業嬉游者，必以厲色拒之，訓誡迫切，語罷往往繼以涕泣。冕士昆弟用能憤發濯磨，罔敢耽於逸豫，卒底有成。其後資政公棄人間、歸道山，太夫人萱齡剛周六甲，秋風黄鵠，掌病孤鳴。春鏡青鸞，神傷獨舞。傍徨五夜，益精乃心。窀穸既安，即遣懷仲赴東游學，並以揚名顯親相勗。辛亥八月，武昌民軍飆爾而起，時冕士方宰湖北松滋，太夫人即馳書諄諭，以保衛地方爲言，勿令去職，自負所學。而諸郎均能奉命唯謹，一一如其所期。既往之行詣既然，則方來之門閭高大，出其所學以濟天下，又何可量。

嘗讀《華陽國志》，載南鄭楊母教訓四男二女，動有禮法。長子元珍出行醉，母十日不見之，元珍叩頭謝過。次子仲珍，白母請客，既至，無賢者。母怒責之，仲珍乃革行，交友賢人。兄弟俱爲名士，才官隆於先人。時人目其子爲四珍。太夫人所秉懿德，所處困境，多與楊母相同。而諸郎之賢而多才，復與楊氏四珍無異。四珍既緣楊母之教乃克成名，然則太夫人之生有冕士昆弟之馴致今日，不歸功於太夫人教子之嚴，而將誰歸。

今歲八月十八，日值太夫人七十壽辰。冕士將與懷仲、蘊石、季宣稱觴上海，藉慰母心。士詒等忝屬寅僚，誼同子執，弗克躋堂獻兕，拜睹慈顔，聊貢俚辭，遥祝純嘏。

頌曰：

坤稱乎母，取象地勢。厚德載物，剛動柔至。美在其中，敬直義方。積善餘慶，逢吉康强。體毓勾吴，來歸於越。宜室宜家，如鼓琴瑟。王母介福，夫子無違。鹿車共挽，鴻案齊眉。蘭授夢中，麒來天上。朋芻炎羽，一門競爽。家憂國難，中道紛投。謚旌柳下，緯泣宗周。教子以嚴，識時爲俊。水火救民，矯清以任。玉昆金友，集擅聯珠。外列州郡，内綰中樞。芳型四樹，妙譽飛騰。僉稱家法，秉太夫人。華封祝三，洪範疇九。多福多男，壽冠其首。閻浮提洲，上者逾百。美意延年，何求不獲。堂成慶老，齒號古稀。諸孫環擁，四世同棲。龍肝爲炙，玉液爲酒。式瞻南星，酌以北斗。

中華民國四年歲次乙卯九月二十六日

伯父佩葱府君行述

伯父諱軝，改諱澤溥。字衡甫，晚年别號佩葱老人。先世由江西南昌遷居湖北麻城，再徙黄陂河口，嗣更卜居於雍和鎮之昌義社。明正德間，寧王宸濠叛命，遠祖石潭公念屬桑梓舊地，獻資四十餘萬，助平宸濠。王文成公守仁爲之請旌於朝，特賜一品封典。自石潭公七傳至太高祖素存公，世習儒業，簪纓不絶。户口蕃衍，村落棋布，號爲南鄉鉅姓。素存公嗜程朱性理，詩亦規仿宋人，著述甚富，僅以布衣終身。高祖月巖公，享壽不永。高祖母馮太淑人青年守義，携曾祖彝舟公讀書舅家，教子成名，志潔行苦。彝舟公曲體親心，貧不輟學，酷慕薛文清、吕新吾之爲人。天資卓絶，博聞强記，晚年尤精研《周易》。髮捻猖獗，吾族以練團自衛，死事者衆，房宅半毁於寇。先世積藏書册圖籍，掃地以盡。彝舟公至手抄十三經正文，以授伯父二伯父及先父。麻城袁金溪先生主講江漢書院，於諸生中獨激賞彝舟公，每試必魁多士。同時名儒，如興國萬布衣斛泉、陳侍御光亨，漢陽劉學正傳瑩，皆訂莫逆。復以老姑妻劉學正從子彤陔觀察。曾祖母王太淑人恪修内職，同登耄耋，家庭間頗有伊雒典型。祖父淑臣公以縣試第一游庠，教導鄉里成就弟子甚衆，秉性剛直，戚黨嚴憚。鄉人因鼠牙雀角齗齗不已者，公出一言，事輒爲解，人人各滿其意以去。劉彤階先生居曾文正幕，疊招出仕，公概謝絶，唯以養親教子自娱。德宗登極，有司舉公以孝廉方正應詔，公亦不詣京預試。其襟懷冲淡如此。

伯父少受庭訓，年甫十四，補博士弟子員。肄業晴川、江漢、經心書院，試輒冠其曹偶。文筆華贍，貫穿百家，尤工爲四子書義。光緒乙亥恩科，捷順天鄉闈。五上春官，屢薦不售。己丑下第，以大挑一等發往浙江，需次爲縣知事。歷任台州府仙居、金華府浦江、處州府青田。所至興學、匡俗、緝盜、拯荒，政聲翕然而起。以寬馭民，以勤率屬，擺落官場積習，貌恂恂若書生。然治事中程，斷獄明允，雖老充刑幕、雅號幹員者亦自愧弗如。中藏崖岸，人有以私相干，往往面加訶斥，不稍遷就。以故部民愛戴，有如召父杜母。而二三豪强，乃竊竊議其弗便，或從而齮齕之。伯父素工理財，嘗筦閩堰江干釐捐及長興餘姚繭税，約束司巡，滌除積弊，上增官家收入，而下不病商擾民，省中大吏倚重之如左右手。數屆瓜期，輒蟬聯不令去職。丙午，丁繼祖母憂，罷官歸里，後遂絶意仕進。平居布衣蔬食，與田夫野老爲伍。所蓄廉俸，喜推解以贍戚族之貧而無告。而持躬仍極儉約，暇則訓子課孫，逍遥自適。夙患痰喘，值歲寒則疾加劇。竟於乙卯季冬月逝世，時年六十有八。

先是祖母童太淑人，生伯父昆弟三人。長即伯父，次爲二伯父仲珊府君，附貢生，出嗣三伯祖父潤芝公。次爲先父蕻園府君，同治癸酉拔貢，光緒丁酉偕熙壬同領鄉薦。戊戌聯捷進士。歷官江西撫州知府。姑母一人適蕭。繼祖母李太淑人，生叔父鹿旛府君、小由府君。姑母三人，適楊、適馮、適何。伯父娶伯母熊宜人，生子熙蘋，江蘇補同知縣。蚤卒。次熙蔭，候選鹽大使。女二人，適吴、適燕。繼娶陳宜人，生一子熙蕃，殤。黄宜人無出。皆先伯父殁。孫四人，孫女一人，均幼。

述曰，伯父於從子中最愛熙壬，視之不啻己出。嘗念少年偕先父讀書家塾，境極貧窘。賴四伯祖父皋門公傾力勖助，得不廢學。而從父韻軒府君，又以無子蚤逝，將墜厥祀，亟勸先父以熙壬出繼從父，俾纘四伯祖父之緒。熙壬生十九年，即隨先父以鄉薦應都試，自後供職京師，游學東瀛。伯父在浙時，時解宦囊，供給匱乏。遇政事有疑難，輒飛諭與熙壬商。民國初建，慨然有攬轡澄清之志。卒因年老多疾，踶跂不敢出山。獻歲正月，值伯父六十有九生辰，從弟熙蔭私以函告，謀爲稱觴介壽。不圖斯願未償，天竟奪我伯父。易簀時，遺囑從弟，謂後事可聽熙壬處分。而熙壬淹滯一官，竟未能匍匐奔赴。嗚呼慟矣。

祭伯父佩葱府君文

維中華民國五年四月四日，姪男熙壬謹具酒肴，昭告於清授奉政大夫花翎同知直隸州用浙江青田縣知縣伯父佩葱府君之靈。辭曰：

嗚呼哀哉，人死爲歸。伯父之歸，歸於何區。勞有所休，伯父之休，其又奚廬。

天壽伯父，壽以古稀，不可謂短。天嗣伯父，嗣以四而殤其二，成其二而復奪其一，寧不謂慘。

伯父十五，即入縣庠。年屆四七，遂舉於鄉。名不可謂不揚，胡七上春官，終不成進士。釋褐滿二十年，屈作仙居、浦江、青田縣知事，宦途寧得謂之遂。

嗚呼哀哉，伯父髫齡，陟屺生悲。長丁國亂，驚心鼓鼙。筋勞志苦，瑣尾流離。目營四海，仗筆一枝。鏖戰文場，誨人詩書。博取升斗，以孝以慈。俯仰事畜，惟日孳孳。

嗚呼哀哉，伯父擔家以一身，而食指日繁，悄悄憂其不均。王父殁而姪父遠游，勢不能不渙其群。雖無陸賈之産業，已等於諸子之析分，而伯父之心益覺縈縈。自時厥後，東馳西驟。南走於越，始投筆而佩綬。負季路之米，望白雲兮道阻且長。捧曾參之檄，拜墓門兮木拱已久。

嗚呼哀哉，伯父中年遭家多難。鶺鴒之翼數折，琴瑟之絃屢斷。姪猶子視，父兼母職。啼饑號寒，止以衣食。甫悼東牀之坦腹，旋慟西河之失明。少女孀而冢婦嫠，黄鵠遶樹以悲鳴。加之次婦乳男，因産夭殂。長女勞瘵，享年不久。撫膝下而悽愴，顧門中而酸楚。

嗚呼哀哉，伯父之肝爲家室而幾摧，伯父之腸爲兒女而幾回。舉人間所有之困阨，乃備歷而兼賅。晚採計倪之十策，境方欣欣以向榮。先憂患而後不安樂，抑何天地之不仁。

嗚呼哀哉，伯父之學遠逾猗頓，而富不與同。伯父之才比肩劉晏，而貴僅得其中。伯父之壽，人方期爲商山之四皓，誰知七旬屆滿，天禄遂終。

嗚呼哀哉，伯父之歸，其果歸於大空邪。伯父之休，其果休於蒼穹邪。伯父愛姪，至恩至勤。勉成大器，濟我匱貧。姪無以報，報以文辭。

嗚呼哀哉，靈其鑒兹。

致周沈觀院長書 民國五年七月

庚電敬悉。翌日即轉陳主座，頗不以我公遲來爲然。仍命熙壬再電敦請。平政一席，不過暫爲河北借寇之意。其實時局艱屯，萬端隳壞。所賴於甘盤舊學、箕子明夷者，正未有涯。若第以官守言責相繩，力求引避，則與黎公求助老成之誠款微有未合。且吾鄂自明季萬曆以來，在政界中久已聲銷影沈，不能獨樹旗幟，發揚江漢之赫濯。若乘此時機，得一二耆碩爲篳路藍縷，以啓山林，則前者唱于，隨者唱喁，自可循次而進。於桑梓間造福，决非淺鮮。否則庸妄鉅子，倒持太阿，曇花一現，侂得侂失，吾鄉因被惡名，國家亦遭荼毒。我公此際，即欲高卧滄江，又豈可得耶。

熙壬愚見，以爲主座望公北來之意，異常懇切。無論就職與否，不妨到京一游。上則可偕鞠老、仲軒論思密勿，下則可並樊山、笏叟陶淪性靈。嘯歌泊園，指揮樞府，山林城市，樂亦至足。奚必羊裘大澤，黄冠故鄉，然後爲適。伏冀我公速命倌人惠然菈止，一琴一鶴，治任其易。國民耳目，實屬望之。

致譚組庵督軍學長書 民國五年十月

辛壬以還，海桑譎變。東勞西燕，耿耿此心。近維重綰疆符，兼轄民治。甲兵則胸中十萬，算妙龍圖。珠履則門下三千，數逾薛邸。馬牛弗服，放在山林。文章歙然，起於奥窔。惜及分陰，常運陶桓公之甓。志匡大陸，時揚祖士雅之鞭。武侯以儒術治軍，允文以書生靖難。我之懷矣，夫子勗哉。

弟蝨處議垣，識小謀大。蚍蜉撼樹，每自伍於群愚。螳螂當車，常欲抒其孤憤。惟是漢廷鹽鐵，文學之力不逮大夫。宋法青苗，熙寧之争强於元祐。朝端則牛李水火，黨見則雒蜀盾矛。觀我觀人，苦一籌之莫展。察上察下，愧三年而未鳴。閎達如公，南針曷指。倘能央叔度千頃之陂，濯除鄙吝，降和季一紙之惠，箴發膏肓，則培塿日進，可附嵩華，駑駘十駕，或幾騏驥。此日之閉户造車，將來終有出門合轍之一日。在王良造父，當不詬其冥行索途也。

敝邑陳君惠愷，係梓里耆宿，宦京二十餘年。此次以縣知事分發到湘，屬爲左右先容片語。弟思我兄用心若鏡，視民如傷。其材之中繩墨規矩者，必不爲匠石所棄，奚俟喋喋。三薰三休，是所望於昌黎。五去五就，慎勿遺於莘野。秋風漸寒，敬頌起居，多福不宣。

上徐菊人總統夫子書 民國八年十月十一日

趨謁疊次，疏於申論。耿耿此衷，鬱而未達。節逢雙十，歲行一周。天聽民望，咸集首座。一顰、一笑、一默、一語，邦之休咎徵焉，統之離合兆焉。可不慎歟。

熙壬舊充議員，與聞大計。今則亭平庶政，碌碌因人。憶十七年前，公暨張長沙師同涖大學，咨談移晷。雒陽少年，見重吴守。昌黎到處，便説項生。懸榻下陳蕃，高軒過李賀。當是之時，自以爲致主羲農，使君堯舜，許身稷契，伯仲伊吕，蕭規曹隨，房謀杜斷。太平之業，旦暮可期。管仲器小，樂毅功虧，諸葛三分，王猛半壁，不足方也。

蹉跎至今，年逾四十。滄桑迭更，百無一就。樊中畜雉，飲啄都非。海上化鵬，飛鳴頓已。四方環視，八表同昏。禮樂征伐，出自陪臣。兵馬財賦，握於藩鎮。東周儼同守府，南越別建旌旂。愁腸塞於九回，醫肱窮於三折。千鈞所繫，惟冀我公之潛運斗樞而已。昨游都市，口占一章。寫以奉呈，求賜斧藻。

熙壬賦性愚戇，未敢造次請謁。肺腑所藴，亟思一吐。倘值幾暇，乞諭世湘翰長或焕廷總長以電傳知，當踵宣室，有所獻納也。瑣屑濡毫，伏祈慈鑒。

亡妹熙芝行述

亡妹名熙芝，字佩珍。父蕻園公，清光緒戊戌進士，江西撫州府知府。淹貫經籍，以文學蜚聲江漢，與應山左笏卿先生紹佐、羅田周伯晋先生錫恩、黄岡王子蕃先生丕釐、麻城吴星階先生兆泰爲莫逆交。著有《秀蕻園詩文集》。母劉太夫人，嫻習文史，工五七言近體詩。慈祥愷悌，篤信釋迦教理。妹以光緒六年庚辰歲仲冬月二日生於漢皋，天姿聰慧。髫齡從母受劉向《列女傳》、班昭《女誡》、陳宏謀《教女遺規》諸書，略上口即通大義。稍長學紡織事，針黹精工，敏捷冠絶儔侶。機聲燈影，十指纖纖，家人衣履咸取給焉。性至孝，父母有疾，躬奉湯藥，徹旦不寐。處諸嫂娣，和藹雍肅，未嘗有一言忤。馭僕婢亦條理井然，恩威並濟。以故閫門愛而敬之。

幼字漢陽劉生人亮，婚有期矣，而人亮歿。時己亥歲嘉平月浴佛節後一日也。蕻園公暨劉太夫人秘不以告。妹從夢中感見人亮，盡廉得其狀。於是閉户晝寢，詭稱有疾，陰遣人延堂姊熙鳳歸寧。比鳳姊至，妹則伏枕嗚咽，慟不能興，以歿後歸葬劉姓事託姊。姊大驚訝，愕眙不知所爲。俄見枕側有雙金環，嚼成碎片，齒牙間隱隱露阿芙蓉膏。始知妹疾非真，第欲以一死殉人亮，全貞節而已。鳳姊亟告劉太夫人，灌以解毒藥劑。妹堅不肯服。再三諄勸，繼以涕泣，乃稍稍進，經三日而蘇。自時厥後，妹遂盡燬其所製嫁奩，改衣素衣，毅然請赴劉家，代人亮養父母。蕻園公聞之，憐其少，而又不忍驟奪其志，以計尼之。命其前往南昌襄理家政，暇則授以漢魏六朝唐宋文辭，兼治女紅。然妹之心，終未嘗須臾忘劉氏也。

先是庚子歲，季夏月十有九日，妹居黄陂，侍劉太夫人納涼中庭，若寐非寐。忽見西北隅有五色祥雲，一仙人持净瓶楊柳，冉冉下降，口宣偈曰："手攀鐵樹待花開，鐵樹花開我不改。"語畢復乘雲去。妹覺而釋之曰："今日爲觀音大士生日。被[1]仙人者，殆度我之觀音大士也。鐵樹喻我身，花開喻悟道。不改者，悟了還同未悟也。鐵樹猶可開花，我身何難悟道。"由是皈依净土，日誦經咒萬言，持阿彌陀佛名數千聲。勇猛精進，誓不達一心不亂不止。如是者蓋有年，逮戊申歲仲春月十五日，蕻園公暨劉太夫人因事旋鄂，庶母張氏、四弟熙楨留贛。妹忽呼四弟而告之曰："姊身休矣，姊願了矣。惟父母深恩未報，臨終尚慳一面。弟其爲姊善養父母，並代陳姊歿後勿稍憂姊，以重姊罪。姊櫬歸鄂，必不可不葬劉姓土中。弟其識之。"夜五鼓，妹遂趺坐無疾而逝。年僅二十有九。

翊日蕻園公至自武昌，殮如常禮，並爲《金縷曲》以哭之。

其一曰：

薄命紅顔誤。怪天公，摧殘弱質，不教春駐。剎那韶光花信動，便赴泉臺歸路。聽旅館瀟瀟夜雨。遠望親廬飛不到，但白雲一片縈鄉土。魂盪漾，寸心苦。　　萍蹤我亦風前絮。又緣慳停橈江上，風濤羈阻。膽裂桐棺驚瞥見，誰料分離終古。悔兒女頻年輕負。莫遂平生幽烈志，背爺娘暗訴哀蛩語。天已缺，憾難補。

其二曰：

慟灑西河淚。捲鮫綃，明珠一顆，入懷驚墜。鏡幌書奩猶在眼，不道音容隔世。錯莫認今生夢寐。廿九年華彈指現，便塵寰，小謫談何易。甘撒手，老親棄。　　前生福慧修成未。歎嬋娟光沈寶月，綵雲流碎。誓矢柏舟冰雪操，忍死深閨不字。衹翠袖天寒獨倚。瘦骨懨懨春又病，掩房櫳，彈淚傾鉛水。留訣別，問諸姊。

其三曰：

欲趁瑶臺伴。了塵因，鉛華弗御，默持經卷。樓閣莊嚴觀自在，色相諸天較淺。竟脱卸春蠶縛繭。廿四番風吹送去，任芳辰仙子同消遣。春未老，绛旙遠。　　停辛佇苦愁何限。枉聰明鴛鍼誤託，懶拈繡綫。鏡破弦殘盟白水，待及黄泉相見。悵蘭質葳蕤細綰。一枕凄凉依旅榻，忽夢尋化鶴無人管。揮不盡，淚珠斷。

其四曰：

黯鎖城西寺。悄無人，空階葉落，女貞孤樹。粥鼓雨餘錢紙溼，最是離魂斷處。唤不轉子規啼住。百五春光如逝水，儘芳華凋謝都無據。心耿耿，永終譽。　　歸來環佩忘朝暮。隔滄波[2]郵程千里，神傷陟岵。九轉回腸今慘割，怕聽流鶯低語。渾遮卻楚江煙霧。月黑燈青棲繐幕，歎夜深寂寞誰憐汝。衰膝遶，庶幾遇。

是時二弟熙申游學江户，三弟熙瑑襄幕珉州。朝廷孜孜盛言立憲，熙壬從大學士張文襄公還京，供職内閣、資政院、法律修訂館。再奉朝命赴日，道經南昌，距妹下世已逾兩月。其柩厝五臺寺。四弟熙楨導往，則見階前植大芭蕉，葉張如蓋，濃陰昏晝。飛鳥悲鳴，慘不忍聽。歸寓後，蘸園公出妹同劉太夫人小照，把玩悽惻，哭至失聲。乃爲慶春澤詞悼之。詞曰：

鑪篆香殘，簾鈎玉寂，畫圖相對愁深。一幅春華，如何人隔重陰。返魂莫致鴻都術，但枝頭腸斷啼禽。更那禁炊熟黄梁，夢醒孤衾。　頻年遠作蓬萊客，悵魚銜素渺，雁繫[3]書沈。萬里歸來，不曾先到江潯。而今空撫桐棺慟，玉階前剥盡蕉心。苦長吟。慘淡雲旗，仙骨難尋。

妹歿後二年，人亮父母嘉妹志潔行芳，介人商於蘸園公暨劉太夫人。以兄子洪鈞爲嗣，並迎妹櫬，合葬人亮墓壙，祀主於家。於是夏口李編修哲明、黄陂徐郎中孝豐等數十人，疏其行事，聯名請旌於朝。奉旨俞允。越歲，熙壬省親鄱陽。回思已事，復爲《白海棠曲》哀之。白海棠者，易州范貞女殉夫樹下，穠華變白，薦紳先生詠歎之辭也。妹事頗與相類，故取以名篇。詞曰：

壽陽公主開新妝，杏嬌桃醉東風狂。獨有海棠春睡穩，不隨萬卉争菲芳。生性由來喜孤僻，紅顔每對鏡中惜。那知捲地雪潮來，驚動名花一夜白。前身本傍瑶池住，聰明似冰仙似露。墮謫塵寰廿九年，蜕形苦被游絲誤。杜鵑夕夕枝上啼，如鈎殘月天邊低。檀郎消息探不得，夜深有夢來金閨。容華相憶弗相見，蝴蝶幻現莊周面。泣下霑巾禮自持，生未團欒死猶戀。香魂一縷逐雲飛，碧落茫茫何處歸。從此戒食人間火，織裳斫斷天孫機。速死多方祈不得，索居無言但淵默。江霞嚴屏錦繡圍，山雨净洗燕支色。燭龍東行朝復朝，花陰間向階前消。權衡生死判輕重，死逾泰岱生鴻毛。芳草十步歌千古，麻中蓬直何須輔。泥銜精衛海能填，石鍊媧皇天可補。戚施一湔女兒羞，正氣偏爲坤乾留。之死靡他詩賦衛，守貞不字易占周。佩紉湘蘭志蚤决，滿腔心事無人説。愁來一日腸九回，刀剪聲催春二月。花朝競祝百花生，誰識此花憾未平。甘效蓮華並蒂萎，恥同柳絮破空榮。我今惜花到樹下，流泉嗚咽淚如瀉。哀鳴時見鳥雙翔，鄰家會有聞聲者。

妹歿五年，而蕻園公逝世。又六年，劉太夫人攜其嗣子洪鈞就養京師。一夕，洪鈞夢游佛土，見有極大殿閣，非常壯麗。溝水環遶，藻荇紛披，游魚歷歷可辨。溝横長橋，寬約二丈，左右欄楯，七寶雕成，形如飛鳥。循橋前進，地皆白石，雙龍對起，口銜大珠，蜿蜒作勢，龍尾高入雲端，瞻不可極。殿前正中，敞一大門，樓堞嵯峨，守以衛士。首懸白旗二方，一書佛教初從之長，一書即釋迦牟尼佛。門内有五比丘經行，其一人意態安閒，豐裁峻整，狀類如來。門旁列玉石二，圓徑尺餘，左書日字，色紅，右書月字，色白，晶瑩璀璨，光彩動人。大殿上有玉樓五層，高插霄漢。禁籞森嚴，未敢擅入。殿西偏，別有一院，上題曰女子貞節所，字用真珠綴成。門前列玉質麒麟、獅子、孔雀、鳳凰各二。洪鈞徘徊欲進，閽人拒焉。少頃，見一青衣女仙，頭戴九瓣蓮冠，手持雲帚，後隨四侍女，由別所來。洪鈞尾之而進，閽人仍拒不納。女仙顧謂閽人，許其入内。洪鈞既入，仰見樓閣三層，窗櫺洞開，玲瓏精巧。閣前有廊，廊設闌干，雕以碧玉。楯端各鐫仙禽，光潤無比。閣最下層，白玉鋪地。中置雲梯，一侍女引洪鈞上至第三層，見女仙憑几高坐，器皆緑玉鑲金，縱横錯列。閣中懸蓮瓣寶燈，光明四照，燦爛奪目。洪鈞前詣作禮，女仙呼其名曰："汝識我否?"洪鈞仰瞻再四，若有所憶。對曰："仙得非吾之嗣母耶?"女仙曰："然。汝何以知之?"洪鈞曰："仙貌似與外祖母處日常禮拜之小照相同。"女仙於是命洪鈞跽而責之曰："汝不喜讀書，令汝外祖母憂，吾特召汝至此而訓汝耳。"語畢即倒握雲帚，以柄撻之數十。洪鈞初不覺痛，繼而連擊，頗有所觸，則叩頭乞免。俟顔轉霽，乃敢起立。女仙訓以此後勿再嬉游，貽外祖母憂。洪鈞唯唯聽受。女仙旋唤侍女導覽藏經、誦經、寫經、講經各室，琳琅滿目，梵語清揚，無數仙女修學其中。繼入審判堂，堂内設長公案。案置硃筆、硯臺、籤筒，儼同法庭。一仙官據案上坐，一仙女蒲伏地下。仙官厲聲問曰："爾何不遵佛法？例判謫生人間，不能稍貸。"旋見數仙女環跽籲請，均弗之許。遂指令侍者，發往下界。被謫者號泣頂禮而去。次至一巨殿，殿供佛像，畫如世間所觀。出殿旁行，穿過廚室，見廚中食物備極珍奇，其名莫識，炊火均用電機。殿外有亭翼然高聳，珠嵌直匾，題曰上洗心亭。亭在池中，影浮水面，有小橋度之。亭無他物，止懸大蓮瓣寶燈一，小蓮瓣寶燈數十。侍女告洪鈞曰："此爾母修行静坐處也。"上洗心亭外，復有一亭，曰下洗心亭。陳設與上不殊，唯上亭三層，下亭僅二層，形稍低耳。亭西北有園，植棗數株，纍纍下垂。園丁摘數枚給洪鈞食，味極甘美。已而回至佛殿，殿前種有桃樹，其實蕡然。洪鈞從守者乞得四枚，啖其半已，餘欲納之懷中，遺外祖母。守者謂曰："須全食方可渡橋，否則危矣。"洪鈞如言食竟，徐出殿門。突見門外有長隄，寬逾二丈，隄邊圍以金欄，上露茉莉花形，其下有節大如金瓜。瓜中有雪濤，如銀之水，滔滔瀉玉。洪鈞問侍女曰："此爲何地？"侍女答曰："此即天河。"洪鈞游至此處，遂從電梯登樓，足不動而身已騰上。樓之四壁，各置電爐。侍女問洪鈞曰："汝身冷否？"答曰冷。侍女即將電絲插上，爐火之光熊熊而起，頓覺身體温暖。少憩，侍女引洪鈞還詣女仙。女仙諭曰："汝游已徧，宜速歸家。寄語外祖母，道我在此甚適，毋以我爲念。"洪鈞對曰："此地極樂，兒願依母常住於此，不願歸也。"女仙怒曰："汝寧可久留此間耶？速歸，速歸。不去，吾將撻汝。"洪鈞瞥見案頭，有玉牛一，製其精，竟欲得之，請携玉牛歸家作證。女仙曰："此非凡間物。亦不能給汝也。"促歸益急，旋命侍女送洪鈞出院。洪鈞出時，沿途電燈盡燃，光明如晝，仍度長橋步歸。歸則身卧外祖母室中，雄雞唱曉，夢蘧蘧然覺矣。洪鈞時年十三。

述曰：亡妹性最沈静，生平不妄言笑。生母劉太夫人膝下，僅妹一女，愛逾掌珠。妹殁，劉太夫人遠隔陂鄉，親見妹青衣素裙立牀前，微笑不語。劉太夫人詢曰："汝何日首途，至今日方歸。"下牀以手牽之，妹形倏焉不見，劉太夫人即决其不祥。不數日，而兇問至矣。妹殁後，劉太夫人眷戀不捨，思之輒泣數行下。常懸小照案前，供以香火。妹頗顯著靈異，人有疾病，向祈禱者，往往立瘥。外戚中，有夢妹戴九瓣蓮冠，著女仙衣，悉如洪鈞所見，似已上昇净土。或曰妹前身，爲西王母侍者許飛瓊云。

仁和邵伯絅庭長五十雙壽序

啓明見東方，閻浮人壽百二。釋迦持住劫，颰陀佛號一千。日磾獻西域金神，龍猛開南天鐵塔。忉利宫中之像，雕自優填。昆明池底之灰，驗於孝武。譯貝多羅七百五十部，玄奘大力，遠過摩騰。造窣堵波八萬四千區，阿育宏規，復與錢俶。永明衆呼爲慈氏，虎帶角生。智威前身是徐陵，麒從天降。

若仁和倬庵居士邵君伯絅者，三世沙門，一生儒服。梅花數點，祖遺皇極經世之書。蓬山萬重，遠採仙人不老之藥。杜少陵斫月中桂，全現清輝。王方平看海上塵，久聞聖證。詣天臺而發五願，依蓮社以決十疑。燈燈引無盡光明，刹刹感如來神變。牛車已駕，識寶所之非遥。鹿脯難求，悟銀瓶爲謬賞。酥由乳熟，金本礦銷。夷考所行，堪分六事。

夫明聖稱海内無雙，貞觀當天下一半。三生石畔，李源重見故人。九折巖前，蘇髯上攀絶頂。辨才環咒，魚躍泉中。智一大呼，猿來洞口。君則芒鞋竹杖，寺訪净慈。赤字緑文，堂題虚白。入維摩詰之丈室，竟夕談經。投闍夜多之清流，專心拜懺。耳濡目染，遷善不知。其因一也。

魏收之志釋老，苞括九流。僧祐之集弘明，頡頏六藝。孝緒七録，簿列佛名。昭明八關，詩成法會。王劭表三十州舍利，文檢神龜。楊衒記千餘所伽蘭，經馱白馬。君則書搜四庫，釋教上溯開元。譜續五燈，禪學畢羅景德。仿王敏仲之大藏標目，板别宋遼。遵慶吉祥之法寶勘同，本參蕃漢。枕中鴻秘，祖武克繩。其因二也。

泰山石峪，大字磨崖。洛州鄉城，老人造像。柱探風穴，長留許刻華嚴。室啓敦煌，真睹柳書般若。查禮寅訪上方諸洞，滿勒隋碑。傅青主墜平定山中，驟觀齊壁。君則精研八法，旁討六書。施智永之千字文，截蔡襄之百衲本。淋漓大筆，寫不空摩利支經。剥蝕殘幢，摹無垢陀羅尼咒。題草堂二十七段，定慧碑陰。呈净土一百八詩，中峰座下。陽冰碧落，寢饋難忘。其因三也。

寶開净目，伊闕成彌勒之龕。金放圓光，廣州舉文殊之網。水墨歌貫休羅漢，月輪禱智平觀音。張僧繇佛壁生輝，預消兵燹。吴道子地獄變相，隱禁屠沽。君則游戲丹青，縱横卷軸。廣長絳舌，稱贊遍逍遥園中。丈六金身，供養極清凉臺上。圖爛陀瑜伽一十八會，法秘李真。繪資聖菩薩四十二名，蹟藏韓干。米船戴帳，譜著無聲。其因四也。

興教賜鈔二萬錠，費仰縣官。正顯葺屋五十間，貲輸信士。法堂賓館，光濟重建惠嚴。奇骨靈牙，薦福一新山谷。董如珍誓修梵宇，香積勃興。王孝僊勸獎州人，龍藏蔚起。君則福緣廣結，法護獨殷。報恩鎸千佛之碑，祈疾禮雙王之像。杜民侵冒，復祖開龍壽之田。捨身布施，完楚金多寶之塔。君則以俸錢營水陸會，苦拔六軍。於道場設盂蘭盆，功圓七代。山門玉帶，緇素論交。其因五也。

十二因緣，勝鬘作獅子吼。大千世界，婆伽受龍女珠。普寂化博陵縣君，移莊作寺。法真師徑山和尚，逐日看經。梁挂蜘蛛，解龔氏六如之偈。鼎飛蛺蜨，傳文賢三戒之條。君則戲絶江蘺，道全羊琇。流通咒本，勤誦補闕真言。拈起數珠，合唱阿彌陀佛。徐熙載不離程母，香炷雞鳴。夏雲英能勸憲王，箴陳鶺詠。摩耶瞿夷，眷屬一家。其因六也。

綜此六因，兼植衆德，故能奮龍象之蹴踏，揚迦陵之仙音，翔步木天，瑩磨水鏡。樓構香山，白樂天願生兜率。寺游開化，張安道憶寫楞伽。聽訟則門大於公，勵行陰德。撰文則筆揮裴相，刊落浮辭。甲算潛增，大衍布一行之曆。寅僚洽比，神仙乘有道之舟。

歲在重光作噩，月逢顛溼縛庫。吉日乙丑，值君五十初度。德配沈夫人亦同登艾秩。求慈受深之卻病方，屏除葷血。授王迪功之延齡術，愛護生靈。十年苦繡法華，七卷助刊寶積。生兒是懷中阿練，丹桂一枝。唤女曰門内亞芬，青蓮並蒂。王明受福，作善降祥。有自來矣。熙壬等雁行差後，豸角同冠。此事習見棠陰，汲泉共餐菊落。平世界先平心地，勉求襪結釋之。盡形壽必盡頭陀，敢望衣傳迦葉。祝曰：

錢塘海潮，出佛之音。玉泉朗月，印佛之心。聽音以睛，繫心以鼻。維君圓通，非異非一。吴興趙管，合肥馬王。十念天竺，萬寫金剛。象服賦詩，韋編學易。曷若恒河，觀波斯匿。

祭黄岡程母李太夫人文

維中華民國十年，歲次辛酉，月建庚子越祭日己酉。

世愚侄王芝祥、張一麐、莊藴寬、蔡儒楷、鄭沅、夏壽康、吴璆、黄家瑜、劉鶴慶、王彭、張祖良、張名振、梅光遠、范熙壬等謹具庶羞清茗，致祭於黄岡程伯母李太夫人之靈。辭曰：

江漢合流，東趨團風。望族曰程，一嫗一翁。唱于和喁，精神矍鑠。鳩杖雙扶，鵲巢永託。門凡萬石，楹列五車。大點小胤，亦釋亦儒。維嫗佐翁，畜下事上。下號嚴君，上如計相。既和娣姒，尤煦諸兒。斷臍以齒，療痘以肌。熊經鳥伸，研精醫理。過午不餐，雞鳴即起。維蚌有珠，匪胎不瑩。維鳳有毛，匪孵不文。丹桂兩枝，靈椿一樹。篝燈夜讀，丸熊斷杼。伯游太學，仲入詞林。詩書禮讓，令器克成。滄海飈塵，九鼎没泗。陳嬰不王，賢母之賜。檄捧曾参，轡攬范滂。於人有濟，貧也何傷。不疑折獄，平反則喜。安仁板輿，强而後起。曰耄曰耋，天假大年。稱觴上壽，庖不烹鮮。曾幾何時，婺星忽殞。病入咽喉，若物中梗。扁倉束手，無術回天。王褒廢誦，蓼莪半篇。皤皤老人，逖處南國。漆園鼓盆，香山感月。生未昇堂，歿耳令名。不睹陶母，覘以士行。誰昇忉利，説法三日。桐棺南歸，蓮輪西軼。阿彌陀佛，接引命終。醍醐上味，法乳無窮。有蔬在盂，有茗在盌。不腆雜陳，敢供一瞰。尚饗。

致吴蓮伯議長書 民國十二年九月

軍閥蠹國，釀成六月十三日之政變。箇中消息，有耳共聞。吾兄身爲議長，寧無所知。曲直順逆，不煩强聒。唯是熙壬心跡，有不得不爲吾兄暨兩院同人告者。望平心澄慮，一垂察焉。客歲六月，直奉戰罷。國中賢俊，紛紛爲黎大總統復職之運動。熙壬本閭里舊人，民元曾充幕客。謀諸夏君壽康，發電相勸。私謂此次出山，純係受人利用，權不我屬，徒供犧牲。上策宜拒絶不出。如念南北分崩，亂靡有定，毅然出山，取消民六解散國會之違法命令，召集兩院同人完成憲法。憲法宣布，即决然解職，爲繼任大總統之選舉，統一事業留待後賢。亦可勉從民意，暫支危局，是爲次策。若自信確無辦法，甘作軍人傀儡，招來麾去，如奕棋然，則爲下策。夏君謂次策即上策，促熙壬發電贊成。旋赴天津力勸黎公，並與吾兄及王君家襄從中斡旋。次日復詣直省議會晤諸同人，主張國會先行自集。而黎公意動，遂於六月十一日回京復職矣。

黎既復職，即撤消民六六月十二日命令。參衆兩院共於八月一日行開會式，同人多數注重制定憲法，不預行政。並有請停常會，專開憲法會議者。熙壬甚韙其言，且謀憲法急進。故自去年八月一日，至本年六月十三日，對於憲法會議審議會及起草委員會每會必到，未嘗請假缺席。嗣地方制度、國權、教育、生計各章草案次第告成，移交大會。而反對省憲諸同人，相戒不出席，致流會六次。於是暫停大會，修改會議規則，减少出席人數。另與黎公商籌制憲經費。一面組織憲法協商會，雙方各推代表十人，修正草案。至六月十二日，熙壬與王君源瀚、林君長民、吕君復、褚君輔成、李君肇甫等代表省憲同志會，列席於衆議院第五休息室，與反對省憲牟君琳、王君敬芳、王君澤攽、黄君佩蘭，及調和派之黄君贊元、鄧君毓怡、李君槼等商改地方制度及國權章條文，逐一討論。雙方同意自上午九時至下午七時修改完竣，準於次日具案提出，報告大會。而黎大總統忽於十三日下午一時，被軍警包圍及僞公民團驅逐出京矣。

黎去之後，下午二時之憲法會議因以不成。下午九時之協商會，熙壬仍偕黄君贊元、黄君佩蘭、李君槼、鄧君毓怡如約到院。並油印修正案，分途覓人簽名，共同提出。然政變既起，開大會，時頗受外方暴力之壓迫，褚君輔成及熙壬等相繼發言。不待畢詞，而同人洶洶自由散會。至六月十六日，且有兩院會合會之違法開會、違法議決，對於黎大總統之正式公函置之不議。對於在津車站被逼發出之揑名通電，認爲有效。顛倒黑白，爲虎作倀，國會信用掃地殆盡。於是褚君輔成及熙壬等均認爲國會自身違憲。憲法會議決不能在京開會，失行使職權之自由。自是以後，即主張移滬，不出席於北京憲會，以爲抵制。且與劉君楚湘、董君昆瀛等百八十人，函請我兄暫停憲會，亟謀六月十六日違法議決之救濟方法。而兄竟束之高閣，漠視百八十人之一部分意見，賡續開會，至流會四十一次之多。甚至明知多數同人反對先選後憲，獻媚軍閥，自詡包辦。擅於本月十二日開大選預備會，以少報多，揑稱恰足過半人數。而請假實未出席之議員，紛紛具書詰問，亦置之不理。

夫國會政治，乃各地人民代表之合議政治，决不容一方面劫持，亦不得不顧慮各方面之反對意思。現在保曹一方，明設機關，賄買投票。種種醜聲，喧騰報紙。兩院同人相率引去，避焉若浼。乃我兄獨力擁護，不惜犧牲國會之名譽及同人之政治生命，以爲之殉，是可忍也，孰不可忍。

熙壬與兄舊同硯席，私交素篤。不願吾兄爲武人所利用，自損令望，且損民國建立以來爲國效力之成績。尤恐國會二字因此次政潮從而銷蝕，而國家根本大法亦隨武人之頤指氣使蹂躪無餘。無論憲法在京開會，决無制成希望。即成，亦僅供武人之覆醬瓿而已，有何國民信仰可言？有何施行效力可言？此中癥結，吕君復致曹快郵代電，已概乎言之。

熙壬亦不欲多言，且熙壬之心，本以全國人民多數之心爲心。即不言，而亦能心心相見也。兄若聽熙壬所陳翻然改計，將國會全體拔出政治漩渦，暫移上海，與離京同人合力制憲，不問其他，並迎合世界潮流，修改民二、民六已宣佈未通過之憲法條文，力求吾國今日政狀之適合。將來南北統一，或由此次之政變而造成，亦未始非全國轉禍爲福之一種機會。吾兄其有意乎。

張君亞農與熙壬生同鄉里，情誼亦親。兄若以此函示之，或加青眼。總之，熙壬所言無論逆耳與否，同在一國會中，休戚息息相關，最後忠告不敢不進。吾兄幸與亞農及留京同人熟慮而審處之。過雙十節以後，被强有力者逐去，悔之晚矣。匆匆佈臆，不盡所懷。

［附］

鄂籍旅滬國會議員通電 民國十二年十月十六日

董昆瀛

湖北省議會、教育會，武漢總商會各法團、各報館暨全省父老昆季公鑒。昆瀛等自今夏六月十三日北京政變以後，即相率避地南下，期合滬上同人完成憲典，以竟十二年未竟之前功。詎事與願違，誠不孚衆。滬會制憲無望，北京賄選以成。國家體面何在！議會尊嚴安在！昆瀛等忝列議席，頗知自愛。人禽之辨，不敢不嚴。未能激江漢以滌濁污，惟有全面目以見父老。謹電聲明，伏冀垂鑒。

參議院議員：董昆瀛、彭介石、周兆沅、葉蘭彬、韓玉辰。

衆議院議員：汪曦鸞、張則川、楊時傑、范熙壬、張大昕、吴崑、阮毓崧、田桐、鄭萬瞻、時功玖、劉燮元、彭養光、白逾桓、湯用彬同叩虞。

致顔駿人總理書 民國十三年九月二十五日

公甫通過衆院，而逮捕議員之事出，此種命令究誰副署耶。公若不知，而軍警擅行之，是目無總理，而若輩且構成私濫逮捕之刑事罪矣。公若知之，而縱軍警之違法擅捕，則違憲責任非軍警所能負，而公應代負之矣。况陸軍爲陸軍總長所轄，巡警爲内務總長所轄，均屬國務院範圍以内。公既以總理而兼内務總長，似不得諉爲不知。此事如何解決，請公從速出席國會，宣布真相。

熙壬自今春回京以來，每次出席衆院，並無法律以外越軌行動。即在院中提案彈劾閣員，反對辦德發債票，反對辦金佛郎，純是代表國民發揮真正輿論。自問是忠於國家，盡衆議院議員之天職。何嫌何疑，而横遭羅網。况兩月以來，室内病人呻吟不絶，老母時發胃病，扶持湯藥，日與醫者爲伍，一切毫未措意。至近一二星期，始悉熙壬住宅四圍，時有暗探窺伺。詢之門役，據云已監視月餘矣。熙壬正擬馳函質問軍警當局，不料至本月二十一日下午四時，熙壬乘隙步行外出，而偵緝隊方面簇擁數十名包圍住宅，聲勢洶洶，闖進屋内，遍處搜索，聲稱奉令緝捕鄙人。再索不獲，竟將族姪范彪如捕去。並在鷂兒胡同威逼口供，拘留十二小時始放。

夫閣下乃係法律産生之總理，熙壬身爲議員處處依據法律立言，决不至有不法行爲，被人暗算，此敢爲閣下指天誓日者也。國會尚在開會，憲法係行政當局所承認遵守。此種違憲逮捕責任，究歸誰負，閣下是否應爲法律上之聲明？熙壬不過被逮捕之一員，此時倖得藏身趙岐壁中。然國會同人爲數八百有餘，若憲法效力等於覆醬瓿之《太玄》，則立法機關完合爲行政機關所蹂躪，議員人人自危，而撑持門面之國會行將瓦解土崩矣。統一民主國體將安在哉？

熙壬本思納履他去，緘口不言。然昨聞彭議員養光已釋出，政府尚知有法律在，故與公試言之，爲臧爲否，幸賜明教。

［附］

國會非常會議成立宣言　民國十三年十一月二十二日

各省省議會各省軍民長官、各法團、各報館鈞鑒：

去歲曹錕賄選竊位，同人堅持正義，自繩力薄，未克制止。曾以戡亂討賊之任，付諸國人及各方將領。迺者浙奉興師，舉國響應。朞月之間，元惡就逮。當此民意機關絶續之交，同人自覺代表國民之職責益爲重大。

特於本月在北京成立國會非常會議，期存大法於一縷，用策國事之進行。一俟政制完成，民意有託，同人即解除責任，以謝國人。

國會反對賄選議員二百七十九人宣言

［附］

國會非常會議宣言　民國十四年一月四日

北京臨時政府、各院、各省議會、各省軍民長官、各法團、各報館鈞鑒：

去歲曹錕前以賄選竊據大位也，同人痛法紀之壞，人道之微，相率南下，移滬集會。復列舉其罪狀，移檄海内，樹國人以戡亂討賊之義。迨浙奉興師，國民響應。名正言順，固有所本也。今幸元惡就逮，公理大彰，國事有進行之望，政制有更新之機。同人當此民意機關絶續之交，責任綦重，未敢輕棄。爰於十一月二十二日，通電宣告成立國會非常會議，所以維大法於不墜，固國本於將傾。謹本斯旨，重爲申告。

夫立國必有所始。《約法》者，民國之所以始也。曩者袁氏稱帝，畏而去其籍，則嘗更立章制以愚國人。然曾不旋踵，袁氏覆敗，而《約法》如故。其後屢經變亂，不絶如縷之法統終益光明。無他，先烈精神之所由寄託，一國組織之所由範成，根本盛大，不可卒摇也。曹氏骫法攘國，其罪既著，翳除明復，自同前例，詎復可容異議。愛國之士，誠欲澈底改造，宜共追溯建國最初之原則，詳繹全權在民之精意。創制因革之事，一俟總民意機關之成立而議决之。當其新法未立，民志易淆，豈應輕肆詆諆，增其疑殆。假令本法已缺，而進取大業曠時弗就，致使飄摇之局益陷於糾紛昏暗之中，前路顛危，寧堪設想。況乎非常之舉，出於純民之意。事雖繁重，猶爲無弊。少涉偏擅，則奸宄並起，何人不可昌言置喙。安知不更有利用機會潰厥大防，以便其私圖者乎？同人目覩國家阽危，驚慮實甚。爲杜漸防微計，欲使改進者有常可守，而懷私者以法爲懼。特舉三事，鄭重宣示於國民之前。

一、民國之成，基於《約法》。除由總民意機關得另制定根本法替代外，無論何人均無加以毁棄或變更之權。

二、主權在民，爲共和立憲國家之大經大法。《民國約法》第二條特有規定，昭示無窮。前項總民意機關之發生及其組織，必須本此精神。如有擅造假冒，國人不得承認。

三、《約法》未經總民意機關另制定根本法替代以前，决不失其效力。就中關於人民自由平等之規定，以及財政外交上之限制，於國民生存國家權利尤爲重要。無論中央及地方政府，均不得有所違背。

國會非常會議　宣言　豪印

［附］

致善後會議函　民國十四年二月二十七日

敬啓者：

金佛郎案於國庫支出、人民負擔關係至鉅。曩者曹氏當國，即欲承諾法政府之要求，破壞向來用紙幣計算之成案，改用金償。惟時全國輿論一致反對，不惟經國會議决絶對拒絶咨送政府。且經參議院議員黄元操擬就電文，經由參議院全場一致通過拍致巴黎衆議院議長班樂衛、内閣總理赫理歐，並抄譯全文通知國際聯盟，請其注意。得有復函，曹政府熏心之利欲始戛然而止也。

查此案國家損失達七千萬元以上之巨，凡此負擔皆吾國人民任之。當國者稍有良心，斷無承認之理。乃近日報端揭載、道路傳聞，謂臨時政府將避去用金之名，以銀計算，實則變相以達用金之目的，且有將提交善後會議通過、逕行辦理之擬議。夫善後會議皆各省軍民長官指派之代表與臨時政府特派人員所組織，安有議决國庫支出、人民負擔之權？臨時政府若貿然爲此，實屬根本錯誤。家襄等得之耳聞，不敢信以爲有，亦未敢斷定爲無。惟此斷然拒絶法政府之無理要求之主張，始終不變。並議定善後會議絶對無議决此案之權，自信不渝。

用特將此案經過情形及參議院議員黄元操前此擬由參議院通過拍致法國議會及内閣之電文檢並函送，務祈注意。須知議决此案權爲國會，現在國會問題既懸而未决，無論何項機關皆不能越俎。即捨法律而言政治，既經國會議决拒絶於前、全國人民反對，苟違反人民公意推翻前案，變相承認，其結果必遭人民之反對。謹佈區區，伏維亮察。

順頌

公綏

王家襄　黄元操　趙連琪　沈鈞儒　閻秉真　周恭壽　梁登瀛

李燮陽　張鴻倓　陳峻雲　潘乃德　翟富文　李爲綸　鄭衡之
邱　珍　覃壽公　孫光庭　劉以芬　劉景晨　向　瑞　褚輔成
張知竟　張相文　彭建標　周兆沅　范熙壬　黃金聲　楊時傑
王葆真　高仲和　田　稔　向乃祺　張光煒　李文治　羅上霓同啓

［附］

國會非常會議宣言　民國十四年三月十九日

北京臨時政府、各部院、各省省議會、各省軍民長官、各法團、各報館鈞鑒：

本日本會議議决第三次宣言文曰：中華民國構成於《臨時約法》，《約法》條文即全民意思之表現，亦即全民行使主權之根據。本會既一再宣言，今於《約法》存在之時，求所謂國民會議，推本窮源，除根據《約法》外，别無可循之途徑。换言之，不依據民元之全民意思，不能得民十四之全民意思也。

竊謂年來政治糾紛，循環報復。苟利於己，則飾法以自便；苟害於己，又壞法而相徇。利害中於人心，是非兩無所可，每至百計皆窮，則高唱國民會議以爲最後之解决是也。若以爲抵制一時之計，則根本錯誤。民五、民八之往事可爲寒心。同人以爲此項會議之組織法，時爲最高主權發動之源泉，必依《約法》第二條爲自動的集合，任何方面不能越俎。即令事實困難，亦必由確能代表民意機關制定，始符主權在民之本旨。

至國民會議未成立以前，無論何種法律未經代表民意機關議决，不能有效。凡與國民負擔有直接關係之外交財政如全國喧傳之金佛郎案等事，尤屬無權辦理。懲前毖後，特此鄭重聲明。

邦人君子，幸共鑒之。

國會非常會議　宣言　皓印

【校記】

〔1〕“被”，疑爲“彼”之誤。

〔2〕“滄波”，《秀蕼園集·蕼園詞稾》作“滄海”。

〔3〕“繫”，《秀蕻園集·蕻園詞稾》作“帶”。

敬勝閣文鈔卷五

黄陂　任卿　范熙壬

祭前大總統孫中山先生文

維中華民國十四年三月二十六日，國會非常會議議員孫光庭①等二百七十九人，謹薦酒醴庶羞，昭告於前大總統孫中山先生之靈。

辭曰：

崑崙東趨，脈維三分。南極大庾，赤縣昀畇。瀛海外環，苞奇孕秀。挺生我公，邦家重構。炎黄帝胄，降爲輿儓。公振其瞶，虩虩若雷。建州舊藩，取明而代。十葉相承，山礪河帶。前有吴鄭，後有洪楊。天厭華夏，倏興倏亡。公慕春秋，仇復九世。招納健兒，歃血爲誓。會創興中，館闢大同。神州興誦，靡然嚮風。秦捜張良，漢購季布。履險如夷，四方馳騖。歐美非亞，墨突不黔。揭竿斬木，義旗翩聯。辛亥仲秋，武昌建國。雲集響應，民怒盡赫。公曰歸哉，時不再來。定都金陵，寶曆遂開。功成弗居，法堯禪舜。中國一人，抵華盛頓。武夫擅權，暮四朝三。既諛莽德，復煽殷頑。公曰約法，未容濫改。攝位海隅，百戰不怠。壬癸之際，國會北歸。大波軒起，紫是朱非。政以賄成，兵毒天下。公馳羽檄，名器不假。罪人斯得，破釜東山。乘桴遠來，共策治安。旻天弗弔，不遺一老。下膏上肓，二豎何狡。扁倉束手，大命遽傾。國將不國，民爲誰民。避債有臺，登聞失鼓。泉涸魚枯，孰濡孰呴。某等不幸，

---

① 領銜人孫光庭先生，字少元，雲南省曲靖縣人。民二第一屆國會參議院議員，民五、民六護法國會，民十一國會參議院議員，民十三國會非常會議議員兼行政委員，時輪值國會非常會議主席。

喪此導師。茫茫長夜，巨星西馳。旨酒盈巵，嘉肴充豆。公乎有神，陟降左右。尚饗。

［附］

反對金佛郎案宣言東電[①] 民國十四年四月一日

北京臨時政府、各部院、各省省議會、各省軍民長官、各法團、各報館均鑒：

本日本會議議決關於金佛郎案宣言文曰：客歲曹氏當國，利欲薰心。既囊括德發債票之贏餘，以供不正當之揮霍，復欲承諾法政府之要求，變更庚子賠款二十餘年用電匯票之成案，用金償還，冀分餘潤，以填無饜之慾壑。經我代表民意之國會先後議決，絶對拒絶，咨達政府。又經參議院議員黄元操擬就電文提由參議院全場一致通過，拍致法國衆議長班樂衛、内閣總理赫禮歐，並譯抄全文通知國際聯盟，得有覆函。法政府知公理不可逃，不敢再肆要求。曹政府知民意之不可侮，不敢悍然承認。不謂近月以來，報紙宣傳，謂臨時政府又欲襲曹政府之故智，將以此案提交善後會議，不待國會議决，即行承認之説。當由本會議參議院議員王家襄等三十餘人，將前此參議院通過拍致巴黎之電文函送臨時執政善後會議財政總長，並致忠告勸其中止。同人以爲國家此項重大之損失，可以免矣。又不謂甫經一月，都中各報紛紛揭載臨時政府竟有已與法政府妥協之説。無論如何辦法，欲避用金之名，而朝三暮四，其實相同。國人非盡愚騃，安能一手遮蓋。

查此案國家損失七千萬元以上之巨。凡我國人，計之以審，苟非别有用心，絶無承認之理。同人代表民意，祇知有國有民，不知其他。一日職責未終，即一日不使損害國家之行爲發現。今特鄭重宣言。在此民意機關不能行使監督職權期間，無論何人當國，對於法政府此項無理之要求，苟不斷然拒絶，甚或悍然承認，其所協定之契約絶對無效，國人絶對無履行之義務。

① 本篇及以下兩篇附録爲國會非常會議期間史料。編者注。

同人職責所在，誓持反對態度與之周旋。南山可移，此志弗渝。敬告中外，幸垂察焉。

國會非常會議　東印

［附］

反對金佛郎案宣言東電　民國十四年五月一日

各省軍民長官、各法團、各報館均鑒：

本日本會議議決反對金佛郎案宣言文曰：自癸亥賄選，同人聯袂出京，或潔身都門，拒不參與，凡以重職責，存人格也。去歲討伐軍興，組織臨時政府。兩院因人數不足，始成立非常會議，冀盡監督之職責。不謂同人方嬰守法律，而政府竟倡言革命。同人大惑不解，竊疑政府何以捨近圖遠，避輕就重也。及至承認金佛郎案之事實構成，始恍然於政府之用意在此而不在彼。

查此案爲我國庚子賠款法國之部分，自一九零五年（即光緒三十一年）法國指定用電匯辦法，我國已履行十餘年。虧賠年分，約占十分之七。盈餘年分，約占十分之三。華府會議，法國總理勃理安向我國代表面許退還未經付清之年金，作爲振興教育事業之用。而附以條件，即以此款抵償法國應負倒閉責任之中法實業銀行欠款，恢復該行營業。此種退還，已屬口惠無實。且乂欲變更一九零五年换文，違反用電匯之慣例要求用金。是我國未受退還賠款之實利，反因用金而增加國庫負擔至七八千萬之鉅。當時曹政府欲辦此案，因國會一致反對而止。不謂臨時政府今竟悍然爲之也。試舉政府之所發表者申言之。

按政府辦理此案所自詡爲有利者，一爲法國承認一九零五年换文用電匯辦法，一爲我國由債務者變爲債權者地位。如前之説，已屬求仁得仁。如後之説，尤覺喜出望外。而同人猶復嘵嘵者，實有不得不言之隱也。

查一九零五年换文，法國指定之電匯辦法，計我國此後二十三年間應還之總數爲三萬九千一百五十八萬一千五百二十九佛郎零五生丁。以現時價值折合每中國銀幣一元約購十佛郎上下，是充類至盡以中國銀幣四千萬元即可償還法國部分之總數，而脱然無累。况税務司扣存之款，已有一千一百餘萬元。再扣回此二十三年之利息，不過中國銀幣二千萬元左右，已足償清無遺。今政府之按美金折合者乃爲七千五百三十二萬四千四百三十三元零八，實合中國銀幣在一萬五千二百六十餘萬元，較之曹政府原協定之損失幾乎倍之。蓋此案國會會議决須按照依一九零五年中法换文所定電匯方法辦理，乃言手續也，非價格也。凡電匯衹有通貨無金貨規定。在一九零五年法郎金紙價格相等，今則紙抵於金，爲一與四之比。按照電匯方法辦理，則衹以現時通貨之紙法郎償還可也，而臨時政府乃襲用電匯之名，而暗中回復二十年前之法郎價格計算，即金法郎也，故條文中以或有盈餘四字賅之。而表中則又於二十三年間以確數計算則又爲確定之盈餘。未電匯而有盈餘，非以紙合金何以有此。細核表中總數，恰與一九零五年金法郎價格之數相符。以此欺騙國人，何異指鹿爲馬。貪目前一千一百餘萬元之現款，而使此二十三年間多負一萬四千萬元之損失，飲鴆止渴，令人驚痛。即謂此項付款，係以之借與中法實業銀行，尚有償還，無損國庫，不知借款必有擔保，必有利率，必有償期。今考新協定第二條，即以原協定商妥交還我國之無利債券爲擔保品，第三條以原協定商妥之每年撥充中法間教育經費美金二十萬元作爲替代利息，第四條以六項收入作爲償還。而又須受第五條與各債權人比例分配之限制，則每年收入能有幾何。况此二十三年中能保其中法實業銀行不爲第二次之倒閉或虧折乎。又能保所擔保之無利紙佛郎不爲跌落如馬克、盧布乎。此同人之不能已於言者一也。

此項賠款取諸全體人民，中法實業銀行不過我國最少資本家投資之關係。即使有維持之必要，亦當徵求人民公意，而政府獨斷爲之。不合者一。且據政府公布之辦法，此項抵押即屬我國所有之無利證券（原協定亦係將此項證券交還我國），以我之物向我抵押，安有此種辦法。不合者二。法國既允退還賠款，此種款項即歸我有。以之轉借與中法銀行，僅有償還之規定，而無確定之數目及期限，實際上等於不還。中法實業銀行繫兩國共同組織，今有害則我國認其全，有利則我國衹其半。且害已確定而甚大，利則尚在不可知之數。不合者三。此同人之不能已於言者又一也。

總之此次新協定所得者，僅借墊及代替利息等字樣。其内容仍與從前之謬誤無異，而損失更多。舞文弄墨，欺騙國人，未有甚於此者。若以此爲取得關税會議之利益，每年至少二千四百萬元。則同人與今執政皆從前反對此案之人，若當時不反對所損失國庫亦不過如此。而關税收入早得一二年，豈不甚善。此又不待言矣。今法案甫結，意比兩國援例要求，日本亦欲借此解決西園借款。關税會議又安有實現之日乎。

同人受人民委託，一日任期未終，即一日之言責難卸。在協定未成之時，曾經宣言反對，冀其中止。及其既成，亦屢次集會討論决定再爲最後忠告，以圖挽救。乃於四月二十五日下午二時在參議院開會，届時同人蒞止，竟有武裝保安隊數十人攔阻不許入門開會，以致反對之宣言不能發表。以暴力相加同人，不可理喻。衹得相約至中央公園水榭開會，一致議决，掬此顛末，以告國人。邦人君子，幸其鑒諸。

國會非常會議宣言　東印

［附］

國會非常會議宣言　民國十四年十一月十四日

各省軍民長官、省議會各法團、各報館均鑒：

本日本會議議決第四次宣言文曰：民國成立，毁法之事數見。法毁則政府之作惡加甚，人民之蒙禍愈烈，往事昭然在人耳目。去歲義軍奮發，元惡就逮。同人呼號奔走，方期法統重光，國事永定。段祺瑞創爲改造之議，陰以毁法自便。同人等懼《約法》失效，國本將傾，鄭重宣言，至再至三，夫豈得已。今果不幸言中，變亂四起，舉國皇然，莫識所從。

夫藩籬撤之自上，梟傑從而生心。搶攘經年，冥行不返。假借民意，而四騰賄訴之聲。封殖武力，而愈促脂膏之竭。甚至以國會否决舉世反抗之金佛郎案亦竟悍然簽定，食言自肥，不少顧恤。法庭徒持諍議，流患抑且無窮。綱紀既隳，禍亂斯亟。一隅構釁，全宇騷然。郊圻之間，營壘相望。而猶晏處堂陛，侈言和平。民則痌矣，誰之咎乎？夫以寵大複雜如吾國，逾時一年之久，而無根本大法以相維繫，徒恃疏通捭闔爲苟且自全之計，試問號爲政府者，負責安在？抑其所標持以爲致國於理者，徵之事實，不幾已圖窮而匕首見乎？即就段祺瑞去歲馬電暨本年六月三十日通電所矢言於國人者，亦當知所自處。

同人等痛喪亂之靡已，推禍本之所需，特爲宣告。段祺瑞應即下野，今後國家組織及建設大計一應依法解決。如再有假託擅行制作者，悉是僭僞，當與共棄。職責所在，秉義陳辭。凡我國人，共鑒此心。

國會非常會議宣言　寒印

先母劉太夫人行述

母諱韻梅，出大冶劉氏。外祖父泰安公，篤信佛學，終身茹素。中年逝世，膝下遺母一人。年十九，來歸先父蘖園府君。幼嗜詩書，秉性温肅，下筆千言不休，工五七言律詩。晚年耽誦内典，日携《六祖壇經》、《金剛般若波羅密多心經》、《佛説阿彌陀經》、《佛説金剛般若波羅密多經》、《四十二章經》、《大智度論》、《大乘一覽》等書，晝夜瀏覽，不肯暫釋。與黄陂縣女居士創設佛堂，歲擔香火費數十緡，對於慈善事業必挺身自任。雖質衣脱珥，爲之毫不吝惜。鄉人有困阨，或以鼠牙雀角纏訟者，得母一言立解。戚族中有求貸錢穀或謀職業者，慨然面諾，必百方爲之計畫，非滿其願望不止。教養子女五人，口授《千字文》、四子書、六經史鑒、百家詩詞，字字加以解釋，册册督其背誦。蘖園府君主講枝江、東湖、長陽等縣書院，入孫萊山尚書毓汶、李與吾提督成謀、張朗仙巡撫擢幕府，累歲遠游，家事盡付於母。爾時先妣嚴太夫人已殁，伯父衡甫府君早登鄉薦，授徒省垣。叔父鹿旛府君、小由府君年均弱冠，母竭一手一足之力主持内政，爲二叔父經營婚事，上供繼祖妣李太夫人甘旨。歲時伏臘，祀祖饗賓，未嘗少闕。其後析爨而居，各謀生活。母隻身蜷伏鄉里，境遇奇貧，終日數米爲炊。蘖園府君留京掌教八旗官學，每月俸給甚微，不敷旅費，無斗升足活家人。先母窮餓自甘，偶求外祖妣潘太夫人潛助，不欲向人乞一粟一絲。對於兒女輩就傅束脩，及姻黨中喪婚禮慶，尤孜孜籌之無倦色，決不畏難中止。嘗憶某年月日，熙壬偕二弟熙申、妹熙芝、三弟熙瑔四人共食蒸雞卵一枚，母劃爲四分，各畀其一而自啖白飯。如是者歲以爲常，而畢生心血從此大耗。胃病根源，隱伏於是矣。厥後四弟熙楨襁褓失恃，母寄書山左，函商蘖園府君，派周良炳往迎庶妣劉太夫人靈柩及四弟歸鄉，視四弟與己出無異，恩勤顧復，得未曾有。

辛卯歲，先父自魯還鄂，館穀漢皋，家累始稍稍減去。癸巳歲，熙壬年纔十五，以院試第二人入泮。肄業兩湖書院，試輒優等，最爲楊叔嶠先生鋭、屠進山先生寄、汪穰卿先生康年、梁節庵先生鼎芬、蒯禮卿先生光典、沈子培先生曾植、紀香驄先生鉅維、姚彦長先生晋圻所激賞。丙申歲，二弟熙申、三弟熙瑔與堂兄熙椿考取武備學堂第一班肄業，頭角嶄然並露。丁酉歲，蘖園府君與熙壬同膺鄉薦。父子同榜，士林傳爲佳話，母至是心始大慰。戊戌歲，蘖園府君聯捷成進士，觀政兵部。歲十二月爲熙壬娶婦夏氏。己亥歲，蘖園府君主講晴川書院，爲二弟熙申娶婦夏氏。庚子歲，二弟熙申生長女巽娟。辛丑歲，蘖園府君溯襄水，赴長安，折回漢口，挈熙壬取道揚州入都。壬寅歲，熙壬就職内閣中書。旋考入大學堂仕學館。兩試第一，爲張冶秋尚書百熙、李亦園先生希聖、鄒沅帆先生代鈞、于晦若先生式枚、張小圃先生鶴齡所識拔。冶秋尚書逢人説項，熙壬之名由是大噪日下。母在籍聞之，益欣然爲樂。癸卯歲，蘖園府君以知府分發江西，檄筦黄江口税局。熙壬因南皮張相國推薦，奏派游學日本。熙壬之婦夏氏以爲遠渡重洋，長年分隔，頗增憂慮。先母則多方寬諭，函促熙壬前往。是歲爲三弟熙瑔娶童氏，二弟熙申生次女阿撫。甲辰歲，芝妹之未婚婿劉君人亮病歿夏口。妹廉得兇報，嚼金環成碎片，秘吞阿芙蓉膏，誓以身殉。經鳳姊苦勸，母用藥灌救乃蘇。然自後遂皈依佛法，茹素終身。毁棄粧奩，誓不字人。丙午歲，繼祖妣李太夫人逝世。蘖園府君自贛奔喪，母助營喪事，一切如禮。丁未歲，熙壬暑假歸鄂，值南皮張相國入參樞府，保送軍機章京。爲學部尚書榮慶所尼，不獲預考。旋經貝勒溥倫、孫壽州相國家鼐調入資政院，籌辦開院事宜。沈子敦尚書家本奏充修訂法律館協修。戊申歲，芝妹病歿南昌。母聞耗，晝夜涕泣，日懸小照焚香數炷，思女之情益摯。己酉歲，熙壬畢業日本京都帝國大學法科，回國後仍供職資政院、法律館、内閣等處。嗣母萬太夫人在漢棄養，身後事皆由母摒擋。先是四伯祖考皋門公，生四叔父韻軒府君一人。年僅三十有三，嬰疾早逝。生姊熙鳳，適同里夏榮卿茂才澤民。伯父衡甫府君憫萬太夫人青年守義，門户將墜，於群從中特擇熙壬爲嗣，上奉皋門公祀，繼祖妣傅太夫人主持尤力。是時蕻園府君遠在京師，往返函商，迄未明定。延至熙壬列名邑庠，萬太夫人託族姪雨霖孝廉化龍，轉請蕻園府君速立嗣書。蕻園府君鍾愛熙壬特甚，不願速決，寫嗣書時放聲大哭，聲明非兼祧兩宗不可。二伯父仲珊府君、族伯耀庭封君悉韙此議。平居時長依本生父母膝下，年節祭祀，則歸鄉鎮與萬太夫人同慶。如是者蓋有年。蓋熙壬飲食教誨以至成立，胥仰賴蕻園府君暨母二人，受恩極深，與普通過房出繼者有别。庚戌歲，熙壬補資政院一等秘書官。時母隨蕻園府君赴撫州任，居纔三月，調筦鄱陽税局。水陸舟車，冒受炎暑，蕻園府君陡發腿腫舊疾。熙壬馳往省覲，而庶妣張太夫人因侍奉醫藥過勞，病歿榷廨。是歲四弟熙楨已畢業江西大學堂，疊充小學教員。母歸鄂，爲四弟娶婦葉氏，並送芝妹靈櫬至夏口巨龍崗，與劉婿人亮合葬，商請劉翁立其兄子洪鈞爲嗣。

辛亥歲，四弟熙楨生長女引孫，三弟熙瑔生長子辛望。蕻園府君暨先母初得孫男，置酒稱慶。歲八月十九日，黎大都督元洪受武昌軍人擁戴，首舉義旗，建立中華民國。歲九月初一日，族弟福增從馬毓寶起兵應鄂，訊達饒州。知府王祖同畏禍逃匿，鄱陽士民欲推蕻園府君組織民政分府，母密促蕻園府君婉言堅拒。時二弟熙申畢業日本海軍學校，由滬赴饒。三弟熙瑔留守鄉宅，夜持軍械拒盜。惟四弟熙楨襄理税務，隨侍二老。母素待下以誠，犒賞直宿衛兵，密具舟楫，從蕻園府君航歸漢口。歲十二月，熙壬與劉伯剛君道仁被北京同志推舉，航海赴南京，謁孫中山總統，住黄克强總長興家浹旬，與宋敦初君教仁、湯濟武君化龍謀組政黨，廣羅全國俊傑。而同盟會有力分子堅持狹義，不願開放門户。熙壬於是西歸武昌，入黎公元洪幕府。遂與起義首領孫堯卿將軍武等創辦民社，聯合章太炎君炳麟、伍秩庸君廷芳、張季直君謇、熊秉三君希齡、梁任公君啓超組織共和黨，擔辦湖北支部。至是熙壬始得侍藤園府君暨先母左右，同居漢口。十年闊别，一家團聚，幸何如之。壬子歲暮，藤園府君因熙壬年逾三十五，尚無子息，欲踐從前兼祧成約，爰商先母再聘蕭氏爲婦。逮癸丑歲，熙壬當選衆議院議員，擬奉二老人入京就養。不料鞠兇天降，藤園府君病勢增劇，竟於二月十一日棄世。母悲慟幾絶，遂留居鄉宅，延師覓購佳城。歲十一月國會中斷，熙壬歸葬藤園府君。族黨弔祭，絡繹載途。母躬滌豆觴，逐一款接，人無間言。甲寅歲，熙壬簡任平政院評事，二弟熙申供職海容軍艦，三弟熙瑔供職鄂岸榷運局，四弟熙楨供職宜昌關監督公署，公務旁午，未遑襄理家政，田園鹽米率由母一人獨任。自是精神益悴，胃病時時勃發。乙卯歲，母北來就養。三弟熙瑔續在中國大學法律科畢業，任京師地方審判廳書記官。四弟熙楨在宜昌充税務科長，初舉一男，乳名强中。熙壬之婦夏氏産女不育，婦蕭氏生長女孟維。丙辰歲，復生次女亞維。丁巳歲，復生三女三維。戊午歲，復生四女四維。時三弟熙瑔調充農商部僉事，俸給差增，母心略喜。己未歲，長女孟維殤。二弟熙申之婦夏氏病歿南京。母心極憂，悼念二孫女不置。歲七月三十日值地藏王聖誕，蕭婦生長男應中。熙壬初次弄璋，爲之狂喜，彌月作湯餅會，延賓至百數十人，世伯左笏卿先生紹佐及太虚法師並作詩爲賀。庚申歲，母以二弟熙申之二女在滬讀書，無人管理内務，復爲娶葉氏。歲十二月，長男應中以染猩紅熱而殤，熙壬痛抱西河，秘不敢報。辛酉歲，九月蕭婦生次男公涵。

壬戌歲八月，國會復開。熙壬築室萊街，修稟迎養。四弟熙楨新任江西彝鄔縣知事，携眷赴贛。母復率三弟熙瑔、劉甥洪鈞蒞京。癸亥五月，新室落成。母入居匝月，即逢六月十三日政變。熙壬馳赴天津，與褚君輔成、王君用賓、劉君楚湘、焦君易堂等三十餘人創立機關，糾合國會議員移滬開會，發布宣言，反對非法大選。孫大元帥文、段執政祺瑞、張總司令作霖、盧總司令永祥皆遥爲聲援。敵黨計無所出，揭書熙壬姓名於衆議院，危詞恫吓。高凌蔚、王毓芝輩不時遣人到家游説，啗以重利。熙壬嚴加拒絶，日集同志百數十人會食爲名，密議宅中及各飯店，相約誓不在京出席。敵黨緹騎四布，屢瀕於危，母遂偕家人避居天津。歲十一月蕭婦分娩期近，遄返京宅，復生三男公鑄。甲子歲五月五日，先母著自製之壽冠、壽衣、壽裙、壽鞋，拍小照作紀念，熙壬深以爲戚戚。歲七月，熙壬爲彈劾顧維鈞、王克敏等辦理德發債票、金佛郎案，出席國會與王君紹鏊、范君殿棟等糾合各派同人竭力奮鬥，深爲群小所忌。初則賄以金錢，繼則脅以威力。歲八月十六日，蕭婦因病小産。母亦觸發胃疾，延醫診治，終日杜門。群小百計羅織，陰派偵探監守。迨至二十一日下午四鐘，曹錕得上海諜報，密令軍警逮捕熙壬及彭君養光、丁君世嶧等六人。幸是日下午二鐘，母乘熙壬常坐馬車外出，偵者尾隨母去。熙壬乘間至友人陳問咸家小飲。軍警圍搜住宅，直達卧室，每門留二人看守，竟夕無所獲。母是時飽受驚恐，肝氣大作，詰責軍警，謂吾兒爲國效力，反對禍國諸奸賊，毫無過犯，爾輩何得無禮至此。軍警語塞，則飾辭以謝。乃遷怒堂姪彪如，挾赴偵緝處，嚴詞詢問。熙壬蹤跡，彪如堅不肯吐，軟禁一宿，旋即釋歸。翊日下午七鐘，熙壬密商先父門人傅君岳棻，同李君步青、胡君鈞三人潛乘汽車由陳宅赴六國飯店，賃屋居住。甫届一月，而國民軍馮總司令玉祥班師還京，搜捕群小，熙壬始得回復自由。是歲二弟熙申舉一男，名中慰，母心稍愉快，胃病獲瘳。

乙丑歲二月，劉甥洪鈞突患癆瘵。母默念芝妹望門守節，繼起無人，怒焉憂傷，舊疾遽爾復發。然時作時輟，病猶未甚。夏秋之際，京師淫雨成災。熙壬偕李君書城等七人代表旅京同鄉，回鄂力争漢案。比返京宅則見母卧病牀褥，感受濕熱，作隔日瘧。母蔬食經年，持佛戒律，平日毫無滋養，精血極虧。至是益覺元氣耗傷，脾胃頗難消化。食已輒吐，吐更思食，飲亦如是。嗚呼哀哉，熙壬乃始知母病深沉，已臻不可救藥之境矣。上月中旬熙壬急電漢口，託堂兄熙椿、堂姪中覺、彪如購備壽材，派人押運到京。當延長陽陳子高司長登山診治，略投補劑，初見微效。續用參著，則苦胸脹。繼而吕健秋次長復介紹同院蔣君著卿用温膽湯加減，亦覺得利。然母自知大限已至，喚熙壬及婦夏氏、蕭氏、三弟熙瑔及婦童氏至牀前，面授遺囑，處分後事，不肯再服湯劑。至九月初旬，姚次之院長震電薦張允中腺科醫士注射藥水二次，氣血活動，覺有轉機，漸能進麥米精。不料次日清晨，神色陡變，舌本蹇澀，不能復言。然神識清明，頗知念阿彌陀佛。迄命終，舌猶微微動轉。熙壬偕三弟熙瑔同諸婦諸孫及諸戚友環遶寢牀，淚涔涔下，噤不敢哭，仍隨卧佛寺方丈昌永和尚、廣濟寺僧六人高聲念佛萬數千遍。堂上屋内，相續不斷，共祈往生净土。時夏曆重陽節後二日戌刻，即太陽曆十月二十八日下午二鐘也。母卒後，黎前大總統元洪及段執政祺瑞均派人祭弔致誄詞。一時名人如趙爾巽、王士珍、左紹佐、周樹模、盧永祥、于右任、莊藴寬、梁啓超、汪大燮、鄭沅、王式通、李哲明、傅增湘、邵章等千數百人均送挽章。熙壬將彙爲一册刻之，名曰《慎終録》。

述曰：母生平性極慈祥賢淑，待僕婢寬，而督子婦嚴。熙壬雖年踰不惑，母常常嚴加呵斥。動輒跪跽，求母息怒。酷嗜佛學，曾在陂邑楊家集與同學人設居士堂，年年資助，毫不少吝。涖北京後，無事即静坐參禪，時時禮佛修鍊。言未來事，往往有神驗云。

［附］

范母劉太夫人家傳

李哲明

傳載母道之足以垂範者，無如范滂母爲最賢。滂登車攬轡，有澄清天下之志，母教實成之。及至婴黨錮之禍，母從容論大義，謂與李杜齊名，亦何所恨。此其不易及也。宋時蘇長公之母程，語其子能爲滂，吾其不能爲滂母乎。若是乎，賢母之行，爲世增重無夷險一也。黄陂范君熙壬與余宿好有年，以狀來爲其母乞傳，謹爲撰次之。

母姓劉氏，大冶人。幼嗜讀，工爲律句。年十九，歸范蕻園先生。

生子二：熙壬、熙瑔。女熙芝，即其後以守貞旌異者也。范氏家故貧，蘋園公歲幕游，母經紀家政，皆井井。方窶甚時，瀹蒸雞卵，畫十字形，分啖子女，而自甘麤糲以爲常。躬督諸兒至嚴，講説則至精。事佛虔而喜施舍，錢穀無所吝。不足，斥簪珥充之，使來求者滿意而後止。若其身之困乏寒餓，從不屑人絲粟，亦天性然也。居平逮樛木之惠，而篤鳲鳩之仁。撫次子熙申，四子熙楨與己出無二。蓋其庸行惇摯若是。

丁酉蘋園公與熙壬同雋鄉舉，公聯捷進士，觀政兵部。尋以知府分發江西，家稍裕矣。而熙壬就職内閣中書，張文襄奏派游學日本。家人慮險遠，母手書促之往，諄諄勸諭其家人。視彼鄉里婦人牽裾依戀，其明决有斷，爲何如也。

洎壬自東瀛歸，未幾，國情數變，鋭身爲時事驅馳，更廿年未厭其間。雖任議員，膺平政院評事，迄未有以實攄其遠大之宿心。壬戌卜室新居，板輿奉養，母始來故都。明年觀成，母怡然謂此可安居，娛吾老矣。不意踰月，政變又驟生。壬往來京津，敢與當局爲敵。緹騎名捕晨夜狙察，風聲數驚。於是，母駕壬車，出偵者以爲壬也，尾之。而壬乃以間道他去。已而母歸，邏卒搜及内寢，母怒詰之曰："吾兒效忠國家，反對禍國奸蠹，厥罪伊何，若曹敢無禮耶?"激壯不撓，邏者氣奪。而壬竟得避匿别館，經月而事平。蓋惟母平日無弱志，以故當事罔慴，斷斷如也。母夙病胃，至是久之增劇而卒。然其臨命不亂，雖氣僅屬，猶隱若誦佛號焉。

贊曰：古者孝子不遠離其親，輒以遠游爲戒。故夫母之於子也，往往眷戀朝夕。或時倚望門閭，愀然即之如不樂，恒情類然。母識力之定，於其子留學，弗溺以柔牽，而勉副其遠志，卓乎滂母風矣。洎壬學成有立，俾克經營四方，奮勵忘私。自是十數年中，實無幾何日得定省於親側，然而母心樂也。即其後，壬以敵黨危構，幾妨其生。較東京鈎黨之獄，奚啻同撰。而壬終有以自脱，視滂之不獲全軀，何如其幸也。而余且尤爲其母幸也。

附輓聯：

已就佛作福田，奉釋迦文，無生早證；

甘毁家紓國難，爲孟博母，没世猶榮。

前清賜進士出身貴州省試正主考翰林院編修

夏口李哲明頓首拜撰

主張恢復法統速定國是以塞亂源通電

此次戰端之起，遠因在癸亥驅黎，近因在甲子戴段。黎不被驅至津，則憲法可完全告成。十月大選，曹自依法取得總統，絲毫不費氣力。是禍曹者，爲驅黎之人。段不自爲執政，則法統可再行恢復。黎任既滿，憲法繼續制定。便可依憲改組政府，改選國會，民志得達，國基永固，决不至釀成今日江浙、直魯、皖豫、陜晋、川湘之戰禍。天心厭亂，把持北京政權者次第崩墜，循環報復，無一倖免。十五年來政治史上之教訓，可謂深切著明。前車已僨，悔不可追。以後應如何引爲炯戒，應如何從根本大法上著眼，採取一勞永逸方略，俾全國人民心悦誠服，再無置喙之餘地。依熙壬愚見，以爲宜即回復民十二之法統，公推黎公元洪復職，補足任期；遴選各方賢俊，組織責任内閣；回復國會繼續議憲，先將教育、生計兩章草案及憲法施行附則議决。再將民二、民六、民十二通過條文，業經宣布不適用於今日者加以修正。限定三月竣事，不得再延會期。憲法全部告成，再由中央政府及各省長官、各省議會正試追認，以最隆重之儀式頒布全國，共同遵守。如有違憲行動，置之重辟。其强有力者，國人共誅之，永不赦宥。如此則人人知法可畏，不敢時時生毁法叛法之心，而中華民國由此漸臻統一，不致再有分裂之虞矣。

法律爲政治根本。根本既立，則其餘枝葉問題，均可依法解决。熙壬願全國握有軍力諸公，人人以華盛頓將軍自命，勿戀虚榮，勿貪近利。國人對於諸公，自有永矢弗諼之酬報。近則有最高位置之選舉，遠則有銅像祠廟之推崇。功德膏澤，淪浹於人心者既深，子孫且隱受其福。美國再世爲總統者，已得數人。即此先例。嚮使項城不欲帝制自娱，乘歐戰方酣之時，一心從事，明政刑，修武備，養民力，則中國今日當爲世界第一等强國矣。一任總統滿任，或可繼續當選。項城捨此不圖，覬覦非分，卒至身敗名裂，爲國人所棄。試問今日握有軍力諸公，比較項城何如。即欲再以武力自雄，不過爲全國共擊之目標。暫時勃興，忽焉滅亡。其壽命至長者，不過年餘。螳螂捕蟬，黄雀在後。互相吞噉，有何趣味。熙壬深願今日立功諸公，速自猛醒，平心静慮，共謀依法造法，萬勿再蹈從前覆轍，捨法律而談革命，或棄衆人共守之法，而守衆人共棄之法。速定國是，嚴塞亂源。捐除私見，勿恃一時威力，而種未來禍根，則太平永建，而諸公勛名偕之不朽矣。狂瞽之言，希賜裁擇。

致楊鄰葛督軍書 民國十六年四月九日

踵訪兩次，僅晤楞生兄一面。許多積愫，欲達末由。[illegible]想籌運獨勞，日營四海，挽狂瀾於既倒，支大厦於將傾。燭照機先，綢繆未雨。至深欽佩。弟客冬渥聆麈教，彼時即主張繼續三角同盟歷史，聯合南方以法律解决時局。九江未下，羽毛未豐，蔣、唐自易就範。吴、孫勢成騎虎，進退維谷。此方以武裝調停，舉足大有輕重。彼等何能孤行已意。

往事已矣，現在仍有退一步之妥協時機。黨軍左右交鬨，枝節横生，鋭氣大不如前。若乘此時從世界眼光著想，消弭内争，協力對外，收回國際已失利權，勿予外人以鷸蚌相争之隙。而雙方所持之政治主張，一聽國民大會公决。各各約束自己所屬軍隊，徐圖刷新，編作國有，現役軍人一律放下屠刀。南方主義雖新，當無不可降以相從。況南京羈鮑夫人，北京又獲李大釗，左黨以此二人爲綫索，右黨即由梁燕生、葉譽虎二人直接溝通。既可免除戰禍，又可杜佛家人死爲羊、羊死爲人，互相吞噬之因果報復。此念一動，吾國内四萬萬人中，即可保全百分之一之生命財産。希即以此言轉陳雨帥，斷然行之，勿貽不可追之後悔。大局幸甚。

張耳、陳餘，先友而後讎。廉頗、藺相如，先讎而後友。謀私利，則讎友皆非。勇公鬥，則仇友皆是。干戈化玉帛，杯酒釋兵權，何不可再見於今日。人類皆爲一祖子孫，五洲異種猶當認爲疏屬昆弟，況同胞相殘耶。掬誠奉聞，敬惟爲天下自衛不一。

國會紀念後一日夜三鼓

祭黎前大總統宋卿先生文

維中華民國十有七年十月二十八日，湖北黄陂旅京同鄉范熙壬等謹具香花酒肴庶羞，昭告於黎前大總統宋卿先生之靈。其辭曰：

於戲我公，降生於世，六十五年。天亶聰明，乘時崛起，光黄之間。秀萃木蘭，靈鍾灄水，公開其先。貔貅十萬，驅除異族，猶反手然。回憶建夷，盤踞華夏，堂陛森嚴。二十二省，八旗防守，兵利甲堅。炎黄聖裔，仰其鼻息，如蟻附羶。我輸租税，彼則坐享，輕暖肥甘。任人立政，無事不分，滿蒙漢三。腴者滿州，次爲蒙古，漢啖其殘。奪我都城，盗我禮器，斥我曰蠻。文字之獄，遍於四海，萬口皆箝。洪楊革命，九仞一簣，功虧不全。公赫斯怒，伐鼓振旅，淵淵闐闐。辛亥八月，義旗高豎，黄鵠山巔。國變民主，歷創共和，史例無前。項城竊位，擅改帝制，洪憲紀元。授爵親王，錫名武義，公則拒焉。滇人守正，興師問罪，爲公聲援。一舉破蜀，再戰敗粤，震撼西南。天懲巨憝，削號罪己，自拋政權。曾不旋踵，愧憤交並，零落歸山。謳歌獄訟，群往戴公，五族臚歡。興元詔書，武夫感泣，雷動市廛。方期國内，玉斧不畫，金甌驟完。車書一統，同文同軌，舜日堯天。誰料歲餘，將軍跋扈，兵諫鬻拳。索虜蹈瑕，奪門變起，死灰復燃。公則蒙塵，倉黄避走，宵出禁垣。虎口脱離，密傳衣帶，命討殷頑。東山破斧，罪人雖得，負扆不還。别盟息壤，代庖越俎，天位闌干。毁法造法，貙退羆進，無統非偏。國會流離，崎嶇嶺表，更張改弦。軍艦北來，迎公南下，道阻且艱。中山護法，權攝總統，甲胄躬擐。臂奮螳螂，思抗車軼，其力尚孱。天不悔禍，焚萁煮豆，同根相煎。直皖直奉，戰端疊啓，流血成川。公隱津沽，察民憔悴，怵心摧肝。十日並出，羿射其九，一日獨存。時乎再來，强起我公，越人薰丹。廢督裁兵，欲以一紙，奠國治安。軍閥專横，肘掣左右，終託空言。國會制憲，十載弗成，公爲促敦。迫之起草，勸之出席，獎以金錢。不圖群小，從中構扇，謂公戀貪。利用憲法，妨人當選，已則蟬聯。軒然大波，起於輦轂，效魯三桓。逐公外出，朋分政柄，毀冕裂冠。議郎好貨，落井下石，妄相附攀。鬻身有券，購票有格，銀幣五千。神聖立法，滿場銅臭，宙合喧傳。外損國體，内褻主威，公尤憂摶。南巡滬瀆，東渡蓬島，一月三遷。偃蹇歸來，專營工業，屏政不談。休沐經年，陡嬰風疾，手足拘攣。和緩同療，生死肉骨，厥病告痊。戚友環視，深爲公慶，壽齊彭籛。那知鮿生，奔走幽冀，墨突未黔。忽聞噩報，報公上賓，兜率天仙。於戲哀哉，昊蒼不弔，奪我鄉賢。青天白日，國旗新易，五色失鮮。公與中山，輔車相依，未可輊軒。開國元勛，革命領袖，廟祀宜專。滔滔長江，飲其流者，不忘岷源。誰仿會稽，鍾鑄范蠡，永矢弗諼。秋高氣爽，落英墜露，滿杯滿盤。雜以芳醴，佐以嘉肴，朝飲夕餐。公乎有靈，勤求民瘼，不忍棄捐。請鑒鄉人，區區徹誠，來格降觀。尚饗。

先妣嚴太夫人傳

中國自神農以來，世世爲農業國，不但伍、兩、卒、旅、師、軍寓於比閭，族、黨、州、鄉因農事以定軍令，無兵不農。即舜耕歷山，伊尹耕於有莘之野，長沮桀溺之耦耕，許行陳相之並耕，樊遲之學稼學圃，莊周之爲人灌園，冀缺之耨而其妻饁，陳仲子之織屨而妻辟纑，亦無士不農。《漢書・藝文志》曰："古之學者耕且養，三年而通一藝。"此風蓋自古然也。

我家於明洪武由贛遷陂，世世讀書，世世兼治農業。在二世祖石潭公時，家號素封，田連阡陌。至高、曾而漸貧，迄祖父而稍裕。雖不敢望千斯倉、萬斯箱，百布帛菽粟如水火然，"晝爾于茅，宵爾索綯，亟其乘屋，其始播百穀”之氣象，固歷歷在目中也。

先妣嚴太夫人系出邑南香店嚴氏，外祖考即叔曾祖兼山公之子婿。外祖妣於熙壬等爲老姑。塞淵温惠，性樸誠而外端莊。太夫人幼嫻姆教，淑慎其身。其來歸先父蘋園府君，正值髮捻亂事初平之時，原野蕭條，元氣尚未恢復。祖考淑臣公授徒漢口，大伯父衡甫府君暨蘋園府君肄業省垣經心、江漢書院，屢試優等，藉膏火以糊口贍家。而鄉村間仍有祖遺分受之田傭人耕種，太夫人偕大伯母熊太夫人居家督耕，分主中饋。時繼祖妣李太夫人微染心疾，時發時愈。太夫人親滌盤盂，恪其菽水，柔聲下氣，未嘗稍愆禮儀。每當農事忙時，雞鳴而起。炊火餉耕，自朝至夕，日輒四五次。自治饔餐外，或荷鋤耨草，培養荄苗；或執筐採花，經營吉貝；或雙瞳牽綫，支機抽螺祖之絲；或十指傳梭，當户織木蘭之布；或從事雞豕狗彘之畜，無失其時；或豫謀冠帶衣履之供，自竭其力。蘋園府君每自外歸，携有金銀物品，必盡出以助家用，未嘗敢稍有私藏，以忤堂上二老人心。《禮記·内則》所謂“婦將有事，大小必請於舅姑，子婦無私貨，無私畜，無私器，不敢私假，不敢私與”者，太夫人有焉。惜乎太夫人年未三十，遽嬰時疾逝世。膝下生有一子熙申，未滿三歲而太夫人歿，蘋園府君以熙壬之母劉太夫人母之。外祖妣亦常住我家，助保抱携持焉。熙申稍長，與二弟熙瑔同考入湖北武備學堂肄業，其後偕熙壬游學日本，畢業海軍炮術水雷學校。歸國後，歷任海容、江貞等軍艦服務，旋調充南京海軍魚雷學校教官。國民政府成立，與沈君鴻烈創設東北海軍，遂充黑龍江江安軍艦艦長。前歲同江之役，與蘇俄海軍戰鬥，沉其旗艦一、軍艦三。而江安亦爲蘇俄空軍炸毁，熙申自鑿沉其船，鳧水而免。現官至海軍中校、東北海軍江平軍艦艦長。熙申娶婦夏氏，生女三。長巽娟，畢業上海愛國女子中學，適管。次阿撫，畢業漢口女子中學，適蕭。三阿蒂殤。繼娶葉氏生子一，慰中殤。現擬立熙壬之四子公湝爲嗣。藉慰太夫人在天之靈。

贊曰：太夫人出自農家，重視讀書。熙申弟在稚齡時，即嚴加督責，禁其嬉戲啼鬧，而以多識字、少争食相勗。其視貨財，對於一介取與，必繩以道義。熙申弟長成以後，其性情頗與太夫人相似，殆歐美人所謂得自遺傳者歟。

嗣母萬太夫人傳

中國之人口占世界四分之一，蕃殖力號爲天下冠。其故何也？曰由家族主義。家族主義何以獨盛於中國？曰以中國之重宗法、旌節婦。無論大宗、小宗、群宗，苟其綿綿瓜瓞，中有間斷則必求旁支之血胤以姒續之，而必以同姓之最親近者爲限。或立長，或立愛，或立賢，惟在無直系男子之父母自選定之。此種公例，自有宗法社會以來，即已盛行，至周文武爲尤密，至秦始皇而一變。此何以故？曰以周文王專重宗法，優待同姓，對於男女婚姻，完全聽家長及本人之自由制定。婦有七出條文，故孔子、伯魚、子思三世出婦，而孟子亦有出婦之軼事，載於傳記。此時風氣對於婦人從一而終之美德、之死靡他之苦操，雖於《易》象表之，《詩》之國風褒之，而婦人守節之事，見於朝野上下者甚罕，所以祭仲之妻對於其女有“人盡夫也，父一而已”之訓辭。至今思之，殆爲咄咄怪事。蓋中國自秦始皇憤其生母雍太后之荒淫無度，紊亂血統，家族主義隨之動摇，宗法社會因之破壞。故於并吞六國之始，首嚴男女大防。刻石泰山，則曰貴賤分明，男女禮順。刻石瑯琊，則曰奸邪不容，皆務貞良。刻石會稽，則曰飾省宣義，有子而嫁。倍死不貞，防隔内外。禁止淫佚，男女絜誠。其尤彰明較著者，如《史記·貨殖列傳》所載，巴蜀寡婦清，其先得丹穴而擅其利數世，家亦不貲。清寡婦也，能守其業，用財自衛，不見侵犯。秦皇帝以爲貞婦而客之，爲築女懷清臺。此種表彰節婦，以維護宗法之苦心，維護宗法以確立家族主義之根本，實爲增進中國人口之惟一方法。故自秦以後，中國之貞女節婦，煌煌然載於國史列女傳者，代有其人。

嗣母萬太夫人，系出邑南豐荷山萬家磯之萬氏。外祖考爲楚山公由敦，外祖妣爲宗太夫人，幼嫻内則，姿性聰慧。其來歸我嗣父韻軒府君也，年纔逾笄。事王父皋門公、繼王母傅太夫人，恪循婦職。主持中饋，必潔必豐，盤盂菽水之奉無或闕焉。嗣父韻軒府君夙嬰心疾，神志弗寧，未能從事家人生産。母則雞鳴而起，躬操井臼、縫紉、紡織，夜分不休。對於農事，則監督傭工相時耕作，西疇南畝，旦暮往觀。舉凡播種之美惡、插秧之疏密、鋤莠之勤惰、割穀之多寡，莫不日計而加以申儆。近或步行五六里，遠或步行十餘里，壺漿簞食，饁彼田畯，未嘗諉之他人，自耽逸豫。故雖偶遇凶年，而所獲亦能供俯仰事畜之資。對於商事，則謹守王父皋門公之餘業，指揮店夥四出販運，凡鄉村男女老幼日用必需之物，莫不輦載而歸。值賤則屯儲之，價昂則轉鬻之。持籌握算，計權子母，不貪重利，而唯求百貨之暢銷。不喜多藏，而惟期五材之並用。屢焚馮諼之券，常棄王媪之責。故雖疊遭婚喪大事，頗有餘力以支持一切度支。

其尤爲人所難能而可貴者，則於嗣父逝世之日，財用極形艱窘。上有高堂白髮之衰姑，下有遶膝垂髫之幼女。形影相弔，後顧茫茫。母則志矢柏舟，毅然以維持門户獨立爲己任。力請繼王母傅太夫人及大伯父衡甫府君，選擇熙壬繼承宗祧。出其纖纖十指之力，躬營王父、王母、繼王母及嗣父四棺葬事。購置陰地，奉安窀穸，雖稱貸而益之，亦不稍吝。其後熙壬娶婦夏氏，母則慘淡經營，鳩工庀材，將祖遺之瓦屋十數椽撤而更造，門楣堂構焕然一新。兼之酷愛熙壬，勗以讀書講學。歲時伏臘，每自武昌兩湖書院歸休，必殺雞爲黍，以啖熙壬。甚或日烹一雞，以蘄身體之轉羸爲健。而母則日食粗糲，持不飲酒不茹葷之净戒。且往往以愛子之故，而自毁其戒律焉。迨至熙壬游學歸來，與聞國政，博取公家升斗之粟，其力稍稍能報母恩矣，乃母則不待板輿迎養，而竟趺坐以終。由今追思，滋可痛也。

母有親生女一，曰熙鳳。塞淵温惠，不輕言笑，兼工烹飪針黹。適同邑夏茂才澤民。出嫁之辰，爲之籌辦粧奩。自几案牀褥，以至巾箱首飾，閨閣用品，即無一不備。而母則荊釵布裙，屏棄人世種種浮華。所有寢處供具，非大破壞不可收拾，不更置焉。至對於祖先祭祀、賓客燕饗、春秋時食之薦、桃李瓊瑤之報，尤盡心竭力而爲，無敢稍愆禮數。遇鄰里鄉黨及族戚之貧而無告者，務千方百計妥爲拯救，甚或解衣衣之，推食食之。迄今口碑載途，嘖嘖稱母之盛德弗諼。繼王母傅太夫人夙嗜禮佛，日誦《般若波羅密多心經》數十遍，母則默識强記，一字不差。孀居以後，遂終身皈依佛法，歷二十三年，而戒益嚴。坐禪之功，亦隨日俱進。臨命終之前數日，因踐佛教同人公約，親往夏口，參加法會。自知壽算已盡，兒女均不在側，乃口囑舅父春山先生處分後事。其殆净土宗所謂預知時至者歟。

母生於前清咸豐四年甲寅七月二十七日，歿於宣統元年己酉九月朔日，享壽五十有六歲。當母存時，膝下尚無一孫。含飴之樂，久未領受。歿後四年，熙壬始遵本生父蘋園府君本生母劉太夫人之命，再聘蕭氏，連舉四男。長應中、次公涵、三公鑄、四公湑。又生七女。長孟維、次亞維、三維、四維、五維、六維、季維，應中、公鑄及孟維、季維，均先後病殤。現仍有孫男二、孫女五。公涵肄業北平師範大學附屬小學，亞維肄業北平師範大學附屬女子高等中學，三維、四維均肄業師範大學附屬女子初等中學。頭角峥嶸，漸可望向國家社會服務，不可不謂吾母在天慈力之所護持也。

中華民國五年十有一月二十五日，熙壬率婦蕭氏恭奉母柩卜葬於豐荷山麓。

大總統黎公元洪以“瀧岡表德”四字旌之。

審計院院長武進莊藴寬亦爲詞誄之曰：

嗚呼，寒風悲兮木葉雨，慈暉去兮瘁寰宇。作人之化始閨房兮，江漢蓋先乎鄒魯。晋主夏盟而范興兮，世胄衍其多祜。惟坤貞足以凝承兮，賢嗣揚顯於建樹。同僚之母固猶母兮，聆徽懿而首俯。嗟母之德誠盛兮，奈何報仁孝以節苦。豈天將豐而故嗇兮，抑數之厄而行之補。能教子以義方兮，夫奚必懷且乳。躬孟母之明達兮，間證法於净土。出入儒佛而一致兮，中澹定以有主。歲未耆遽委化兮，閲世變而不忍睹。奉治命以宣力兮，忽九年而恫禹。乃陟荆山之高敞兮，謀妥幽於千古。蒿里薤露不足稱兮，兼哀榮而非緣圭組。肅誄辭以薦馨兮，爲人母陳其遺矩。

又蒙藏院總裁喀喇沁親王貢桑諾爾布挽詞，調寄《百字令》，詞云：

霜風寒剪。看素車白馬。麻衣如雪。月落豐荷山影寂，絶妙牛眠佳穴。韓愈志銘，蔡邕神誥，墓版題清節。瀧岡華表，煌煌新樹綽楔。　道是薇閣簪毫，蓬瀛負笈，顯志揚名切。迎到板輿剛漢上，詎料人天永訣。窀穸未安，滄桑久變。七載中心結。重吟薤露，戀親無限嗚咽。

此外挽聯挽詩甚衆，辭繁不具録。

贊曰：母之心，堅於鐵石。母之志，强於男子。母之節，皎於冰雪。母之慈，膩於綿絲。

母無子，視群從十三男皆如子，而愛熙壬爲獨摯，雖在未立嗣書以前猶然。熙壬年十五，即以第二人游泮。年十九，與本生父蕻園府君同領鄉薦，母則大喜過望。蕻園府君則且欣且戚，以爲割離己之膝下，而以弟婦母之，於心有所恝然焉。嘗記族姪汝霖孝廉寫嗣書成，蕻園府君閲之而涕涔涔墮，熙壬暨嗣母皆痛哭失聲。三人蓋各有所感，故堂伯耀庭封翁、二伯父仲珊府君從中調停，主張以熙壬兼祧兩宗，蕻園府君始認可焉。然自是以後，熙壬遂不得不奉嗣母爲母，而母之心漸稍稍慰。然而母之心，在可慰中復有不大慰者存，而熙壬莫慰母心之罪，益難逭矣。

節孝汪太夫人傳

中國婦女之能從一而終，守節不再醮者不難。婦女守節，而屬於青年至老不變，終其身無怨言、無愠色則爲難。青年婦女之能終身守節不難，青年婦女能終身守節，而兼能教養子女支持家政則爲難。青年守節之婦女於夫歿之後，能教養其親生子女不難，若夫歿之後，己本無子而能取他人之子爲己子，己本無女而能取他人之女爲己女，撫之、育之、顧之、復之，而他人之子女終其身對之無閒言，子女之父之母亦終其身對之無閒言則爲甚難。青年守節之婦女於夫歿之後家道富厚，代其夫支持家政不難，若夫歿之後家道寒苦，仰事俯畜毫無憑藉，而能事夫之父如己父、事夫之母如己母、事夫之弟及弟婦如己之弟及弟婦，而夫之父母終其身對之無閒言，夫之弟及弟婦至終其身對之無閒言，則爲尤難。

嬸母汪太夫人爲同邑汪開春先生之長女，系出農家。塞淵温惠，性本天成。在閨閣中，舉止語默已隱然與戴記《内則》相合。其來歸我堂叔克豫府君也，年僅十有九耳。入門之後，恪守婦職，事叔祖餘慶公暨叔祖母葉太夫人，晨昏定省，下氣柔聲。盤盂甘旨之奉，衣裳浣濯之勤，未嘗推諉他人。偶有閒暇，則出其纖纖十指從事紡織。農忙時，則主中饋，議酒食，饁家人之耕作焉；甚或拾樹枝，掘野草，濟薪火焉；甚或轉桔槔，汲渠水，資灌溉焉；甚或荷耰鋤，除稂莠，佐穡事焉；甚或持鐮刀，揮連耞，助刈穫焉；甚或執箕帚，操杵臼，任簸揚焉；甚或植瓜圃，闢菘畦，羅菜蔬焉；甚或伺雞鴨，牧羊豕，供肉食焉；甚或課蠶桑，種木棉，勵女紅焉。無寒無暑，無晝無夜。未嘗敢耽逸豫，以曠工作。未嘗肯戀嬉游，以[illegible]生計。以故叔祖父及叔父輩，皆得以上農夫稱於鄉里，每年收割爲一村冠。歲時伏臘，恒有餘力以款接族戚賓客，田家樂事雍雍如也。

洎克豫府君病歿，嬸母年纔二十有一，一燈瑩然，形影相弔。堂上賸有皤皤黄髮之翁姑，膝下别無呱呱而泣之稚子。家徒四壁，生意蕭條。於時嬸母則志矢柏舟，毅然以撑持門户爲己任。其孝事翁姑，和處妯娌，一如克豫府君之生存時，罔敢稍怠。并且取夫弟壽籛之子明琛爲子，夫弟克新之女明芷爲女。教以詩書、針黹，孝弟力田，以符古人耕讀並重之義。其後壽籛叔宦游吉林，音問杳然，安危莫卜，而叔祖父餘慶公、叔祖母葉太夫人及克新叔相繼下世，境遇日益屯邅。明琛及壽籛叔次子明璿年均幼弱，甫從塾師受讀，啼飢號寒，饔餐每虞不給。嬸母則夜以繼日，率同弟婦林氏、葉氏縫紉紡績，加倍作工，必千方百計，使若子、若姪先得温飽。而己則節衣縮食，凍餒自甘。或採藜藿以充腸，或服粗布以蔽體。困心衡慮，舉凡尋常婦女所萬難忍受之逆境，而一一甘之如飴，安之若命。於戲，豈非慈祥愷悌、温良儉讓，有大過人之異禀者而能若是耶。

迨至民國初元，壽籛叔遠道歸來，兩袖清風，一籌莫展。而嬸母不惟不以終窶且貧誚之，反極力安慰，仍鼓其百折不回之勇氣，再接再厲，不肯以絲毫家累窘壽籛叔焉。蓋壽籛叔呼嬸母爲大姊，而嬸母視壽籛叔猶親弟，雖曰叔嫂，而愛逾手足，敬若賓師。以較蘇季子之嫂前倨後恭、漢高祖之嫂撩釜拒客，賢不肖相去爲何如耶？

惜乎天不假年，卒以憂勞過度，積成肺疾，突於癸丑年正月初二日疾而終，享壽四十有六。其易簀之日，遠近聞之者，無論識與不識，莫不悽然墮淚，嘖嘖稱道其賢淑不置。今者闔族修譜，距嬸母逝世已二十年，明琛弟以狀來屬予作傳，闡發嬸母之潛德幽光，以昭不朽。予惟明琛等績學多年，粗有成就，能以文史教授鄉村，且娶婦成室。生有男二人，長鍾秀、次中秩，女四人某某。其後嗣熾昌，此將來確有未可限量者，皆由嬸母一人含辛茹苦、慘淡經營所致。得不謂當今婦女中之最難能可貴者耶。故不辭而作傳以章之。

贊曰：嬸母之行事，表現於外者，盡人皆知。嬸母之存心，蘊結於中者，非徒無形無聲，極隱微處，窺察之不易知也。嬸母之初居孀，但伏牀笫間唏噓流涕，絶不效村里婦人大聲號叫，以傷翁姑之心，可謂孝矣。持躬極嚴，非襄營農業不踰閾。外出則垂首屏氣，不輕言笑。處家人骨肉間，亦恭而有禮，和而不流，可謂節矣。於戲，此類芳行，即求諸累代簪纓之世族，殆不多覯，况出自田家女耶。謚爲節孝，誰曰不宜。

劉生人鏡金蘭譜小引

蓋聞《詩》歌伐木，鳥嗚昭求友之殷。《易》贊斷金，蘭臭結同心之雅。是以千里負笈，四方上下，輒喜雲龍相從，三載聯牀。風雨晦明，尤愛硯席與共。爰修庚譜，互表寅衷。排雁字以序班行，執牛耳而申盟誓。爲工、爲白、爲長、爲高，正木必從大匠之繩。如切、如磋、如琢、如磨，攻玉當用他山之石。既異性引爲骨肉，則相逢他日，自無乘車、戴笠、擔簦、跨馬之嫌。倘隱居聚在山林，則回憶少年，益尋望衡、對宇、汎舟、褰裳之樂。曰奔走，曰後先，曰疏附，曰禦侮，不亞孔門之回、賜、師、由。素富貴，素貧賤，素夷狄，素患難，勿效趙國之耳、餘、澤、黶。託青雲於梯上，推赤心置腹中。李少谷偕韓億稱割蓆交，虞孝緒與路瓊號彈冠友。如魚得水，始終無信流言。以漆投膠，生死不渝本志。所望樂群敬業，取三人行必有我師。庶幾聲應氣求，符四海内皆爲兄弟。

祭金生樹漢文

維中華民國二十有一年六月二十五日，北平警官高等學校全體教職員，謹以香花庶羞致祭於遼陽金君樹漢之靈。其辭曰：

嗚呼哀哉，倭夷煽虐，藉辭尋釁，竊我瀋陽。背約違盟，不顧國信，狼突豕張。乘我天災，餓莩塞野，百孔千瘡。幸我人禍，四分五裂，兄弟鬩墻。邊陲空虛，戍卒内徙，宵柝失防。擅移師旅，鳴槍轟炮，蹂躪城隍。一夕之間，東北三省，淪爲寇疆。我愈退讓，倭愈猛進，得尺則王。我重平和，倭逞暴力，導虎以倀。國際聯盟，非戰公約，視之若盲。大邦責言，小邦勸告，聽焉即忘。倭之心目，祇貪私利，並無列强。倭之魂膽，專在吞併，獨霸東方。既殘吉黑，復擾關内，南逮長江。吴淞滬瀆，鏖戰三月，其血玄黄。貲財焚燬，生命損耗，億萬難詳。噴毒未已，利用廢帝，在滿建邦。以人魚肉，供彼刀俎，刳腹破腸。哀我華民，何辜於天，逢此侲攘。勇哉金君，不忍苟活，馳歸故鄉。目之所觸，足之所履，地積悲涼。誓殺仇讎，手無寸刃，遶室彷徨。誓雪國恥，欲當車軼，臂奮螳螂。環顧全國，衆人嬉嬉，燕雀處堂。酣歌恒舞，俾晝作夜，職廢酒荒。匹夫懷璧，厚自封殖，爲盗慢藏。縣官索租，敲骨吸髓，但飽私囊。一旦寇至，各鳥獸散，逃匿倉皇。黄金滿簏，未遺愛子，徒資强梁。事前勸彼，毁家紓難，彼則回遑。事後申儆，禍至無日，反誣楚莊。人有飛機，日行萬里，空中翱翔。城高池深，炸彈一擲，頓失金湯。人有軍艦，號大無畏，縱横海洋。沿岸各省，時受迫脅，市井震惶。人有戎車，唐克鐵甲，鋭莫能當。機槍重炮，毒菌緑氣，觸之者僵。彼昏不知，一心倚賴，萬國平章。調查成團，公斷集會，於謀何臧。海東海西，火觀隔岸，袖手其旁。斷無尸祝，肯越樽俎，代庖而行。烈哉金君，痛自策勵，以身爲坊。手寫遺書，廣告國人，共掃欃槍。秦昭稱帝，仲連蹈海，其氣至剛。楚懷失國，屈原沈水，志潔行芳。千載而下，心同理同，今古相望。與其偷生，漆身吞炭，豫讓佯狂。曷若侯嬴，北鄉自剄，爲魏國光。與其亡命，田横五百，海上徜徉。曷若伍員，抉眼東門，哀吴之亡。躊躇再四，萬不獲已，起而自戕。慘哉碧血，化爲萇弘，軀委北邙。嗚呼哀哉，身體髮膚，受之父母，何敢毁傷。人誰無死，泰山鴻毛，要自評量。金君之心，冀以一死，激我國殤。愧彼狡童，有靦面目，傀儡登場。望後死者，懸膽於户，出入必嘗。左執鞭弭，右屬櫜鞬，與賊相將。黄龍痛飲，岳飛之願，何日克償。敢集同人，悼君遺志，薦此馨香。嗚呼哀哉，尚饗。

中華民國憲法草案意見書

革命爲推進政治之手段，而非推進政治之目的。憲法爲推進政治之目的，而非推進政治之手段。吾國自辛亥革命前發生兩大政團，一爲孫中山先生所領導之同盟會。即主張以武力推進政治之政黨。一爲資政院、各省諮議局議員及國内外學生所組織之憲友會，即主張以憲法推進政治之政黨。兩大政團，不期而遇辛亥八月十九日之武昌起義，於是遂有中華民國臨時政府、臨時參議院、臨時大總統及副總統之出現，而清社以屋，而共和政體以成。

迨至民國二年，兩大政團各自依據法治國通例改爲正式政黨，在各省競争選舉，在憲法上求貫徹其政治之主張。不幸袁世凱及其部下痛惡憲法之害己，一再干涉制憲，終至解散憲法會議。兩大政團同歸失敗，而中山先生之贛寧革命，亦成泡影。由民二至民十二，此十年中有主張修改《約法》也，有主張修改國會組織法也，有主張擁護《約法》另組政府也，有主張繼續議憲通過草案者。於是以武力推進政治之革命派，有時放棄武力宣言護法。以憲法推進政治之立憲派，有時依附軍人昌言毁法。兩大政團，有時互相結合，構成雲南起義、廣州護法。有時互相敵對，釀成張勳復辟、曹錕賄選。泯泯棼棼，舉棋不定，所以革命逾十二年，而中華民國憲法，乃於全國共棄，名譽墜地。多數國會議員手中草草宣佈，有憲法等於無憲法，已革命等於不革命。故辛亥革命之最大犧牲，在歷史上收穫果實，僅有中華民國四字。

由民十三至民二十二逾十年中應劃爲國民革命時期。中山先生在廣州演講三民主義，手著《建國大綱》，改組中國國民黨，創設國民政府，均於民十三年植其根基。至民十五年而武漢臨時政府成立，至民十六而南京臨時政府成立。至民十七而北伐告成，全國統一，正式國民政府遂爲各友邦所公認。然統一逾六七年，無年不發生内鬥。首爲第一集團與第四集團戰，次爲第一集團與第二集團戰，次爲第一集團與第二第三集團戰，次爲河北張石之戰，次爲雲南龍□之戰，次爲四川二劉之戰，次爲山東韓劉之戰，次爲貴州李□之戰，次爲四川劉鄧之戰，最近則有西藏内犯、新疆叛變。而粤湘鄂贛豫皖閩川之勦共戰役，綿亘數年。至今尚東馳西驟，相持而不知所届。此無他故，專憑武力革命，而無憲法以奠武力革命之後，所以徒糜億萬金錢，徒捐將士頂踵，徒焚燬無量數人民之村落廬舍，而政治終末由推進也。難者曰：辛亥革命曾公佈《臨時約法》，國民革命亦公佈《訓政時期約法》。約法實質以較憲法，並無甚大差別。何以政治竟不收絲毫推進之效，反呈失勢一落千丈？强之觀此又何説。則正應之曰：有《約法》而不實行《約法》。則其弊與無《約法》等。袁世凱及北洋軍閥若嚴守《約法》，則必不敢解散國會，變更國體。曹錕若知憲法神聖不可侵犯，則必不敢故違大總統選舉法，不待任期終了，即驅逐黎元洪。《訓政時期約法》若國民政府果能逐條實行，則“九一八事變”及“二一八事變”必不至在遼瀋及淞滬發生。一言蔽之，全國人心目中，祇知有武力可畏，置國民黨於武力之下，以箝束民衆，而不知民意團結堅於武力，武力可各個擊玻，民意不可各個擊破。憲法者，全國人民公意之結晶體也。置國民黨於憲法之下以領導民衆，其不願入國民黨者，或其政見有超出於國民黨之外者，亦聽其另組政團，自生自滅，受全體國民之嚴重裁判。自由趨舍，則彼此相激相蕩，相反相成，政治必有徹底改造之一日。

中山先生《建國大綱》分軍政、訓政、憲政三時期。北伐告成，當然離開軍政，進行訓政。但訓政應從縣自治入手，而至今僅有廣東省之中山一縣可稱自治，其餘則在苛捐重税武力壓迫之狀況中，那有資格彀談自治。縣自治若未試行，則省自治即無從實現。省自治若末實現，則全國自治即無從完成。而憲政萌芽，遂永無開始茁發之一日。若果如此泄泄沓沓之，則訓政六年與不訓政等，有憲法一萬條與無憲法等。蓋憲法者，政治推進到最後之目的地。若不以縣自治作開步走之起點，不但憲法不能實施，且人民亦不知憲法爲何物，國家與個人有爲何連帶關係。縱國民政府予彼以最高之國民總投票權，彼亦不知票若何投，投票作若何主張，贊成有若何福利，反對有若何弊害，投票將生若何力量，不投票將受若何影響。彼爲中華民國主人翁之一分子，何以主人反受無數公僕之層層壓制。此種壓制，是否可從國民經投票的一部憲法之復决權中解放出來。凡此皆爲訓政時期應從縣自治行使四權之國民首受訓練，然後一般人民始知國家與個人之重大關係，始知選舉權、罷免權、創制權、復决權之必不可棄；投票時必須到場投票，必須贊成有利於我之主張，必須反對有害於我之主張，必須選出其主張有利於我之代表，必須撤回其主張有害於我之代表。如是則一般國民方可言運用四權，方可望監督五權，方可用復決權復決憲法，方可用創制權創制憲法。而後美、德、瑞士之全民政治方可以移植中國，而後中華民國之國家組織法方可以宣布施行，不至與德方公佈之約法、憲法同出一轍。否則月言制憲、月言開放政權，其效力不過爲過眼煙雲、曇花一現，成與粉墻上之通常標語相等而已。總而言之，事至今日，欲確保中華民國之領土完整，欲嚴密中華民國之國民組織，欲實現中華民國之國權統一，祇有出於從憲法上推進政治之一途。以憲法上之國民代表大會消滅武人之割據地盤、擁兵自衛，以憲法上之全國經濟會議緩和共産黨之階級鬥争，以憲法上之國民總動員抵抗强鄰之武力侵權、破壞約章。則目前種種之不景氣及最難解決之數大問題，均可覓取正當途徑，作釜底抽薪之根本解決也。

今者國民政府鑒於國難當前、危機四伏，決定由立法院起草憲法，並命各省組織憲法草案聯合研究會，陳述關於憲法上之各大意見。熙壬被鄂省政府聘充會員，且公推爲起草委員。於是根據中山先生《建國大綱》、三民主義，並參照美、德、瑞士各聯邦國之現行憲法，略仿立法院委員吴君經熊用三民分編之意，模擬憲法條文共二百零八條。此作個人意見之表示。其主要點，則在以國民聯合自治替代聯省自治，而先經《建國大綱》之縣自治著手，由下而上以鞏固國民主權之基礎。其中央與地方關繫，則遵照中山先生採均權制、各省制省自治法、各縣制縣自治公約，俾一般國民得在省縣充分行使四權，以嶄新之全民政治矯正代議制度之過失。至關於民生問題，則爲一般人民需要憲法之最大關鍵。在社會主義之政潮澎湃時期，過激則機械工業不甚發達，國家與一般國民皆無資本可供運用，公有私有絶對不生重大變化。過緩則資本主義國家以全副力量侵入吾國，吾國以農業手工業爲本位，生産力既不如人，購買力亦日縮一日，那能度此生産過剩的物品之盡量傾銷。故爲全體國民之最近生活計，勢不能不以社會公營的替代從前之個人經營的，以抵抗外來資本國家之侵入。更不能不以强制勞動的替代經前人自由勞動的，以發展全體國民生産之本能。故在本草案中，泰半采取德國憲法，分爲共同生活及經濟生活，以漸進的社會主義限制土地所有，並將適於社會公營的經濟企業移爲公有。其餘則參酌吾國固有習慣，以不背人類平等生活爲原則。一俟全國機械工業發達完成，足與歐美大工業國相頡頏，則可依修改憲法程序，做進一步之經濟主張。中山先生之民生主義及《建國方略》，義固如此。即最近俄羅斯之新經濟政策，亦莫不如此。伏冀海内明達君子俯賜批評，糾正謬誤。或不嫌拳曲臃腫，而納之於規矩繩墨之内，加以斧斫，尤所慶幸。所有撰擬憲法草案條文意見備録如後。

敬勝閣文鈔卷六

黄陂　任卿　范熙壬

范氏族譜序

譜牒之學，權輿周代。孔子所傳宰予問帝繫姓，記於《大戴》。司馬遷所讀春秋曆譜牒，見於《史記》。劉向所録《世本》十五篇、《帝王諸侯世譜》二十卷、《古來帝王年譜》五卷，著於《七略》。其犖犖已。秦漢以降，體例繁增。本紀、世家、列傳以外，别有世表、年月表，旁行邪上，繼譜而作。顧史官秉筆，大抵詳於帝王諸侯公卿大夫，國家政治之所從出，爵禄恩澤之所遞及。其屈在市井草莽者，若士、若農、若工、若賈，則國史靡得而稱焉。

《隋書·經籍志》於雜傳中，備舉李氏、王朗、王肅、太原王氏、褚氏、薛常侍、江氏、庾氏、斐氏、曹氏、范氏、何顒使君、江左王氏、孔氏、崔氏五門、暨氏、周齊王、爾朱氏、周氏、令狐氏、何氏《家傳》、虞氏《家記》、韋氏《家録》、明氏《世録》等書，少者一卷，多者至二十餘卷。於是正史之外，始有私家記載，旁羅四民，分述世系。然而族譜之名尚未嶄然大露頭角也。

逮至劉昫、歐陽修等撰新舊《唐書》，乃於《經籍志》、《藝文志》創立譜牒一門。其紀皇族，則録有宋均注《帝譜世本》，王氏注《世本譜》、《漢氏帝王譜》、《齊梁宗簿》、《梁親表譜》、《後魏皇帝宗族譜》、《後魏譜》、《齊高氏譜》、《周宇文氏譜》，柳芳《永泰新譜》，柳璟《續譜》，李衢《皇唐玉牒》，李匡文《天潢源派譜》、《皇孫郡王譜》、《元和縣主譜》，李衢《大唐皇室新譜》等書。其紀聖賢，則録有黄恭之《孔子系葉傳》，賈執《姓氏英賢譜》等書。其紀衆姓，則録有王儉《百家集譜》，王僧孺

《百家譜》，賈執《百家譜》、《冀州姓族譜》、《洪州諸姓譜》、《袁州諸姓譜》，許敬宗《姓氏譜》，路敬淳《衣冠譜》，李林甫《唐新定諸家譜録》等書。其紀一家，則録有《司馬氏世家》，王方慶《王氏家牒》，裴守貞《裴氏家牒》、《楊氏譜》、《蘇氏譜》、《孫氏譜記》、《韋氏譜》，王氏，謝氏，東萊吕氏，顔氏，薛氏，李用休，徐氏徐義倫，劉晏，劉輿，周長球，施氏，萬氏，滎陽鄭氏，竇氏，鮮于氏，趙郡東祖李氏《家譜》、《李氏房從譜》，陸景獻《吴郡陸氏宗系譜》，劉子玄《劉氏譜考》及《劉氏家史》，韋絢《韋氏諸房略》等書。由是表章舊德名氏，推尊先正典型者，往往在家傳以外，别纂家譜家牒。宋明至今，尤爲盛極一時，幾與國史、省志、府志、縣志相頡頏焉。

黄陂范氏自明洪武二年，始祖國公由江西南昌居湖北麻城，旋徙黄陂河口。中間世次失傳，至一世祖鑒公，復因避讎，再從[1]縣南永寧堡，零丁孤苦，奮其一手一足之烈，披荆翦榛，肇啓土宇。生有四子，一文俊公、二文貴公、三文顯公、四文紀公，伯仲叔季，壎篪競奏，明經講學，昌大門閭。我房支祖文紀公，尤雄於財。宸濠之亂，獨力出銀四十萬兩，贊佐王文成公守仁討平巨憝。愛國血誠，已足爲一世模楷。兼之在石潭河創設義渡，在范四橋建造石橋，行旅往來，嘖嘖稱便。對於鄉村公益，更出之以身作則，當仁不讓。於戲，大雅所謂“貽厥孫謀，以燕翼子”者非耶？自明初以訖今日，歷年五百餘歲，户口蕃衍，村落以數十計。振振蟄蟄，聚族而居。其能頌詩書繩祖武者，代有其人。或許身國家，或服勞社會。或爲名臣，或爲循吏。或爲醇儒，或爲隱士。或執干戈以衛杜稷，勳伐爛然。或處畎畝以樂堯舜，志行卓爾。或牽車服賈，逐什一以致千金。或審曲面勢，飭五材以辨民器。或入孝出悌，在家庭作一完人。或茹苦含辛，在巾幗稱爲淑女。凡兹一技之長，片言之善，邇之足以留芳桑梓，遠之足以揚輝竹帛，小之足以垂裕後昆，大之足以矜式全國。爲子孫者，若數典而忘其祖，若飲水而昧其源，錯矩偭規，踶跂蹩躠，即奥窔之間，户庭之内，已無威儀抑抑、德音秩秩之可言，尚得謂“良弓之子必學爲箕，良冶之子必學爲裘”，能迪前人耿光，而無愧爲帝陶唐之苗裔也耶？

庚午十有二月，熙壬歸自北平，闔族老少，若克囧、樂賓、薌圃諸叔，明初、紹仲、明學、壽亭、明賢、明侖諸兄，朗庭、壽堂、笙陔、獻誠、季仲諸弟。中應、壽山、心畬、伶如、華安、松山、祥陔諸姪及姪孫惠亭、文波、季雲、正國等，邀集族人，開會於崗上灣祠堂，謀修族譜。繼步陶公，素村公遺志，將鑒公以下各支聯爲一譜，惟是其中有最感困難者三點。自始祖國公以至鑒公，爲時約百餘年。考妣名氏，譜牒失傳。三分譜以爲國公下有先八公，一名元八，應以此爲一世祖。四分譜則以爲先八、元八，祖名既未確定。其間是一傳再傳，尤難臆斷，止可守“多聞闕疑”之義，以有世系可考之鑒公爲一世祖。兩造齗齗，函牘往返，積百餘年，體例不能劃一。此一難也。文俊、文貴二公子孫到處遷徙，或居漢陽柏泉山，或住灄口高車坡，或冒蘇氏，或贅張氏，或嗣黄姓，或歸熊姓，有以螟蛉之子而負於螺蠃者，有以江南之橘而植於江北者。代遠年湮，未易訪尋本末，欲其與三分、四分並列一譜，文獻殊不足徵。此二難也。文紀公長子敦公一支，在四分譜中稱其孫名桂，而三分譜作蘭。又其同輩有茂、菁、蓬、奉四人，茂爲俶嗣公子，而其餘三人則前後無徵。又雍正元年所立隱重公碑，詳列其曾孫共十七人，未知某人爲某所出，輩行混淆，源流莫辨。又桂公後，有一人寄籍黄安四馬山，或云係代之公少弟，而三分譜則信以爲實，列於分注。殘編斷簡，所言多屬無稽。誰僞誰真，未便望文生義。此三難也。有此三難，所以我太高祖步陶公纂支譜時引爲憾事。曾祖彝舟公恪遵遺教，不肯隨聲附和，主張三分、四分，各行其心中所屬。

但熙壬以爲宗法所最不可紊者血統，人類所最不可背者祖先。本爲一統，故欲獨伸己見，歧而二之者固非。本非一統，故欲牽强附會，渾而同之者亦非。確爲我祖，故欲吹毛求疵，推而遠之此固非。確非我祖，故欲嚮壁虛造，引而近之者亦非。孔子曰：“知之爲知之，不知爲不知，是知也。”又曰：“君子於其所不知，蓋闕如也。”荀卿曰：“信信，信也。疑疑，亦信也。”以上三難，以孔子、荀卿之義繩之，無所謂難。其有事跡可考者，振筆直書。某爲某子，某爲某父。所謂知之爲知之也，所謂信以傳信也。其無碑傳爲憑者，兩存其説。甲譜作某，乙譜作某。所謂不知爲不知也，所謂疑以傳疑也。若夫雙方皆無實證，其所争執者又非異流同源百世不祧之宗祖，其考妣名氏有疑，其昭穆系次有疑，盡可虚懸一世，存而不論。使後世子孫知其祖以上尚有祖先，故老口傳，無可徵信。所謂"君子於其所不知，蓋闕如也"。闔族人士，苟瞭然於孔、荀二氏之説，又何嘵嘵置辯，挾一非以抗衆是之有哉。

熙壬之管見如此，持此以函商紹仲、壽亭兩兄，紹陔、聘陔、樾青三弟，罩高、秉能二姪，僉曰"可用此法以合三分、四分之譜，並可用此法以合鑒公以下各支之譜"。於是壽亭兄及罩高姪奔走皖漢，復持此説以會商族人，均以爲然。因公推紹仲、壽亭兩兄，罩高、祥陔兩姪分任纂修，並由族人量其財力之强弱出款多寡，以充一切度支。其有不足，則由紹陔弟一人慨然獨任。譜既成，遂屬熙壬叙其緣起如上云。

嫡堂兄紹仲先生行述

兄諱熙椿，字紹仲。天資聰穎，性和易而極耿介。少受二伯父仲珊府君庭訓，四子書及五經皆琅琅上口。稍長，習制舉業，從黄子與、王蜍生先生游，間爲律賦及試帖詩。嘗記己丑歲五月五日，二伯父命作龍舟競渡賦。熙壬年僅十一，見獵心喜，亦抽毫伸紙爲之。賦成以呈二伯父，頗蒙許可，略加點竄。因是奇熙壬而督課兄益急，兄亦踔厲奮發，嶄然露其頭角，文藝猛進，有桐城方百川與方靈皋之風。歲庚寅，熙壬初預縣試，隨兄鏖戰童場，府院試並遭挫折。二伯父嚴加呵斥，兄深以爲戚，而熙壬則以年幼自解。時黄子與先生尚館穀吾家，兄一心精研管蘊山八股聲調，以期脱穎而出。熙壬則愛讀《左傳》、《史記》、兩《漢書》、《三國志》及《晋書》。兄視之，頗笑熙壬不合時趨。而子與先生顧以熙壬丹黄並下爲然，且贊賞志向遠大。歲壬辰，熙壬復偕兄赴府縣試，終場皆列前二十名，院試又同被黜落。熙壬因試帖詩失黏，受本生父蕻園府君掌責，兄亦鬱鬱不自得，襆被而歸。次歲癸巳，熙壬以録取經古院試倖列第二名，兄則報罷還鄉，憂喜交集。甲午鄉試，兄以納粟成均，隨二伯父仲珊府君、本生父蘋園府君及熙壬四人同時預考，僅蘋園府君一人堂備，薦而未中，餘則均爲同考官束之高閣。是歲，熙壬肄業張文襄公所創設之兩湖書院，專攻史學，兼治訓詁辭章。兄則習居鄉村，讀書之暇，襄助次仲二兄巡視田野。農家生活，頗饒樂趣。時二伯祖母劉太夫人年逾七十有四，精神矍鑠。二伯父仲珊府君入漢口淮鹽總局賓幕，薪給甚優。二伯母劉太夫人勤儉治家，晝夜督諸姑諸姊紡織，人人皆有職業，生計裕如。歲乙未，與嫂藍夫人結婚，伉儷之情極篤。歲丙申，兄復應府、縣試，終場均列前十名。院試仍未入彀，旋偕熙申、熙璩兩弟考入武備學堂。僅居匝月，厭而棄去。歲丁酉，兄隨蘋園府君及熙壬三人同應鄉試。蘋園府君及熙壬均領鄉薦，父子同榜。而兄獨一人下第，胸中最爲抑鬱。次歲戊戌，蘋園府君聯捷成進士，簽分兵部主事，深以未預館選爲憾。兄則縣試榜列第一，府試第二，院試以府學生入泮。蓋自本生祖父淑臣公以來，我姓考生在黄陂縣四千餘人中奪取案首，當以兄爲得傳衣缽者。是歲，藍嫂生長子公權。采芹弄璋，一門稱慶。歲己亥，蘋園府君掌教晴川書院，兄住院肄業，並以科考一等補廩膳生。是歲，二伯父在漢口創辦同豫鹽行。二伯母劉太夫人嬰疾逝世，兄寢苦枕塊，持喪禮最嚴。歲壬寅，兄應湖北恩正並科鄉試，卷列堂備，未獲中式。歲甲辰，熙壬游學日本東京，兄亦負笈前往，肄業弘文學院師範班。次歲乙巳，再入日本政法大學，精研法律。歲丙午，兄歸國，充江西客籍學堂監學及教員。時蘋園府君以知府需次江西，充法政學堂提調。兄侍從左右，旅居頗不寂寞。歲己酉，孔少霑師督學河南，聘兄充高級師範學堂教員兼監學。留豫兩年，造就士子甚衆。歲辛亥八月十九日，武昌軍人擁黎公元洪起義，創建中華民國。時漢鎮爲馮國璋第一軍所焚，同豫鹽行亦罹兵燹。二伯父仲珊府君雙目失明，因留兄幫營鹽業，並與同行十家計劃復興。次歲壬子，鹽業公所推舉兄充總董事。二伯父突染沈疴逝世，而鹽行竟爲漢口鄂岸榷運局所撤消。兄以一手一足之力撐持家政，並營二伯父葬事，異常困窘。不獲已，乃與次仲二兄及季仲四弟析居。時二伯父續娶伯母李太夫人亦還鄉就養，兄與藍嫂事奉極恭。但兄膝下一兒、五女婚嫁之事層見疊出，所費益苦無著。歲己未，北游燕都，隨唐慕潮財政廳長往黑龍江，襄辦廳務。旋委充通河縣徵收局長，稅收頗旺，與商民情感極浹。在局年餘後，調充興隆鎮徵收局長。到職數月，因本局解稅員串通鬍匪，中途將稅款數千圓掠去，分贓自肥，而佯報被劫。兄遂以此案受累，引咎辭職。時藍嫂正隨往興隆鎮，由鄂赴黑，奔馳七八千里。征裝甫卸，即遇此重大損失，驚怖之餘，舊病陡發。次歲相率回里。兄遂抱莊周鼓盆之戚，蓋兄自成年授室以後，環境之困厄，中心之痛苦，未有甚於此時者也。歲辛酉，兄以田焕廷總長薦，再往吉林，充財政廳調查員。甫兩月，即罷歸。自是以後便高卧漢口以教授私塾生徒自給。無幾，次仲二兄忽中年殀折，兄愈增骨肉凋零之感。歲甲子，孫慕韓國務總理保兄以薦任職分發河南任用，兄頗以再入宦途爲苦，謝絶不往。歲丙寅，國民革命軍至漢口，建設武漢政府。左右兩派軋轢甚烈，漢口市及黄陂縣咸有恐怖暴行。兄則避居鄉村，瀦商族叔克冏，組織農民協會以自衛。已而南京政府成立，武漢政府爲西征軍所顛覆，秩序稍稍安定。兄不時往來漢口，倘徉於山林城市之間。顧意趣索然，身體逐漸羸瘦，不似壯年之精力彌滿矣。歲戊辰，兄闢館於杜家田祠堂，鳩集族人子弟，教以五經四書及小學課本，植蒙以養正之初基。同里中有鼠牙雀角之争者，往往踵門求直，兄則焦唇敝舌，秉公勸導，恒以息事寧人爲主旨，故鄉人仰之若魯仲連之排難解紛焉。歲庚午，族人因譜牒積數十年未纂，開會於崗上灣祠堂，議決合修范氏宗譜，公推兄及壽亭兄，罣高、翔陔兩姪擔任纂修。兄則不辭勞瘁，遵循步陶公及素村公之體例，續撰傳文及分注世次，並督獻誠弟等日夜鈔寫，校刊付印。兄常言此譜一日未成，即所願一日未了。深以時局危險，妨害工作爲憂。幸闔族父老子弟同力協作，於本年春間得觀厥成。然宗譜成而兄竟因勞致疾，因疾致死矣。悲哉，悲哉！今歲二月，公權姪任青島市公安局第三中隊長，解職過平，並携其生滿八月之姪孫正康來。適熙壬接獻誠弟手書，具述兄病危篤，恐將不起，遂力促公權速回黄陂省視。誰知公權歸未數日，即得吾兄棄人間之噩報。回憶少年同堂會食、同窗讀書、同場應考，聲音笑貌，如在目前。曾幾何時，竟成永訣。噫吁嘻，慘矣，悲哉！

綜計吾兄生年少而壯，壯而老，老而病，病而死，流光荏苒，不過六十寒暑。在此寒暑往來中，新陳代謝，除孩提之童撫畜長育資之於母，總角以後飲食教誨倚之於父，含哺鼓腹，徵逐游戲，不復知人間有憂患事外，其間能常見面、作開口笑者，歲無幾月，月無幾日，日無幾時。今則並此無幾月、無幾日、無幾時之開口笑不可得已，今則並此無幾月、無幾日、無幾時之常見面不可得已。《詩・小雅・棠棣》之次章曰："死喪之威，兄弟孔懷。原隰裒矣，兄弟求矣。"其三章曰："鶺鴒在原，兄弟急難。每有良朋，况也永歎。"兄雖與熙壬爲從父昆弟，然當原隰聚居之日，輒生同氣相求之心，值國家多難之時，益矢外禦其侮之志，不料死喪之威，奪兄如此其急。天乎，天乎。棠棣廢，則兄弟缺矣。豈無他人，不與我同姓。噫吁嘻，慘矣，悲哉！

【校記】

〔1〕"從"，應爲"徙"字之誤。

補　遺

論立憲國之教育①

今之時，果爲何如時載？上觀於朝，公卿百官日月所獻納者，莫不曰預備立憲。下觀於野，薦紳先生朝夕所論思者，莫不曰實行立憲。顧立憲尚矣。仰思有立憲之君，必有立憲之國民；有立憲之國民，必有立憲之教育。向使九年之内，國會聿開，有執兩用中之聖天子采納群言，有集思廣益之賢有司取决公論。而草莽市井之人茫然不知憲法爲何物、國會爲何事，鉗口結舌，手足罔措，縮朒畏阻，扞格不通，棄權利而不知取，背義務而不知盡。又其甚者，盤結黨羽，挾持長官，武斷鄉曲，蹂躪良善，暗通賄賂，僥幸選舉，排斥異己，顛倒是非，逞一時之意氣，冒千古之罪名，不顧世界和平，不惜大局擾亂，火不戢而焚自，川以潰而傷人，所謂無立憲之實而徒剽立憲之名，求立憲之利而蒙立憲之害者，是豈立憲爲咎也邪？蓋無教育故耳。

吾國自秦以來，官私教育，幾二千年矣，顧編氓文化，塞而不開，社會道德，頹而不振者，何也？曰教育之實權掌握朝廷，不掌握草野，教育之宗旨造就官吏，非造就國民也。乃今始翻然改圖，則不可不劃分教育之實權而委任之於草野，委任之於草野則不可不奬勵私立學校，補助公立學校，俾學校額數逐日增廣而國民之智識頓進，如是者爲普及教育。教育而曰普及，則非爲官吏學校操教育之大枋也，繼不可不變通教育之宗旨，而注重之於國民；注重之於國民，則不可不編纂學校課本及修改學校章程，俾學校趨向同出一途，而國民之責任加重，如是者是爲義務教育。教育而曰義務，則非惟考試合格盡教育之能事已也……一曰愛國，二曰合群，三曰尚武，四曰守法，五曰務本而已。②

① 1909年4月15日，范熙壬在《教育新報》上發表《論立憲國之教育》，提倡立憲教育。本篇爲輯録。

② 本篇中兩段文字均録自劉望齡編著：《辛亥首義與時論思潮詳録》（上卷），武漢：華中師範大學出版社，2011年，第293頁。

質問財政部委託交通銀行代理金庫書[①]

國家整理財政，首在收支機關之統一，而統一收支之辦法必以統一金庫爲先。吾國向無金庫之設，收入支出之機關兩相混合，故財政棼如亂絲，莫可究詰。改革以後，設立中國銀行代理金庫，粗具雛形，而政府互相矛盾之政策層見疊出，國人不免益增疑惑，而財政前途不堪設想矣。查法律第六號公佈《中國銀行則例》第十三條載“中國銀行受政府之委託，經理國庫”等語，財政總長周學熙於本年五月初二日繕具金库條例草案，擬懇先準試辦，呈請訓令施行，業經臨時大總統批准，據呈，已悉應即照准此批等語，固明明根據第六號之法律，以大總統訓令實行統一國庫之計劃，雖其間所定條例草案未經議院通過，頗有未盡妥協之處，而揆諸各國委託國家銀行代理金庫之例尚爲符合。又查本年三月四日臨時大總統令任命高凌霨督辦改組各省銀行及推行紙幣，開辦金庫事宜，並命高松如會同辦理，此等命令已與前項訓令自相矛盾，然可作爲以後令取消前令解釋，聞改組各省銀行督辦處至今尚未裁撤，其中與中國銀行權限如何劃分？金庫是否中國銀行與督辦處共□？實際内容未易窺測，國人謂中國有管理金庫兩種機關，非無因也。乃今日更有可驚可駭之事，莫如本年五月三十一日財政部第三號之佈告，竟將委託交通銀行代理金庫暫行章程登報公布，是中國有三種管理金庫機關矣。各國惟恐不能統一者，中國惟恐其不能紛歧。以法律方面言之，代理總長不能發表部令，此項佈告當然不生效力，若以佈告取消臨時參議院通過之法律，及總統公布之訓令，代理總長不能辭其責也。以事實方面言之，交通銀行人言藉藉，群稱爲虧空甚钜，雖無確據，究非無因，然辦理該行不善之咎，自應歸前總理梁士詒任之，現在此項佈告竟出自代理總長梁士詒之手，安知其不以國家之公幣彌補其個人失敗之私虧耶？揆諸法律

① 民國二年六月二十日，范熙壬任議員時向財政部提出的質問。

既如彼度諸事，又如此即以統一國庫之原則言之，亦斷不容有此兩種以上代理金庫之機關，致自紛歧，難於收拾。查該佈告内稱‘審計處以檢查國庫函請將委託交通銀行代理金庫，章程早爲規定’等語，查審計處暫行規則僅以臨時大總統教令公佈，未經議會议決，當然不能作爲委託該行代理金庫之準據。且其暫行規則第四章衹有檢查國庫之權，並無委託某某機關代理國庫之權。審計處開辦以來，究竟檢查國庫之成績如何，未見報告，何以竟有函請委託規定章程之事，殊令人百思不得其解。應請大總統飭財政部，將改組各省銀行督辦處及五月三十一日財政第三號之佈告立即取消，並速將金庫條例草案提交國會議決，以立統一金庫之基礎，並飭交通部將交通銀行有無虧損情弊明白答覆，以示大公。①

憲法第八十六條修正案及理由②

行政訴訟，近世學者稱爲法治國之特色，又稱爲立憲政治之産物。蓋立法機關製定關係行政之各種法律，均由行政機關本於製定法律之精神以執行之，若無特別監督機關審查其行政權所發動之命令，或處分是否悉與法律適合而爲最終之判決，則行政機關難免不有軼出法律範圍以外之行政行爲，而憲法上所明許於人民之自由權利每受侵害，且人民對於國家應盡之各種義務，行政官署亦可藉口於其自由裁量之權力而爲過度之壓迫，其結果往往與製定法律之真精神相反。於是立法機關監督行政機關之作用弛而不張者矣，故世界各法治國家多數認行政訴訟爲人民訴訟權之一種，國家對於此種訴訟事件不可不爲之設置審判機關以處

① 李强選編：《北洋時期國會會議記録匯編》第9册，國家圖書館出版社，2001年，第402—405頁。

② 1917年4月4日，范熙壬提出天壇憲法草案第八十六條（原案爲“法院依法律受理民事、刑事、行政及其他一切訴訟”）修正案，主張修改爲“法院依法律受理民事刑事及其他訴訟，但行政訴訟及法定特別審判事項不在此限”。李貴連主編：《民國北京政府制憲史料》第十册，綫裝書局，2007年，第163—173頁。

理之。

行政審判機關既認爲有設置之必要如上所述，繼此而不可不亟爲研究者，則此種審判機關在憲法上對於立法、行政及司法三大統系應處何種地位之問題是也。今試以近世各國之立法例及法學者之所主張，析爲四種意見臚列於下：

（甲）行政訴訟之審判宜屬於立法機關者。此種主張以法國《政權關系法》第十二條“民國總統非衆議院不得以之爲被告，非法院不得審判之；又國務員得因犯職務上之罪，爲眾議院所告發並得受上議院之審判”之規定爲論據。蓋大總統爲行政元首，國務員爲贊襄大總統行使行政權之機關，以大總統及國務員之資格所發生之訴訟事件，即違背憲法事件，既可受立法機關之告發及審判，則隸於其下之行政官署所有違反法律之命令及處分當然可適用此種告發及審判之立法例而爲立法機關應行受理之訴訟事件。

（乙）行政訴訟之審判權宜屬於司法機關者。此種主張爲英美派學者之所盛行，如英吉利、比利時等國現行制度皆以普通法院審判行政訴訟事件是也。蓋認行政訴訟之審判權爲司法機關所獨立行使司法權之一種，若非從行政統系將此種訴訟事件概行剔除，並入司法統系，則於絶對的司法獨立之精神不免虧損，故視行政訴訟與普通民刑訴訟爲同一性質，在訴訟法上絶不認有行政審判權之特別存在。

（丙）行政訴訟之審判權宜屬於行政機關者。如法蘭西、意大利諸國設參事院及州參事會，以特別行政機關審判行政訴訟事件是也。此種制度頗受孟德斯鳩三權分立説之影響，故關於行政官署所發現之行政行爲，審判其違反法令與否，决不使行政行政統系以外之他種機關從旁干涉，致妨行政權之統一。

（丁）行政訴訟之審判權宜屬於特別機關者。如德意志、奥地利亞及日本諸國設特别行政裁判所，使掌行政訴訟事件之審判是也。此種制度德國有名公法學者觳萊斯特及休珥萃等極鼓吹之。蓋亦行政訴訟之被告爲行政官署，與普通民、刑訴訟純以私人資格爲被告者絶不相同，即用訴訟上所生之結果，亦僅對其行政行爲加以制限，於官吏個人之自身無與；又與民、刑訴訟强制其賠償損害，或予以相當懲罰者不盡符合，既不可以此種確系訴訟行爲之審判權單獨賦予於行政機關，尤不可以此種涉及行政行爲之審判權完全並合於司法機關，故不可不於國家根本法，即憲法上明定特别地位而構成行政司法二種權利之結合機關。

綜觀上列各種主張，復以吾國現有之事實證之，甲説絶對不可實行，蓋大總統之謀叛行爲、國務員之違法行爲，其危害直接加於國家，故對於此種違背憲法之訴訟事件，起訴權及判決權自應專屬於代表國民總意之立法機關，與普通行政官吏僅以違反法令之行政行爲損害私人之權力者，其實質大相徑庭，不得援大總統及國務員對於國會負責之行爲以相繩而適用立法之審判，況行政訴訟事件之内容千端萬緒、棼如亂絲，決非短時間開會之立法機關所能受理，即如憲法上所賦予之財政審判權即決算事件議決權在立法機關已未能自行嚴密監督，亦不得不委託於有特殊技能之審計院爲長時間之審計，即其明徵。乙説以行政審判並入普通司法機關，由表面觀之，頗似厲行法律平等主義，以爲行政訴訟，人民對於國家之觀念關係等於民事訴訟，社員對於會社之關系，行政官署既爲國家行使行政權之獨立機關，所有基於國權發動之行政行爲當然可以會社法之法理爲之判決。此種主張在法律根本上已不認有行政法規之存在，即無異在訴權範圍内不認有行政訴訟之存在矣。本憲法草案第八十六條既規定“行政訴訟與普通民、刑訴訟均爲人民訴權之一種”，是形式上明認人民在民、刑訴訟以外，復有對於國家行政損害權利之起訴權，已與乙説之主張不免歧異，而實質上復將行政訴訟所適用之廣義的行政法規加以制限，定爲法院必依法律受理行政訴訟，使人民對於行政官署因違反法律或用法不當而侵害其權利之行政行爲，僅能於行政訴訟上爲狹義之救濟，而不能獲最圓滿之效果。蓋司法機關所得判決者，專屬於法之宣言，而行使官署在法律上所許自由裁量之行政行爲，決非司法機關所能干涉。詳言之，即行政官署因執行法律所發生之行政行爲，在法律上雖非違法，卻與執行法律之委任命令相背而馳。此種行政訴訟上之違令行爲，若具有損害人民權利之要件，在行政審判統系之下直可斷爲違法，而司法審判則袖手而莫可如何，以司法審判止得依據立法機關所議定之法律，其對於行政機關所發布之行政法規，蓋無適用之餘地也。故吾國憲法草案采用英美制度，以行政審判權並入普通法院，對於人民權利之保護爲不充分，至於其他缺點，如司法機關掣行政機關之肘，使行政機關不能敏活，又司法人員不熟練行政事務，判決失諸正鵠，種種弊害，人所共知，無需贅言。

丙說以特別行政機關爲審判行政訴訟之機關，此種主張比較乙説稍覺進步，其對於行政官署違反法規之行政行爲有完全監督之餘地，以各省參事會監督省以下之行政官署，以中央參事院監督各省及各部並其直轄之行政官署，然各省參事會爲各省省長之輔助機關，中央參事院爲中央政府之咨詢機關，同屬行政官吏，彼此有有輔車相依之勢，難保不意存袒護、漠視人民權利之損害，且恐對於最高級之行政官署有所顧忌，不能實行訴訟上之審判權，況行政訴訟本爲行政機關之違法行爲，又使他種行政機關爲最終之判決，是無異私人自身違法，一方爲當事人，一方又自爲審判官也，與訴訟法之法理顯相矛盾。

以上列舉三種制度皆不能無弊，則第四種之特別行政審判機關之組織爲不可缺矣，蓋設特別審判機關，俾專掌行政訴訟事件之審判，其利益有四：

（一）保行政機關與立法機關之一致。立法機關議定各種法律以爲行政機關事前之監督，若無行政審判之特別機關監督於事後，則行政統系所屬之各種行政官署往往濫用其解釋法律之權，輒於立法機關監督之所不及，暗施其破壞法律之伎倆，即其直接之上級行政官署亦苦無從覺察，不獨政府負責之行政方針不能完全貫徹，即立法機關因信任政府所通過之重要法律，其精神亦爲之頓失，故特設此種審判機關，時時監督其後，俾行政官吏有所忌憚而不敢肆行違法，庶幾政府、國會融接無間，所有議定及公佈之各種法律，其效力自應時而生，不至呈方鑿圓枘之政象。

（二）避行政機關與司法機關之冲突。行政訴訟之主旨在取消、變更行政官署損害人民權利之違法命令及其處分，若行政訴訟之審判權屬於司法機關，則行政官署之行政行爲時時受司法機關之干涉，司法機關即可利用行政審判之取消權及變更權踏入於行政範圍之内，不爲取消之消極干涉，即爲變更之積極干涉國家之行政事項，必因之廢而不舉，而行政機關與司法機關之互相軋轢萬不能免矣。故特設此種審判機關管理行政訴訟事件，俾對於民事審判、刑事審判、普通司法機關以外，保有獨立地位，庶幾權責分明，永除行政統系及司法統系之轇轕。

（三）對於官吏之違法行爲能爲嚴重之監督。官吏以個人資格犯罪，本屬刑法上之瀆職問題，與行政法上之訴訟事件截然兩事，彼此不可混同。然官吏因犯刑事罪名，發生訴訟同時復附帶有行政訴訟上之違法行爲，司法審判僅能對於個人科以刑事犯罪之刑罰，其以官署名義所爲之違法命令及處分，仍苦不能制止，若非以行政審判之形式救濟於後，則司法機關監督行政官吏之途窮矣。顧司法機關兼理行政訴訟，情形隔膜，往往罣其一而漏其萬，行政官吏每以工於舞弊之手段，曲爲應付，故以司法機關越俎代庖，對於行政機關所適用之牛毛法令終不免望洋向若而歎，惟設行政審判之特別機關，納有司法及行政經驗之人才於其中，合議此種訴訟事件，而爲適合法律之最終判決，則一般官吏所有之違法行爲庶可掃除廓清，而法治國之政蠹不敢蜷伏於行政機關之下。

（四）對於人民之自由權利可爲確實之保障。憲法所列人民各種自由權利皆可製定一種單行法律加以制限，而執行法律使人民得於法律制限之中享有確實之自由權利者，厥惟行政機關，顧行政機關日與人民相接觸於法律之界線，行政官吏若稍廓充界線，增加其法律上之制限力，則對於人民所既得之自由權利即不免有所侵害而構成行政訴訟之違法條件矣。對於此種訴訟事件，若非設一特別機關審判其是否違法，或以審判權委之司法機關，必生上述乙種制度之弊，或以審判權委之行政機關，必生上述丙種制度之弊，其結果則憲法上所明許人民之自由權利既受立法機關議定之制限而日形縮減，又因行政機關執行法律之侵害而變成具文，然則制憲同人脣焦舌敝、腕脱眼穿，日日以立憲政治自詡者，果何爲乎？是故，欲於立憲政體之下確保人民之自由權利，惟有於憲法上明定行政審判爲一特別審判機關，以謀行政官署損害人民權利之救濟而已。

依上述各種理由，本席對於憲法草案第八十六條規定“行政訴訟並入普通法院受理”，未敢贊同，不得不照《臨時約法》第十條及四十九條仍許特設行政審判機關，其詳細組織讓之於普通法律，兹依憲法會議規則第三十條之規定，提出修正案如前文。

1924年直奉戰爭後通電①

國會議員范熙壬對於時局問題曾發出通電如下：武力統一迷夢已破，罷兵息民，固爲救時要圖。然非法總統無效，國憲名義不正，久遭國民厭棄，若不急起直追，予以根本改革，則政治不能廓清，國家無由奠定，後起糾紛，蓋難收拾。爲今日計，宜取快刀斬亂蔴手段，速於中華民國旗幟之下，改設聯省政府，以實行聯省自治相號召，全國視聽，爲之一新，所有政府名稱，不妨仍用臨時約法時代，暫由國民軍及贊成各省公推負責組織之人，改政體不改國體，外交方面，絶不至生他枝節。聯省政府既建，即電各省區行政公署，請其速咨省議會選舉代表十人，會内十分之三，會外十分之五，行政界十分之二，克期來京，舉行聯省會議，决定根本組織方法，以謀省憲及國憲之推行。其無省議會及持異議不派代表來京者，酌由旅京同鄉會就國會議員中及非議員中，推舉十人，暫充代表到會列席，加入討論，不加入表决，以示限制，俟該省正式贊成，選派代表到京後，即行更替。國是既定，則人心所嚮，如水赴壑，軍事自可迎刃而解。大局安危，千鈞一髪，無任翹企。范熙壬叩，艷。

中華民國新憲法草案

中華民國國民爲增進社會福利，保持世界和平，本自由、平等、博

① 據《申報》，上海，1924年11月10日，第6版。

愛之真精神，建設漢、滿、蒙、回、藏及各民族大聯合的共和國家，制定憲法，永遠遵守。

第一章　總　　綱

第一節　國家組織

第一條　中華民國爲國民聯合自治之統一的共和國。

第二條　中華民國國旗定爲紅地，左角上加青天白日。

第三條　中華民國國土由左列各政治區域組織之。

一、省：江蘇、河北、江西、安徽、浙江、福建、湖北、湖南、河南、山東、山西、陝西、甘肅、新疆、四川、廣東、廣西、雲南、貴州、遼瀋、吉林、黑龍江、熱河、察哈爾、綏遠、寧夏、西康。

二、特別市：南京、北平、上海、漢口、青島。

三、特別區：庫倫、烏里雅蘇臺、科布多、唐努烏梁海、阿爾泰、前藏、後藏。

前項政治區域外之人民凡與中華民國在歷史上有政治關係者，依其民族自決權之作用，得合並中華民國，以法律編入，爲國土之一部。

第四條　國土爲中華民國全體國民之唯一生命，絶對不可分割。

第五條　變更國土及政治區域，應以法律徵求全體國民之同意。

第六條　政治區域劃爲中央、省、縣三級，中央下署省，省下署縣，縣爲國民自治直接機關，省爲國民自治監督機關，中央爲國民自治統一機關。特別市及特別區與省同，普通市及其他區域與縣同。

第二節　中央與地方之關係

第七條　中央與各省之權限採均權制。凡國權屬於中央事件，由中央政治機關依本憲法行之，其屬於各省事件，由各省政治機關依省自治法行之。

第八條　左列事件，其立法權專屬中央：

一、外交；

二、陸、海、空軍及徵兵；

三、國籍法；

四、刑法、民法、商法、訴訟法及監獄制度；

五、銀行、國幣及度量衡；

六、關税、鹽税及其他國税；

七、郵政、電報及電話制度；

八、鐵路、國道、船政及商用航空；

九、水力發電及中央電廠；

十、國有財産及國債；

十一、國立商社及特許權；

十二、出版法及集會結社；

十三、考試法及官吏任用法；

十四、糾彈法及官吏懲戒法；

十五、依本憲法所定屬於中央之事項。

第九條　左列事項中央有立法權：

一、農業及農村合作；

二、工廠法及勞動法；

三、礦業、森林及沿海漁業；

四、學制及國民教育；

五、市制及公用設備；

六、交易所及保險制度；

七、移民及墾殖；

八、救卹及職業介紹；

九、警察及編查保甲；

十、户口登記及物價調查；

十一、公共衛生及防疫；

十二、兩省以上之水利及河道；

十三、其他屬於增進國民福利及保護公共治安之事項。

第十條　左列事件，中央得依立法程序制定原則：

一、地方税及徵收方法；

二、土地及其分配；

三、住宅、家産及宗族；

四、寺廟及其財産管理；

五、圖書館及古物保存；

六、演劇、電影及公共娱樂。

第十一條　除第八條列舉專屬中央之立法權外，各省對於中央尚未立法，或不爲立法之事件，有立法權。

第十二條　中央政府對於中央有立法權之事件，應行使監督權。

第十三條　各省法律與中央法律抵觸者無效。

各省法律與中央法律發生牴觸之疑義時，由護憲法院解釋之。

第十四條　各省與各省有争議事件，由護憲法院裁决之。

第十五條　縣於縣以内之自治事件有立法權，但不得抵觸中央法律及省法律。

第十六條　縣有奉行中央法律及省法律之義務。

第十七條　省不得對於一縣或數縣施行特别法律，但關係全省共同利害時不在此限。

第十八條　國税及省税與縣税之劃分，以法律定之。

第十九條　縣於負擔國税及省税總額内有保留權，但不得逾總額十分之四。

第二十條　縣之自治事件，有完全執行權，除中央及省法律特别規定外，絶對不受干涉。

第二十一條　第三項列舉之特别區，中央得以法律徵求其地方人民之同意，劃爲省縣兩級，適用本章各規定。

第二章　民　　族

第一節　國民組成

第二十二條　中華民國國民以左列各民族組織之：

一、漢族；

二、滿族；

三、蒙族；

四、回族；

五、藏族；

六、其他依法律編入國籍之民族。

第二十三條　國民不分種族，在法律上皆爲平等，並無男女、階級任何差別。

第二節　國民自由及權利

第二十四條　國民有居住、移徙之自由，非依法律，不得侵入及干涉之。

第二十五條　國民有選擇工作之自由，非依法律，不得妨害及役使之。

第二十六條　國民有信仰左列各教之自由，非依法律，不受限制。

一、道教；

二、佛教；

三、回教；

四、基督教；

五、其他不違反人類理性之宗教。

第二十七條　國民應尊崇孔子，並確守遺教，發揚中華民國固有之道德及智識，以導進全世界人類之真正自由，其信條如左：

一、固有道德　忠孝、仁愛、信義、和平；

二、固有智識　格物、致知、誠意、正心、修身、齊家、治國、平天下。

國民對於中華民國固有之文明及善良風俗習慣，得合力保持之。

第二十八條　國民有言論、著作、出版之自由，非依法律，不得禁止或侵害之。

第二十九條　國民有集會、結社之自由，非依法律，不得解散或制止之。

第三十條　國民有書信秘密之自由，非依法律，不得檢查或扣留之。

第三十一條　國民有保護人格及身體之自由，絶對禁止左列各款行爲：

一、以身體作買賣、抵押及借貸之目的物；

二、被脅迫爲娼妓及奴婢，或不正當職業；

三、非法逮捕及羈押，或秘密禁錮；

四、受不合身份之法律審判並處刑。

第三十二條　國民有選擇婚姻之自由，父母及其他親屬不得反其意志，豫訂婚約。

第三十三條　國民有享受私有財産及土地之權利，非依法律，不得徵收之。

第三十四條　國民有請願或訴訟於主管官廳及法院之權力，非依法律，不得駁回。

第三十五條　國民有請求國家予以教育上機會均等之權利。

第三十六條　國民有請求國家予以經濟上適當生活之權利。

第三節　國民義務

第三十七條　國民有確保國土完整與國際合作之義務。

第三十八條　國民有服從國家及地方政府正式法令之義務。

第三十九條　國民依法律有受强迫教育及生産勞動之義務。

第四十條　國民依法律服兵役或充國防之義務。

第四十一條　國民依法律有受强迫教育及生産勞動之義務。

第四十二條　國民依法律有受軍事訓練及全國總動員之義務。

第四十三條　國民依法律有救濟國内外災荒及防止疾疫之義務。

第三章　民　　權

第一節　政權及治權

第四十四條　中華民國國權出於全體國民，以左列政治機關行使之。

一、政權機關　縣國民大會、省國民代表會、國民代表大會；

二、治權機關　縣政府、省政府、中央政府。

第二節　縣國民大會

第四十五條　中華民國國民年滿二十歲以上，合於左列各款之一者，得於縣内組織國民大會：

一、在初等小學校畢業，曾受國民教育者；

二、有正當職業，曾履行國民義務者；

三、成立家室並能維持民國生計者。

第四十六條　縣國民大會，得行使左列各直接民權：

一、選舉官員；

二、罷免官員；

三、創制法律；

四、覆決法律。

前項直接民權之行使程式，以本憲法或其他法律有明文規定者爲限。

國民取得直接民權時，由區長查明資格，得同保五人之保證，呈報縣長，予以國民執照。

第四十七條　國民有左列各款之一者，停止其選舉權、被選舉權，或其他直接民權：

一、褫奪公權尚未複權者；

二、受禁治産準禁止産，或破産之宣告尚未撤銷者；

三、不識本國文字者；

四、有精神病者；

五、僧道及宗教師；

六、現役軍人；

七、現任法官；

八、法律定爲終身職之官吏。

第四十八條　縣國民大會以國民總投票法分區行之，由縣長定期召集有國民執照之國民，依次投票，並會同縣檢查員監視票匭，當衆開票。

縣國民大會非有全體國民總額逾半數之投票，及投票總額過半數之同意，不能決定。

第四十九條　縣國民大會有選舉或罷免左列各官員之權：

一、縣長；

二、縣議員；

三、縣法院之法官；

四、縣監察員；

五、省國民代表；

六、其他依法律所定，應由國民直接選舉及罷免之重要官員。

國民非年滿二十五歲以上，經省考試院考試合格，或由省政府官員推薦，經省考試院審查合格，准予免考試者，不得有前項各官員之被選舉權。

第五十條　縣國民大會有創制或覆决左列各立法事件之權：

一、省自治法；

二、省法律；

三、縣自治公約；

四、縣法律；

五、本縣歲出歲入之總預算案及决算報告；

六、募集縣債及增加縣民負擔；

七、縣内臨時發生之非常事件；

八、其他依法律所定，應由國民直接創制及覆决之立法事件。

第三節　省國民代表會

第五十一條　省國民代表會由各縣國民用單計法分區投票，秘密選舉，各選出國民代表一人組織之。

與縣相當之市及其他區域，得適用前項之規定。

第五十二條　省國民代表任期二年，每年開常會一次，以三個月爲限，遇有緊急事件，得開臨時會。

第五十三條　省國民代表會設主席團三人，由省國民代表互選之。

主席團三人得依次輪充主席，處理會務。

第五十四條　省國民代表會非有代表總額三分之二以上之出席，不得開議；非有出席代表過半數之同意，不得議決。

第五十五條　省國民代表會自行集會、開會、停會及閉會。

第五十六條　省國民代表會有選舉或罷免左列各官員之權：

一、省長；

二、省立法委員；

三、省司法院院長、審判官及檢察官；

四、省監察院院長及監察委員；

五、省考試院院長及考試委員；

六、國民代表大會之代表；

七、其他依法律所定，應由本會選舉及罷免之重要官員。

國民非年滿三十五歲以上，經考試院考試合格，或由中央政府官員推薦，經考試院審查合格免考者，不得有前項各官員之被選舉權。

第五十七條　省國民代表會有創制或覆決左列各立法事件之權：

一、憲法；

二、中央法律；

三、省自治法；

四、省法律；

五、本省歲出歲入之總預算案及決算報告；

六、省内臨時發生之非常事件；

七、其他依法律所定，應由本會創制及覆決之立法事件。

第五十八條　省國民代表會除第五十六條、第五十七條規定外，對於左列事件，有臨時動議之權：

一、請求用國民總投票罷免大總統及中央政府官員；

二、請求用國民總投票覆决對外宣戰及經濟絶交；

三、請求用國民總投票覆决對外議和及締結國際條約；

四、請求用國民總投票覆决加入國際聯盟及國際公約；

五、請求用國民總投票覆决募集國債及增加國民負擔；

六、請求用國民總投票覆决中央及各省臨時發生之非常事件。

前項第一款至第六款之請求，經五省國民代表會以上之同意，得向國民代表大會或中央政府分别行之。

第四節　國民代表大會

第五十九條　國民代表大會由各省國民代表會用連記法，各選出國民代表十人組織之。

各特别市、各特别區及華僑之國民代表，應依人口比例，以法律規定其名額。

前項選舉，應於省國民代表會會内及會外，各選出同額之國民代表。

第六十條　國民代表大會之代表任期二年，每年開常會一次，以三個月爲限，遇有緊急事件，得開臨時會。

第六十一條　國民代表大會設主席團五人，由國民代表互選之。

主席團五人得依次輪充主席，處理大會事務。

第六十二條　國民代表大會非有代表總額三分之二以上之出席，不得開議；非有出席代表四分之三以上之同意，不得議决。

第六十三條　各省國民代表對於議决事件，應事前交换意見，並徵求本省國民代表會之同意，一致表决。

第六十四條　國民代表大會自由集會、開會、停會及閉會。

第六十五條　國民代表大會有選舉及罷免左列官員之權：

一、大總統；

二、行政院院長及各部部長；

三、立法院院長及立法委員；

四、司法院院長、審判官、總檢察長及檢察官；

五、監察院院長及監察委員；

六、考試院院長及考試委員；

七、其他依法律所定，應由大會選舉或罷免之重要官員。

第六十六條　國民非年滿四十五歲以上，合於左列各款資格之一者，不得有前條列舉各官員之被選舉權：

一、文武兼資，其勳勞足爲國家柱石者；

二、德望隆重，其人格堪爲全國表率者；

三、才具開張，其政策深爲民衆信賴者；

四、著述閎富，其學説確爲輿論中心者；

五、博施濟衆，其成蹟素爲社會量仰者；

六、製造精奇，其出品久爲中外利用者。

有前項各款之資格者，得不經考試院審查，當然被選。

第六十七條　國民代表大會有創制及覆决左列各立法事件之權：

一、憲法；

二、中央法律；

三、全國歲出歲入之總預算案及决算報告；

四、募集國債及增加國民負擔；

五、對外宣戰及經濟絶交；

六、對外議和及締結國際條約；

七、加入國際聯盟及國際公約；

八、中央地方臨時發生之非常事件；

九、其他依法律應由大會創制及覆决之立法事件。

第六十八條　國民代表大會除前二條規定外，對於左列事件有最高之决定權：

一、公佈憲法及發交各省國民代表會覆决憲法；

二、修改憲法及採取各省國民代表會之意見創制憲法；

三、執行大總統及中央政府官員之違憲制裁；

四、裁决中央政府各機關之權限爭議；

五、議决各省國民代表會之請求决定事件；

六、議决中央政府及各省政府之請求决定事件。

第六十九條　國民對於國民代表大會、省國民代表會以選舉及罷免權進退之官員，認爲有受賄或其他舞弊之重大嫌疑，於宣告後三個月内，得具請求書，指明證據，經十分之一以上各縣國民大會之同意，提出於中央政府，發交全國，用國民總投票決定之。

遇有前項情形，中央政府及省政府下令解散國民代表大會及省國民代表會，另行改選，並依法律訴追其責任。

第七十條　國民對於國民代表大會、省國民代表會以創制及覆决權制定之憲法及法律，於公佈後三個月内，認爲違背國體，或有重大謬誤，得具請求書，説明理由，經十分之一以上各縣國民大會之同意，提出於中央政府，發交全國，用國民總投票决定之。

遇有前項情形，中央政府及省政府，得下令懲戒國民代表大會及省國民代表會之代表，並停止憲法及法律之執行。

第七十一條　國民代表大會及省國民代表會，應於每年閉會後一個月内，編製報告書，宣佈於國内及省内之全體國民，請求其諒解。

第五節　縣政府

第七十二條　縣政府以左列各機關組織之：

一、縣自治公署；

二、縣議會；

三、縣法院；

四、縣監察院。

第七十三條　縣自治公署設縣長一人，受省政府之監督，執行縣之自治事務，並依省令執行省及中央委任事件。

第七十四條　縣長由本縣國民大會用單計法分區投票，秘密選舉，以得票最多之前三名爲當選人，呈省長擇一任命，餘下二人作爲候補縣長。

前項選舉，應由省長定期執行，並派員會同縣監察員，監視投票、開票，宣佈其結果。

第七十五條　縣長任期三年，得繼續選任，其違法或溺職者，由縣監察員提案彈劾，呈請省長移付省監察院，給予懲戒，或發交本縣國民大會，用總投票法罷免之。

罷免縣長之總投票不足過半數時，其縣長任期應從總投票之日起，另行計算。

罷免縣長之總投票，非於就職滿六個月後，不得行使之。

縣長在一任期内，不得有二次之罷免投票。

縣長因事罷免或因故出缺時，省長得酌委本縣候補縣長代理補足任期，或另行改選。

第七十六條　縣長之職權如左：

一、公布縣自治公約、縣法律、預算及决算；

二、發佈縣令及施行縣法律之章程；

三、呈請省長任用或罷免縣政府所屬職員及各區區長；

四、咨行縣監察會，懲戒縣政府所屬職員及各區區長；

五、指揮民團或調用駐紮縣内之警備隊；

六、遇有非常事變，呈請省長調用駐紮鄰近軍隊，並逕向各軍隊長官請求之；

七、其他依法令所定，應由縣長執行事件。

第七十七條　縣議會設縣議員，執行縣之立法事件，其名額以省法律用人口比例定之，在三十萬以下者，至少得選出議員十一名，在三十萬以上，每加五萬，得增選一名。

第七十八條　縣議員由本縣國民大會用單計法分區投票，秘密選舉，以得票最多者爲當選人，次多者爲候補當選人，其計算方法，依各區當選人名額及其應得票數定之。

第七十九條　縣議員任期三年，得繼續選任，其違法或溺職者，由縣監察員提案彈劾，呈請省長移付省監察院給予懲戒，或發交本縣國民大會，用總投票法罷免之。

罷免縣議員之總投票，不足過半數時，其縣議員仍應留任，在任期内不得再投票罷免。

罷免縣議員之總投票限於其就職滿一年後行使之。

縣議員因事罷免或因故出缺時，應由縣長呈請省長，以本選區之候補當選人，依次遞補。

第八十條　縣議會設議長、副議長各一人，由議員互選，其任期與議員同。

第八十一條　縣議會之職權如左：

一、起草縣自治公約；

二、制定縣法律；

三、議決縣歲出歲入之總預算案及決算事件；

四、議決增加縣稅率及募集縣公債；

五、議決縣有財産之處分；

六、議決縣公共設備之經費；

七、議決縣營業及特許權；

八、議決縣長咨請決定事件；

九、議決本縣國民請願事件；

十、議決其他法律所定，應由縣議會決定事件。

第八十二條　縣會議起草之縣自治公約，應咨送縣長，發交縣國民大會，用總投票法覆決之。

第八十三條　縣會議制定之法律，應即咨請縣長公佈，但縣長得提出意見書，拒絕公佈，送還覆議。

第八十四條　縣會議議決事件，應即咨請縣長執行，但縣長得提出意見書，拒絕公佈，送還覆議。

縣長送還覆議事件，縣會議若堅持原案，不採取其他意見時，縣長得發交縣國民大會，用總投票法覆決之。

第八十五條　縣法律公布後六十日内，若本縣國民有百分之五以上提起異議時，得具意見書，請求縣長依前條之第二項規定，投票覆決。

第八十六條　縣法院設審判長、審判官及檢察官，執行縣之司法事件，其名額及人選，由省司法院臨時酌定，咨請省長，發交縣國民大會，徵求其同意任用之。

第八十七條　縣法院獨立審判民事、刑事及其他訴訟，除法定程式應由上級機關覆審外，任何政治權力不得變更其判决。

第八十八條　縣法院審判訴訟事件，應公開辯論，但認爲妨害公安或有關風化者，得秘密之。

第八十九條　縣法院對於重刑犯罪，或政治犯罪，得設陪審員，徵求其意見，共同决定。

第九十條　縣法院之審判長、審判官及檢察官爲終身職，非依法律，不得褫職、免職、停職、轉職業，或交付懲戒；其有違法及溺職者，由縣監察員提案彈劾，呈請省長移付縣監察院，給予懲戒，或發交縣國民大會，用總投票法罷免之。

前項罷免投票不足過半數時，其縣法院之審判長、審判官及檢察官仍應留任，在三年内不得再行投票罷免。

罷免縣法院審判長審判官及檢察官之總投票，限於其就職滿一年後行之。

縣法院審判長審判官及檢察官因事罷免，或因故出缺時，應依第八十六條之規定另行補任。

第九十一條　縣監察會設監察員五人，組織縣監察會議，執行縣之監察事件。

第九十二條　縣監察員由本縣國民大會用單計法分區投票，秘密選舉，以得票最多之十人爲當選人，呈報省長選擇五人，經省監察院之同意任用之，餘下五人作爲候補監察員。

第九十三條　縣監察員任期二年，不得連任，其違法或溺職者，由本縣國民具請願書，請省長移付省監察院提案彈劾，給予懲戒，或發交縣國民大會，用總投票法罷免之。

罷免縣監察員之總投票不足過半數時，其縣監察員應仍留任，在任期内，不得再行投票罷免。

罷免縣監察員之總投票，限於其就職滿十個月後行使之。

縣監察員因事罷免，或因故出缺時，省長應依第九十二條之規定，就本縣候補監察員選擇補任。

第九十四條　縣監察會之職權如左：

一、彈劾縣政府官員及所屬職員，並區以下之公務員；

二、懲戒縣政府所屬職員及區以下之公務員；

三、審查縣政府決算事件；

四、監視國民大會之投票、開票；

五、其他依法令應由本會監察事件。

縣監察會之會議程式以法律定之。

第九十五條　縣政府會議以縣長爲主席，其議決事件，對於省政府及縣國民大會，應連帶責任。

第六節　省政府

第九十六條　省政府以左列各機關組織之：

一、省行政院；

二、省立法院；

三、省司法院；

四、省考試院；

五、省監察院。

第九十七條　省行政院設省長一人，執行省之自治行政事件，並依中央政府之指揮，執行中央委任事件。

第九十八條　省長由省國民代表會用單計法記名投票，選舉三人，發交各縣，用國民總投票决定，以得票最多者爲當選人，呈請中央政府任命之，下餘二人作爲候補省長。

第九十九條　省長任期三年，得連任一次，其違法或溺職者，由省監察員提案彈劾，呈請中央政府，移付監察院給予懲戒，或發交本省各縣，用國民總投票罷免之。

罷免省長之投票不足過半數時，其省長應仍留任至任期滿足爲止，不得再行投票罷免。

罷免省長之總投票限於其任職滿一年後行之。

省長因事罷免或因故出缺時，中央政府得選派候補省長署理，補足任期，或另行改選。

第一百條　省長之職權如左：

一、公佈省自治法及省法律；

二、發佈省令及施行省法律之章程；

三、呈請中央政府任命或罷免省政府所屬職員及各縣縣長；

四、咨行省監察院懲戒省政府所屬職員及各縣縣長；

五、調遣本省警備隊，或指揮各縣民團；

六、遇有非常事變，呈請中央政府調用駐紮鄰省軍隊，並逕向各軍隊長官商調；

七、其他依法令所定，應由省長執行事項。

第一百一條　省行政院置左列各廳：

一、政務廳；

二、民政廳；

三、財政廳；

四、教育廳；

五、建設廳。

各廳設廳長一人，由省長提出，經省國民代表會之同意，呈請中央政府簡任，任期三年，得連任一次。

第一百二條　省立法院設省立法委員，執行省之立法事件，由各縣國民大會用單計法分區投票，各選出委員一名，以得票最多者爲當選人，次多者爲候補當選人。

第一百三條　省立法委員任期三年，得繼續選任，其違法或溺職者，由省監察委員提案彈劾，呈請中央政府移付監察院給予懲戒，或發交本省國民代表會投票罷免。

前項罷免投票不足過半數時，其省立法委員應仍留任，在任期内不得再行投票罷免。

罷免省立法委員之投票，限於其就任滿一年後行之。

省立法委員因事罷免，或因故出缺時，省長應以本選舉區之候補當選人，依次遞補。

第一百四條　省立法院設委員長、副委員長各一人，由省立法委員互選，其任期與省立法委員同。

第一百五條　省立法院之職權如左：

一、起草省自治法；

二、制定省法律；

三、議定省歲出、歲入之總預算案及決算事件；

四、議決增加省税率及募集省公債；

五、議決省有財産之處分；

六、議決省公共設備之經營；

七、議決省營業及特許權；

八、議決省長咨請決定事件；

九、議決本省國民請願事件；

十、議決依法律所定應行決議事件。

第一百六條　省立法院起草之省自治法，應咨送國民代表會議決，並得依各縣國民大會之請求，用總投票發覆決之。

第一百七條　省立法院制定之法律，應即咨請省長公布，但省長得提出意見書，拒絶公布，送還覆議。

第一百八條　省立法院議決事件，應即咨請省長執行，但省長得提出意見書，拒絶執行，送還覆議。

省長送還覆議事件，省立法院若堅持原案，不採取其意見時，省長得發交各縣，用國民總投票覆決之。

第一百九條　省法律公佈後三個月内，若各縣國民大會有十分一以上提出異議時，得具意見書，請求省長依前條之規定，投票覆決。

第一百十條　省司法院設審判長一人，審判官四人，檢察官三人，執行省之司法事件。由司法院院長提出，經中央政府決定後交省國民代表會，徵求其同意，任命之。

第一百十一條　省司法院審判官之判決案件以合議制行之。

第一百十二條　本憲法第八十七條至第八十九條之規定，省司法院得適用之。

第一百十三條　省司法院審判長及審判官爲終身職，非依法律不得褫職、免職、停職、轉職，或交付懲戒。其有違法或溺者職，由省監察院提出彈劾，呈請中央政府移付監察院給予懲戒，或發交省國民代表，會投票罷免。

前項罷免投票不足過半數時，其省立法院之審判長、審判官應仍留任，在三年内不得再行投票罷免。

罷免省司法院審判長、審判官及檢察官之投票，限於其就職滿一年後行之。

省司法院審判長、審判官及檢察官因事罷免，或因故出缺時，應據一百十條之規定另行補任。

第一百十四條　省考試院設委員長一人，委員二人，執行省之考試事件，由考試院院長提出，經中央政府決定，發交省國民代表會，徵求其同意，任命之。

第一百十五條　省考試委員長及委員任期二年，不得連任，其違法或溺職者，由省監察員提案彈劾，呈請中央政府移付監察院給予懲戒，或發交省國民代表會投票罷免。

前項罷免不足過半數時，其省考試委員應仍留任，至滿足任期爲止，不得再行投票罷免。

罷免省考試委員之投票，限於其就職滿六個月後行之。

省考試委員因事罷免，或因故出缺時，因據一百十四條之規定，另行補任，或派員代理。

第一百十六條　省考試院之職權如左：

一、考試省政府各機關所屬職員；

二、考試縣政府官員及其所屬職員；

三、銓定省政府各機關所屬職員之資格；

四、銓定縣政府官員及其所屬職員之資格；

五、中央府委任考試事件；

六、縣政府自治團體請求考試事件；

七、其他依法令所定應由本院考試事件。

第一百十七條　省考試院之考試應由省監察院派員監試，查有左列各款行爲，得彈劾之：

一、賄通關節；

二、私受請託；

三、冒名搶替；

四、漏洩試題；

五、傳遞文稿；

六、紊亂場規。

第一百十八條　省考試院置襄校委員，任期一年，由委員長酌定名額及人選，呈請中央政府聘任之。

第一百十九條　省監察院設省監察委員七人，組織省監察會議，執行省之監察事件。

第一百二十條　省監察委員由本省國民代表會用連記法投票選舉，以得票最多之是十四名爲當選人，呈報中央政府選擇七人，經監察院之同意任命之，下餘七人作爲候補省監察委員。

第一百二十一條　省監察委員任期二年，不得連任，其違法或溺職者，由各縣國民大會具請願書，經五縣以上之同意，得呈請中央政府，移付監察院提案彈劾，給予懲戒，或發交省國民代表會投票罷免。

前項罷免投票不足過半數時，其省監察委員應仍留任，在任期內不得再行投票罷免。

罷免省監察員之投票，應於其就職滿六個月後行之。

省監察委員因事罷免或因故出缺時，應據第一百二十條之規定，就本省候補省監察委員選擇補任。

第一百二十二條　省監察院之職權如左：

一、彈劾省政府官員及縣監察員；

二、懲戒省政府各機關所屬職員及縣政府官員；

三、審查省政府決算事件；

四、中央政府委任事件；

五、各縣國民請求監察事件；

六、其他依法令所定應由本院監察事件。

第一百二十三條　政府會議以省長爲主席，其議決事件對於中央政府及省國民代表會應連帶負責。

省政府所屬各機關執行其主管事件，應單獨負責。

第七節　中央政府

第一百二十四條　大總統爲中央政府首領，對外爲全體國民總代表，以左列各機關行使其最高國權：

一、行政院；

二、立法院；

三、司法院；

四、考試院；

五、監察院。

第一百二十五條　大總統任期四年，得連任一次，由國民代表大會用單計法依第六十二條之規定，分次投票選舉三名作爲候選人，發交各省，以國民總投票決定之。

前項國民總投票之結果，由縣長具報告書，連同票紙呈送省長會同省國民代表會代表，或省監察院監察員當眾檢查票數，轉報國民代表大會，匯齊宣佈。

第一百二十六條　大總統有違憲或違反國法之行爲，由國民代表大會提案彈劾，依第六十二條之規定發交各省，以國民總投票罷免之。

前項國民總投票不足過半數時，其大總統應仍留任，在一任期內不得爲二次之罷免投票。

大總統因事罷免或因故出缺時，得由行政院院長暫行代理，依一百二十五條之規定另行選舉。

第一百二十七條　大總統就職時，應由國民代表大會主席監視宣誓，其誓詞如左：

“余誓以擁護中華民國之至誠，遵行憲法，執行大總統職權，有渝此盟，神明殛之。謹誓。”

第一百二十八條　大總統之職權如左：

一、公佈中央法律及執行法律之命令；

二、任免中央及各省之文武官員；

三、統率海陸空軍；

四、對外宣戰；

五、締結媾和及互不侵犯或其他之國際條約；

六、宣告戒嚴、解嚴；

七、宣告大赦、減刑、免刑及覆權；

八、其他依本憲法及法律所定之應有職權。

第一百二十九條　前條列舉之大總統職權，由行政院、立法院、司法院、考試院、監察院院長組織中央政府會議行之。

第一百三十條　中央政府會議以大總統爲主席，其議決事件，各院院長應共同署名，對於國民代表大會連帶負責。各院院長執行其主管事件，未經中央政府會議決定者，應單獨負責。

大總統因有事故不能出席時，由行政院院長代理。

第一百三十一條　大總統之歲俸及大總統府所屬官制，以法律定之。

第一百三十二條　行政院設院長一人，贊襄大總統執行中央行政事件。由大總統提出，徵求國民代表大會之同意，特任之。

前項同意權以國民代表總額過半數之出席，出席代表過半數之同意決定之。

第一百三十三條　行政院院長任期四年，得連任一次，其違法或溺職者，由監察院提案彈劾，呈請大總統給予懲戒，或咨請國民代表大會投票罷免，並訴追其刑事責任。

第一百三十四條　國民代表大會對於行政院院長認爲有違憲情形，

或發生國法上之重大責任時，得以不信任投票罷免之。

第一百三十五條　罷免行政院院長投票及不信任投票，由國民代表大會依第一百三十二條第二項之規定辦理。

前項罷免投票及不信任投票不足過半數時，其行政院院長應仍留任，在一任期内不得爲二次之投票。

行政院院長因事罷免或因故出缺時，得依第一百三十二條之規定，另行補選。

第一百三十六條　行政院置左列各部：

一、内政部；

二、外交部；

三、財政部；

四、軍事部；

五、教育部；

六、鐵路部；

七、交通部；

八、實業部。

行政院及各部之組織以法律定之，但因事務之必要，得於上列各部外，設各部或其他行政機關。

第一百三十七條　各部設部長一人，受行政院院長之指揮，贊襄大總統執行其主管事件。由行政院院長推薦，呈請大總統依第一百三十二條之規定特任。

第一百三十八條　各部部長任期四年，得連任一次，其因違法、溺職、違憲及發生國法上之重大責任，罷免或因故出缺者，得依第一百三十二條至一百三十五條之規定辦理。

第一百三十九條　各部部長執行其主管事件，以行政會議決定之，行政會議以行政院院長爲主席，其議決事件，各部部長應共同署名，對於大總統及國民代表大會連帶負責。各部執行執行其主管事件，未經行政會議決定者，由各部部長單獨負責。

第一百四十條　立法院設院長一人，贊襄大總統執行中央立法事件，由國民代表會依第一百三十二條第二項之規定投票選舉，咨請大總統特任。

第一百四十一條　立法院設立法委員，無定額，由國民代表大會在各省、特別市、特別區及華僑職業團體中各選一名，依一百三十二條第二項之規定，呈請大總統聘任。各省、特別市、特別區及華僑職業團體之組織，以法律定之。

第一百四十二條　立法院有左列各職權：

一、起草憲法；

二、制定中央法律及施行法；

三、議決全國歲出歲入之總預算案及決算事件；

四、議決增加國税税率及募集國債；

五、議決國有財産之處分；

六、議決全國公共設備之經營；

七、議決國營業及特許權；

八、議決大總統交議事件；

九、議決本憲法及其他法律所定應行決議事件。

立法院之組織及議事程式以法律定之。

第一百四十三條　立法院起草之憲法應呈請大總統轉送國民代表大會議決，並得依各省國民代表會之請求，投票覆決。

第一百四十四條　立法院制定之法律，應即呈請大總統公布，但大總統得提出意見書，拒絶公布，送還覆議。

第一百四十五條　立法院議決事件，應即呈請大總統執行，但大總統得提出意見書，拒絶公布，送還覆議。

大總統送交覆議事件，立法院若堅執原案，不接受其意見時，大總統得發交各省國民代表會投票覆決。

第一百四十六條　中央法律公佈後三個月内，若各省國民代表會有五省以上提起異議時，得具意見書，請求大總統發交各省國民代表會投票覆决。

第一百四十七條　立法院院長任期四年，得連任一次，其因違法、溺職、違憲及發生國法上之重大責任，應行罷免或因故出缺者，得依一百三十三條至第一百三十五條及第一百四十條之規定辦理。

第一百四十八條　立法院各委員若因違法、溺職，應行罷免及因故出缺者，依第一百三十三條、第一百三十五條、第一百四十一條之規定辦理。

第一百四十九條　司法院設院長一人，贊襄大總統執行中央司法事件，由國民代表大會依第一百三十二條第二項之規定，投票選舉，咨請大總統特任。

第一百五十條　司法院院長任期四年，得連任一次，其因違法、溺職、違憲及發生國法上重大責任，應行罷免或因故出缺者，得依第一百三十三條至第一百三十五條及前條之規定辦理。

第一百五十一條　司法院有左列各審判權：

一、民事訴訟；

二、刑事訴訟；

三、行政訴訟；

四、其他依本憲法或法律所定應行受理之一切訴訟。

第一百五十二條　司法院對於中央法律、省法律、縣法律及其他法令之解釋，有最高之决定權。

第一百五十三條　司法院審判訴訟事件，得適用本憲法第八十七條至八十九條之規定。

第一百五十四條　司法院設左列各法官，無定額，由國民代表大會依第一百四十九條選任之：

一、民庭庭長及審判官；

二、刑庭庭長及審判官；

三、政庭庭長及審判官；

四、總檢察廳長及監察官。

各法官爲終生職，非依法律不得褫職、免職、停職、轉職及交付懲戒，其有違法、溺職應行罷免及因故出缺者，依第一百三十三條、第一百三十五條及本條第一項之規定辦理。

第一百五十五條　司法院及所屬各法院之組織並管轄範圍，以中央法律定之。

第一百五十六條　考試院設院長一人，贊襄大總統執行中央考試事件，由國民代表大會依第一百三十二條第二項之規定投票選舉，咨請大總統特任。

第一百五十七條　考試院院長任期四年，得連任一次，其因違法、溺職、違憲及發生國法上重大責任，應行罷免或因故出缺者，得依第一百三十三條至第一百三十五條及前條之規定辦理。

第一百五十八條　考試院置左列各部：

一、典試部；

二、銓叙部。

各部設部長一人，任期四年，受考試院院長之指揮，執行其主管事件，由考試院院長推薦，呈請大總統依第一百三十二條之規定特任。

第一百五十九條　考試院置考試委員會，設委員長一人，典試委員四人，襄試委員十二人，由考試院院長推薦，呈請大總統依第一百三十二條第二項之規定分別聘任。

第一百六十條　考試院部長及各委員若因違法、溺職應行罷免，或因故出缺者，依第一百三十三條、第一百三十五條及前條之規定辦理。

第一百六十一條　考試院之職權如左：

一、考試省政府選任官員；

二、考試中央政府所屬各機關簡任及薦任官員；

三、考試省政府所屬各機關薦任官員；

四、銓定省政府選任官員之資格；

五、銓定中央政府所屬各機關簡任及薦任官員之資格；

六、銓定省政府所屬各機關薦任官員之資格；

七、其他依法律所定應行考試及銓定資格事件。

第一百六十二條　考試院適用本憲法第一百十七條之規定，其組織並考試及銓定資格之程式以中央法律定之。

第一百六十三條　監察院設院長一人，贊襄大總統執行中央監察事件，由國民代表大會依第一百三十二條第二項之規定投票選舉，咨請大總統特任。

第一百六十四條　監察院院長任期四年，得連任一次，其因違法、溺職、違憲及發生國法上重大責任應行罷免，或因故出缺者，得依第一百三十三條及前條之規定辦理。

第一百六十五條　監察院置左列各部：

一、審計部；

二、糾彈部；

三、懲戒部。

各部設部長一人，委員五人，任期四年，受監察院院長之指揮，執行其主管事件，由國民代表大會依第一百三十二條第二項之規定，呈請大總統分別特任或簡任。

第一百六十六條　監察院部部長及各委員若因違法、溺職應行罷免，或因故出缺者，依第一百三十三條、第一百三十五條及前條之規定辦理。

第一百六十七條　監察院之職權如左：

一、審查中央政府決算事件及其報告；

二、彈劾中央政府官員及其所屬官吏；

三、懲戒中央政府官員及其所屬官吏；

四、懲戒省政府官員；

五、執行大總統委任監察事件；

六、執行各省國民請求監察事件；

七、其他依法律所定應行監察事件。

第一百六十八條　監察院之組織並審計彈劾及懲戒官吏之程式以中央法律定之。

第一百六十九條　中央政府及所屬各機關得自行制定官規，并發佈施行法律之命令。

第四章　民　　生

第一節　國民之共同生活

第一百七十條　家族制度爲中華民國人口增加之惟一基礎，應受憲法之特别保護。

第一百七十一條　婚姻制度以男女同等之權利爲原則，其不背善良風俗習慣者，得承認之。

第一百七十二條　維持家族之純潔及其健康，並助其爲公同生活的發展，屬於國家及地方政府之責任。産婦及家族有多數兒童者，國家及地方政府應予以相當扶助，並保護之。

第一百七十三條　孝養父母親父母及翁姑爲中華民國國民之最高道德，國家及地方政府應獎勵之。

第一百七十四條　教育子女，使其肉體精神及社會的能力完全發達，爲中華民國國民之惟一任務，國家及地方政府應監督之。遺棄嬰兒及墮胎，國家及地方政府應以法令嚴禁，並科以相當懲罰。

第一百七十五條　國家及地方政府對於兒童過度勞動，或道德上精神上及肉體上怠棄，應特加保護，而爲必要之處置。

出於强制之保護處分，非依法律不得執行。

第一百七十六條　享受教育爲國民共同生活之唯一需要，無論男女，國家及地方政府應予以同等待遇，不得歧視。國民自滿六歲起，一律受國民教育，其成年未受教育者，應施以補習教育，其補習制度以法律定之。

第一百七十七條　全國公、私立中學以上之學校，應設免費學額及獎學金額，以獎勵品學兼優及無力昇學之學生。國民教育及補習教育得酌量地方財力，免收學費，并發給學校用品。

第一百七十八條　宗教制度爲中華民國國民之固有習慣，凡不與人類平等自由之原則相背者，應保持之。祠堂、義田、族學及宗族之共有財産，國家及地方政府應以法律保護之。

第一百七十九條　遺産繼承爲中華民國國民固有之習慣，國家及地方政府應依其價額及繼承之親等或關係，以法律限制之。遺産税應以累進法定其税率。

第一百八十條　財産贈與爲中華民國國民固有道德，國家及地方政府對於左列事件，應以法令獎勵之：

一、捐助學校及慈善團體；

二、捐助國家及地方政府公益事業。

第一百八十一條　古聖先賢、國家元勳及爲國戰死者之後裔或其他遺族，國家及地方政府應以法令特别優待。

第一百八十二條　國内各民族之語言文字爲中華民國國民團結之唯一基礎，國家及地方政府應設法令保存，并發達之。

第一百八十三條　有關歷史文化藝術之古跡古物，應受國家及地方政府之特别保護。

第一百八十四條　文書、圖書、演藝、演劇、電影及公開之展覽物，凡有害風俗或少年教育者，得依法律予以適當之取締。

第二節　國民之經濟生活

第一百八十五條　國民經濟以適合世界進步，使各得真正平等之生活爲原則，個人自由在此範圍内應受保障。國家立法，除增進公共福利及防護國民權利被其他民族侵害外，一切法律上强制行爲，應禁止之。

第一百八十六條　國民經濟上之交易，應依本國及國際通行法律所定通用契約自由之原則。重利盤剥及違反善良風俗之契約行爲，應一律視爲無效，並嚴禁之。

第一百八十七條　國民之財産所有權包含義務，其所有權之行使，應同時注重公共福利。

公共徵收，非謀公共福利並依法律所定，不得行之。

公用徵收除法律别有規定外，應予以相當賠償，賠償金額若有争執時，得依行政訴訟程式提起訴訟。

第一百八十八條　土地之所有權應以法律定其最高限度，並防止其濫用或荒廢，其超過最高限度者，得以累進法定其税率。

國民無土地所有權，或所有權不及最高限度不能從事農業者，國家或地方政府得設土地整理委員會，貸款購買，令其於一定年限内繳清其地價。國民無土地所有權佃種他人之土地者，應以法律特加補助，並調和其與地主之利害衝突。

第一百八十九條　全體國民之住居，中央及地方政府應以法律公平分配，各予相當住宅，並令其與健康適合。

無住所之游民或在不潔場所聚眾群居者，國家應擇適宜之土地，妥爲安插，並以法律取締之。

第一百九十條　國家及地方政府因充多數國民居住，或獎勵自耕農及創定集團農業，得依第一百八十七條第三項之規定徵收土地所有者之土地。

第一百九十一條　國民之土地所有權對於國家或地方政府應負有開拓及利用之責任，其不因自身之勞力資本而價格增高者，其增加利益應歸公有。

前項價格增高之土地，國家或地方政府應令土地所有者自報地價，並以累進法定其税率，其價格多而報價少者，國家得依第一百八十七條第三項之規定徵收之。

第一百九十二條　利用天然資源之營業，以國有或地方公有爲原則，其特許及其他營業，屬於獨佔者，國家及地方政府得以法律限制之。

國民之經濟的企業，適於社會經營者，國家或地方政府得依第一百八十七條第三項之規定移爲公有，或用參加管理及其他方法行使其支配力。

第一百九十三條　國家或地方政府於必要時得依法律使經濟的企業及團體，於自强主義之下互相聯合，以確保國民中一切生産階級之協力，並使業主及勞工參加管理，其貨物之生産、製造、分配、消費、價格輸出輸入均得按照公共經濟原則，加以規律。

國民經濟合作及其他聯合團體，得依其請求並考慮其組織及特性，編入爲公共經濟之一部。

第一百九十四條　國民之勞動力應受國家之特別保護，凡關係勞工之立法，應尊重國際正式勞工會議議決之原則。精神勞動之著作家、發明家、美術家，一切權利應受國家之特別保護。

第一百九十五條　國民有老弱殘廢不能勞動者，國家或地方政府應救助之。有勞動能力，非因怠惰過失而失業者，國家或地方政府應予以勞動之機會，或協助之。

第一百九十六條　國民因維持或改善勞動及交易條件之結社，無論何人及何種職業，應依法律保障其自由，凡限制或妨害此種自由之契約及處置，一律禁止。

第一百九十七條　雇員及勞工，雖在雇傭或勞動之關係中，得行使其公民權利，並於不妨害執行職務之範圍内，有執行公共名譽職必要時間之自由，其請求賠償之權，應以法律定之。

第一百九十八條　以維持健康及勞動能力，並保護産婦，防衛其衰老疾病，經濟上發生變化之勞動保險，中央應以法律定其概括之保險制度，並令被保險人參加支配，或改歸國家管理。

第一百九十九條　國民無論男女均應依法律所定，就其才能與任務相應之公職，其有違反法定程式，濫行任免者，得自向國家或地方政府請求改正，或依行政訴訟程式提起訴訟。

官吏在法律上不得認爲特殊階級，其俸給應依勞動之程度及時間公平規定，比較勞工雇員，不得有過度之收入。

第二百條　雇員及勞工均應組織團體及聯合團體，以同等權利與企業家共同規定工資及勞動條件，並得參與生産力之全經濟的發展。

第二百零一條　國民應組全國經濟會議，決定全體國民之經濟生活，其會員依左之比例選舉之：

一、由職業團體選出代表百分之四十；

二、由地方團體選出代表百分之四十；

三、由中央政府指定代表百分十二十。

第二百零二條　國家立法凡有關於社會政策及經濟政策而規定其基本原則，應交全國經濟會議預行討論。全國經濟會議得酌派代表，自向立法院，爲提出法律案之請求，或向國民代表大會請求之。

第五章　憲法效力

第一節　憲法之解釋

第二百零三條　中央法律、省法律、縣法律，凡與本憲法全部或其一部分相抵觸者，無效。修改憲法全部及一部，非依制定憲法之法定程式，不得修改之。

第二百零四條　中央法律、省法律、縣法律，遇有與本憲法發生相抵觸之疑義時，由護憲法院解釋之。

第二百零五條　護憲法院以左列各官員組織之：

一、國民代表大會主席團五人；

二、司法院院長一人，庭長二人；

三、監察院院長一人，部長二人。

第二百零六條　護憲法院以司法院院長爲主席，其解釋方法，以合議制行之。憲法解釋之結果有約束一般法律之效力。

第二節　憲法之施行

第二百零七條　本憲法自國民代表大會公佈之日起施行。

第二百零八條　中華民國中央政府負施行本憲法之責任。

附　　録

輓于晦若先生式枚

鵑血三年啼北斗；

鵬圖六月泣南溟。

［延中謹案］

于式枚字晦若，號穗生，廣西賀縣人（原籍四川）。清光緒六年庚辰翰林，授兵部主事。合肥李鴻章以直隸總督坐鎮北洋時，賞其文才，禮聘爲幕賓，掌理文案，奏章函札多出其手。入幕後，師事合肥，參與洋務。光緒二十二年以隨員隨同李鴻章赴歐賀俄皇加冕，繼而隨同游歷歐美各國，增廣見聞。歸國後調昇禮部員外郎、遷御史、給事中等職。

《辛丑合約》後清廷厲行新政，改革學制，曾任京師大學堂總辦、譯學館監督、廣東學務處總辦等職。爲新制教育之擘劃推廣貢獻良多，朝野譽之爲新政人物。新制郵傳部成立，光緒三十二年特簡爲該部左侍郎。旋奉派出使德國考察憲政，駐柏林一年，撰《德國憲政史》呈覽，主張漸進立憲。返國改任禮部左侍郎，宣統二年調吏部左侍郎，宣統三年授修訂法律大臣。武昌爆發革命後辭職，退居治史自娱。民元袁世凱繼任大總統，以舊交禮聘爲幕賓，辭不就。民三任命爲參政院參政，亦置之不理。迄仍以忠於清室之遺老自居，民四六月自青島南下，船抵上海時染急性瘧疾猝死。

光緒二十八年壬寅，先父以第一名考入京師大學堂仕學館，晦若先生時任總辦，爲先父受知師。附高拜石先生選録同時哀輓名聯如後：

民國四年乙卯的六月，于式枚從青島訪舊歸來，要回到他僑廣崑山的家。廿五日船到上海，還没有泊椗，于忽患了急性的霍亂，一時急救不及，便死在船上，移屍上岸，由親友代爲料理身後，卜葬杭州的龍井附近。設奠之日，一時勝流，紛紛撰句輓他，梁鼎芬云："相聚東海頭，舉足便爲孔巢父。望斷玉峰影，前生儻是顧寧人。”雖是遺老口吻，寫來却極生動。陳寶琛云：“满腹史才甘槁卧，一瞑世事斷知聞。”陳衍云：“摩詰於僧多一髮，少陵垂死入扁舟。”王式通云：“西域天驕識麟鳳，東方大隱喻龍蛇”。范熙壬云：“鵑血三年啼北斗，鵬圖六月泣南溟。”劉師培云：“絶筆獲麟傷魯史，來儀威鳳潤虞韶。”都是十四字，而能意旨俱備，各如其人。（録自高拜石著《古春風樓瑣記》第三册，下略）

輓蔡松坡先生鍔

兼擅魯仲連申包胥之長，不帝秦，能復楚；

獨以李衛公戚少保自任，無壽考，有令名。

［范熙壬案］

蔡鍔字松坡，寶慶人。辛亥革命爲雲南新軍協統，遷雲南都督，文治武功均著。後爲袁世凱羅致入京，任經界局都辦。帝制發生，蔡佯示贊同，以計脱離赴日，入滇與唐繼堯等合謀，宣佈獨立，編制護國軍，民氣大振，帝制遂以終止。袁死，蔡亦積勞成疾，民國五年病歿日本醫院。

范熙壬先生傳

王士毅

先生字任卿，號芸青，别號劍佛，自署畢鉢羅館居士。晚歲居住北京宣武門内前老萊街自署萊園寓所、門人尊稱萊園先生。湖北黄陂人，生於公元一八七八年八月二十二日（清光緒四年七月二十四日）。

先生自幼即有神童之譽，先後從蕭良弼、李仲山、黄子餘、表兄王潤鼎諸先生受業。年十五，以院試第二游泮宫。翌年考入湖廣總督張之洞所創辦之兩湖書院，專攻史學，兼治辭章訓詁。每月朔望兩課，輒名列超等前茅或首選，最爲楊鋭、梁鼎芬、屠寄、沈曾植、汪康年諸先生所激賞。年十九，中試湖北省試丁酉科舉人，與其父范軾同年中舉，“父子同榜”士林傳爲佳話。一八九八年（清光緒二十四年）春初隨父晋京，時年二十。值舉國有識之士渴望變法圖强之際，先生與福建省試丁酉同年林旭聯合閩、鄂兩省，發動六百餘人“公車上書”，抗阻德國强割膠州灣闢爲軍港，響應變法運動。戊戌維新失敗，“六君子”中師友楊鋭、林旭殉難，先生避往浙江，轉歸故里。

《辛丑和約》後，清廷痛定思痛，求才興學，始鋭意於新政。一九〇一年冬，太后與清德宗母子兩宫啓程自西安回鑾，駐蹕開封。先生之父范軾時充兵部主事，則自行在還鄉後北上。先生侍父逕趨保定，隨蹕入京。一九〇二年春，就職内閣中書，職司票擬，時年二十四。值京師大學堂復校，改革學制，開我國新制教育之先河。因國家需才孔亟，先設仕學、師範二館，仕學館限五品以下、八品以上在京内外官員報考。季秋九月起，先生歷經初試、覆試，兩試第一考入仕學館，最爲管學大臣張百熙、于式枚、鄒代鈞、李希聖、張鶴齡諸先生所賞識器重，覆試録取五十七人。一九〇三年，清廷新設商部，考選人才。孫家鼐相國在内閣保送先生應試，仲秋八月，考取商部章京，在頤和園引見兩宫。旋以張之洞之舉薦，是年冬，張百熙奏派先生留學日本，京師大學堂同時入選者有余棨昌、張耀曾等共三十一人。翌年初東渡，集體進入東京第一高等學校肄業。一九〇六年秋，先生在東京創辦《新譯界》雜志，擔任主編及發行人。其所撰《發刊詞》暢論譯學源流，詳徵博引，一氣呵成，頗爲士林所揄揚推重。社員中有湯化龍、谷鍾秀、張耀曾、景定成、俞棨昌等三十餘人擔任譯述，皆一代之菁英。譯介東西論著，銷行内地，啓迪民智，致力於改革運動。

一九〇七年暑假歸國省親，旋隨張之洞入相北上。時值清廷設立資政院，溥倫、孫家鼐被任命爲總裁。即調派先生入院籌備開辦事宜，取法東西方議會，以奠立預備國會預備立憲之基礎。法律修訂大臣沈家本又以“通曉政法人才”奏請調充法律修訂館協修，參與修訂民、刑、商法及民事、刑事訴訟法。先生行走於資政院與法律修訂館兩處，備極繁忙，至翌年暑假始東渡就學。一九〇九年（清宣統元年）初，奉命考查日本帝國議會制度暨上下兩院運作成例。是年夏完成學業，畢業於京都帝國大學法科。返國即投入實務，辦理資政院議員選舉及開院事務。一九一〇年初，資政院正式設置秘書廳綜理院務，下分機要、議事、速記、庶務等四科，先生任一等秘書官機要科長。仲秋八月，資政院正式召集開幕，採行一院制，爲清末我最早之試辦國會。先生在籌辦期間又兼任速記學堂教務長，造就專業速記人才以應中央與地方議事之需。惟當時幼主溥儀在位，皇族親貴把持朝政，並無順應民意迅速立憲、建立民選國會之誠意。改革無望，先生救助革命志士，不遺餘力。

一九一一年十月十曰（清宣統三年八月十九日）辛亥武昌首義，南方各省相繼響應，革命成功。一九一二年（民國元年）元旦，中華民國臨時政府成立於南京，頒行陽曆，中山先生就職臨時大總統，黎元洪在武昌就職副總統。其時南北處於交戰對峙狀態，道路梗阻。先生以資政院秘書廳代廳長與議員劉道仁被支持共和之北方同志推舉爲代表，自海路前往慶賀，晋見孫大總統，表達北方民意歸向共和之大勢。住兩湖書院同學黄興（陸軍總長）官邸浹旬，與宋教仁、湯化龍等人商討民國肇建後政局所面臨組黨事宜，倡導政黨政治之良性發展。旋歸武昌入黎元洪幕府，任湖北都督府總務秘書（秘書主任），與孫武、譚延闓、藍天蔚、饒漢祥等人組成民社。值南北和談告成，清帝退位，中山先生辭職，大總統由袁世凱接任。南北統一，國都定於北京。政府北遷前頒行《臨時約法》，依法政府採責任内閣制，國會則採兩院制（參議院、衆議院），由國會制定憲法產生政府，衆所矚目之焦點厥在國會議員選舉。爲擴展組織，先生辭卸公職，奔走於京漢間，又與章炳麟、張謇、伍廷芳、熊希齡、梁啓超等人達成協商，合組共和黨。是年五月底，共和黨召開成立大會，設本部於北京，主張穩健，採漸進方針。先生擔任湖北支部總幹事，從事各地初選覆選之輔選活動。

一九一三年初，當選國會衆議院議員，時年三十五。是年四月八日，國會參議院與衆議院兩院議員共八百餘人齊集北京，正式開幕。四月下旬，湯化龍（民主黨）當選衆議院議長。院會開議之初，先生恪盡言責，即爲“善後大借款”風潮就其合同内容提案質問當局，切中要領，案經院會議決咨送政府答覆。《衆議院質問書》、《國務院答覆書》暨附件詳載史册，時論稱許爲監督政府問政之範例。是年五月底，共和、統一、民主三黨以政治主張相近合併爲進步黨，與議席多數主張急進之國民黨相抗衡，角逐憲法起草委員席次，競争激烈。關於選戰運作，先生素不喜汲汲營營爲己謀，仍以平常心處之。六月底，參衆兩院各選出委員三十人，繼而各選出候補委員十五人，組成憲法起草委員會進行草擬。先生被選爲候補委員，籍隸進步黨。時南方國民黨黄興、李烈鈞等人以“宋教仁被刺”與“善後大借款”罪狀舉兵討袁，發動“二次革命”，相繼兵敗。袁世凱經國會選舉當選正式大總統（黎元洪當選副總統）後，志得意滿，專横自恣。國民、進步兩大黨始放棄黨見，通力合作完成《天壇憲法草案》用以制衡。但在提交“憲法會議”正式審議之前一日，袁氏藉詞内亂下令解散國民黨，撤銷其所有議員資格，復追繳該黨前已正式退黨者，致國會兩院以不足法定人數停會。翌年初袁氏下令停止國會議員職務，變相解散國會。甫移植萌芽之政黨政治雛型横遭摧折，先生所參與制憲之大業功敗垂成。袁氏以武力結束内戰，掌握堅實大權後，一時順應望治民心，頗能展現勵精圖治氣象。一九一四年三月新設平政院，附設肅政廳，整肅吏治，直屬大總統，延攬學識俱佳且有清望人士組成。該院下分三庭，每庭評事五人，採合議制。職司行政訴訟之審判、裁决官署與民間之争訟，以及審理糾彈官吏等案件。先生簡任評事，分在第一庭，超脱於政治圈外，學以致用，執法奉公。

一九一六年六月洪憲帝制告終後，袁世凱羞憤病逝。法統恢復，黎元洪依法繼任大總統，重開國會，旨在完成制憲。先生以國家根本大法爲重，辭評事，回任議員，出席憲法會議。惟當時政團林立，意見叢雜，關於地方制度“省制入憲”争議，憲法審議開會九次，至一九一七年春仍紛擾不休。復因“對德參戰案”之争議，造成總統府與國務院之衝突不斷。終於招致督軍團之軍人干政，掀起政潮。是年六月，黎氏被迫解散國會離職出走，總統職權交由副總統馮國璋代理。政府旋即撲滅督軍團張勳所導演宣統復辟曇花一現之鬧劇，制憲大業又告擱置。中山先生南下護法，建立廣州政府，南北自此分裂。先生目覩亂象，滿懷悲憫，無功而返。是年八月，應新任平政院長夏壽康之邀，歸復評事原職，時年三十九。休沐之日，輒訪游方外，從諦閑法師、太虚大師談經問典，一洗塵襟。是年冬，俄國大革命成功，揭櫫平等義理，集政治、經濟、社會革命之大成。震驚舉世，其發展影響先生甚深。先是留學期間，曾接觸日譯社會主義各流派學説，衡諸國情，對其得失利弊有所認知。且曾選修德文，譯有德國法學著作《OTTO—MAYER 德國行政法》一卷。故於公暇特研讀馬克斯學説原文論著，間亦譯述，探索其精義。五四運動之後，痛心於國事之紛亂，參加友人李大釗所主持馬克斯主義研究會，其後復以李氏之介紹秘密加入 CP。

一九二二年六月，直奉戰罷，黎大總統復職補足任期，法統恢復，結束南北分治狀態。黎氏飽經變故，之所以應允出山，先生勸説以“制憲爲重”、“功成引退爲歷史留名”之大義，助成非淺。國會重光，乃再辭評事回任議員，遞補憲法起草委員。憲法會議審議會與起草會，每會必到，每到必盡心協調，最爲積極。民二制憲以來，原未完成之憲法草案中“地方制度”、“國權”、“教育”、“生計”各章條文，得以先後草訂。一九二三年春，先生另與各派意見代表組成憲法協商會，開會多次，解決審議歧見。詎於協商告成次日，爆發六月十三日“癸亥政變”。緣直系首領曹錕垂涎大位已久，群小希意承旨，深恐制憲完成，黎氏大獲民意擁戴而有再選連任之威脅。内務總長高凌霨、王毓芝輩一面收買議員布置大選，一面指使軍警以索餉爲名逼走黎氏。先生譴責違法亂紀，高凌霨等數遣人游説，誘以重利，均遭嚴詞拒絶。先生更質押住宅，奔走於京津，與褚輔成、王用賓、劉楚湘等人號召國會同志南遷上海，開會對抗。發表宣言痛斥違法賄選，支持中山先生與段祺瑞、張作霖討曹“三角同盟”，更反對在賄選醜聞陰影下完成制憲。

一九二四年春，先生因省侍母病，自滬返京，已受監視。嗣爲反對

“金佛郎案”與“辦理德發債票案”出席院會，提案彈劾財政總長王克敏等人，觸怒當局。曹錕時獲諜報，認爲先生回京負有阻撓施政之使命，下令軍警圍宅搜捕，幸事前先生伺機脱身，隱避月餘。馮玉祥“首都起義”，曹錕下野。先生復出，與拒絶賄選兩院議員合組“國會非常會議”。發表宣言旨在守護民元《臨時約法》，督促政府推動産生“新的民意機關”、“新的國家根本大法”。過渡期間不設議長，先生被選爲行政委員主持會務。是年十二月，中山先生以中國國民黨總理應邀自海路北上，共商國是。行前發表聲明，對内主張召開國民會議，對外主張“廢除不平等條約”，深得知識份子與青年學生之熱烈響應。尤以所號召“廢除不平等條約”之衝激，風起雲湧，備受列强所敵視。適段祺瑞獲北方軍系支持，搶先組成臨時執政政府，亟待各國政府承認，因而有外交上之顧慮。乃由先生代表國會出面，率同北方各界代表迎接於天津碼頭，繼在張園行館會談合照，竭盡尊崇。

一九二五年（民國十四年）三月十二日，中山先生病逝於北京。先生痛失一代偉人，代國會手撰祭文，並手書自撰輓聯親往祭奠。先是執政府成立，即下令通緝參加賄選議員，致參衆兩院議員僅存二七九人，不足法定人數，無法定約束力監督政府。但仍善盡言責，反對政府接受法國“金佛郎案”之要求，簽定協定，造成國庫重大損失，以圖挽救。四月底，國會非常會議竟遭執政府以武力阻止開會，封鎖議場而停頓，依據民元《臨時約法》産生之國會名存實廢。政府發表先生爲建設會議副議長，議長爲褚輔成。其時反帝聲浪瀰漫各地，群衆示威運動紛起，繼上海“五卅慘案”之後，是年六月，漢口市民舉行反英、反日游行示威，發生遭英軍槍殺八人、傷十數人之慘案。先生聞訊聲援，並代表旅京同鄉會與李書城等七人南下回鄂，爲“漢案”奔走。七月八日，武漢各法團代表在湖北省議會召開聯席會議，議決《人權保障條例》，齊赴公署請願。首由先生代表向蕭耀南督軍兼省長面遞《人權保障請願書》，暨對英要求條件兩件公函，説明經過，並聲請迅予公佈施行，以向英方交涉伸張人權。該《人權保障條例》係非常時期我國首創先例所製定之法案，爲免除製定法律之繁複手續，乃以請願方式提出。

一九二六年，江浙、直魯、皖豫、陜晋、川湘之戰兵連禍結，地方糜爛。中央則是年四月段祺瑞被迫棄職出走，政權操控於入主軍系。此去彼來，攝政内閣淪爲傀儡，列强環伺分崩離析之局，國將不國。先生憂心不已，發表通電，呼籲各方罷兵，終結内戰一致對外。主張敦請革命元勳黎元洪復出召開國會，限期在三個月内，順應時代潮流完成修憲，依法解決所有争端。軍隊收編國有，以塞亂源。其後並赴奉天會晤張作霖，勸説繼續“三角同盟”歷史與南方合作，共謀國家之和平統一。時廣州革命政府深得民心，揮軍北伐，進展神速。北方各軍系日暮途窮，祇求自保，先生之努力卒無所成。

一九二七年，奉系張作霖掌握北京中央政權。四月六日，李大釗被捕，先生營救未果。而俄駐華使館被搜，在李氏存放之秘密檔卷中，查出李氏函介先生入黨等密件。白色恐怖禍在眉睫，賴其老友駐日公使汪榮寶恰在返國述職時得知訊息，急勸走避。先生乃在報章刊露前，携眷倉促出京。道經石家莊，接受馮玉祥招待小住後，轉往太原定居。參加北伐陣營，任國民革命軍第三集團軍總司令部參議，時年四十九。一九二八年，北伐完成統一之後，進入以黨治國時期，先生頗遭疑忌，自此退隱故都，兩袖清風，結束其從政生涯。一九三一年還鄉，召集族議籌辦學校，協助族人重修《范氏宗譜》。北上任教高校維持生計，出售典藏善本書籍貼補家用。清儉度日，不以爲苦，作育後進，自得其樂。一九三五年底以來，日軍進逼華北日亟，高校停課，先生悲憤不已，翌年春舉家南遷漢口。一九三七年初西安事變解決，兵諫成功，先生喜下寧滬，勸説權要，籲請精誠合作，共同抗日。

一九三八年（民國廿七年）武漢保衛戰前，應重慶大學之聘赴渝任教。九月一日之登船前夕，親友送行頻繁，用膳後小盹，竟至沈睡不醒，送醫無救，在鼻息漸弱中自然解脱往生。九月四日協和醫院宣告以感染惡性瘧疾不治棄世。先生生於戊寅，死於戊寅，享年六十足歲。其時政府機關團體紛紛撤遷，兵荒馬亂，人心惶惶。先生身后蒼凉，在日本空軍轟炸聲中，賴其夙所提掖親如同胞手足之族弟范熙績（紹陔）及時資助，得以繳清出院費用，料理後事，草草殮葬於其故里露甲山麓自有墓地。

先生晚歲禪修之餘，頗勤於迻譯述作，於文史、佛家哲學諸類涉獵深廣，所獲亦豐。僅所著《文心雕龍釋義》一書曾以大學講義鉛印，今已無存。其他稿卷未及問世，皆陸續毀於戰亂。先生逝世一甲子，經其後人搜集存世詩文，輯成《敬勝閣集》詩鈔二卷、文鈔六卷待梓。“敬勝閣”乃先生自署其藏書誦讀寫作之所，印有專用稿册鈔録詩文，故定爲集名。

先生之父范軾，字亦坡，號眉生，別號藃園居士。清同治十二年癸酉拔貢，光緒二十三年丁酉舉人，光緒二十四年戊戌聯捷進士。官兵部主事、江西撫州知府，著有《秀藃園集》十卷亦待梓行。

先生之母劉韻梅，湖北大冶人。秉性温淑，嫻習詩書，課子幼學誦讀作息，既嚴且勤。酷嗜佛典，善五七言律詩。先生之父長年游幕在外，子女之養與教端賴其母氏操持督責。先生居長，所受薰染陶冶最深。

先生之配偶，前有夏翊鸞，湖北孝感人。有淑德，曾産一女，不育。後有蕭奉琴，亦孝感人。樂善好施，與先生同修佛法，多産。所出子女在世者仍有八人。子二人：延中、廻中；女六人：亞維、三維、四維、五維、六維、八維。皆各有其子孫，安享高齡。誠所謂先人積善後人得其福祐云。

傳曰：

先生早歲聰穎過人，醇謹律己，爲文敏鋭閎達，馳譽士林。性至孝，恪承母教，篤信佛理。及長，吸納新知，負笈東瀛，從事改革運動，宣揚法治。中歲投身代議政治，爲民喉舌，監督政府誠信守法，造福人民。轉職司法機關，亭平庶政，防治官吏以不法行爲欺壓人民，維護人民合法權益。秉持入世佛心，融匯社會主義精神，期待透過立法尋求公義、慈悲、平等社會之實現。服公職則耿介無私，守正不阿；處私務則與人爲善，樂於助人。揆其大要皆志在福國利民。惟其潔身孤詣，力主法治，當時代潮流劇烈動盪，而“民生未脱貧苦”、“民智末臻開明”之日，往往與現實相扞格，難以施展。晚歲既自困厄於家累，復積憂憤於國難，徒抱崇高之理想，默默抑鬱以終。

公元二〇〇五年八月八日　農曆歲在乙酉七月初五日